This work was supported by the Core University Program for Korean Studies through the Ministry of Education of the Republic of Korea and Korean Studies Promotion Service of the Academy of Korean Studies (AKS-2018-OLU-2250002)

本研究获得韩国教育部海外韩国学重点大学项目资助

（AKS–2018–OLU–2250002）

中国与全球政治经济丛书

中国主权财富基金发展战略研究

戴利研◎著

上海人民出版社

从书总序
解释与理解中国全球角色

在21世纪，中国更加奋发有为地参与全球政治经济新秩序建设，以独特的中国智慧和中国方案更加成熟与理性、负责任与建设性地参与构建全球治理新体系，以互利共赢的合作精神和正确的义利观在全球政治、贸易、金融、发展、安全、环境等领域扮演着迥然不同的政治、经济、知识与道德领导新角色，为更加平等与均衡的全球伙伴关系的发展提供更多的公共产品。

然而中国在全球政治经济中也面临着身份认同、议题设置和战略心态等方面的困惑与挑战。如王逸舟教授所言："中国的全球政治角色（包括对整个人类的政治哲学引导符号）显然不太明晰，它的全球安全目标和策略也不大系统连贯，其对于全球社会和文化领域的作用杠杆更是乏善可陈。"尤其是在当下全球秩序剧变与动荡的时期，中国需要以讲信修睦、协和万邦的胸怀有效地提升全球政治经济治理能力，以解决区域体系、全球体系层面上的需求，从而使中国的全球角色具有更为广泛的社会与政治基础。

本丛书将加强对中国在上述诸多领域中全球新角色的理解与认识，推动中国和平发展与"一带一路"倡议的理论研究与政策实践，服务于国内与国际两个大局的战略统筹与知识建构，尤其是中国特色大国外交。此为策划与出版"中国与全球政治经济丛书"的主旨，即"明时势，长志气，扩见闻，增才智"（张之洞语）。

第一，以政治经济学与中国文化精神的视角解读中国全球角色的新变化，以广泛的理论视野与知识架构较为系统地诠释中国在全球政治经济新秩序及其变革中的定位、角色、战略与政策，而并不是完全停留在对策分析之上，反而更加倚重深刻的理论洞见与厚重的思想维度。

第二，关注欧、美、日及新兴大国在全球政治经济新秩序建设中的定位、谋略及国外学者对中国全球战略及影响的学理分析，既为中国决策者与研究者提供一个更为宏观的政策与知识背景，又为他们提供学习和比照的参照系。

第三，提升中国学者在中国全球角色相关领域的理论分析、对策建议及其在学术话语方面的地位与影响，展现当代中国中青年学者对于上述诸多领域的中国责任、中国角色乃至中国智慧与方案的解读与剖析，为中国参与全球事务提供必要的智力支撑。

本丛书坚持“中西会通”的原则，秉承兼容并蓄、求真求义的精神，力求真知、真识。“虽有智慧，不如乘势；虽有镃基，不如待时”（郑观应语）。因而我们期待中国在全球政治经济中因时、因势而动，其命维斯，深思谋远，取长补短，刚柔相济，达道达德，也期待给予读者以启示与思索，识微于未著，见机于将蒙，审时度势，揣其本末，洞见本原。

本丛书是中央财经大学国际政治系与上海人民出版社良好伙伴关系建设的有益尝试，因而衷心地感谢中央财经大学与上海人民出版社领导以及学界师长与学友的关心与支持。敬始慎终，期待与同仁志士共同办好这套丛书，为中国崛起与学术振兴贡献一己之力。

以此为序。

白云真

推荐序

主权财富基金(Sovereign Wealth Fund, SWF)是指主权国家政府运用资源出口收入或外汇储备创建的、在全球范围内开展投资、投资实体资产与金融资产的国有投资基金。根据国际货币基金组织的统计,截至2019年年底,全球外汇储备规模约为11.8万亿美元。而根据主权财富基金研究所(SWF Institute)的估算,当前全球规模最大的91家主权财富基金管理的财富总额达到8.2万亿美元。经过这一对比,我们不难发现,主权财富基金早已成为全球范围内举足轻重的机构投资者。值得一提的是,全球排名第一的主权财富基金挪威政府养老基金(Government Pension Fund, GPF)目前管理的财富规模已经达到1.2万亿美元,甚至超过了绝大多数国家的外汇储备水平。

全球范围内的主权财富基金主要有两种类型。一种是资源出口国利用本国大宗商品出口收入创建的,目的是为了平滑当前与未来的消费,也为了对冲未来大宗商品资源被耗尽之后的消费下滑。这类主权财富基金中具有代表性的包括挪威的政府养老基金、阿联酋的阿布扎比投资局(Abu Dhabi Investment Authority, ADIA)以及科威特投资局(Kuwait Investment Authority, KIA)等。另一种是当前或曾经的出口导向型经济体利用非大宗商品类出口而积累的外汇储备创建的基金。这类主权财富基金中具有代表性的包括新加坡的政府投资公司(GIC)与淡马锡、韩国的韩国投资公司(Korea Investment Corporation),以及中国的中投公司(China Investment Corporation, CIC)等。

一般来说,由于主权财富基金的运作目标是在很长时间维度内维持稳定收益,因此主权财富基金通常被视为有助于维持金融市场稳定的机构投资者。大多数主权财富基金更愿意在金融市场上扮演财务投资者的角色，倾向于投资少数股权，并不试图谋求上市公司的控制权。例如，挪威政府养老基金投资企业股权的比例通常不超过5%，且非常透明地在网站上披露了自己每一笔股权投资的细节。不过，随着管理财富规模的上升，越来越多的主权财富基金开始尝试各种另类投资（例如房地产、私募股权投资等）。在各种另类投资中，主权财富基金往往会倾向于持有更高比例的收益权甚至控制权。有些主权财富基金甚至正是以寻求控制权的战略性投资而闻名遐迩，例如新加坡的淡马锡。

由于主权财富基金具有国有企业的性质，因此其海外投资就容易受到东道国政府或者国内各界的疑虑。后者倾向于认为，主权财富基金的投资是否会隐含着其母国政府的战略性利益考量。正因为如此，来自新兴市场大国的主权财富基金，更容易在发达国家金融市场上遭遇各种猜忌与限制。正是在这一背景下，在2008年9月，一些全球范围内的知名主权财富基金在智利首都圣地亚哥召开了一次峰会，提出了约束主权财富基金自身的行业性规范——24条圣地亚哥准则（Santiago Principles）。圣地亚哥准则涉及与主权财富基金运作有关的透明度、独立性、负责性等规范。随后，主权财富基金国际论坛（International Forum of Sovereign Wealth Fund, IFSWF）被创建，并用来监督圣地亚哥准则的执行，并代表主权财富基金在国际政策辩论中发言。目前，全球大多数主权财富基金已经加入了该论坛。

中国最具代表性的主权财富基金中投公司成立于2007年9月。其创建方式为：财政部通过发行1.55万亿人民币的特别国债募集资金，用于从中国人民银行的外汇储备中购买2 000亿美元，并将这2 000亿美元作为资本金注入中投公司。在中投公司成立后，被称为“金融国资委”的中央汇金公司也被安排并入中投公司。截至2018年底，中投公司资产规模已经达到9 406亿美元，其中资本金为8 588亿美元。虽然中投公司的资产增值主要来自中央汇金的境内持股，但其海外投资自2007年9月成立以来的累计年化净收益率还是达到了5.18%（以美元计算），这一收益率与全球主权财富基金同行相比也是相当不错的。

事实上，中国的主权财富基金已经形成了三足鼎立的态势。除中投公司外，国家外汇管理局旗下的投资公司（SAFE Investment Company）与全国社保基金理事会（National Council for Social Security Fund, NCSSF）的资产管理规模也在全球排名前列。根据主权财富基金研究所的估算，目前中投公司、外管局投资公司、社保基金理事会的管理资产规模分别为9 406、4 178和3 250亿美元，在全球主权财富基金中分别排名第2位、第7位和第10位。虽然社保基金理事会所管理的资产只有较少比例投资海外，但不难看出，在中投公司、外管局投资公司与社保基金理事会的海外投资之间，还是形成了一定的竞争机制。可以想象的是，更高层次的决策者，至少会将三个机构海外投资收益率与投资策略进行相互比较，并作为未来是否以及如何增资的基础。

我长期从事国际金融研究，也持续关注中国外汇储备问题。因此，在2007年中国政府动用外汇储备注资中投公司前后，我对中投公司开展了一些研究，并在2007年至2014年期间发表了一系列中英文研究成果。正因为如此，我也与中投公司有关部门保持着一定联系。在有些年度中投公司年报发布前后，我也被邀请去参加了一些专家学者沟通会。但随着学术兴趣的转移，从2014年起至今，我已经很长时间没有集中关注包括中投公司在内的主权财富基金问题了。

辽宁大学国际经济政治学院的戴利研副教授，在过去10年时间内持续关注主权财富基金问题，就此发表了大量的学术论文，也得到了国家社科基金青年项目的有关资助。她的新著《中国主权财富基金发展战略研究》由上海人民出版社出版。这本新著具有如下特色：第一，对全球主权财富基金的发展概况、投资特征、投资决策影响因素以及对全球经济政治格局产生的影响进行了深入分析；第二，对中国主权财富基金的成立背景、运营模式与投资绩效进行了梳理，并比较了中国不同主权财富基金之间的异同；第三，指出联合投资是未来主权财富基金发展的重要趋势之一，并对中俄、中韩等国家之间的基金联合投资进行了研究。

我与戴利研认识也有很长时间了，但见面次数不多。在每年的中国世界经济学会年会上，我们通常会见上一面。记得有几次去辽宁大学国际经济政治学院开会时，也与利研进行过交流。我知道她一直在从事与主权财富基金相关的研究，而且成果丰硕。对她这种抓住一个重要问题持续跟踪研究的精神，我是非常敬佩的。而我自己，则是研究兴趣经常在不同主题之间切换。按照何帆教授的比喻，戴利研更像一个刺猬型学者，而我更像一个狐狸型学者。两者可谓各有优劣势，但肯定会彼此羡慕与欣赏。这也正是当利研邀请我为她的新著作序后，我欣然允诺的原因。

这本书成书之时，戴利研正在美国康奈尔大学做学术访问。受新冠疫情的影响，她目前正在为如何回国而苦恼。然而，正是在疫情“黑云压城城欲摧”之际，她依然在伊萨卡小镇孜孜不倦地完成了本书的写作与润色。正所谓“躲进小楼成一统，管他冬夏与春秋”。祝愿利研在学成归国之后，能够在学术研究上更上层楼，尤其是在主权财富基金的研究方面取得更重要的成果！

张明

中国社科院世界经济与政治研究所研究员

2020 年 7 月

目 录

第二部分　中国主权财富体系的构建

第三部分　其他国家典型主权财富基金

第一章
导　言

第一节　研究背景和意义

一、研究背景

主权财富基金(Sovereign Wealth Funds, SWFs)是国家财富的管理者,是国际投资市场重要的参与者,也为国家间的博弈赋予了金融权利。主权财富基金的建立最早可以追溯到1953年成立的科威特投资委员会和1956年成立的基里巴斯收入平衡储备基金。1982年,科威特投资委员会改制为科威特投资局(Kuwait Investment Authority),旨在将石油收入分散化投资,在提高投资收益的同时分散风险,以备不时之需。1990年,伊拉克入侵科威特,科威特700多口油井被毁。此后的三年时间里,科威特的石油收入几乎为零,在此背景下,当局从科威特投资局调回800多亿美元,用于战后国家的重建,调回的资金对科威特经济的重建与发展起到了重要的作用。基里巴斯是太平洋上的一个面积仅为811平方公里的岛国,海岛上的土壤不适合农业活动,国家主要通过出口鸟粪当中的磷酸盐获得出口收入,随着磷酸盐的储量不断下降,其出口收入极不稳定。在此背景下,基里巴斯运用建立的主权财富基金进行积极的分散化投资,基金的投资收益一度达到该国国内生产总值的9倍。

在主权财富基金发展的初期,主要是经济规模小,经济收入来源不稳定的国家和地区建立基金。在几十年的发展过程中,主权财富基金没有受到过多的关注,主要原因是建立基金的国家在国际事务中影响力有限。2004年和2007年,俄罗斯和中国相继建立主权财富基金,引起了国际社会的广泛关注。21 世纪初期，发展中国家不断加入到建立主权财富基金的行列中来，这一现象与 20 世纪末至 21 世纪初频繁爆发全球性金融危机不无关系。然而，发展中国家利用超额的外汇储备资产和财政盈余建立主权财富基金在海外投资以获取收益只是现象的结果，现行的不合理的国际货币体系导致金融危机频发、发展中国家大量囤积外汇储备资产，才是导致 21 世纪初各国掀起建立主权基金高潮的深层次原因。在此背景下，以东亚和中东地区为代表的发展中国家纷纷组建主权财富基金，旨在利用超额的外汇储备盈余和财政盈余建立专门的投资机构进行投资，实现国家财富的保值和增值。

2007 年开始，中国外汇储备资产陡然增长，平均每个月外汇储备都有数十亿美元的增长额，外汇储备的数额早已超过了中国正常的支付进出口、偿还外债、稳定金融市场等功能的外汇储备额需求（如图 1.1 所示）。为了解决外汇占款过多的问题，人民银行通常需要通过采取提高银行存款准备金和发行央票的形式予以对冲，但这严重干扰了央行货币政策的独立性。与此同时，利用超额的外汇储备投资美国国债等发达国家和机构债券的收益率极低，甚至不能覆盖通货膨胀的损失。为了盘活外汇储备资产，同时也为了解决国有金融机构改革的问题，中国政府于 2003 年建立了汇金公司，并向工、农、中、建四大银行注入了资本金。但是，利用超额的外汇储备资产无论是购买国债还是注资金融机构，都是治标不治本，无法解决中国外汇储备资产长期增长的问题。在此背景下，2007 年前后，在走访了新加坡、挪威央行和外汇管理部门后，中国政府决定成立独立的机构来管理超额的外汇

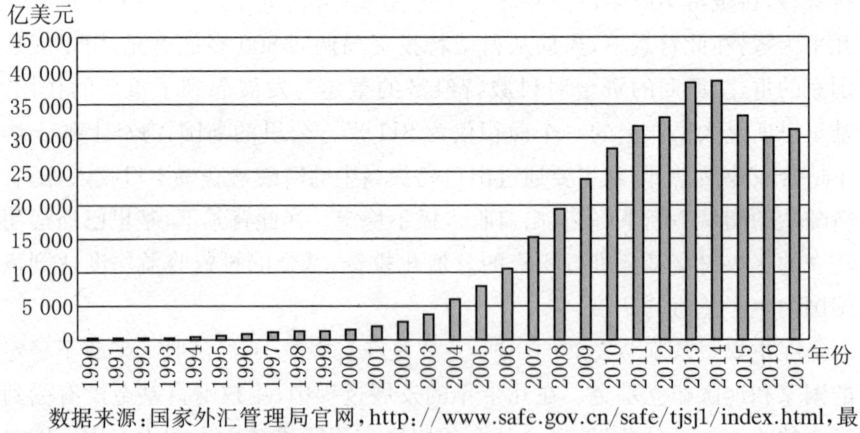

数据来源：国家外汇管理局官网，http://www.safe.gov.cn/safe/tjsj1/index.html，最后访问时间 2020 年 6 月 16 日。

图 1.1　中国国家外汇储备规模（1990—2017 年）

储备资产,在风险可控的条件下,通过积极的投资获取高于美国国债等发达国家和机构债券利息率的收益。2007 年 9 月,中国第一支主权财富基金——中国投资有限责任公司成立(以下简称中投公司)。

从中国第一支主权财富基金建立至今已经过去 13 年了,以中国为代表的发展中国家利用主权财富基金为本国经济的长期发展、国际资本市场的繁荣稳定作出了重要的贡献。但是,在主权财富基金的运营过程中,与不断增长的资金规模相伴的是投资过程中出现的各种问题。长期以来,虽然世界经济在失衡和平衡中迂回前行,但是,21 世纪初的世界失衡格局尤为突出,作为失衡格局主体的发展中国家和发达国家呈现出截然不同的两种发展状态。国家作为对外投资主体的作用日益增强,但是,现有的投资理论却无法完全解释当代新兴市场国家利用主权基金对外投资的现象。发达国家和私人企业作为投资主体占据绝对性优势的国际投资格局正在慢慢地发生变化,发展中国家和主权投资机构正在历史的进程中悄然崛起,国际投资理论不能再局限于垄断优势、雁型模式等以 20 世纪国际投资格局为背景的理论。

在新一轮世界经济结构调整背景下,东西方权力转移、新兴市场国家崛起,中国主权财富基金的建立恰逢其时。全球经济失衡背景下引发的经济危机,成为各国经济平稳快速发展的隐患。金融危机的爆发让以中国为代表的发展中国家清楚地认识到,在现行的不合理的国际体系下,原本属于一国主权范畴的金融权利将会遭受侵蚀。在此背景下,中国利用贸易盈余建立了主权财富基金,通过开展对外投资来应对外汇储备贬值风险和国际收支失衡风险。主权财富基金的兴起源于世界失衡,但其投资活动却对传统上以发达国家为主的国际货币体系和国际竞争格局形成了挑战。

二、研究意义

随着经济的不断发展,中国已经逐步从迈克尔·波特所指的一国经济发展的第一阶段迈入第二阶段,这对一国主权财富的管理有了更进一步的要求。作为中国建立的第一支主权财富基金,中投公司的成立和投资行为引起了国内外学者和政要的广泛争议。在 2007 年爆发的次贷危机期间,中投公司等发展中国家和地区的主权财富基金对发达国家的金融机构进行了大规模的投资,一方面,发达国家媒体和政客称主权财富基金是此次危机的"救火队",但是另一方面,西方社会对主权财富基金这一特殊的主权投资机构充满了警惕。如杰弗里认为，中投公司的建立隐含政治动因，其投资带有政治目的性。[1]甘林认为，发展中国家建立规模巨大的主权财富基金代替不成熟的私人机构对发达国家的关键行业进行投资，对东道国的经济安全造成巨大威胁。[2]美国国家经济委员会主席劳伦斯甚至认为，主权财富基金过于庞大的规模和活跃的投资行为动摇了资本主义的思维方式。[3]在此背景下，一些发达国家和地区专门制定了限制主权财富基金投资的法律法规（见附录 2），这些质疑和限制都对中国主权财富基金对外投资造成了极大的负面影响。

成立至今，中国主权财富基金在投资领域和方式上逐渐多元化，投资初见成效，其建立也为中国多元化主权财富管理打开了新的格局。但是，在世界经济结构调整期的新形势下，仍有以下问题值得探讨。

第一，当前，欧美实施“再工业化”战略，进一步加大了中国经济结构转型升级的难度，面临新一轮世界经济结构再平衡的过程，如何抓住这一历史窗口，消除发达国家的“仇视情绪”，与东道国（或地区）形成更加友好的合作关系，最终达到“国家意志”与“市场利益”的平衡是中国主权基金管理当前亟待解决的课题。

第二，挪威、新加坡等国的经验表明，通过建立主权财富基金这类专门的投资机构，对主权财富进行更加积极的管理，可以提高资产的长期购买力，提升一国的国际竞争力。在运营模式方面，虽然中国主权财富基金的运营机制不断成熟，但是，与挪威、新加坡、俄罗斯、中东等国家和地区的主权财富基金相比，中国主权财富基金运营的时间较短、经验较少，中国主权财富基金在内部治理结构、提高投资绩效等方面仍然存在需要改进的方面。本书通过借鉴成功基金的运营模式，结合中国的实际国情提出建议，对完善中国主权财富基金的发展策略具有重要的应用价值。

第三，按照广义的概念界定，中国的主权财富基金包括了中投公司、外管局下属的华安投资公司以及全国社会保障基金等带有主权性质的机构投资者。然而，虽然以上机构都拥有“国有”性质，中投公司从建立的背景与职能、资金来源与对外汇储备的影响、投资策略以及收益分配与监管方等方面与其他主权财富管理机构有着明显的区别。为了避免出现“职能重复”的问题，对中国各主权投资基金成立目的和运营方式的异同点进行识别和分析具有重要的现实意义。

第四，海合会主权财富基金的区域合作表明，区域内主权财富基金通过相互投资和联合投资的形式，将对本区域经济合作产生重大推进作用。在世界经济调整期和发达国家保护主义抬头的背景下，各国和地区主权财富基金的合作投资成为新趋势。主权财富基金之间的合作以及主权财富基金与其他投资主体的合作为基金拓展投资领域提供了新的路径。但是，合作投资的过程也是机遇与风险并存，如何利用合作投资的模式规避发达国家投资保护主义的风险，如何抓住国际产能、基础设施建设、高新技术开发等领域的合作大势，如何加强与各国主权基金等机构投资者的合作效率等都是亟待解决的现实问题。

此外，与海合会主权财富基金不同的是，东亚主权财富基金的资金主要来源于非资源类商品出口收入，并且大多数东亚国家和地区都有高储蓄的传统，东亚主权财富基金的发展与合作与其特有的经济发展模式息息相关。因此，合作模式不能千篇一律，中国主权基金在合作中仅仅照搬中东地区模式只能导致现实中可操作性的降低。因此，本书将结合各地区的实际情况，探索中国与不同地区主权财富基金合作的发展模式。

第五，中国拥有世界上规模第二大的主权财富基金，与此同时，中国也是备受世界各国主权财富基金青睐的东道国。中国作为接受主权财富基金投资的主要东道国，深入了解各国基金的运作模式，有助于政府更好地规范主权财富基金在中国的投资活动，利用基金投资为中国经济的长期稳定增长作出贡献。因此，如何利用好各国主权财富基金庞大的投资资金，引导基金的投资紧密结合中国内部产业升级和外部“一带一路”倡议，在中国的经济结构从外需主导向内需主导转变的调整期间作出贡献，意义重大。

第二节　研　究　结　构

本书的结构总体分为四个部分，共包括十个章节。

第一章为导言。此部分为全书作概括性的铺垫和介绍，主要对主权财富基金的发展概况、基金投资对世界经济和政治格局的影响、基金实施投资决策的影响因素、基金的投资绩效、中国主权财富基金体系、其他国家典型主权财富基金运营模式以及基金联合投资趋势的相关文献进行了综述。

第一部分对全球主权财富基金的发展概况进行了研究。

第二章首先对基金发展的三个阶段进行了回顾，其次对建立主权财富基金的母国的地域分布特征进行了描述，再次分析了资源型和非资源型基金的主要资金来源，最后对影响基金未来资金规模发展的影响因素进行了实证分析。

第三章从投资规模、地域和行业特征三个方面对全球主权财富基金的资产配置特点进行了分析，在此基础上，对近年来(特别是2008年金融危机以来)基金投资特征变化的原因和发展趋势进行了深入研究。

第四章分析了主权财富基金投资对世界政治和经济格局的影响。从提高发展中国家的国际地位、改善现行国际体制两方面分析了主权财富基金对世界政治格局的影响；从削弱美元霸权地位、改变全球国际直接投资格局、改善发展中国家融资环境三个方面分析了主权财富基金对世界经济格局的影响。

第五章对主权财富基金投资决策的影响因素进行了研究。在回顾国内外学者相关主权财富基金和对外直接投资文献的基础上，本书从经济因素和政治因素两个方面对这一问题进行了详尽的分析，特别是在对全球主权财富基金的样本数据进行总体回归分析的基础上，将样本从地域、行业等角度进行了细分，得出了比以往的分析更进一步的研究结论。

第二部分对中国主权财富基金体系的构建进行了研究。

第六章对中国的主权财富基金——中国投资有限责任公司的成立背景、资金来源、治理结构、资产配置策略等方面进行了分析，在此基础上，对中投公司的投资绩效进行了实证分析及评价。

第七章对丝路基金、中非发展基金、中国-东盟投资合作基金、中拉产能合作基金等中国其他几支主权投资基金的成立背景、发展现状、投资策略和特点等方面进行了分析研究。最后，在对比分析各基金在投资策略方面异同点的基础上，对构建中国主权财富体系提出了政策建议。

第三部分对其他国家典型的主权财富基金进行了研究。

第八章选取了组建资源型主权财富基金的代表国家——俄罗斯和挪威，以及组建非资源型主权财富基金的代表国家——新加坡和韩国，对这四个国家的六支主权财富基金的成立背景、资金筹集方式、运营模式以及绩效评价进行了深入分析。成功的主权财富基金的运营模式值得中国主权财富基金借鉴，中国作为接受主权财富基金投资的主要东道国，深入了解各国基金的运作模式，有助于政府更好地规范主权财富基金在中国的投资活动。

此外，辨析各国基金组建目的和运营模式，也为第四部分基金间的合作投资研究打下基础。

第四部分对主权财富基金最新的发展趋势——联合投资模式进行了深入的分析。

第九章对中国主权基金与其他国家基金的合作现状和发展趋势进行了深入研究。2015 年开始，全球主权财富基金投资呈现了一个全新的趋势——联合投资，虽然在此之前也有个别基金进行过尝试，但是近两年这一主权基金投资模式不管是在项目数量还是在投资金额方面均显著提升，这将对国际投资格局产生重大影响。本书针对新时期中国经济结构发展需求，结合其他国家主权财富基金的特点，对中国主权基金与其他国家基金合作的可行性及具体合作方式给出了相应的策略建议。

第十章对中国主权基金在未来一段时间投资将面临的经济、政治等风险进行了分析。

第三节 文献综述

一、主权财富基金的发展概况综述

(一) 主权财富基金的基本概念及类型综述

1. 主权财富基金基本概念界定

主权财富基金的发展趋势及其对世界经济的影响分析，建立在对主权财富基金概念的准确界定上。目前，对主权财富基金还没有统一的定义，相关的学者和研究机构对主权财富基金有着不同的界定。最早提出“主权财富基金”概念的罗扎诺夫认为，主权财富基金是指在宏观经济状况、贸易条件和财政收支改善，以及政府长期预算与财政支出限制政策的实施下，一国利用超额的财政盈余与外汇储备盈余建立的专门的投资机构。[4]国际货币基金组织认为，主权财富基金是由一般政府所有的、具有特殊目的的投资基金或机构。[5]美国财政部认为，虽然主权财富基金属于政府的投资工具，资金来源于外汇储备，但应与货币管理当局控制的外汇储备分开管理。[6]黎兵、韩汉君认为，主权财富基金是一国外汇盈余持续增加的情况下，政府出于追求更高外汇资产投资收益的目的，在满足外汇储备必要流动性的前提下，将一部分外汇储备剥离出来建立的专业的外汇投资机构。[7]

由此可见，对主权财富基金概念的界定有广义和狭义之分。广义的概念界定涵盖了主权财富基金、货币管理当局，以及传统的养老基金；狭义的概念界定则认为，主权财富基金是独立于货币当局和传统养老基金的专门的投资机构。

基于主权财富基金的"国有"性质，广义的概念界定把货币管理当局、社保基金，以及部分进行外汇资产投资的国有企业都包含在主权财富基金概念之中。其实，主权财富基金与其他国有机构在资金来源、设立目的等方面存在本质的区别，并不是所有带有主权性质的机构投资者都可以归类为主权财富基金。各国设置主权财富基金运行机构的表现形式虽然趋于多元化，但对于主权财富基金的界定应该符合以下五个条件：主权性，资金来源是外币，没有显性的负债，较高的风险容忍度，以及长期的投资视野。如谢平和陈超认为，主权财富基金必须具备以下三个要素：一是所有权完全归属一国政府，部分研究机构将一国的州政府建立的基金也列为主权财富基金（如阿拉斯加州永久基金），这种划分是不准确的，中央政府应该是主权财富基金的唯一股东；二是资金来源仅限于外汇储备或者商品出口收入，资金来源问题会影响对基金规模的判断，资金来源范围界定过于宽泛，会夸大主权财富基金投资对市场的冲击力；三是投资目的和方式与单纯持有货币以稳定币值的机构不同，因此传统的外汇储备管理当局不应该包含在主权财富基金之列。[8]

鉴于主权财富基金在设立目的和管理方式上与其他主权机构的区别，斯蒂芬认为，主权财富基金可以作为对其他主权机构，包括中央银行、开发银行、养老金、国有企业以及其他公共投资实体的补充（如图 1.2）。[9]

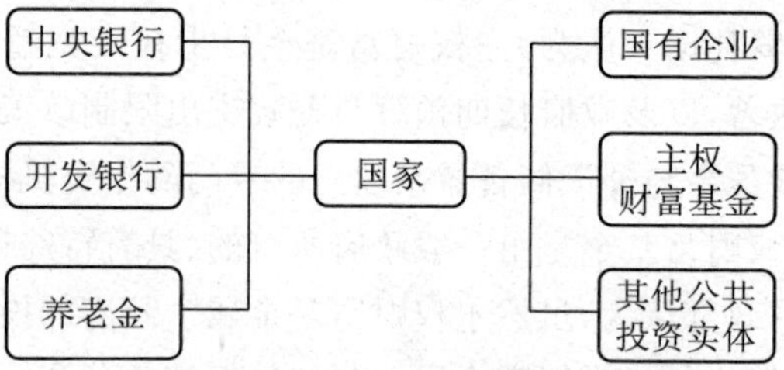

图 1.2 主权投资机构

2007 年次贷危机爆发，各国都提高了对外汇资产管理的关注，尤其是新兴市场经济体，如俄罗斯、中国、巴西等国家，各国学者（如阿德里安等）将主权财富基金和公共养老储备基金（PPRFs）进行了对比，分析认为，二者有共同之处，但在运营目标、战略计划、资金来源以及透明度要求上有所不同，前者旨在提高战略性外汇储备的收益并分散风险，同时保护本国经济不受商品价格波动的影响。[10]谢尔盖和帕维尔深入探讨了中央银行、主权财富基金、外汇储备管理局、养老金等不同的主权财富管理主体的区别及联系，以及基金运营对一国货币和财政政策的影响。[11]丁学东指出，虽然主权财富基金的资金可能来自外汇盈余，但是并不符合国际货币基金组织关于外汇储备"由货币当局控制"且"可以随时动用"的界定，因此，一国的主权财富基金不应计入国家外汇储备统计，主权财富基金是由政府拥有、为实现特定的宏观目标而设立，从事全球投资的基金或者机构。[12]

综上所述，广义的概念界定夸大了主权财富基金包含的范围，将导致对主权财富基金规模的估计结果偏大，进而夸大主权财富基金投资对国际金融体系的影响。因此，本书将主权财富基金定义为一国政府在满足外汇储备必要的流动性和财政收支平衡的条件下，利用超额的外汇储备资产或财政盈余建立的，以追求外汇资产更高投资收益、提升本国经济和居民福利水平为目标的专业的主权投资机构。

2. 主权财富基金类型界定

根据不同的分析视角，可将主权财富基金划分为不同的类型。

根据资金来源的不同，主权财富基金可以分为两类：一是资源型商品基金（oil commodity funds），其资金来源于出口非可再生资源（如石油、钻石等）获得的外汇收入，以及政府对石油、天然气等资源的开采和出口所征收的税收收入，这类主权财富基金大部分集中在石油出口国，例如挪威的政府全球养老基金、俄罗斯的储备基金和国家福利基金、阿联酋的阿布扎比投资局；二是非资源型商品基金（non-oil commodity funds），其资金来源于出口非资源性商品所获得的巨额贸易盈余，亚洲新兴市场国家组建的主权财富基金多属于这一类，例如中国的中国投资有限责任公司、新加坡的淡马锡控股公司和新加坡政府投资公司、韩国的韩国投资公司。[13]

根据设立的目的不同，主权财富基金可以分为五类：一是稳定基金（Stabilization Funds），是为避免自然资源枯竭后导致经济出现比较大的波动，部分资源出口国为了应对"荷兰病"将资源出口收入积累下来组建基金，利用基金的投资盈利来增加国家的收入，目的在于跨期平滑国家财富，例如创建于1990年的挪威政府全球养老基金。二是冲销基金(Sterilization Funds),是借助设立基金对巨额外汇储备进行分流,缓解本币的升值压力,冲销本国或本地区过剩的流动性,例如创建于2007年的中国投资有限责任公司。三是养老金储备基金(Pension Reserve Funds),是为应对老龄化社会,健全养老保险体系,跨代平滑国民财富等民生问题设立的主权财富基金,例如创建于2000年的卡塔尔投资局,又如2008年俄罗斯稳定基金拆分出的国家福利基金。四是预防基金(Preventive Funds),是为应对经济危机等类似不可预测的冲击,稳定社会的发展而设立的主权财富基金,例如创建于1953年的科威特投资局,又如在经历了1997年亚洲金融危机后在"自我保险"动机下大量积累外汇储备的东亚各国组建的主权财富基金。五是战略基金(Strategy Funds),是为配合国家的发展战略,支持本国的行业改造和发展,增强本国企业的国际竞争力而设立的主权财富基金,例如创建于1974年的新加坡淡马锡控股公司。[14]

事实上,主权财富基金建立的目标往往并不唯一,部分主权财富基金的目标还会随着时间的变化而改变。如随着老龄化社会的来临,一些最初定位是应对经济危机或者配合国家发展战略的基金,其功能逐渐向跨代平滑国家财富转变。

(二)主权财富基金资金规模增长的影响因素综述

近年来,主权财富基金能得到如此高度的关注,除了国家政治背景因素外,基金规模的不断扩大是导致其引起广泛争议的主要原因。通过对主权财富基金规模的影响因素进行深入分析,不但可以对主权财富基金的发展趋势进行预测,还可以对其投资行为对国际金融市场的影响等相关问题进行更加深入的研究。

1. 宏观经济因素

目前,相关学者和研究机构普遍认同,一国的超额外汇储备是主权财富基金主要的资金来源。如斯蒂芬从一国的需求角度分析认为,当外汇储备超过了应急需求,传统的外汇管理方式收益率过低的情况下,将超额的外汇储备划入主权财富基金进行投资,可以实现更高的投资回报。[15]宋国友认为,通过对美国的商品出口,相关国家积累了大量的外汇储备。美国的经常项目逆差不断增加,直接导致了主权财富基金资本额的急剧扩张。[16]李石凯认为,从主权财富基金的资金来源看,无论是来自贸易盈余还是石油收入,新兴市场经济体设立主权财富基金的资金都是外汇储备。[17]

洛马克斯指出，主权财富基金迅猛发展的确是归因于这些国家过剩的外汇储备，但其根源是石油等资源类商品价格过高。[18]谢平和陈超认为，能源价格上涨是导致主权财富基金规模扩张的重要原因。1998—2008 年，国际石油价格快速上涨，在此期间，有近 30 个国家和地区利用出口石油的收入设立了主权财富基金，由此可以推断出油价与主权财富基金规模之间的正相关关系。[19]艾森曼和鲁文通过对 26 个国家数据的分析后认为，一国的能源出口收入越高、主权财富基金建立的时间越长，基金的规模越大。[20]

上述分析把重点放在了一国对外经济交往中，着重分析了一国外汇储备、国际收支顺差以及国际能源价格上涨对主权财富基金资金积累的影响，并未涉及一国内部资金积累对于主权财富基金资金来源的影响。张亮、余永定和覃东海对外汇储备与国内储蓄、投资的关系进行了分析，认为中国外汇储备增长过快的更深层次原因是储蓄率过高，从而可以推断出资金来源于超额外汇储备的主权财富基金，其规模与国内的高额储蓄有关。[21]

2. 宏观政治因素

主权财富基金备受争议的主要原因之一，就是其与生俱来的敏感的政治背景。国际舆论广泛质疑建立主权财富基金的国家民主程度过低，尤其是一些资金规模比较大的发展中经济体。如西蒙、杰弗里认为，主权财富基金的投资不是从经济角度出发，而是带有一定的政治目的性。[22]

从主权财富基金的建立来看，杜鲁门、巴曙松等从发展中国家的政治诉求角度分析认为，主权财富基金的建立意味着发展中国家对国际话语权的争取。[23]从主权财富基金的规模来看，中东和亚洲发展中国家建立的主权财富基金规模都比较大。西蒙和甘林认为，一些民主程度较低的发展中国家，通过组建规模巨大的主权财富基金，代替发展不成熟的私人机构对发达国家的关键行业进行大规模的投资，构成了对发达国家经济安全的巨大威胁。[24]

艾森曼和鲁文以石油出口收入和基金建立时间为控制变量，分析了一国的政治民主治理程度对主权财富基金规模的影响。分析结果显示，政治环境越稳定、政府办事效率越高、民主程度越低的发展中国家的基金规模越大。[25]

3. 基金治理结构因素

除了宏观经济因素和政治因素外，基金建立时的内部治理框架对一国主权财富基金规模及发展趋势也具有重要影响。西方主流媒体普遍认为，相对于发达国家设立的主权财富基金，发展中国家的主权财富基金更有可能因为隐藏其庞大的基金规模，通过大规模投资造成资本市场的剧烈波动。低透明度不仅容易掩盖主权财富基金投资的非商业性动机，而且容易引发管理人员的腐败行为，影响全球金融市场的稳定。基于此，部分发达国家敦促国际货币基金组织、世界银行和经合组织对主权财富基金的行为准则设立标准。因此，基于监管方面的需要，根据七国集团提出需要制定最佳规范的三个领域：基金结构、风险管理、透明度和问责制，国际货币基金组织制定了主权财富基金的最佳行为准则（又称“圣地亚哥原则”），作为对各国主权财富基金的指导准则。[26]

以最佳行为准则为蓝本，杜鲁门构建了主权财富基金的“记分卡”，对44支主权财富基金（其中包括10支养老基金）的组织结构、公司治理、问责制和透明度以及投资行为等方面进行了评分。[27]利纳堡和马杜尔根据被公认为透明度最高的挪威政府养老基金对外披露的信息内容，设计了利纳堡-马杜尔透明度指数（简称L-M指数）。该方法把衡量基金透明度所包含的内容分为10个要素，满足一项要素得一分，通过对得分的算术加总，得到各个主权财富基金透明度的排名。[28]

二、主权财富基金投资对世界经济的影响综述

（一）主权财富基金投资对世界经济格局的影响

马格努斯认为，主权财富基金的兴起和快速发展，象征着发展中国家经济实力的不断壮大，世界经济的主导权由发达国家向发展中国家不断让渡，将成为世界经济格局发展的显著特征。[29]

里昂认为，主权财富基金的投资会出于保护国家利益的动机而参与地缘政治博弈，主权财富基金的投资将不可避免地引起发达国家与发展中国家的冲突。[30]宋国友认为，由于美国在现有全球金融体系中居于主导地位，因而面临主权财富基金的挑战最为直接：一是国家控制对外投资不利于美国所提倡并推行的金融自由化进程；二是外汇投资多元化有损美国经济的可持续发展以及美元的汇率稳定；三是主权财富基金向其他发展中国家的投资，将降低国际货币基金组织等国际金融组织的重要性，削弱美国对国际金融体系的控制。[31]

斯蒂芬认为，主权财富基金已经成为国际资本市场中的主要投资者之一，原来国际资本市场以私人参与者为主的基本结构将被打破，以主权财富

基金为代表的政府投资机构将成为国际资本市场上最有影响力的购买者。[32]宋玉华和李锋认为,主权财富基金在全球资本市场地位的上升,预示了全球经济的"再国有化"趋势,加强了一国政府在世界经济运行中的作用。[33]严荣基于国家主义理论的视角,认为主权财富基金的发展面临一种"自主的悖论",即由于目前的国际金融体系鼓励各自为政,发展中国家必须寻求资助,但发展中国家在积累了外汇财富之后,却又会面临美国等主要国家更大的约束,迫使发展中国家维护现有的体系运行,并为此承担经济调整的成本。因此,主权财富基金不具有体系性的意义,不能改变发展中国家在国际体系中的脆弱地位。[34]

(二) 主权财富基金投资对国际资本市场的影响

1. 主权财富基金对国际金融市场稳定性的影响

关于主权财富基金对国际金融市场稳定性的影响,学术界尚存在分歧。有的学者认为,主权财富基金对国际金融市场具有积极影响。葛婷婷认为,主权财富基金的投资组合趋向于多元化,这种资产配置模式对国际金融市场的发展具有一定积极作用。[35]罗伯特认为,主权财富基金将超额的外汇储备投资到国际资本市场,为像美国这类需要平衡预算的国家,以及像印度这类需要投资资金的国家提供了可持续的良性融资,其投资使东道国的融资成本下降。[36]魏本华认为,对于全球经济发展来说,主权财富基金的投资活动有助于协调全球储蓄—投资关系,优化资源配置。[37]马格努斯、陈支农认为,主权财富基金奉行长期投资理念,运作稳健,极少进行杠杆交易,往往采取"购买并持有"的投资策略,并且常选择在经济低迷时大量买入,起到了增强国际金融市场稳定性的作用。[38]

也有的学者认为,主权财富基金由一国政府拥有,其投资不是从经济角度出发,而是带有一定的政治目的性,对国际金融市场具有消极影响。如西蒙认为,主权财富基金可能会选择投资到东道国较为敏感的产业,威胁东道国的经济安全。[39]克莱认为,主权财富基金投资规模巨大,投资政策不透明,将引发"羊群效应",加剧市场波动。[40]罗纳德等认为,主权财富基金对国际金融市场的负面影响可以概括为三个方面:一是主权财富基金的投资包括对私人公司的部分控制,这就涉及国家安全问题;二是主权财富基金很少披露投资策略,对其可能撤资的流言也会导致私人部门的过度反应;三是容易引发投资保护主义,不仅是在美国、欧盟等发达国家,新兴市场国家也有这种趋势。[41]刘新英认为,官方外汇储备在多元化资产中的配置日益盛行,为获得更高的预期收益，一些资金将被配置到高风险、高回报的资产中，这会对国际金融格局的稳定产生负面影响。[42]

还有学者认为，主权财富基金对国际金融市场的影响是双重的。周学海认为，一方面，主权财富基金来源稳定，规模巨大，可以从容应对各种风险，属于长期投资者，有稳定市场的作用；另一方面，投资可能带动股票、债券等价格上涨，引起市场波动，对国际金融的协调提出了新的要求。主权财富基金主要由政府操控，有可能不按市场规则办事，从而导致金融体系不稳定。[43]

约翰·吉夫认为，主权财富基金的资金来源于全球经济的长期不均衡，而主权财富基金的投资现在又反过来影响不均衡的经济格局；虽然已经成为国际金融市场的重要参与者，但与对冲基金、私募基金等其他机构投资者相比较，主权财富基金的资产规模仅占全球股票和债券市场的2%，因此不应该夸大主权财富基金在全球金融体系中的作用。[44]

2. 主权财富基金对国际资本市场价格的影响

在早期研究阶段，相关学者主要采取定性研究的方法，认为主权财富基金的投资将降低股票等风险资产的价格，提高国债等低风险资产的未来价格。[45]珍根据资金来源的不同将主权财富基金分为三个类型：石油出口收入组建的基金、非石油商品出口收入组建的基金，以及通过资本账户流入资金形成的外汇储备收入组建的基金。第一类和第二类主权财富基金的资金来源没有相关负债，因此流动性需求较低，可以投资于相对较高的风险-收益组合资产，而第三类主权财富基金的资金来源于负债，倾向于投资较低的风险-收益组合资产。由于全球的主权财富基金以第一类和第二类为主，所以总体而言主权财富基金投资将提高全球风险-收益水平。[46]罗兰等对挪威政府养老基金投资行为的研究表明，其投资行为并没有对股票价格产生实质影响。[47]

在定量研究方面，迈尔斯等基于全球资本市场模型(假设只有风险资产和国债两大类资产)，分析了主权财富基金对全球资产价格的影响。结论认为，主权财富规模的上升将提高全球金融市场的风险容忍度，提升风险资产的吸引力及其价格，降低安全资产(主要是国债)的吸引力及其价格。[48]宋玉华和李锋利用简化后的资产定价模型分析认为，主权财富基金对风险资产和无风险资产回报率的影响是同向的，且对无风险资产回报率的影响更为显著；对风险溢价和市盈率的影响也是同向的，且与风险资产和无风险资产方向相反；“新增经常账户盈余的86.5%转移到主权财富基金”是主权财富基金影响四种资产价格的“拐点”。[49]谢平和陈超在长期投资者的假设下认为，主权财富基金规模的增长在20年内只会使股票风险溢价下降约0.3个百分点，对全球金融产品的价格并没有明显的影响。[50]伯恩斯坦等对主权财富基金投资后行业的市盈率进行了分析，指出主权财富基金在国内所投资行业的市盈率会下降，而海外所投资行业的市盈率会上升。[51]

三、主权财富基金投资决策的影响因素研究综述

主权财富基金作为一国对外直接投资的载体，一方面，与一般实施对外直接投资的企业无异，其投资决策必然会受到母国和东道国（或地区）的宏观经济因素的影响；另一方面，作为一国政府拥有的主权投资机构，其投资策略可能更多地受到国家战略的影响，双边政治关系以及东道国（或地区）制度层面因素对主权财富基金投资的影响较一般企业来说更为显著。此外，主权财富基金投资还会受到两国地理距离等因素影响。

（一）经济因素对投资决策的影响

国内外学者对影响主权财富基金投资的经济因素做了基础性研究。如威廉等研究了主权财富基金跨国投资的国家层面的决定因素，认为其投资行为与私人资本并无差异，东道国的投资便利化程度依然是主权财富基金跨国投资的主要决定因素。[52]喻海燕分析认为，加强对东道国汇率波动、通货膨胀程度、政府干预以及政策变动等外部风险的识别，同时适当关注投资目标本身的收益性、流动性以及管理质量等内部风险因素，一定程度上可以实现在风险可控情况下主权财富基金投资价值的最大化。[53]

（二）双边政治关系对投资决策的影响

世界经济运作的方式取决于市场和国家政策，特别是强大国家的政策，经济因素已经无法全面解释世界经济的结构和运作，各国政治角逐相互影响，包括它们在合作方面的努力，确立了市场和经济力量在其中运作的政治关系框架。[54]目前，国内外已经有丰富的研究表明，双边政治关系已经成为影响一国对外直接投资至关重要的政治因素。

现有研究主要是从负面政治事件、战争、友好外交关系等角度作为切入点对双边政治关系进行分析，对外直接投资的发展会得益于友好的双边政治关系。[55]鲁道夫等以经合组织国家对新兴国家的投资为样本研究发现，政治关系的友好与改善可以促进双边投资，双边投资协定的签订会对制度环

境的恶化有缓解效应。[56]有研究发现，政府政策的改变不定、政治风险的上升往往伴随着高昂的投资成本，进而导致资本流入的减少，而双边政治关系对于达成合作共识、降低企业海外投资风险具有十分重要的意义。[57]端木基于企业层面的数据分析发现，良好的双边政治关系可以缓解东道国风险对外商直接投资的负面作用。[58]张建红和姜建刚的研究表明，在制度风险大的东道国，良好的政治关系可以减弱投资企业在东道国经营所面临的不确定性风险，克服东道国制度不完善对投资所带来的不利影响，有效地促进对外直接投资。[59]杨攻研和刘洪钟利用东亚典型国家 1980—2013 年间的季度数据，实证考察了政治关系、经贸往来与经济权利的互动关系，分析结果表明政治关系的恶化会降低中国与东亚各国的贸易往来，但是政治关系与贸易之间的相关性并不是一成不变的，中国经济权力的增强有明显的贸易拉动效应，且只有在非对抗的国家中，上述贸易拉动效应和对冲政治风险的作用才能显现。[60]刘晓光和杨连星基于二元边际与投资成败视角，发现双边政治关系的友好有助于企业对外投资规模、多元化程度和投资成功率的提高，而双边政治冲突对企业投资会产生显著的抑制效应。[61]

迄今为止，关于双边政治关系对一国对外直接投资影响的相关研究已经越来越多，两国政治关系对投资的重要影响已经毋庸置疑，但是，目前为止，针对影响主权基金投资的政治体制影响因素的研究较少，只有部分国外学者关注到了这一领域。

罗兰多等探讨了主权财富基金投资相比于共同基金是否有政治倾向的问题，通过比较两者的持股比例，并在引入了一些新的变量（如母国和东道国的政治制度）后发现，在选择投资目标国时，东道国的政治制度对两者的影响没有差异。[62]克尼尔等以联合国投票权一致性为指标衡量两个国家的双边政治关系，以 1984—2009 年全球主权财富基金 900 项投资数据为回归样本，对双边政治因素与主权财富基金投资的关系进行了分析，研究发现与传统的对外直接投资和双边政治关系的研究文献结论不同，主权财富基金倾向于投资与本国双边政治关系较弱的国家和地区，文章进一步发现，双边政治关系只对主权财富基金投资的区位选择有负向的影响，但是对投资金额没有显著影响。作者认为，实证结果表明主权财富基金与一般纯理性的、仅以盈利为目的的投资者不同，主权财富基金投资的初衷并不仅仅出于财务目的，而是同时包含了政策性因素；[63]索菲亚等分析认为，与其他机构投资者相比，主权财富基金更喜欢投资那些对投资者保护程度低、双边政治关系薄弱的东道国，这可能意味着主权财富基金愿意尽量减少政治关注和监管反对；此外，他们通过对数据分析发现，一般情况下，主权财富基金更愿意投资于公开发行的股票而不是私募股权，但对于双边政治不是十分密切、对投资者保护程度比较低的国家，私募股权更受主权财富基金偏爱。[64]

（三）其他因素对投资决策的影响

由于在全球价值链地位、风险程度以及吸引外资意愿等方面，发达市场和新兴市场表现出较明显的区别，所以区位选择是投资策略中的重要一环。如理查德等发现国际资本的流动在很大程度上由地理空间距离决定，同时他们还发现投资者偏好投资于与其文化相似的国家，这样可以有效降低信息不对称和文化差异造成的低效投资。[65]

在地理距离方面，维迪等分析认为，主权基金在选择投资区域时，地理空间距离是其考量的重要因素；[66]克尼尔等分析认为，主权财富基金更倾向于投资地理距离近的东道国，而威廉等分析认为，地理距离对主权财富基金的投资决定没有显著影响；[67]张海亮等分析发现，主权财富基金的投资区域存在空间集群现象，这源于基金为规避信息不对称风险以及降低开拓新市场成本的考量；[68]张海亮等进一步对主权基金的资产配置行为进行了统计分析，分析认为主权基金投资时偏好地理距离近的国家和地区，此外，主权财富基金的风险偏好、发达市场投资比例和资产规模对主权财富基金投资收益的影响是负向的，但同时也发现在控制了宏观经济变量后，投资策略对收益并没有显著影响，张海亮等人认为市场环境才是影响投资收益的主要因素，积极投资策略并不能获得更好收益。[69]

在文化相似性方面，理查德等分析认为，主权基金倾向于投资文化相似度高的国家和地区。[70]维迪等在其研究中采用地理空间距离和文化距离变量来衡量投资双方国家的熟悉程度，得出投资者更偏好投资到地理空间距离和文化相近的国家，这种文化偏见表明主权财富基金倾向于投资熟悉的股票，虽然其他全球投资者表现出类似的投资熟悉程度的能力，但主权财富基金投资的文化偏见尤其明显。[71]威廉等分析认为，主权财富基金更愿意投资于和他们拥有相同文化（如语言和宗教）的国家。[72]

综上所述，现有国内外文献对主权财富基金投资的影响因素作了较为全面的分析，但值得注意的是，现有文献对全球主权财富基金投资的研究多数没有涉及国别研究，部分研究注意到了东道国（或地区）的区域或者国别差异对主权财富基金投资的影响，但是大部分的研究没有对主权财富基金的母国进行区分。实际上,不同国家和地区的主权财富基金组建的背景以及资金来源具有很大的差异,因此不同国家和地区(如中国和中东地区)的主权财富基金的投资策略不可避免具有较强的异质性,故单纯的总体研究可能会产生偏误,从而降低了总体回归结果的准确性。如不采取分组区分研究的方式,则国别层面的总体研究可能在解释经济因素、政治因素、东道国(或地区)治理程度以及距离和文化等因素对主权财富基金投资的作用机制方面产生困难。因此,本书在下文的实证检验中特别注意对国别和行业进行了细分研究。

四、主权财富基金的投资绩效研究综述

2008 年全球金融危机期间,发达国家金融体系遭受重创,发展中国家主权财富基金对发达国家部分金融机构进行了大规模的融资,一时之间,主权基金成为挽救世界经济的白衣骑士。一方面,主权财富基金凭借庞大的现金流,为全球资本市场提供了巨大的流动性,为企业的持续发展提供所需的资金,进而提高东道国(或地区)目标企业的价值;另一方面,由于主权基金自身所具有的主权属性,导致学界和部分西方政府官员质疑基金的投资行为,认为其存在政策性目的,这可能导致其投资行为并不是以利益最大化为投资目标,进而会危害企业的价值。学界以及各国政府和媒体围绕主权财富基金对目标企业的投资所产生的影响得出了截然相反的结论,因此,研究主权基金对目标企业投资的公告效应具有重要的理论与现实意义。

梅金森等分析认为,政府通常不是好的管理者,公司的表现通常会随着私有化程度的加深而提高。[73] 主权财富基金作为一国政府拥有的大型机构投资者,能否与私人机构投资者一样获得正的投资回报在学术界一直存在争议。部分研究表明,大型机构投资者对目标公司会有正面的影响。如施莱弗等通过对股东规模与公司治理关系的分析得出,出于"搭便车"的心理,小股东缺乏监管管理层绩效的动力,而大股东则有动力去监管好目标公司的管理者,且有能力介入公司的管理层,惩罚或者撤换表现不佳的管理者,这种观点被称之为"监管假说"(monitoring hypothesis)。[74] 根据"监管假说",大型的机构投资者能提高目标公司的管理水平,并且所投资股权的份额越大对目标公司的治理影响越强。然而,詹森等提出的"代理理论"(agency cost theory)认为,目标公司会被迫仅从大股东的利益出发进行经营活动,而忽视其他投资者、管理层及一般雇员的利益,额外的代理成本会

导致资产价值的下降。[75]

作为大的机构投资者，主权财富基金对目标公司的影响究竟是“监管假说”式的正面影响，还是“代理理论”式的负面影响呢？国内外大量研究表明，机构投资者的投资对于股票价格可以产生显著影响，这种效应被称为投资的公告效应。根据有效市场假说，主权财富基金的投资效应会迅速反映到目标公司的股票价值上，通过对目标公司股票价值的分析可以判断市场对于主权财富基金投资行为的反应。因此，分析主权财富基金投资的公告效应成为研究基金投资绩效的主要方法，现有文献以基金投资的公告效应为衡量标准，就基金投资对目标企业的影响进行了分析。

部分学者的研究表明，主权财富基金投资能够提升目标企业的价值。杰森等认为，投资者对主权财富基金入股的反应主要取决于其透明度的高低，主权财富基金的透明度越高，投资者对其投资的反应越正面，公司股价的上升幅度越大。[76]凯瑟琳等利用事件研究法分析主权财富基金股票交易的公告与目标公司价值的关系，发现目标公司股票的累计平均超额收益率显著为正，且目标公司价值的提高与主权基金的监管活动密切相关。[77]杰森等同样发现，主权基金的投资将显著提升公司价值，具体而言，主权基金偏好于投资那些财务困难、表现较差的跨国公司，主权财富基金进行投资后减轻了这些目标企业的资本约束，使企业有能力改善财务状况，市场也预期到主权财富基金的投资会给企业产生良性影响。[78]李峰分析认为，主权财富基金的投资行为将对目标公司的股票价格产生一个即时的、强烈的、正向的积极影响，产生这种积极影响的原因可能是主权财富基金总是投资那些经营不善的公司，常常采取较高的入股比例。[79]刘京军和徐浩萍认为，在短期内机构投资者的交易的确会加剧市场的波动性，然而长期来看机构投资者对稳定市场具有积极作用。[80]童宇和蔡明超分析发现，在公告日期间被投资公司的平均累计超额收益显著为正，这表明市场对主权财富基金投资能够提升公司价值有着较为积极的看法。[81]

但是也有部分学者的研究表明，主权财富基金投资会损害目标企业的价值。福塔克等的研究发现，在主权财富基金投资公告发布的当天，有正的超额回报，但基金投资后两年，目标公司股票的超额回报显著为负，主权财富基金的投资使公司表现恶化。[82]为避免小样本的误差，贝纳多等将研究样本扩大到 33 家主权财富基金的 802 个公开的投资项目，结果表明股票长期的不良表现与主权财富基金的参与程度成正相关关系，而且如果主权财富基金在董事会占有席位,目标公司的平均表现水平会更差。[83]凯瑟琳等的研究结果同样支持了这一观点,并认为主权财富基金撤资时会对目标企业产生负的超额回报。[84]克尼尔等发现,主权基金没有提供与其他机构投资者相同的监管效应,主权基金的投资导致其目标公司的风险回报率下降。[85]申璐认为,机构投资者不会因为是公司的大股东对企业进行有效监督,相反,机构投资者可能由于更加关心短期效益使得其容易"用脚投票",使得公司管理层为避免股价下降而作出短视的决定,导致公司价值受损。[86]福塔克等研究发现,主权财富基金宣布投资后股价有1%—3%的超额累计收益,但是,研究表明通常目标公司被投资后会有5%的超额收益率,虽然主权财富基金投资后目标公司的超额累计收益率显著为正,这一超额收益率仍然显著低于平均水平,福塔克称此现象为"主权财富基金折扣"(sovereign wealth fund discount)。[87]

在对主权基金投资会损害目标企业的价值原因分析方面,部分学者认为这源于基金的"主权"特性,基金出于政治因素投资企业必然会导致企业价值的损坏。杰森等也认为外国政府对主权财富基金的所有权表明,除了实现利益最大化的目标之外,主权财富基金还可能去实现政治目标,这有可能损害目标公司的价值。[88]贝纳多等运用事件研究法分析发现,主权财富基金在对企业股票进行投资后的公告期异常回报率是正的,但是低于私人投资的异常回报率,此外,作者认为政治因素会对公司价值和业绩产生负面影响。[89]

也有部分研究表明,主权财富基金对目标公司的影响并不是绝对的。如杰森等的研究结果显示,主权财富基金的投资轨迹与其他的机构投资者一样,对目标公司的表现没有长期的、显著的改进,但是也没有造成重大的负面影响。[90]约书亚等认为,超额回报与主权财富基金的透明度可能是个"U型"关系。[91]

此外,国内部分学者对中国主权基金的投资绩效进行了研究。李峰和宋玉华通过分析中国主权财富基金2007年12月至2010年6月的28项投资数据,认为主权财富基金的投资行为对于目标公司的价值无论在短期还是在长期都有显著的正效应;[92]张冬选取了包括中投公司在内的11个全球主权基金投资的共137例有效数据进行实证研究,然后选取与目标公司相似的没有被主权财富基金投资的企业进行对比分析,结论表明,无论是在T−1到T+1年还是T−1年到T−3年,相较于没有被主权财富基金投资的企业,目标公司的价值得到了显著提升。[93]刘代民和蔡楠分析了中投公司投资行为的微观影响,发现中投公司的投资行为向投资目标输送了正的稳定性力量,尤其是在金融危机期间,基金积极在全球范围内进行资产配置,缓解投资目标的资金紧张,为金融市场的稳定作出了积极贡献。[94]

综上所述,多数国内外学者的研究表明,主权财富基金对东道国(或地区)企业投资具有公告效应,但是主权基金对目标企业的价值提升作用方向不明确。这可能与目标样本选取的差异有关,因此,对于主权财富基金投资绩效这一问题仍需进一步的研究。

五、中国主权财富体系的研究综述

21世纪初期,以中国为代表的发展中大国纷纷组建主权财富基金,国内学者针对这一现象,首先围绕中国主权财富基金建立的必要性和合理性进行了深入分析。如谢平和陈超分析认为,像中国这样的新兴市场大国,在发展的初始和高增长阶段,外汇资产快速增长,此时政府建立主权投资机构对外投资符合一国经济发展的理性选择。[95]巴曙松等认为,主权基金的建立意味着中国等发展中国家对国际话语权的争取。[96]何帆指出,中国的外汇储备投资跌入美元陷阱,收益率极低,尽管中国的对外投资管理体制在逐渐放权、减少管制、缩减审批等方面有了较大改进,但仍存在一些严重缺陷,制约中国对外投资的进一步发展,中国需要加强和国际的合作,同时积极参与全球投资规则的制定,更好地保护中国对外投资的长远利益。[97]谢平等认为,中投与其他完全以盈利为目的的金融机构不同,中投可以成为财政政策一个行之有效的政策工具,主权财富基金的投资应与货币当局进行充分的协调,使其投资对稳定汇率起到积极的作用。此外,主权财富基金的资产配置对母国与东道国的经常账户和资本账户都有重要的影响,有利于提高一国资产负债表的稳定性。[98]

其次,中国主权财富基金在建立初期,摸索阶段的基金在多个方面都存在需要改进的地方,国际社会对中国主权财富基金存在质疑,主要是因为主权财富基金在运作机制和投资行为方面的透明度不高,导致无法对基金实行有效的监管,中投也存在同样的问题。随着对主权财富基金研究的不断深入,研究内容不仅仅局限于研究主权财富基金的概念、分类、发展过程、原因及影响等,逐渐涉及主权财富基金的运营管理方面。部分学者对中投公司的管理体制提出了建设性的意见。如张明指出中投公司的运营面临六大难题:如何平衡自身承担的多重任务;如何选择投资品种;如何掌握自主投资和委托理财的平衡;如何应对发达国家政府对其“政治性目的”的指责;如何建立完善的公司治理结构;如何应对竞争对手。[99]史树林认为,主权财富基金的特殊身份所引发的纠纷可能同时涉及国际公法和国际经济法。对主权财富基金设立的特殊规范会使其处于被歧视的地位,导致收购权限制、私密性限制、竞争能力限制等问题出现。[100]苗迎春认为,增强透明度对东道国、目标企业和中投本身都有益处,因此应该充分认识增强基金透明度的积极作用,认真研究有关透明度问题的国际规则,与此同时,尽快制定针对来华投资的外国主权财富基金透明度要求的详细标准与准则,保障中国国家经济安全。[101]张瑾分析认为,中投有必要借鉴和吸收美国通用会计准则所倡导的原则,并积极参与国际主权财富基金监管规则的谈判和制定过程。[102]李虹分析认为,应在国际法层面通过扩大双边投资协议中对投资的界定,将国际投资法延展适用于主权财富基金,促使东道国和国际法对主权财富基金的监管重点实现从“身份”到“契约”的转变。[103]

再次,后危机时代,发达国家投资保护主义崛起,全球主权财富基金面临的投资环境都发生了巨大的变化,部分学者对后危机时期中国主权财富基金的投资特点进行了分析总结。张明认为,中投在保持单一投资策略的同时,应追求投资品种多元化,避免追求直接或间接控股。[104]朱孟楠等分析认为,中国主权财富基金应该遵循《圣地亚哥原则》,明晰实现最大化风险调整报酬的投资策略。[105]张世贤和徐雪提出中国的主权财富基金应该更多地投资于原材料(尤其是能源)和高科技行业从而支持国家的工业化发展。[106]张明对金融危机背景下中投公司投资行为的转变进行了总结。[107]郭茵和任若恩认为,中投公司可以通过建立比较基准组合保证收益和控制风险,并参照主要指数选取成分股和成分债券。[108]李留山建议中国主权财富基金重新审视目标投资地域,将资金更多由发达国家向正处于工业化高速发展阶段的新兴国家转移,同时应重新审视虚拟经济,让资金回归实体经济,寻求合理的财富收益。[109]李峰和宋玉华对基金的投资绩效进行了深入的分析研究。[110]喻海燕等基于现代投资组合理论,选取多个证券指数并结合我国战略目标,模拟了中国主权财富基金的资金池,构建出最优资产配置组合按投资比重由小到大排序应该是黄金、美国国债、原油、标普 500 指数和日经 225 指数。[111]张留禄和张钰认为,中国主权财富基金投资战略应向以下三方面发展,即环境、资源、人力配备,其中环境是投资战略的基础,资源是投资战略的核心,人力配备是投资战略可持续的保障。[112]周卫江认为在行业选择上,中国主权财富基金可以从金融、房地产业向现代制造业、绿色能源产业转移。[113]潘圆圆和张明对近年来中投海外投资战略的转变做了系统研究,中投在产业分布、投资期限与投资方式等方面都更为多元化。[114]王永中等对中投公司投资策略的转变、投资行业的分布进行了介绍,并对改善中投公司的投资绩效提出了政策性的建议。[115]

第四,养老资金的短缺不仅是中国迫切需要解决的问题,同时也是世界性难题。俄罗斯为了解决养老金问题,就将其主权财富基金——稳定基金拆分为功能不同的两个基金——储备基金和国家福利基金,其中国家福利基金的主要功能就是补充养老体系资金,提高养老人员生活水平,使国民财富能够在代际之间较为公平的分配。中国很早就有学者开始关注这一领域,如郑秉文一直在呼吁建立中国的主权养老基金,他在2008年发文指出中国建立主权养老基金既可以应对老龄化问题也可以缓解国际对中投公司"中国威胁论"的舆论压力。[116]郑秉文、何树方回顾了加拿大的社保制度改革和建立主权养老基金的历史,发现加拿大政府采取的"前倾式主动型"上调费率的改革方案效果显著。[117]

最后,部分学者对除中投公司外的中国其他主权基金的发展现状进行了介绍。如龚文介绍了中国-东盟投资合作基金支持中国与东盟经济合作的现状。[118]杨丽花等从博弈论视角探讨了丝路基金吸引投资者参与"一带一路"PPP项目的作用机理。[119]罗艳对中非发展基金对非投资情况进行了介绍。[120]迟建新从中非发展基金助力中非产能合作的角度,分析指出中非发展基金通过市场化的股权投资基金运作方式,为实现非洲工业化和经济腾飞提供了投融资支持,推动了中国企业"走出去"。[121]

综上所述,对于中国的主权基金体系还没有完整的系统研究,以往的分析主要围绕中国建立主权基金的原因、不同主权投资基金的发展现状进行了较为详尽的介绍和分析,但是研究并未涉及比较分析各主权财富基金的共性与差异。目前,虽然有部分研究阐明了主权财富基金与中央银行、国有企业存在本质区别(如约书亚、戴利研),[122]但是,针对不同主权基金异同点的研究仍然较少。虽然都是一国政府成立的主权财富基金,在投资领域方面有所重合,但只有阐明各基金的异同之处,明确各基金的设立目标和主要职能,才能使基金各司其职,减少不必要的投资竞争,使国家财富达到最大化收益。以中国的中投公司和全国社会保障基金为例,同样是中国的主权财富基金，但是其在资金来源，组建目的以及投资策略上存在巨大的区别。因此，本书也将针对这一问题进行进一步研究。

六、主权财富基金的国别研究综述

根据不同的分类标准，主权财富基金可以分为不同的类型。根据资金来源的不同，可以将主权财富基金分为资源型商品出口国主权财富基金和非资源型商品出口国主权财富基金(以下简称资源型基金和非资源型基金)进行分析。[123]资源型基金的资金来源较为单一，主要来源于石油、天然气、铜、钻石、磷酸盐等自然资源收入。根据资金来源渠道的不同，资源型基金可以进一步分为两类：一是资金来源不仅包括出口能源所获得的出口收入，还包括对能源开采和出口所征收的税收收入，如俄罗斯、委内瑞拉、阿曼以及智利等国建立的主权财富基金；二是资金来源直接从超额的外汇储备资产中划拨，不涉及与能源相关的税收收入，如挪威和科威特的主权财富基金。

(一) 资源型主权财富基金相关研究

在对资源型主权财富基金研究方面，国内外学者对俄罗斯、中东和挪威主权财富基金的研究较为深入。

国内外学者对俄罗斯主权财富基金的研究大致可以划分为三个方面，一是对俄罗斯联邦稳定基金的成立背景和改组前发展概括的介绍；二是对基金改组目的和过程的分析；三是对基金投资的社会影响进行评价。

在对基金的成立背景和改组前发展概括的介绍方面，郭晓琼分析认为，俄罗斯对能源的过度依赖会导致“荷兰病”，劳动力等资源集中于能源部门，制造业吸引劳动力等资源的成本将被迫提升，与此同时，能源出口导致大量顺差，迫使本币升值，也降低了制造业的出口竞争力，能源产业带来的经济增长在一定程度上是以牺牲其他产业为代价的。[124]叶楠分析认为，俄罗斯经济状况与原油价格息息相关，建立主权财富基金能够缓冲石油价格波动对俄罗斯经济造成的影响，因此，有必要建立主权财富基金进行长期投资来实现国民财富的跨期分配。[125]

在基金改组方面，殷红分析认为，俄罗斯联邦稳定基金的拆分有效规避了西方国家的抵制，而且有利于基金的有效管理和投资运作。[126]李建民分析认为，拆分稳定基金是预算改革的一部分，从预算改革的角度来说，俄罗斯已经完成稳定基金转型的任务。[127]潘广云分析认为，基金改组的根本目的是降低预算体系对外部行情的依赖，最终使预算支出稳定且可预测。具体而言，建立储备基金旨在石油价格下跌时将俄罗斯经济风险最小化，发挥财政的“安全气囊”作用；建立国家福利基金的目的是为子孙后代留下更多的财富，以实现当代与后代之间的公平分配。[128]克莱利亚分析认为，基金拆分为储备基金和国家福利基金能够更好地发挥俄罗斯的资源禀赋优势，从单纯地实现保值功能跨越到获得投资收益，扩大基金规模，促进俄罗斯经济稳定发展。[129]

在基金绩效评价方面，郭晓琼分析认为，由于国际原油价格持续上涨，稳定基金防止能源价格大幅下跌对经济造成负面冲击的功能表现并不显著，但是稳定基金的确在一定程度上抑制了通货膨胀。[130]潘广云分析认为，俄罗斯主权财富基金在以下三个方面发挥了重要作用：一是协助财政提前偿还外债，减轻了政府预算的利息支出压力；二是弥补养老金缺口，改善社会福利；三是向国内金融机构提供融资，助力本国金融体系发展。[131]德罗比雪夫斯基分析了以俄罗斯为代表的石油输出国主权财富基金的运营情况，并对次贷危机期间基金投资对资本市场、大宗商品价格等领域的影响进行了探讨。[132]王志远分析认为，俄罗斯主权财富基金在抵御经济波动方面起到了“安全气囊”的作用，有效地发挥了平抑经济波动、减缓经济衰退、保障国家预算平衡和防范财政危机的作用，并从“弱可持续发展”视角指出，建立主权财富基金符合能源出口国的利益。[133]

综上所述，在研究的初始阶段，国内外学者对俄罗斯主权财富基金建立的背景和改组情况进行了较为详尽的分析，虽然已经有学者开始关注基金投资运营对社会的影响，但是，受限于数据的可获得性及基金运营的时间较短，研究方法主要是定性研究，研究内容主要围绕基金投资的社会影响，较少涉及基金的投资绩效。时至今日，俄罗斯主权财富基金运营已经超过10年，现有的资金也即将用完，有必要对基金的整体运营情况做一个详尽的分析。

国内外学者对中东地区和挪威主权财富基金的研究大致可以划分为三个方面，一是对中东地区各国和挪威组建主权财富基金的成立背景和基金发展现状的介绍；二是对挪威主权财富基金的治理结构和投资策略进行了较为详尽的分析；三是对中东地区基金的联合投资趋势做了较为深入的研究。

郭茵和任若恩对阿布扎比投资局、挪威主权财富基金的投资取向进行了介绍,并对基金的投资绩效进行了简要评价。[134]王震和陈冬月对阿联酋、沙特、挪威、科威特等产油国主权财富基金的发展状况及其对全球金融市场的影响进行了分析,并对基金的投资行为进行了研究,在此基础上,对基金的发展趋势进行了预测。[135]张瑾对卡塔尔主权财富基金的成立背景、资金来源、组建目的以及投资业绩进行了介绍,指出从短期来看,基金在2008年金融危机爆发后选择的与众不同的投资表现了惊人的业绩,从长期来看,卡塔尔作为资源输出国,基金对实现国家财富的代际间转移将发挥重要作用。[136]

挪威主权财富基金作为世界上较为成功的主权财富基金之一,在中国主权财富基金建立初期,国内多位学者对其进行了介绍,挪威主权财富基金的治理结构是国内学者较为推崇的模式。何帆和陈平分析认为,挪威的成功经验表明,建立主权财富基金对超额的外汇储备进行积极管理,可以提高本国储备资产的长期购买力,提升本国的国际竞争力,消除外汇储备增加对宏观政策自主性的影响。[137]葛小羽介绍了挪威主权财富基金的运作方式。[138]张毅和刘嫒嫒介绍了挪威等国主权财富基金的投资组合特点。[139]高洁分析了挪威主权财富基金的投资模式,认为其构建基金基准组合、将指数化管理与积极管理相结合以及内外部经理共同管理基金的模式值得我们借鉴。[140]周超构建了基金投资收益多元线性回归模型,探讨影响主权财富基金投资收益的影响因素,研究表明债券投资比例对挪威主权财富基金收益率的影响最大。[141]以挪威和俄罗斯为代表的资源型基金的资产配置战略都经历了从保守管理到积极投资的过程,在利用主权财富基金加大对外投资,提高在国际经济体系中的地位以及应对即将到来的老龄化社会方面有很多成功的经验,基金作为政府强有力的财政政策工具,在调整国内经济结构方面将发挥更加重要的作用。[142]

(二)非资源型主权财富基金相关研究

在对非资源型主权财富基金研究方面,国内外学者对新加坡和韩国主权财富基金的研究较为深入。

韩国是中国重要的邻国,无论是经贸关系领域还是地缘政治考量,在东北亚地区韩国对中国的经济社会发展都有重要的影响。中韩两国不但在建立主权财富基金的背景、模式方面较为接近,在运用主权财富基金投资实现国家发展战略方面也有相似的需求。中国社科院金融所课题组、董裕平对韩国主权财富基金的经验进行了介绍。[143]黄梅波和熊爱宗对新加坡和韩国主权财富基金的投资流程和风险管理策略进行了介绍。[144]莫少昆和余继业对新加坡淡马锡的成立背景、运营模式，特别是淡马锡与新加坡政府的关系进行了详尽的分析。[145]高洁对韩国主权财富基金的投资管理模式、资产配置的种类和技术处理方法、风险管理原则、绩效评估和监测原则进行了介绍。[146]黄中文等对新加坡和韩国主权财富基金的投资流程和投资案例进行了介绍。[147]叶楠对新加坡主权财富基金的运营模式和监管体系进行了介绍。[148]

七、主权财富基金联合投资的研究综述

长久以来，基于特殊的主权身份，各国主权财富基金主要进行独立投资，较少与其他投资主体、尤其是其他国家的主权财富基金合作投资。2008年金融危机爆发，中东和东亚地区主权财富基金向发达经济体的金融机构注入大量资金，被称为“救火队”，但危机过后，部分国家以投资可能对东道国政治、经济带来威胁为由对主权财富基金的投资行为进行监管，甚至设立专门的法律法规限制主权财富基金的投资，极大地损害了主权财富基金及其母国的利益。可见，作为国际经济领域的重要参与者，主权财富基金的投资活动不仅依赖于自身的行为，而且受限于其他主体的行为。因此，在后危机时期，部分学者提出主权财富基金应该加强彼此间的合作，以此来应对部分发达国家的投资保护主义。张海亮和郭明指出，主权财富基金应自发地进行合作，以联盟的形式构建规制，提供可信承诺，向东道国发出积极的信号；以合作的方式，用集体声誉代替个人声誉，将使得主权财富基金的投资更加可信。[149]叶楠指出，在可预见的未来，亚洲主权财富基金联合投资的领域和合作对象将不断拓展。[150]

在实际操作中，主权财富基金合作并非无先例可循，严荣首次对海合会成员国主权财富基金的区域投资与合作进行了介绍，指出基金在区域内的投资呈现出促进区域金融合作的潜能，而且海合会成员国已经建立了合资主权财富基金进行投资活动。[151]近年来，中国也加强了与中东地区主权财富基金的合作，杨力和虞琤分析了中国与中东主权财富基金合作的现状，指出中东和中国的主权财富基金自2008年金融危机以来，通过联合投资、共建主权财富基金国际论坛等行动，一定意义上改变了国际金融市场的格局，推动了国际金融监管机制的变革。[152]张瑾介绍了卡塔尔主权财富基金及“一带一路”倡议下的中卡金融合作。[153]

中国、韩国、新加坡作为东亚地区主要国家，在地区发展中起到重要作用。但是，对于东亚地区主权财富基金的研究仍处于起步阶段，以往研究主要集中于介绍各国基金的运营模式，对东亚各国基金的比较研究以及基金的区域合作研究较少。目前，中、韩、新三国均已建立主权财富基金，并在部分领域展开了合作。近年来，国内学者也加强了对东亚等国家和地区主权财富基金合作的关注。部分学者对东亚主权财富基金的合作情况作了简要的介绍，马野驰提出，东亚主权财富基金投向本区域，可以形成新的资金循环链以组建新的东亚生产体系。[154]叶楠指出，金融危机期间海合会与中国、新加坡、韩国等东亚主权财富基金曾进行了多次联合投资。[155]戴利研和赵磊对中国和韩国两支主权财富基金的资金来源、治理结构、资产配置策略等运营模式进行了研究，在分析东亚地区现有合作机制及存在问题的基础上，对中韩主权财富基金合作的可行性进行了分析，中韩主权财富基金不但可以在金融和能源领域相互投资，还可以采取联合投资的方式向其他经济体投资，在实现国家战略的同时获得更高的投资收益。[156]

虽然海合会主权财富基金的合作方式对东亚主权财富基金合作有所启发，但是东亚地区经济和政治环境有自身的特点，因此，不可完全套用海合会主权财富基金合作的模式。因此，本书试图在分析东亚主权财富基金的资金来源、治理结构、资产配置策略等运营模式的基础上，探索东亚地区主权财富基金的合作路径。

目前，对东亚地区主权基金合作的研究多数围绕中俄两国合作。在对中俄主权财富基金战略合作分析方面，钱晓英和王阳对中俄主权财富基金的合作进程做了梳理，分析了当前中俄主权财富基金合作的现实条件和存在的制约因素。[157]东贤等对包括中国、俄罗斯等亚洲发展中国家主权财富基金对外直接投资的发展情况进行了分析。[158]高洁和许琛分析了在“一带一路”倡议下中俄主权财富基金合作的新机遇，指出作为政府背景的机构投资者，主权财富基金参与了本国政府许多重要决策，了解本国国家战略和企业实际发展需求，因此，中俄两国主权财富基金可以加强合作，成为连接两国企业合作的纽带。[159]

注　释

1. Jeffrey Garten，“We Need Rules for Sovereign Funds”，August 7，2007，https://www.ft.com/content/1a968284-44fd-11dc-82f5-0000779fd2ac，最后访问时

间:2020 年 6 月 16 日。

2. Kambayashi, S., "The World's Most Expensive Club", *The Economist*, May 24, 2007, https://www.economist.com/finance-and-economics/2007/05/24/the-worlds-most-expensive-club,最后访问时间:2020 年 6 月 16 日。

3. Lawrence Summers, "Funds that Shake Capitalist Logic", https://www.ft.com/content/1a968284-44fd-11dc-82f5-0000779fd2ac, July 29, 2007,最后访问时间:2020 年 6 月 16 日。

4. Andrew Rozanov, "Who Holds Wealth of Nations", *Central Banking Journal*, Vol.15, No.5, 2005, pp.1—4.

5. 国际货币基金组织官网,"Sovereign Wealth Funds—A Work Agenda", February 29, 2008, https://www.imf.org/en/Publications/Policy-Papers/Issues/2016/12/31/Sovereign-Wealth-Funds-A-Work-Agenda-PP4234,最后访问时间:2020 年 6 月 16 日。

6. 美国财政部官网,https://home.treasury.gov/system/files/206/2007_Appendix-3.pdf,最后访问时间:2020 年 6 月 16 日。

7. 黎兵:《试析中国主权财富基金》,载《上海金融》2007 年第 10 期,第 53—55 页。

韩汉君:《主权财富基金:全球金融市场一支新的劲旅》,载《当代世界》2008 年第 7 期,第 20—21 页。

8. 谢平、陈超:《谁在管理国家财富? 主权财富基金的兴起》,中信出版社 2010 年版,第 2—3 页。

9. Steffen Kern, "SWFs and Foreign Investment Policies", October 22, 2008, https://www.dbresearch.com/PROD/RPS_EN-PROD/PROD0000000000465344/SWFs_and_foreign_investment_policies_-_an_update.PDF,最后访问时间:2020 年 6 月 16 日。

10. Adrian Blundell Wignall, Yu Wei Hu, Juan Yermo, "Sovereign Wealth and Pension Fund Issues", January 1, 2008, https://www.oecd-ilibrary.org/docserver/243287223503.pdf?expires=1592331652&id=id&accname=guest&checksum=0AB8480C65982CA72E23C43D100DB12D,最后访问时间:2020 年 6 月 16 日。

11. Sergey Sinelnikov-Murylev, Pavel Trunin, "Government Wealth Funds and Monetary Policy," *Working Papers 148*, Gaidar Institute for Economic Policy, 2016.

12. 丁学东:《新知大讲堂——丁学东董事长开讲"全球化与主权财富基金投资"》,载《财政科学》2016 年第 6 期,第 160 页。

13. Lowery, C., "Sovereign Wealth Funds and the International Financial System", *Remarks at the Federal Reserve Bank of San Francisco's Conference on the Asian Financial Crisis Revisited*. *Washington*: *US Treasury*, 2007. Joshua Aizenman, Reuven Glick, "Sovereign wealth funds: Stylized facts about their determinants and

governance," *International Finance*, Vol.12, No.3, 2009, pp.351—386.黄梅波,熊爱宗:《全球主权财富基金的发展经验与启示》,载《国际论坛》2008 年第 3 期,第 63—81 页。

14. 陈超:《主权财富基金全球兴起》,载《当代金融家》2006 年第 10 期,第 17—19 页。

15. Steffen Kern, "SWFs and Foreign Investment Policies", October 22, 2008, https://www.dbresearch.com/PROD/RPS_EN-PROD/PROD0000000000465344/SWFs_and_foreign_investment_policies_-_an_update.PDF,最后访问时间:2020 年 6 月 16 日。

16. 宋国友:《主权财富基金的兴起与美国金融霸权》,载《现代国际关系》2007 年第 9 期,第 36—42 页。

17. 李石凯:《全球经济失衡与新兴市场经济体主权财富基金的崛起》,载《国际金融研究》2008 年第 9 期,第 30—38 页。

18. Lomax, A., "Sovereign Wealth Funds: The New Wealth of Nations", *Fleet Street Letter*, Vol.37, 2007, pp.23—26.

19. 谢平、陈超:《论主权财富基金的理论逻辑》,载《经济研究》2009 年第 2 期,第 4—17 页。

20. Aizenman Joshua, Reuven Glick, "Sovereign Wealth Funds: Stylized Facts about Their Determinants and Governance," *International Finance*, Vol.12, No.3, 2009, pp.351—386.

21. 张亮:《我国外汇储备增长过快的深层次原因及其优化路径分析》,载《当代经济管理》2011 年第 5 期,第 62—67 页。余永定、覃东海:《中国的双顺差:性质、根源和解决办法》,载《世界经济》2006 年第 3 期,第 31—41 页。

22. Simon Johnson, "The Rise of Sovereign Wealth Funds", *Finance and Development*, Vol.44, No.3, 2007, pp.56—57. Jeffrey Garten, "We Need Rules for Sovereign Funds", August 7, 2007, https://www.ft.com/content/1a968284-44fd-11dc-82f5-0000779fd2ac,最后访问时间:2020 年 6 月 16 日。

23. Truman, Edwin M, "Sovereign Wealth Funds: The Need for Greater Transparency and Accountability", *Washington, DC: Peterson Institute for International Economics*, No.PB07-6, 2007. 巴曙松、李科、沈兰成:《主权财富基金:金融危机后的国际监管与协作新框架》,载《世界经济与政治》2010 年第 7 期,第 130—145 页。

24. Simon Johnson, "The Rise of Sovereign Wealth Funds", *Finance and Development*, Vol.44, No.3, 2007, pp.56—57. Kambayashi, S., "The World's Most Expensive Club", *The Economist*, May 24, 2007, https://www.economist.com/finance-and-economics/2007/05/24/the-worlds-most-expensive-club,最后访问时间:2020 年 6 月 16 日。

25. Aizenman Joshua, Reuven Glick, "Sovereign Wealth Funds: Stylized Facts

about Their Determinants and Governance," *International Finance*, Vol.12, No.3, 2009, pp.351—386.

26. 国际货币基金组织官网,"Sovereign Wealth Funds—A Work Agenda", February 29, 2008, https://www.imf.org/en/Publications/Policy-Papers/Issues/2016/12/31/Sovereign-Wealth-Funds-A-Work-Agenda-PP4234,最后访问时间:2020 年 6 月 16 日。

27. Truman, Edwin M, "A Blueprint for Sovereign Wealth Fund Best Practices," *Revue d'economie Financiere*, Vol.9, No.1, 2009, pp.429—451.

28. Linaburg, C., and Maduell, M., "Linaburg-Maduell Transparency Index", http://www.swfinstitute.org/statistics-research/linaburg-maduell-transparency-index/,最后访问时间:2020 年 6 月 13 日。

29. Magnus, G., "Sovereign Wealth Funds and the Rise of the 'Global South'", https://xueshu.baidu.com/usercenter/paper/show?paperid = 0e015a4b183ed45890e2c72a63533c5d&site = xueshu_se, August 31, 2010,最后访问时间:2020 年 6 月 16 日。

30. Lyons, G., "State Capitalism: The Rise of Sovereign Wealth Funds", *Journal of Management Research*, Vol.7, No.3, 2007, pp.119—146.

31. 宋国友:《主权财富基金的兴起与美国金融霸权》,载《现代国际关系》2007 年第 9 期,第 36—42 页。

32. Steffen Kern, "Sovereign Wealth Funds-State Investments on the Rise", September 10, 2007, https://leblog-boursier.typepad.com/leblogboursier/files/fonds_dinvestissement_detat.pdf,最后访问时间:2020 年 6 月 16 日。

33. 宋玉华、李峰:《主权财富基金的发展及对 21 世纪初世界经济的影响》,载《经济理论与经济管理》2008 年第 1 期,第 27—33 页。

34. 严荣:《自主的悖论:主权财富基金的国际政治经济分析》,人民出版社 2010 年版,第 218 页。

35. 葛婷婷:《主权财富基金投资动向研究》,载《金融经济》2008 年第 7 期,第 114—115 页。

36. Robert M. Kimmitt, "Public Footprints in Private Markets: Sovereign Wealth Funds and the World Economy", *Foreign Affairs*, Vol.87, No.1, 2008, pp.119—130.

37. 魏本华:《全球外汇市场、储备管理与主权财富基金》,载《中国国情国力》2007 年第 12 期,第 8 页。

38. Magnus, G., "Sovereign Wealth Funds and the Rise of the 'Global South'", https://xueshu.baidu.com/usercenter/paper/show?paperid = 0e015a4b183ed45890e2c72a63533c5d&site = xueshu_se, August 31, 2010,最后访问时间:2020 年 6 月 16 日。陈支农:《主权基金重塑国际投资版图》,载《经济导刊》2008 年第 3 期,第 54—56 页。

39. Simon Johnson，“The Rise of Sovereign Wealth Funds”，*Finance and Development*，Vol.44，No.3，2007，pp.56—57.

40. Clay Lowery，“Sovereign Wealth Funds and the International Financial System”，June 21，2007，https://www.treasury.gov/press-center/press-releases/Pages/hp471.aspx,最后访问时间:2020 年 6 月 16 日。

41. Ronald J.Gilson，Curtis J.Milhaupt，“Sovereign Wealth Funds and Corporate Governance：A Minimalist Response to the New Mercantilism,” *Corporate Governance*，Vol.463. No.487，2009,pp.463—487.

42. 刘新英:《主权财富基金的兴起及对我国的启示》,载《宏观经济研究》2008 年第 8 期,第 75—79 页。

43. 周学海:《主权财富基金的兴起与争论》,载《国际论坛》2008 年第 1 期,第 46—50 页。

44. John Gieve，“Sovereign Wealth Funds and Global Imbalance”. Bank of England Quarterly Bulletin 2008 Q2，Vol.48，No.2，2008，pp.196—202.

45. Nicholas Brooks，“China's New Sovereign Wealth Fund：Implications for Global Asset Markets”，http://internetfileserver.phillip.com.sg/Poems/UnitTrust/Reports/Insight14_070717.PDF, July 17，2007,最后访问时间:2020 年 6 月 16 日。

46. Jen，S.，“Tracking the Tectonic Shift in Foreign Reserves and SWFs”，*Morgan Stanley Research Global*，2007.

47. Roland Beck，Michael Fidora，“The Impact of Sovereign Wealth Funds on Global Financial Markets,” *Intereconomics*，Vol.43，No.6，2008，pp.349—358.

48. Miles，D. and Jen，S.，“Sovereign Wealth Funds and Bond and Equity Prices”，*Morgan Stanley Research*，2007，http://www.morganstanley.com/institutional/research/conflictpolicies,最后访问时间:2020 年 6 月 29 日。

49. 宋玉华、李峰:《主权财富基金的兴起及其对全球资产价格的影响——基于资产定价模型的估算》,载《浙江大学学报》2009 年第 7 期,第 130—139 页。

50. 谢平、陈超:《谁在管理国家财富？主权财富基金的兴起》,中信出版社 2010 年版,第 125 页。

51. Shai Bernstein，Josh Lerner，and Antoinette Schoar，“The Investment Strategies of Sovereign Wealth Funds,” *Journal of Economic Perspectives*，Vol.27，No.2，2013，pp.219—238.

52. William L.Megginson，Miao You，and Liyan Han，“Determinants of Sovereign Wealth Fund Cross-Border Investments,” *Financial Review*，Vol.48，No.4，2013，pp.539—572.

53. 喻海燕:《我国主权财富基金对外投资风险评估——基于三角模糊层次分析法(TFAHP)的研究》,载《厦门大学学报(哲学社会科学版)》2015 年第 1 期,第 110—118 页。

54. 早期的跨国公司如荷兰东印度公司、马萨诸塞海湾公司在经贸的同时,可以调遣陆军和海军,制定自己的外交政策,控制东道国(或地区)的土地。而当代跨国公司的经贸活动往往会受到母国与东道国(或地区)双边政治关系的制约,如第二次世界大战后,美国政府为美国和其他资本主义国家的公司进行海外扩张提供了有利的国际政治环境。

55. Fuchs, Andreas, and Nils-Hendrik Klann, "Paying a Visit: The Dalai Lama Effect on International Trade," *Journal of International Economics*, Vol.91, No.1, 2013, pp.164—177. Li, Quan, and Tatiana Vashchilko, "Dyadic Military Conflict, Security Alliances, and Bilateral FDI Flows," *Journal of International Business Studies*, Vol.41, No.5, 2010, pp.765—782. 张建红、姜建刚:《双边政治关系对中国对外直接投资的影响研究》,载《世界经济与政治》2012 年第 12 期,第 133—155 页。

56. Rodolphe Desbordes, Vincent Vicard, "Foreign Direct Investment and Bilateral Investment Treaties: An International Political Perspective," *Journal of Comparative Economics*, Vol.37, No.3, 2009, pp.372—386.

57. Quan Li, Tatiana Vashchilko, "Dyadic Military Conflict, Security Alliances, and Bilateral FDI Flows," *Journal of International Business Studies*, Vol.41, No.5, 2010, pp.765—782.

58. Duanmu, Jing-Lin., "State-owned MNCs and Host Country Expropriation risk: The Role of Home State Soft Power and Economic Gunboat Diplomacy," *Journal of International Business Studies*, Vol.45, No.8, 2014, pp.1044—1060.

59. 张建红、姜建刚:《双边政治关系对中国对外直接投资的影响研究》,载《世界经济与政治》2012 年第 12 期,第 133—155 页;潘镇、金中坤:《双边政治关系、东道国制度风险与中国对外直接投资》,载《财贸经济》2015 年第 6 期,第 85—97 页。

60. 杨攻研、刘洪钟:《政治关系、经济权利与贸易往来:来自东亚的证据》,载《世界经济与政治》2015 年第 12 期,第 110—130 页。

61. 刘晓光、杨连星:《双边政治关系、东道国制度环境与对外直接投资》,载《金融研究》2016 年第 12 期,第 17—31 页。

62. Rolando Avendaño, Javier Santiso., "Are Sovereign Wealth Funds Politically Biased? A Comparison with Other Institutional Investors," *Institutional investors in global capital markets*, Vol.12, 2011, pp.313—353.

63. April Knill, Bong-Soo Lee, Nathan Mauck, "Bilateral Political Relations and Sovereign Wealth Fund Investment," *Journal of Corporate Finance*, Vol.18, No.1, 2012, pp.108—123.

64. Sofia A.Johan, April Knill, and Nathan Mauck, "Determinants of Sovereign Wealth Fund Investment in Private Equity vs Public Equity," *Journal of International Business Studies*, Vol.44, No.2, 2013, pp.155—172.

65. Richard Portes, Helene Rey, "The Determinants of Cross-border Equity Flows," *Journal of International Economics*, Vol.65, No.2, 2005, pp.269—296.

66. Vidhi Chhaochharia, Luc Laeven, "Sovereign Wealth Funds: Their Investment Strategies and Performance," March 15, 2009, https://admin.darden.virginia.edu/emupload/uploaded2009/sovereign%20wealth%20funds.pdf,最后访问时间:2020 年 6 月 17 日。

67. April Knill, Bong-Soo Lee, and Nathan Mauck, "Bilateral Political Relations and Sovereign Wealth Fund Investment," *Journal of Corporate Finance*, Vol.18, No.1, 2012, pp.108—123. William L.Megginson, Miao You, and Liyan Han, "Determinants of Sovereign Wealth Fund Cross-border Investments," *Financial Review*, Vol.48, No.4, 2013, pp.539—572.

68. 张海亮、周卫江、王亦奇:《全球主权财富基金投资空间分布、路径选择》,载《经济问题》2013 年第 5 期,第 95—99 页。

69. 张海亮、吴莉明、钱惠:《全球主权财富基金资产配置行为和规律:基于国家、行业和企业的多层分析》,载《经济问题探索》2014 年第 1 期,第 147—154 页。

70. Richard Portes, Helene Rey, "The Determinants of Cross-border Equity Flows," *Journal of International Economics*, Vol.65, No.2, 2005, pp.269—296.

71. Vidhi Chhaochharia, Luc Laeven, "Sovereign Wealth Funds: Their Investment Strategies and Performance," March 15, 2009, https://admin.darden.virginia.edu/emupload/uploaded2009/sovereign%20wealth%20funds.pdf,最后访问时间:2020 年 6 月 17 日。

72. William L.Megginson, Miao You, and Liyan Han, "Determinants of Sovereign Wealth Fund Cross-border Investments," *Financial Review*, Vol.48, No.4, 2013, pp.539—572.

73. Megginson, W.L. and Netter, J.M., "From State to Market: A Survey of Empirical Studies on Privatization", *Journal of Economic Literatur*, Vol.39, 2001, pp.321—389.

74. Shleifer, A. and Robert, W.V., "Large Shareholders and Corporate Control", *Journal of Political Economy*, Vol.94, No.4, 1986, pp.461—488.

75. Jensen, M.C. and Meckling, W.H., "Theory of the Firm: Managerial Behavior, Agency Costs and Ownership Structure", *Journal of Financial Economics*, Vol.3, 1976, pp.303—360.

76. Jason Kotter, Ugur Lel, "Friends or Foes? Target Selection Decisions of Sovereign Wealth Funds and Their Consequences," *Journal of Financial Economics*, Vol.101, No.2, 2011, pp.360—381.

77. Kathryn L Dewenter, Xi Han, and Paul H.Malatesta, "Firm Values and Sovereign Wealth Fund Investments," *Journal of Financial Economics*, Vol.98, No.2, 2010, pp.256—278.

78. Jason Kotter, Ugur Lel, "Friends or Foes? Target Selection Decisions of Sovereign Wealth Funds and Their Consequences," *Journal of Financial Economics*,

Vol.101，No.2，2011，pp.360—381.

79. 李峰:《主权财富基金的兴起:经济效应与中国的战略选择》,浙江大学出版社 2011 年版。

80. 刘京军、徐浩萍:《机构投资者:长期投资者还是短期机会主义者》,载《金融研究》2012 年第 9 期,第 141—154 页。

81. 童宇、蔡明超:《主权财富基金投资的公告效应实证分析》,载《上海金融》2015 年第 6 期,第 47—54 页。

82. Veljko Fotak，Bernardo Bortolotti，William Megginson，"The Financial Impact of Sovereign Wealth Fund Investments in Listed Companies," September 18，2008，https://www.researchgate.net/publication/241758435_The_Financial_Impact_of_Sovereign_Wealth_Fund_Investments_in_Listed_Companies,最后访问时间:2020 年 6 月 17 日。

83. Bernardo Bortolotti，Veljko Fotak，William Megginson，William Miracky，"Sovereign Wealth Fund Investment Patterns and Performance"，March 25，2010，https://www.feem.it/m/publications_pages/2010421511422-09.pdf,最后访问时间:2020 年 6 月 17 日。

84. Kathryn L.Dewenter，Xi Han，and Paul H.Malatesta，"Firm Values and Sovereign Wealth Fund Investments," *Journal of Financial Economics*，Vol.98，No. 2，2010，pp.256—278.

85. April Knill，Bong Soo Lee，and Nathan Mauck，"Sovereign Wealth Fund Investment and the Return-to-risk Performance of Target Firms," *Journal of Financial Intermediation*，Vol.21，No.2，2012，pp.315—340.

86. 申璐:《机构投资者对上市公司绩效的影响——基于 A-H 股的自然实验》,载《金融论坛》2015 年第 9 期,第 60—68 页。

87. Veljko Fotak，Xuechen Gao，William Megginson，"A Financial Force to be Reckoned With? An Overview of Sovereign Wealth Funds," *The Oxford Handbook of Sovereign Wealth Funds*，Vol.16，2017.

88. Jason Kotter，Ugur Lel，"Friends or Foes? Target Selection Decisions of Sovereign Wealth Funds and Their Consequences," *Journal of Financial Economics*，Vol.101，No.2，2011，pp.360—381.

89. Bernardo Bortolotti，Veljko Fotak，William Megginson，"The Sovereign Wealth Fund Discount: Evidence from Public Equity Investments," *The Review of Financial Studies*，Vol.28，No.11，2015，pp.2993—3035.

90. Jason Kotter，Ugur Lel，"Friends or Foes? Target Selection Decisions of Sovereign Wealth Funds and Their Consequences," *Journal of Financial Economics*，Vol.101，No.2，2011，pp.360—381.

91. Joshua Aizenman，Reuven Glick，"Sovereign Wealth Funds: Stylized Facts about Their Determinants and Governance," *International Finance*，Vol.12，No.3，

2009, pp.351—386.

92. 李锋、宋玉华:《中国主权财富基金的投资绩效研究》,载《经济理论与经济管理》2012 年第 2 期,第 54—60 页。

93. 张冬:《主权财富基金对投资对象公司价值的影响》,载《金融理论与实践》2013 年第 1 期,第 64—67 页。

94. 刘代民、蔡楠:《我国主权财富基金微观经济效应的实证分析——基于事件分析法》,载《经济研究参考》2015 年第 32 期,第 55—60 页。

95. 谢平、陈超:《论主权财富基金的理论逻辑》,载《经济研究》2009 年第 2 期,第 4—17 页。

96. 巴曙松、李科、沈兰成:《主权财富基金:金融危机后的国际监管与协作新框架》,载《世界经济与政治》2010 年第 7 期,第 130—145 页。

97. 何帆:《中国对外投资的特征与风险》,载《国际经济评论》2013 年第 1 期,第 34—50 页。

98. 谢平、陈超、柳子君:《主权财富基金、宏观经济政策协调与金融稳定》,载《金融研究》2009 年第 2 期,第 1—16 页。

99. 张明:《六大困难挑战中投》,《财经时报》2007 年 10 月 19 日,http://zhangming1977.blog.sohu.com/66681724.html,最后访问时间:2020 年 6 月 29 日。

100. 史树林:《论主权财富基金的法律问题》,载《中央财经大学学报》2008 年第 5 期,第 73—77 页。

101. 苗迎春:《论主权财富基金透明度问题》,载《国际问题研究》2010 年第 4 期,第 57—63 页。

102. 张瑾:《国际金融监管法制化研究——以主权财富基金国际监管制度为视角》,上海人民出版社 2014 年版。

103. 李虹:《主权财富基金监管研究》,经济管理出版社 2014 年版。

104. 张明:《论次贷危机对中国主权财富基金带来的机遇与挑战》,载《国际经济评论》2008 年第 5—6 期,第 37—40 页。

105. 朱孟楠、陈晞、王雯:《全球金融危机下主权财富基金:投资新动向及其对中国的启示》,载《国际金融研究》2009 年第 04 期,第 4—10 页。

106. 张世贤、徐雪:《我国主权财富基金的投资方向选择问题——基于国家利益原则的战略视角》,载《中国工业经济》2009 年第 7 期,第 76—86 页。

107. 张明:《全球金融危机背景下中国主权财富基金投资行为的转变》,载《国际经济评论》2010 年第 5 期,第 99—109 页。

108. 郭茵、任若恩:《国外主权财富基金投资取向借鉴与启示》,载《生产力研究》2010 年第 6 期,第 183—187 页。

109. 李留山:《后危机时代主权财富基金的投资策略研究》,载《国际商务财会》2011 年第 9 期,第 37—40 页。

110. 李峰、宋玉华:《中国主权财富基金的投资绩效研究》,载《经济理论与经济管理》2012 年第 2 期,第 54—60 页。

111. 喻海燕,田英:《中国主权财富基金投资——基于全球资产配置视角》,载《国际金融研究》2012 年第 11 期,第 47—54 页。

112. 张留禄、张钰:《略论中国主权财富基金的战略选择》,载《经济问题》2012 年第 8 期,第 102—104 页。

113. 周卫江:《主权财富基金区域投资偏好研究》,昆明理工大学 2013 年硕士学位论文。

114. 潘圆圆、张明:《中国主权财富基金投资策略的转变及其原因》,载《上海金融》2014 年第 9 期,第 28—35 页。

115. 王永中、张明、潘圆圆:《中国主权财富投资的理论、问题与对策》,中国社会科学出版社 2015 年版。

116. 郑秉文:《中国建立"主权养老基金"的急迫性及国际比较——应对"中国威胁论"与外汇储备二次分流的战略思考》,载《国际经济评论》2008 年第 3—4 期,第 43—52 页。

117. 郑秉文、何树方:《加拿大社保制度改革与建立"主权养老基金"十年回顾与评价》,载《当代亚太》2008 年第 1 期,第 88—107 页。

118. 龚文:《中国-东盟投资合作基金支持中国与东盟经济合作》,载《国际融资》2011 年第 11 期,第 61 页。

119. 杨丽花、周丽萍、翁东玲:《丝路基金、PPP 与"一带一路"—基于博弈论的视角》,载《亚太经济》2016 年第 2 期,第 24—30 页。

120. 罗艳:《助力企业开展对非合作——专访中非发展基金董事长迟建新》,载《国际工程与劳务》2016 年第 4 期,第 25—29 页。

121. 迟建新:《中非发展基金助力中非产能合作》,载《西亚非洲》2016 年第 4 期,第 34—48 页。

122. Joshua Aizenman, Reuven Glick, "Asset Class Diversification and Delegation of Responsibilities between a Central Bank and Sovereign Wealth Fund," *International Journal of Central Banking*, Vol.10, No.3, 2014, pp.129—161. 戴利研:《中投与其他国有企业在海外投资差异分析》,载《沈阳师范大学学报》2012 年第 1 期,第 97—99 页。

123. 资源型基金的资金主要来源于石油、天然气等非可再生资源的出口及相关税收收入,非资源型基金的资金主要来源于加工贸易商品的出口收入。

124. 郭晓琼:《俄罗斯联邦稳定基金的发展》,载《俄罗斯中亚东欧市场》2008 年第 1 期,第 8—14 页。

125. 叶楠:《探析俄罗斯主权财富基金的发展》,载《俄罗斯中亚东欧市场》2013 年第 4 期,第 16—26 页。

126. 殷红:《俄罗斯"国家福利基金"的建立及意义》,载《俄罗斯中亚东欧研究》2008 年第 3 期,第 26—32 页。

127. 李建民:《俄罗斯主权财富基金管理评析》,载《国际经济评论》2008 年第 3—4 期,第 53—55 页。

128. 潘广云:《俄罗斯主权财富基金改组及其国际比较》,载《国际论坛》2008 年第 5 期,第 56—61 页。

129. Clélia Chevrier, "Sovereign Wealth Funds in Russia," *Revue d'économiefinancière*, Special Issue 2009, pp.73—81.

130. 郭晓琼:《俄罗斯联邦稳定基金的发展》,载《俄罗斯中亚东欧市场》2008 年第 1 期,第 8—14 页。

131. 潘广云:《俄罗斯主权财富基金改组及其国际比较》,载《国际论坛》2008 年第 5 期,第 56—61 页。

132. Sergey Drobyshevsky, "Russian Sovereign Wealth Funds," in Antoine Heuty eds., *Sovereign Wealth Funds*: *New challenges for the Caspian Countries*, Azerbaijan: Revenue Watch Institute, 2011, pp.130—158.

133. 王志远:《主权财富基金——中国与俄罗斯的不同》,载《俄罗斯中亚东欧市场》2013 年第 4 期,第 5—15 页。

134. 郭茵、任若恩:《国外主权财富基金投资取向借鉴与启示》,载《生产力研究》2010 年第 6 期,第 183—187 页。

135. 王震、陈冬月:《产油国主权财富基金的投资行为和发展趋势分析》,载《中国软科学》2011 年第 4 期,第 68—74 页。

136. 张瑾:《卡塔尔主权财富基金与"一带一路"战略下的中卡金融合作》,载《上海师范大学学报》2016 年第 7 期,第 56—66 页。

137. 何帆、陈平:《外汇储备的积极管理:新加坡、挪威的经验与启示》,载《国际金融研究》2006 年第 6 期,第 4—13 页。

138. 葛小羽:《挪威政府石油基金的管理及借鉴》,载《中国财政》2007 年第 4 期,第 76—77 页。

139. 张毅、刘媛媛:《国外主权财富基金管理的做法及启示》,载《经济纵横》2008 年第 5 期,第 89—90 页。

140. 高洁:《挪威主权财富基金——政府全球养老基金的投资模式》,载《经济研究导刊》2010 年第 1 期,第 82—84 页。

141. 周超:《主权财富基金投资收益影响因素的回归分析》,载《北京理工大学学报(社会科学版)》2011 年第 5 期,第 16—20 页。

142. 戴利研:《资源型主权财富基金运营模式研究——以挪威和俄罗斯主权财富基金为例》,载《世界经济与政治论坛》2012 年第 6 期,第 35—44 页。

143. 中国社科院金融所课题组:《新加坡和韩国政府投资公司:运行模式及其启示》,载《中国经贸导刊》2007 年第 5 期,第 11—12 页;董裕平:《新加坡、韩国政府投资公司模式的经验与启示》,载《中国投资》2007 年第 4 期,第 114—117 页。

144. 黄梅波、熊爱宗:《全球主权财富基金的发展经验与启示》,载《国际论坛》2008 年第 3 期,第 63—81 页。

145. 莫少昆、余继业:《解读淡马锡》,鹭江出版社 2008 年版。

146. 高洁:《韩国主权财富基金投资模式研究》,载《经济研究导刊》2011 年第 12

期,第 66—68 页。

147. 黄中文、刘向东、朱芳芳、孙海程:《主权财富基金》,中华工商联合出版社 2011 年版。

148. 叶楠:《设立国视角下主权财富基金的投资问题研究》,湖北人民出版社 2013 年版。

149. 张海亮、郭明:《可信承诺、合作联盟与主权财富基金对外投资》,载《经济研究参考》2013 年第 62 期,第 12—18 页。

150. 叶楠:《新常态下主权财富基金的投资战略研究》,武汉大学出版社 2015 年版,第 114 页。

151. 严荣:《主权财富基金与海合会金融合作》,载《西亚非洲》2011 年第 8 期,第 50—61 页。

152. 杨力、虞琤:《中国与中东主权财富基金合作探析》,载《国际展望》2018 年第 4 期,第 138—151、158 页。

153. 张瑾:《卡塔尔主权财富基金与"一带一路"战略下的中卡金融合作》,载《上海师范大学学报》2016 年第 7 期,第 56—66 页。

154. 马野驰:《主权财富基金:东亚外汇储备管理的必要途径》,载《黑龙江金融》2010 年第 2 期,第 74—76 页。

155. 叶楠:《海合会国家主权财富基金解析》,载《海南金融》2013 年第 3 期,第 40—44 页。

156. 戴利研、赵磊:《中韩主权财富基金发展现状与合作前景研究》,载《海南大学学报(人文社会科学版)》2014 年第 7 期,第 22—29 页。

157. 钱晓英、王阳:《中俄主权财富基金合作分析》,载《商业研究》2015 年第 11 期,第 111—116 页。

158. Donghyun Park and Gemma B. Estrada, "Developing Asia's Sovereign Wealth Funds and Outward Foreign Direct Investment," *Asian Development Bank Economics Working Paper Series No.169*, 2009.

159. 高洁、许琛:《一带一路"战略下中俄主权财富基金合作新机遇》,载《中国联合商报》2015 年 5 月 18 日。

第一部分
全球主权财富基金的发展概况

第二章
全球主权财富基金的发展现状及趋势

第一节　全球主权财富基金的发展现状

主权财富基金作为一类投资主体，在成立时间、资金来源和地域分布等方面有一个共同的特征——高度集中。

一、全球主权财富基金的发展阶段

1953 年，科威特建立了世界上第一支主权财富基金——科威特投资委员会。在之后的近 40 年时间里仅有 9 支基金成立，主权财富基金在国际金融市场上没有引起过多的注意。在此之后，主权财富基金的发展经历了两个高峰期，一是 20 世纪 90 年代，10 年的时间里陆续有 8 支主权财富基金建立；二是 21 世纪以来，占总数一半以上的主权财富基金是在新世纪的最初 10 年建立的，近 20 年的时间里各国和地区新成立的主权财富基金有 51 支，截至 2018 年 8 月，全球共计有 79 支主权财富基金。主权财富基金的发展大致经历了以下三个阶段。

（一）初步发展阶段（1990 年以前）

1990 年之前建立的主权财富基金占总数的 21%。这一时期建立主权财富基金的资金来源主要以资源类商品的出口收入为主，包括石油、天然气、铜、磷酸盐等商品出口的收入。唯一一个以非资源类商品出口收入建立主权财富基金的国家是新加坡，其建立的两支主权财富基金——淡马锡和新加坡政府投资公司分别成立于 1974 年和 1981 年。

在初步发展阶段，主权财富基金主要以资源价格稳定基金的形式存在。

稳定基金的功能定位于降低国家对资源收入的依赖性，避免资源出口价格波动导致经济发展不稳定，同时为子孙后代积累财富，实现代际间的财富转移。管理模式定位于利用本国的资源出口收入创建基金，借助多元化的投资收益降低对单一的非再生资源的依赖，实现国民财富的增值。由此可见，稳定基金的功能和管理模式定位已经与传统的外汇储备资产有所区别。虽然稳定在功能定位上已经脱离了传统外汇储备对安全性和流动性的局限，在保值的基础上对储备资产的增值有了更进一步的要求，但是由于自身缺乏足够的投资经验，而且没有成功的模式可以效仿，这一时期的稳定基金所进行海外投资的数量和资金规模都非常有限，稳定基金与传统的外汇储备资产管理方式在实质上并没有太大区别。

（二）平稳发展阶段(1990—1999 年)

1990 年，挪威主权财富基金成立。经过 20 多年的发展，挪威主权财富基金的运作模式已成为全球主权财富基金效仿的典范。除挪威之外，其他建立基金的国家和地区以发展中国家为主。基金的资金来源仍然以石油等资源性商品出口收入为主，因此建立主权财富基金的主要是能源出口国家，但也出现了像马来西亚等以加工贸易出口收入建立主权财富基金的国家。

这一时期主权财富基金的发展较为平稳。挪威主权财富基金开始广泛地在欧洲等发达地区投资，由于主要进行小额投资，并且作为发达国家的基金，挪威主权财富基金的投资没有引起发达国家的过度反应。挪威和新加坡的成功经验引起了中国等外汇储备大国的关注，挪威和新加坡主权财富基金的运作模式被广泛应用到其他拥有超额外汇储备的国家，主权财富基金的快速发展阶段到来。

（三）快速发展阶段(2000 年至今)

主权财富基金作为一类投资主体真正的崛起是从 21 世纪开始。21 世纪初，短短的 10 年时间里就有近 30 家主权财富基金成立，而后 8 年又有约 20 家新的主权财富基金成立。截至 2018 年 8 月，全球各国和地区共有 79 支主权财富基金，主权财富基金的规模在近 20 年内迅速扩张。

这一时期主权财富基金的资金主要来源于两个方面：一是出口石油、天然气等能源类商品的出口外汇收入和财政税收收入；二是通过加工贸易出口所获得的外汇收入。从资金的规模来看，由于近年来国际能源商品价格不断上涨，出口能源国家利用充足的资金建立主权财富基金。截至 2018 年 8 月，基金的初始资金来自能源类出口和税收收入的基金占总体规模的一半以上，而基金的初始资金来源于加工贸易出口的基金则主要创立于亚洲的贸易盈余国家。

如图 2.1 所示，2000—2009 年间组建的主权财富基金数量最多，占比达到总数的 41%，其次是 2010—2018 年间组建的基金，占比达到 24%，再次是 1990—1999 年间组建的基金，占比达到 12%。1970 年前，1970—1979 年间以及 1980—1989 年间组建的基金数量相对来说较少，占比都没有超过 10%。

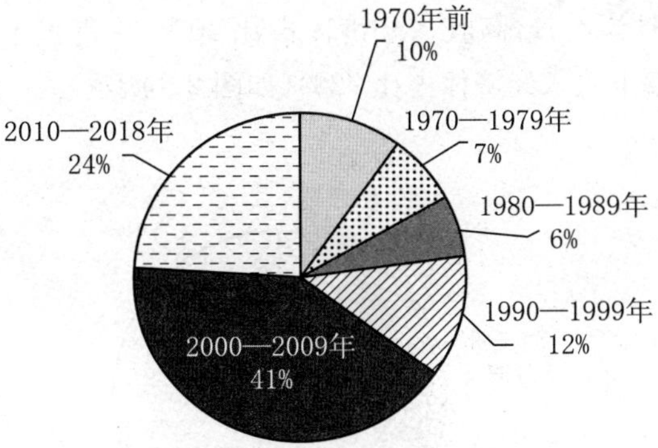

数据来源：主权财富基金研究所，https://www.swfinstitute.org/sovereign-wealth-fund-rankings/，最后访问时间：2020 年 6 月 29 日。

图 2.1　全球主权基金建立的年份划分

二、全球主权财富基金的地域和国别分布

从主权财富基金的地域分布来看，欧洲、美洲、亚洲、非洲、大洋洲都有经济体建立了主权财富基金，但是，建立主权财富基金的国家主要集中在亚洲和中东地区。这两个区域集中了全球石油等自然资源主要的产出国，以及以加工贸易为主的主要盈余国家和地区。具体而言，亚洲地区建立的主权财富基金的经济体占总体的 44%，非洲地区经济体占比 20%，美洲地区经济体占比 20%，其中南美洲和北美洲的经济体各占比 10%，而欧洲和大洋洲地区建立主权财富基金的经济体较少，分别占总体的 8%(如图 2.2 所示)。

20 世纪 90 年代中期以来，世界银行重新设定了国家的分类标准，以各国的人均国民总收入(GNI)为标准，把世界各经济体分为低收入经济体、中等收入经济体和高收入经济体，用以取代发展中国家和发达国家的分类标准，后来又加入了上中等和下中等两个类别。低收入经济体和中等收入经济体有时被称为发展中经济体。2017 年，根据世界银行最新的分类标准，

全世界经济体被划入四个收入组别:高收入、中等偏上收入、中等偏下收入和低收入。其中,低收入经济体是指 2017 年人均国民总收入为小于 1 005 美元的经济体;中等偏下收入经济体是指人均国民总收入处于 1 006 美元至 3 955 美元之间的经济体,而中等偏上收入经济体是指人均国民总收入处于 3 956 美元至 12 235 美元之间的经济体,高收入经济体是指人均国民总收入大于 12 235 美元的经济体。从经济体的收入水平来看,设立主权财富基金的国家和地区既有高收入经济体,也有中等收入经济体,但是没有低收入经济体。具体而言,高收入经济体占比 40%,中等偏上收入经济体占比 38%,中等偏下收入经济体占比 22%(如图 2.3 所示)。

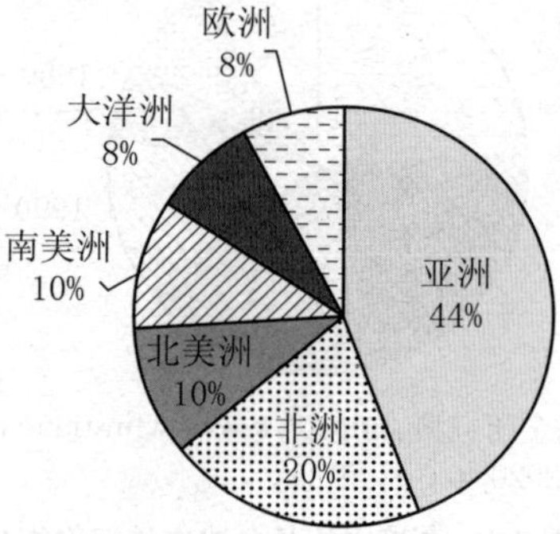

数据来源:主权财富基金研究所,https://www.swfinstitute.org/sovereign-wealth-fund-rankings/,最后访问时间:2020 年 6 月 29 日。

图 2.2 建立主权财富基金经济体的地域分布

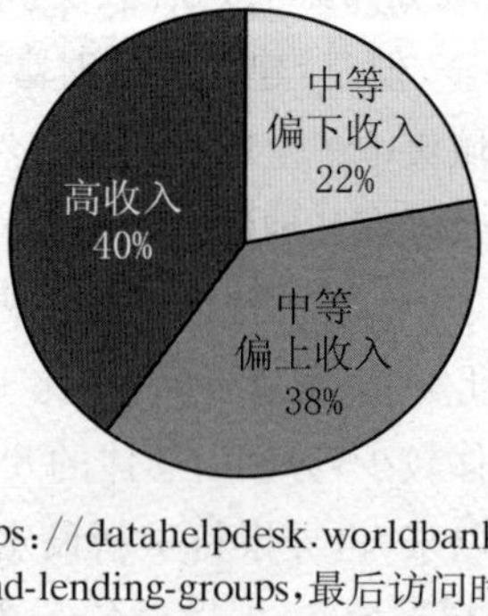

数据来源:世界银行,https://datahelpdesk.worldbank.org/knowledgebase/articles/906519-world-bank-country-and-lending-groups,最后访问时间:2020 年 6 月 29 日。

图 2.3 建立主权财富基金经济体的收入分布

进入 21 世纪,世界失衡最主要的表现就是新兴市场经济体外汇储备资产的积累,以及发达经济体对外债务的积累。目前,新兴市场经济体已经成为主要的对外净债权者，而发达经济体的对外债务余额超过了债权余额成为主要的对外净债务持有者。经历了百余年的发展，国际资本市场从投资主体到资本流向都发生了深刻的变迁。20 世纪初，资本从发达地区（英国）流向当时自然资源丰富但缺乏资本的新兴市场（美国、澳大利亚）；现阶段，资本从新兴市场国家和地区（中国、新加坡）逆向流动到资本市场成熟的发达国家和地区（美国、欧盟）。投资者也不仅是发达经济体的私人部门，新兴市场经济体的储备机构以及其他公共投资机构也成为国际资产市场的主要参与者。目前，拥有对外净债权的新兴市场经济体基本都建立了主权财富基金，新兴市场国家中，持有对外净债权的国家与建立主权财富基金的国家重合率超过 80%。

表 2.1　2016 年持有对外净债权的部分发展中经济体（单位：十亿美元）

	短期外债（占总储备比例）	净外债总额	外债总额存量	总储备（不包括黄金）	总储备（包括黄金）
中国	25.87%	20.05	1 415.8	3 029.78	3 097.66
俄罗斯	11.96%	34.11	525.65	317.54	377.05
阿尔及利亚	1.64%	0.89	5.46	114.39	120.79
安哥拉	0.65%	7.43	35.36	23.74	23.74
哈萨克斯坦	23.41%	13.4	163.72	20.1	29.6
马来西亚	87.03%	11.16	—	93.07	94.48
墨西哥	30.33%	−14.75	422.47	173.54	177.97
泰国	30.73%	−0.96	121.5	166.16	171.77
土耳其	92.5%	16.3	409.02	92.05	105.95
印度	23.17%	−21.66	455.55	341.15	361.69
越南	38.35%	8.11	85.64	36.53	36.53

注：表中没有建立主权财富基金的新兴市场经济体只有印度[1]和泰国。
数据来源：世界银行，http://data.worldbank.org/，最后访问时间：2020 年 6 月 29 日。

第二节　全球主权财富基金资金规模的发展趋势

一、全球主权财富基金的资金来源分析

根据主权财富基金的资金来源可以对规模的发展进行趋势预测。主权财富基金的未来规模不但取决于国际石油价格、石油出口国和加工贸易出

口国等发展中经济体内部经济结构的调整，还取决于美国经常项目逆差以及内部经济结构的调整。根据主权财富基金研究所的统计，截至2018年8月，全球主权财富基金的资金规模约8.11万亿美元，其中资源型基金资产规模约为4.41万亿美，占比54.4%，非资源型基金资产规模约为3.70万亿美元，占比45.6%。[2]

（一）资源型主权财富基金的资金来源

从主权财富基金的资金来源可以看出，主权财富基金的建立与发展与国际石油价格的变动息息相关。主权财富基金的规模发展趋势与国际石油价格成正相关关系。20世纪70年代至80年代，海湾国家的石油开采权收归国有，且国际石油多以美元计价，因此海湾国家积累了大量的“石油美元”。最初的“石油美元”主要被用于购买奢侈品等消费领域，较少涉及国内外投资，没有给区域的长期经济增长作出贡献，造成了极大的浪费。在对经济的长期发展进行详细分析后，石油出口国决定建立主权财富基金对外进行投资，在提高美元资产投资收益的同时，利用多元化的资产配置改善国内经济结构单一的现状。随着“石油美元”的不断积累，石油出口国建立主权财富基金的规模还将继续增长。

国际能源价格的变动对主权财富基金未来规模的影响分为两个方面。一方面，由于石油等资源性商品出口收入是主权财富基金资金的主要来源，如果国际能源价格持续高涨，资源性商品出口国家将积累更多的外汇储备资产，进而将更多的资金划拨到主权财富基金，资源型主权财富基金的规模将进一步扩大。另一方面，如果国际能源价格回落，出口制成品的亚洲国家将因为能源成本下降而积累更多的贸易盈余，进而将超额的外汇储备资产划拨到主权财富基金，非资源型主权财富基金的规模将进一步扩大。因此，国际能源价格的上涨和下跌都将对主权财富基金的未来规模产生重要的影响。

（二）非资源型主权财富基金的资金来源

建立主权财富基金的经济体主要以出口石油、天然气等自然资源的国家和地区为主，但同时也包括了新加坡、中国等非资源型出口国和地区。主权财富基金的未来规模与亚洲出口导向型国家的贸易盈余呈现正相关关系。如果出口导向型国家对经济结构和发展模式进行更加平衡的调整，将降低经常账户盈余的规模，会对主权财富基金的未来规模产生影响。但是，出于对以中国为代表的亚洲新兴市场国家将在一段时间内保持在国际重要货物和服务市场中竞争力，以及这些国家还没有能力在其他市场领域处于有利地位的预期，预计未来亚洲出口导向型国家的经常账户盈余还会继续增加，非资源型主权财富基金的规模也会随之不断扩大。

此外，主权财富基金的规模还取决于美国经济发展与贸易政策的变化。通过对美国的贸易出口，相关国家获得了巨额的外汇资产。美国不断扩大的经常项目逆差成为中东和亚洲国家经常账户盈余持续增长的重要因素，这些由巨额贸易盈余构成的外汇储备资产，成为石油和非石油商品出口国建立主权财富基金的主要资金来源。

数据显示，2008 年金融危机爆发前，在 1987—2006 年间，美国的经常项目逆差总额已经累计超过 5 万亿美元，并且从 1987 年到 2006 年一直呈现出不断加速的趋势。根据国际货币基金组织的统计，截至 2006 年，世界官方外汇储备资产也超过了 5 万亿美元，并且与美国经常项目逆差一样，呈现出不断加速增长的趋势。[3]在过去的 20 年间，美国对石油出口国的经常项目逆差累计超过 1 万亿美元，对东亚主要贸易出口国的累计经常项目逆差更是达到近 3 万亿美元。主要的经常账户盈余国积累了巨额的美元资产，美国巨额的经常账户逆差为主权财富基金的建立提供了充足的资金。

21 世纪开始，美国的经常项目逆差呈现不断快速增长的趋势，全球主权财富基金的规模也随之不断扩大，2006 年美国经常账户逆差额达到了峰值，但是从 2007 年开始就呈现下降趋势（美国次贷危机从 2007 年就开始初露端倪）。2008 年金融危机爆发后，美国的经常项目逆差急剧下降，商品和服务的进出口逆差总额从 2008 年的 5 578 亿美元下降为 2009 年的 3 955 亿美元，其中商品的进出口逆差额从 2008 年的 6 874 亿美元下降为 2009 年的 5 252 亿美元，[4]同比下降了 23.6%。此后，2010 年至 2014 年，美国商品和服务的进出口逆差总额基本维持在 4 000 亿美元左右，一直到 2015 年才恢复到 5 000 亿美元以上（见表 2.2）。

表 2.2　美国的商品与服务类进口额和出口额（单位：十亿美元）

年份	出口额			进口额		
	耐用商品	非耐用商品	服务	耐用商品	非耐用商品	服务
1999	533.8	288	338.6	724.4	572.8	245.4
2000	599.3	301.9	354.3	834.4	624.4	276.4
2001	549.5	300.1	336.6	782.2	641.1	274.6
2002	518.7	305.7	345.7	815.3	659.3	283.6
2003	528	312	350.8	850.4	698.9	289.6

续表

年份	出口额			进口额		
	耐用商品	非耐用商品	服务	耐用商品	非耐用商品	服务
2004	586	323.4	395.4	969.3	745.7	326.4
2005	641	333.2	410.3	1 051.6	774.8	341.1
2006	710.1	355.2	443.5	1 145.2	787.7	370.5
2007	770.8	373.9	504.1	1 174.5	794.2	393.5
2008	810.2	404.2	528.3	1 129	766.1	408.2
2009	671.6	393.5	522.6	893.8	696.5	392.9
2010	784.8	434	558	1 095.2	735.8	407.8
2011	852	448.2	600.6	1 197.9	745.9	424.2
2012	890.8	457.5	618.7	1 283.3	715.1	437.1
2013	911.3	477.4	645.7	1 332.1	698.1	439.9
2014	949.9	501.8	669.3	1 435	703.7	451.2
2015	928.1	516.1	683.2	1 518.1	732.8	469.3
2016	914.7	534	672.8	1 526.3	743.4	484
2017	947.3	567.1	680.5	1 626.1	743.7	496.3

数据来源:2018 年美国总统经济报告。

2008 年金融危机后,美国经常账户逆差下降导致主权财富基金的资金来源受到一定限制,从 2015 年开始,美国经常账户逆差逐渐增长(如图 2.4 所示),鉴于主权财富基金的增长规模与美国经常账户逆差额成正向关系,在未来一段时间里,全球主权财富基金的规模将持续增长。

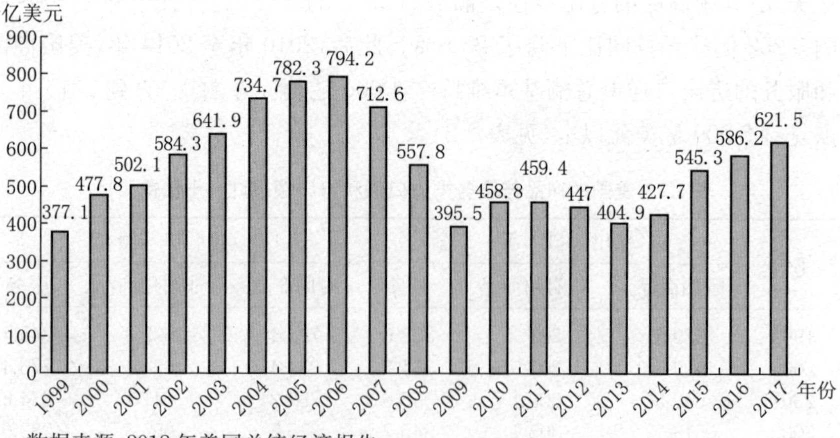

数据来源:2018 年美国总统经济报告。

图 2.4　美国商品与服务类经常项目进出口差额(1999—2017 年)

二、全球主权财富基金的资金规模预测

(一) 全球主权财富基金的资金规模排名

根据主权财富基金研究所统计，截至 2018 年 8 月，全球范围内共建立 79 支主权财富基金，总资产规模达到 8.109 万亿美元，其中资金来源为石油出口相关的主权财基金规模达到 4.41 万亿美元，资金来源为其他类型的主权财富基金资产规模达到 3.699 万亿美元。按资产规模排列，排名第一的是挪威全球政府养老基金，其资产规模达到 1.058 万亿美元。如表 2.3 所示，本书根据主权财富基金研究所网站数据，列出了资产规模排名前 20 的主权财富基金(全部主权财富基金所管理的资产规模排名详见附录 3)，其中共有 16 支主权财富基金的资产规模超过了 1 000 亿美金。在前 20 名的主权财富基金中，中国投资有限责任公司的资产规模位列第二。中国投资有限责任公司的资产规模从 2007 年成立时的 2 000 亿美元增加到了如今的 9 414 亿美元，其资本的增长速度是极其迅速的。

表 2.3 主权财富基金管理资产前 20 名(截至 2018 年 8 月)

国家/地区	基金名称	管理资产	设立年份	基金来源	透明度
挪威	全球政府养老基金	1 058.05	1990	石油出口	10
中国	中国投资有限责任公司	941.4	2007	非石油商品出口	8
阿联酋	阿布扎比投资局	683	1976	石油出口	6
科威特	科威特投资局	592	1953	石油出口	6
中国香港	香港金融管理投资组合	522.6	1993	非石油商品出口	8
沙特阿拉伯	沙特阿拉伯货币管理局	515.6	1952	石油出口	4
中国	中国华安投资有限公司	441**	1997	非石油商品出口	4
新加坡	新加坡政府投资公司	390	1981	非石油商品出口	6
沙特阿拉伯	公共投资基金	360	2008	石油出口	5
卡塔尔	卡塔尔投资局	320	2005	石油和天然气出口	5
中国	全国社会保障基金理事会	295	2000	非石油商品出口	5
新加坡	淡马锡投资公司	235	1974	非石油商品出口	10
阿联酋-迪拜	迪拜投资公司	229.8	2006	非石油商品出口	5
阿联酋-阿布扎比	阿布扎比穆巴达拉发展公司	226	2002	石油出口	10
韩国	韩国投资公司	134.1	2005	非石油商品出口	9
澳大利亚	澳大利亚未来基金	107.7	2006	非石油商品出口	10
伊朗	伊朗国家发展基金	91	2011	石油和天然气出口	5
俄罗斯	国家福利基金	77.2	2008	石油出口	5
利比亚	利比亚投资局	66	2006	石油出口	4
美国-阿拉斯加	阿拉斯加永久基金公司	65.7	1976	石油出口	10

注：管理资产单位为十亿美元；** 为估计值。

数据来源：主权财富基金研究所，https://www.swfinstitute.org/sovereign-wealth-fund-rankings/，最后访问时间：2020 年 6 月 29 日。

（二）主权财富基金资金规模增长的影响因素分析

近年来，主权财富基金能得到如此高度的关注，除了国家政治背景因素外，基金所管理的资产规模与基金投资规模的日益扩大是导致其引起广泛争议的主要原因。通过对主权财富基金规模的影响因素进行深入分析，不但可以对主权财富基金的发展趋势进行预测，在此基础上，还可以对其投资行为对国际金融市场的影响等相关问题进行更加深入的研究。

为了研究影响一国主权财富基金规模的影响因素，需要首先对相关影响因素进行简单的数据描述(见表 2.4)。本书选取一国总储备额(不包括黄金)等 4 项指标、全球治理指标(Worldwide Governance Indicators，WGI)平均值等 7 项指标、Truman 记分卡平均值等 5 项指标，以及各主权财富基金建立的时间长度，分别作为描述一国宏观经济、政治、基金内部治理结构以及时间等影响因素的特征变量，分析其对一国建立主权财富基金规模大小的影响。

表 2.4　主权财富基金规模的影响因素

		规模排名前 10 的国家			规模排名后 10 的国家		
		最大值	最小值	平均值	最大值	最小值	平均值
宏观经济影响因素	总储备额(不包括黄金)占国内生产总值的百分比	158.31	12.90	64.12	46.77	2.00	17.96
	能源出口额占国内生产总值的百分比	52.87	0.41	29.55	39.47	0.00	16.18
	总储蓄额占国内生产总值的百分比	67.09	22.78	43.01	45.04	12.81	29.85
	人均国内生产总值*	7.84	0.37	3.17	1.47	0.09	0.39
宏观政治影响因素	全球治理指标平均值	1.70	−1.09	0.32	0.11	−1.63	−0.58
	话语权和问责制	1.62	−1.91	−0.67	0.69	−1.71	−0.44
	政治稳定	1.29	−0.89	0.37	1.48	−2.70	−0.57
	政府效率	2.25	−1.21	0.60	0.17	−1.37	−0.60
	监管质量	1.89	−1.15	0.47	0.49	−1.30	−0.58
	法治	1.93	−0.98	0.50	0.07	−1.21	−0.64
	腐败控制	2.18	−1.26	0.60	−0.05	−1.33	−1.00
基金治理结构因素	Truman 记分卡平均值	92.00	9.00	44.00	53.00	20.00	37.17
	基金结构	94	34	65.00	100	50	74.00
	基金管理	100	10	45.00	60	0	38.33
	问责制和透明度	100	7	41.50	46	14	25.50
	投资行为	67	0	20.90	50	17	14.00
他其	建立的时间长度	59.00	3.00	20.80	55.00	4.00	12.20

注：所有宏观经济和政治指标的数据来源：世界银行，http://data.worldbank.org/，最后访问时间：2020 年 6 月 29 日；基金治理结构指标来自 Edwin M.Truman，“A Blueprint for Sovereign Wealth Fund Best Practices，” *Revue d'economie Financiere*，Vol.9，No.1，2009，pp. 429—451；＊人均国内生产总值单位为万美元。

如前所述,外汇储备规模是影响一国主权财富基金规模大小的重要影响因素。20 世纪 90 年代以前,全球外汇储备主要集中在以日本、德国和法国为代表的发达国家。自 20 世纪 90 年代以后,全球外汇储备的主要货币虽然仍以美元为主,但是持有储备的主体发生了根本性的转变,国际储备越来越多的集中于以中东和亚洲新兴经济体为代表的发展中国家。当外汇储备的积累超过了应急需求,一些国家选择利用超额储备建立主权财富基金。在资金注入方面,除一次性划拨的方式外,部分国家(如俄罗斯)选择定期将外汇储备的超额部分按一定的比例注入基金。[5]因此,随着部分国家外汇储备规模的不断扩大,主权财富基金的规模也将随之不断扩张。表 2.3 的计算结果显示,基金规模排名前 10 的国家其总储备额(不包括黄金)占国内生产总值百分比无论是最大值、最小值和平均值都要明显高于基金规模排名后 10 的国家。

假设 1:总储备额(不包括黄金)占国内生产总值的百分比越高的国家,其主权财富基金的规模越大。

根据资金的来源不同,主权财富基金可以分为两大类:一是资源性商品基金,其资金来源于非可再生资源(如石油、天然气等)出口方面的外汇收入,及相关的政府税收收入;二是非资源性商品基金,其资金来源于非资源性商品出口方面的巨额贸易顺差。随着近年来国际油价的不断攀升,出口石油的国家积累了大量的"石油美元"。由于在短时间内积累了大量的外汇资产,出于对"资源诅咒"的顾虑,资源出口国似乎比其他国家更有动机建立主权财富基金来多元化资产配置。表 2.3 的计算结果显示,基金规模排名前 10 的国家与规模排名后 10 的国家相比,前者能源出口额占国内生产总值百分比的平均值是后者的近两倍。

假设 2:能源出口额占国内生产总值的百分比越高的国家,其主权财富基金的规模越大。

经常账户盈余是一国外汇储备积累的重要组成部分。一些发展中国家经常账户顺差还有着深层次的原因,其中宏观经济根源就是国内的储蓄率过高。近年来,相对于发达国家活跃的私人海外投资,发展中国家则主要是通过公共机构进行对外投资。主权财富基金的建立,进一步加强了公共部门和私人部门在投资方面的力量对比,成为发展中国家自主运用资金进行对外投资的新趋势。表 2.3 的计算结果显示,基金规模排名前 10 的国家其总储蓄额占国内生产总值的百分比无论是最大值、最小值和平均值都要明显高于基金规模排名后 10 的国家。

假设 3:总储蓄额占国内生产总值的百分比越高的国家,其主权财富基金的规模越大。

世界银行根据人均国民总收入将全球的经济体划分为高收入、中等收入和低收入三类。主权财富基金规模较大的国家,特别是大部分中东石油出口国都属于高收入国家。根据样本数据计算,高收入经济体的基金规模占整体规模的 79.6%,是中低收入经济体基金规模的近 4 倍。表 2.3 的计算结果显示,基金规模排名前 10 的国家其人均国内生产总值无论是最大值、最小值和平均值都要明显高于基金规模排名后 10 的国家。

假设 4:人均国内生产总值越高的国家,其主权财富基金的规模越大。

建立主权财富基金的国家中包括了与美国等发达国家政治关系比较敏感的国家和地区,如伊朗、科威特、利比亚、俄罗斯、中国等。这些国家的私人企业对外投资的规模较小,主要是由政府组建规模巨大的主权财富基金进行对外投资,因此,以发达经济体为代表的国际社会普遍认为,民主程度较低的国家建立的主权财富基金规模较大。为具体判断一国宏观政治因素是否对主权财富基金的规模产生影响,本书借鉴艾森曼和鲁文的研究方法,选取考夫曼等在研究一国政治民主治理水平时所建立的全球治理指标,作为衡量影响一国主权财富基金规模的宏观政治影响因素。[6]从表 2.3 的计算结果来看,基金规模排名前 10 的国家和基金规模排名后 10 的国家相比,在 6 个二级指标中,前者话语权和问责制一项的平均值低于后者,但是其他五项指标的平均值都高于后者。

假设 5:一国的政治民主治理水平对其主权财富基金的规模具有影响,具体作用方向不确定。

国际社会普遍认为,政治色彩较重、同时透明度较低的主权财富基金规模较大,但由于对这一领域的实证研究还不够深入,因此并未得到确切的定论。为具体判断基金的内部治理结构是否对主权财富基金的规模产生影响,本书选取杜鲁门构建的主权财富基金"记分卡",针对基金的内部治理结构对主权财富基金规模的影响进行了研究。与利纳堡-马杜尔指数相比,"记分卡"涉及的内容更全面。值得注意的是,4 个二级指标在总分中的权重并不相同,其中问责制和透明度一项几乎占据了一半的权重。[7]因此,总体分数上的差异基本上反映的是问责制和透明度的差异。表 2.3 的计算结果显示,规模排名前 10 的国家与基金规模排名后 10 的国家相比,前者基金结构一项的平均值低于后者，而其他三项指标的均值都高于后者。但是，除基金结构外，其他三项指标数据的波动性较大，即计算出的数据方差较大，导致利用均值描述数据特征的可靠性有所降低。

假设6：基金内部治理结构对主权财富基金的规模具有影响，具体作用方向不确定。

此外，因为有更长的时间可以进行资金积累，因此建立时间较早的主权财富基金规模一般较大。一方面，部分国家每年将一定比例的外汇盈余或财政盈余划拨到主权财富基金中；另一方面，通过投资获得的高额资本回报，也成为主权财富基金规模不断扩大的资金来源。以运营比较成功的挪威主权财富基金为例，其2009年的回报率达到了25.6%。[8]本书36个样本中，2000年之前成立的主权财富基金的平均规模达到了1 233亿美元，基金规模占总储备的比值更是达到了89%；而2000年之后建立的主权财富基金其平均规模为912亿美元，基金规模占总储备的比值为40%。因此，除以上解释变量外，本书选择基金建立的时间长度作为回归模型的调节变量。

（三）变量选取与模型设定

根据上述的研究假设，得到本书的基础回归模型：

$$Y_i = \beta_0 + \beta_1 RES_i + \beta_2 FUEL_i + \beta_3 SAVE_i + \beta_4 RJGDP_i + \beta_5 TIME_i + \beta_6 WGI_i + \beta_7 TRUMAN_i + \mu_i$$

其中，Y_i 表示一国主权财富基金的规模占国内生产总值的百分比；RES_i、$FUEL_i$、$SAVE_i$、$RJGDP_i$、$TIME_i$ 分别表示一国总储备额（不包括黄金）占国内生产总值的百分比、能源出口额占国内生产总值的百分比、总储蓄额占国内生产总值的百分比、人均国内生产总值，以及基金建立的时间长度；WGI 表示一国政治民主治理水平，在回归中分别选取以下指标：全球治理指标的平均值、话语权和问责制、政治稳定、政府效率、监管质量、法治和腐败控制；$TRUMAN$ 表示基金内部治理结构水平，在回归中分别选取以下指标：记分卡的平均值、基金结构、基金管理、问责制和透明度、投资行为；μ_i 为随机误差项。

本书对建立主权财富基金的36个国家和地区的截面数据进行了采集，包括15个高收入经济体（其中经合组织经济体为5个，非经合组织经济体为10个）、20个中等收入经济体（其中上中等收入经济体为13个，下中等收入经济体为 7 个),以及 1 个低收入经济体。[9] 其中,资源性商品基金为 27 个,非资源性商品基金为 9 个。相关变量的含义见表 2.5。

表 2.5　本书研究变量含义

变量名	指　标	含　义
*Y**	主权财富基金规模占国内生产总值的百分比	衡量主权财富基金规模大小的指标
RES	总储备额(不包括黄金)占国内生产总值的百分比	衡量一国储备倾向的指标
FUEL	能源出口额占国内生产总值的百分比	衡量石油、天然气等资源性商品出口倾向的指标
SAVE	总储蓄额占国内生产总值的百分比	衡量一国居民储蓄倾向的指标
RJGDP	人均国内生产总值	衡量一国居民收入水平的指标
WGI	全球治理指标的平均值	衡量一国政治民主治理水平的指标
VA	话语权和问责制	衡量居民参与选举和言论自由程度的指标
PS	政治稳定	衡量政治环境稳定程度的指标
GE	政府效率	衡量政策有效性及不受外界政治压力的指标
RQ	监管质量	衡量政府制定有效政策推动私人部门发展能力的指标
RL	法治	衡量法治环境的指标
CC	腐败控制	衡量政府控制腐败能力的指标
TRUMAN	杜鲁门记分卡的平均值	衡量主权财富基金的公司治理结构的指标
STR	基金结构	衡量基金设立目的是否明确、与一国财政的关系,以及是否与外汇储备分开管理的指标
GOV	基金管理	衡量基金管理中政府的参与程度,以及基金遵循社会责任指导方针程度的指标
ATR	问责制和透明度	衡量投资策略和投资行为的信息披露程度,以及审计情况的指标
BEH	投资行为	衡量投资行为中运用杠杆和衍生工具程度的指标
*TIME***	建立的时间长度	衡量基金建立时间长度的指标

注:* 数据来源:主权财富基金研究所,http://www.swfinstitute.org/,最后访问时间:2020 年 6 月 29 日。本数据根据狭义的概念界定主权财富基金,因此排除了其中的主权养老基金。当一个国家有多只基金时,规模取其总和。 ** 时间长度按一国建立最早的那只基金成立时间计算。

(四) 实证结果及分析

本文利用 EViews 6.0 软件对模型进行估计。由于截面数据普遍存在异方差问题，本文运用 White 检验对回归方程结果进行了检验，结果证明存在异方差。因此，运用加权最小二乘法(weighted least squared, WLS)对此进行了修正。

首先，对影响一国主权财富基金规模宏观层面的影响因素进行回归，估计结果见表 2.6。

表 2.6　宏观影响因素的估计结果

解释变量	变量系数	t 统计量	p 值
常数项	−0.696	−5.623	0.000
RES	0.276	1.749	0.093
FUEL	0.729	1.869	0.074
SAVE	1.250	2.516	0.019
RJGDP	0.153	6.071	0.000
TIME	0.020	4.649	0.000
WGI	−0.020	−0.322	0.750
样本个数	36	F-statistic	47.094
R^2	0.922	Prob(F-statistic)	0.000

注：$p<0.1$、$p<0.05$ 和 $p<0.01$ 分别表示变量回归系数在 10%、5%和 1%的显著水平下显著。

表 2.6 给出了宏观影响因素的回归结果，其中政治影响因素变量选取了全球治理指标的平均值。变量 *RES*、*FUEL*、*SAVE*、*RJGDP*、*TIME* 的回归系数均为正，说明总储备额(不包括黄金)占国内生产总值的百分比、能源出口额占国内生产总值的百分比、总储蓄额占国内生产总值的百分比、人均国内生产总值的百分比和基金建立时间长度与基金规模呈正相关关系，回归结果均通过了显著性检验。变量 *WGI* 与基金规模之间的回归结果不显著。

表 2.6 的估计结果支持了假设 1、2、3、4 和 7，变量均通过了显著性检验且系数符号与预期的一致。

其次，由于使用全球治理指标的平均值作为衡量宏观政治影响因素的变量，其结果并不显著，这可能与 6 个二级指标对基金规模的作用方向不同有关。因此，本书选择经济因素以及时间长度作为控制变量，对全球治理指标的 6 个二级指标分别进行回归分析，估计结果见表 2.7。

表 2.7 全球治理指标的估计结果

解释变量	(1)	(2)	(3)	(4)	(5)	(6)	(7)
RES	0.276*	0.276***	0.191	0.259	0.295***	0.284***	0.268*
	(1.75)	(6.49)	(1.24)	(1.62)	(4.72)	(4.70)	(1.84)
FUEL	0.729*	0.840***	0.972***	0.618	0.957***	0.915***	0.695
	(1.87)	(4.25)	(3.83)	(1.45)	(5.70)	(5.10)	(1.66)
SAVE	1.250**	0.604*	1.122**	1.556***	0.797**	0.853***	1.206**
	(2.52)	(1.82)	(2.65)	(3.01)	(2.70)	(2.82)	(2.25)
RJGDP	0.153***	0.185***	0.122***	0.158***	0.145***	0.152***	0.151***
	(6.07)	(18.31)	(9.13)	(7.71)	(9.06)	(7.96)	(4.39)
TIME	0.020***	0.019***	0.018***	0.020***	0.018***	0.019***	0.021***
	(4.65)	(6.82)	(4.41)	(5.18)	(4.33)	(4.37)	(4.33)
WGI	−0.020						
	(−0.32)						
VA		−0.086**					
		(−2.51)					
PS			0.097***				
			(2.82)				
GE				−0.027			
				(−0.50)			
RQ					0.010		
					(0.35)		
RL						−0.010	
						(−0.30)	
CC							−0.020
							(−0.26)
样本个数	31	31	31	31	31	31	31
R^2	0.922	0.994	0.956	0.938	0.950	0.950	0.902

注:括号内为变量系数的 *t* 统计量,*、**、*** 分别表示变量回归系数在 10%、5%和 1%的显著水平下显著。

表 2.6 的估计结果支持了假设 5,一国的政治民主治理水平对其主权财富基金的规模具有影响。从回归结果可以看出,作为衡量宏观政治影响因素的变量,全球治理指标的 6 个二级指标对基金规模的作用方向是不同的。变量 *VA* 的回归系数为负,说明一国居民的话语权和对政府的问责制与基金规模呈负相关关系,结果在 5%的水平上通过显著性检验;变量 *PS* 的回归系数为正,说明一国的政治稳定程度与基金规模呈正相关关系,结果在 1%的水平上通过显著性检验;变量 *GE*、*RQ*、*RL*、*CC* 与基金规模之间关系的回归结果均不显著。

最后，选择经济因素以及时间长度作为控制变量，对影响一国主权财富基金规模的基金治理结构影响因素进行回归，估计结果见表 2.8。

表 2.8 基金治理结构因素的估计结果

解释变量	(1)	(2)	(3)	(4)	(5)
RES	0.794*** (29.29)	0.794*** (16.31)	0.694*** (5.14)	0.810*** (35.34)	0.833*** (16.84)
FUEL	1.437*** (17.65)	1.476*** (15.20)	1.259*** (4.78)	1.479*** (16.88)	1.147*** (9.90)
SAVE	0.892*** (8.67)	0.729*** (3.95)	1.232*** (3.24)	0.927*** (19.56)	0.971*** (6.83)
RJGDP	0.167*** (31.91)	0.164*** (49.18)	0.186*** (7.94)	0.167*** (28.90)	0.171*** (16.13)
TIME	0.030*** (33.22)	0.030*** (30.13)	0.028*** (8.38)	0.030*** (41.15)	0.028*** (11.31)
TRUMAN	−0.002** (−2.60)				
STR		−0.004** (−2.32)			
GOV			−0.004* (−1.78)		
ATR				−0.001*** (−3.81)	
BEH					−0.002 (−1.15)
样本个数	35	35	35	35	35
R^2	0.999	0.999	0.973	0.999	0.996

注：括号内为变量系数的 *t* 统计量，*、**、*** 分别表示变量回归系数在 10%、5%和 1%的显著水平下显著。

表 2.8 的估计结果支持了假设 6，基金内部治理结构对主权财富基金的规模具有影响。变量 *TRUMAN*、*STR*、*GOV*、*ATR* 的回归系数均为负，说明基金整体的内部治理水平得分、基金的结构得分、基金的管理得分、基金的问责制和透明度得分与基金规模呈负相关关系，回归结果均通过了显著性检验。变量 *BEH* 与基金规模之间的回归结果不显著。

模型的回归结果可以从以下几个方面来理解。

1. 宏观经济因素方面

第一，一些国家的外汇储备早已超过了正常的需求水平，如支付三个月进口额，以及偿还外债所需要的外汇储备。因此，部分国家通过建立主权财富基金的形式分流超额的外汇储备，并对外进行投资以获得风险调整后的更高回报。目前，全球外汇储备规模排名前10的经济体基本都建立了主权财富基金。与此同时，还没有建立主权财富基金的储备大国，如日本、印度等也在酝酿设立主权财富基金对外进行多元化的投资。由此可见，未来主权基金的规模将显著受到这些国家外汇储备资产的影响。

第二，排名前10的主权财富基金的主要资金来源于与石油等资源性商品相关的收入。可见，建立主权财富基金的国家以石油出口国为主，这与其试图通过海外多元化的投资，以改善国内单一产业结构的经济战略有关。此外，随着大宗商品价格的不断攀升，资源出口国的人均国内生产总值增长迅速。但是，自然资源属于不可再生资源，过分开采容易造成代际间的贫富差距。通过主权财富基金进行多元化资产配置，可以获得长期稳定的投资回报，最终达到跨代平滑国民财富的目的。因此，随着大宗商品价格的不断上涨，以资源性商品出口收入为主要资金来源的主权财富基金规模也将随之不断扩张。

第三，近年来，以中东和亚洲新兴市场经济体为代表的发展中经济体的储蓄额居高不下，但却并没有为己所用。以中国为例，双顺差的国际收支格局意味着中国没有充分利用国内的储蓄资金为投资提供融资。以主权财富基金为代表的发展中经济体对外投资机构的建立，将有助于改善发达经济体与发展中经济体之间不平衡的融资循环模式，从一定程度上限制储蓄—投资缺口的不断扩大。

2. 宏观政治因素方面

主权财富基金的建立更多体现的是一国的政府行为。与发达国家相比，部分发展中国家表现为以政府为主导的经济发展模式，在主权财富基金的建立方面，政府拥有更高的决定权。因此，从这个意义上理解，居民参与选举和言论自由程度较低的国家，主权财富基金的规模较大。此外，建立主权财富基金的经济体大部分都拥有充裕的外汇储备盈余或财政盈余，这与一国经济和政治的长期稳定发展是分不开的。一国政治环境不稳定将显著提高基金运行的风险，基金的规模越大，所面临的风险就越高。即使基金通过海外投资获得高额的收益，在政治动荡的国家，基金的收益也无法得到保障。因此，政治环境越稳定的国家，基金的规模越大。

3. 基金治理结构方面

整体而言，内部治理结构得分低的基金规模比较大。即与一国财政联系越紧密,政府参与程度越高,以及基金信息披露程度越低,主权财富基金的规模越大。

第一,严格意义上来讲,主权财富基金建立时应该从货币当局中划分出来,作为独立的投资机构自主经营,自负盈亏。但是,部分基金在建立之后,仍然与财政部或者货币当局有资金上的联系,后者不时的向基金提供融资,因此,这一类主权财富基金的规模比较大。

第二,一国政府在主权财富基金的管理中扮演着重要角色。主权财富基金虽然是作为独立的投资机构存在,但是,部分国家的基金中有政府官员担任管理或监管职务。政府官员参与管理和监督主权财富基金,一方面可以理解为,基金可以得到有关部门更多的支持;另一方面可以解读为,对于资金规模较大的主权财富基金,政府觉得有必要对其投资行为进行指导和监督。

第三,问责制和透明度一项在总分中占到了一半的权重,其主要考察基金对内部信息的披露程度。国际社会要求主权财富基金提高信息的披露程度,但是,基金在透明度的问题上面临一个平衡问题。一方面,较高的透明度会提高国际社会的接受度;另一方面,大量的信息披露会导致基金的投资意图过早暴露,甚至受到投资对象和竞争对手的牵制。尤其是对于规模庞大的基金,其投资的规模相对也比较大,过度的信息披露容易增加基金在投资和退出时的附加成本。

综上所述,未来全球主权财富基金所管理的资金规模将主要受到基金母国的宏观经济发展水平、政治民主治理环境和基金内部治理结构等三个方面的影响。除此之外我们也应该注意到,对于民主程度的衡量,主要是基于发达国家的标准。建立主权财富基金的国家和地区以发展中经济体为主,这其中包括了与美国等发达国家政治关系比较紧张的经济体。这也在某种程度上解释了为什么规模较大的主权财富基金备受争议。此外,政治环境稳定、暴力和恐怖事件发生较少的国家倾向于建立规模较大的主权财富基金。对于母国政治动荡的主权财富基金,当国内发生动乱时,基金的管理必然受到负面影响。当基金无法得到正常管理时,基金的投资规模越大,所造成的破坏性也就越大。因此,对于母国政治环境不稳定,且规模较大的主权财富基金,东道国(或地区)也倾向于提高投资门槛,这将显著提高基金运行的难度。

此外,基金的内部治理结构对基金规模有重要影响,其中问责制和透明度一项起到了主要的作用。基金的信息披露程度与其投资的盈利性之间存在一个平衡点,如何把握信息披露的程度是主权财富基金透明度问题研究的重点。对基金投资战略和持股信息的过分披露可能会部分降低基金投资的收益,但是,信息披露不充分所导致的腐败,寻租行为给国民财富带来的负面影响,都将远远超过通过隐藏投资行为所获得的超额收益。透明度的提高不但可以降低国际社会和东道国(或地区)对主权财富基金投资的敌意,更重要的是让本国居民了解国民财富的管理方式、投资方向,便于本国居民的监督和支持。相对于 1997 年引发亚洲金融危机的对冲基金,主权财富基金作为国际金融体系的重要参与者,更应起到稳定市场,使全球经济更加平稳、健康的发展,而不是通过隐藏投资行为,获取超额收益,引发国际市场剧烈波动的投机者。

21 世纪初至今,全球外汇储备自 2001 年到 2018 年由 2.1 万亿美元增长到 11.48 万亿美元,大约增长了 5.5 倍。在这一时期,发展中国家的外汇储备约占全球总额的 80%。经济危机过后,外汇储备增长的趋势有增无减,特别是以商品出口为导向的亚洲国家,以及以资源出口为导向的中东国家的外汇储备资产将持续增加,全球主权财富基金的资金规模也将随之增长。

注　释

1. 长久以来,印度政府一直都在考虑建立主权财富基金的问题,2008 年,一个由政府任命的专家组建议设立主权财富基金,为印度 3 000 亿美元的外汇储备资产寻求更高的投资收益,但是该建议因印度央行反对而流产。2013 年,印度政府提议建立印度海外投资有限公司。2015 年,印度财政部下辖的投资管理部门设立国家投资与基础设施基金(National Investment and Infrastructure Fund)。

2. 主权财富基金研究所,https://www.swfinstitute.org/products-services/subscribe/,最后访问时间:2020 年 6 月 29 日。

3. 宋国友:《主权财富基金的兴起与美国金融霸权》,载《现代国际关系》2007 年第 9 期,第 36—42 页。

4. 中东和亚洲地区主权财富基金的主要资金来源是对美国等发达国家商品类的进出口逆差。

5. 李建民:《俄罗斯主权财富基金管理评析》,载《国际经济评论》2008 年第 3—4 期,第 53—55 页。

6. Aizenman Joshua, Reuven Glick, "Sovereign Wealth Funds: Stylized Facts about Their Determinants and Governance," *International Finance*, Vol.12, No.3,

2009, pp.351—386.

7. 在 33 个问题中，问责制和透明度一项包括了 14 个问题，几乎占据了一半的权重。

8.《挪威主权财富基金 2009 年回报率达 25.6%》，路透中文网，2010 年 3 月 5 日，http://cn.reuters.com/article/currenciesNews/idCNnCT034825520100305?rpc=311，最后访问时间：2020 年 6 月 19 日。

9. 世界银行，http://data.worldbank.org/，最后访问时间：2020 年 6 月 29 日。

第三章 主权财富基金的投资分布与特征

第一节　主权财富基金的投资分布

主权财富基金作为一类特殊的机构投资者，其在资产配置方面呈现出独有的特征。把握全球主权财富基金的投资趋势和发展动向，可以为中国主权财富基金在海外的投资活动提供现实参考。同时，中国作为主权财富基金投资最为重要的东道国之一，掌握主权财富基金投资动向可以对其他国家在中国的投资活动作出更好的指引。

一、主权财富基金投资的规模特征

后危机时代，全球金融危机的阴霾难以挥去，全球经济复苏缓慢、政策不确定性逐渐凸显，在国际投资回报日趋下降的大趋势下，投资前景扑朔迷离。但此次金融危机也使得新兴市场国家的主权财富基金迎来了历史性的机遇。面对危机造成的金融机构巨额亏损，发达国家政府有心无力，而主权财富基金的投资可以帮助发达国家的金融机构迅速补充资本金，且主权财富基金的持股比例通常不高，一般不会对金融机构产生控制权，更不会干预金融机构的日常经营，这一点使发达国家政府减少了对新兴市场国家主权财富基金的抵触。在此背景下，发达国家政府在金融危机期间默许甚至欢迎主权财富基金的收购交易。在华尔街风雨飘摇时，主权财富基金的注资无疑缓解了流动性短缺，弥补了金融机构的巨额亏损，但与此同时，部分发达国家的政客和媒体却对主权财富基金的投资目的持有警惕，究竟是“救火队”还是“入侵者”的讨论与报道使主权财富基金引起了世界的关注。

主权财富基金虽然并不是新生事物，但却因为在2008年的金融危机期间对发达经济体金融机构大规模的投资才为大众所知晓。次贷危机带来的机遇除了减少政治障碍之外，还有千载难逢的参股全球顶尖金融机构的机会。各金融机构对资金的强烈渴望使主权财富基金的议价能力提升，可以通过讨价还价获得更加合理的成交价格。正是由于上述机遇，主权财富基金在2008年金融危机之后投资活动越发活跃，投资金额呈现迅猛增长的态势（如图3.1所示）。

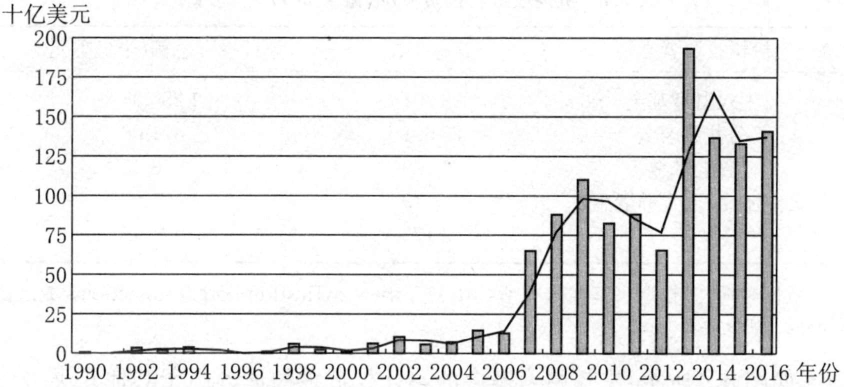

数据来源：主权财富基金研究所，https://www.swfinstitute.org/transactions，最后访问时间：2020年6月29日。

图3.1　1990—2016年主权财富基金的投资规模及趋势

如图3.1所示，从2000年到2009年，随着全球主权财富基金资产规模一直在稳步提升，基金的投资规模也在逐年增大。这10年间，只有2003年和2006年主权财富基金的投资相较于前一年有小规模下降，其余年份基金的投资金额较前一年均是增长，基金的投资规模从2000年的12.7亿美元增长至2009年的1 100.5亿美元，投资规模增长了近87倍，尤其是2007年至2009年间，在全球经济衰退、对外投资下滑的大背景下，全球主权财富基金逆势而上，投资规模从650.6亿美元增至1 100.5亿美元，这反映出主权财富基金雄厚的资金实力。2009年之后，受国际石油价格的下降和金融危机期间主权财富基金的投资回报不尽理想等因素的影响，2010年主权财富基金的投资规模较2009年发生显著下滑，并在此后的几年中上下波动。随着世界经济的缓慢复苏、欧元区经济的触底反弹、2013年美欧股市的强势表现以及国际石油价格的回升等诸多因素的影响，主权财富基金 2013 年的投资大幅度增加，达到历史峰值 1 925.3 亿美元。2014 年以后，主权财富基金的投资相比于 2013 年产生下滑，但与 2010 年至 2012 年相比，投资一直处于一个比较高的水平。

同为大型的全球机构投资者，主权财富基金避免不了与公共养老金、养老基金、公共基金（不含养老金）和中央银行等进行比较。如表 3.1 所示，截至 2017 年 7 月，主权财富基金总投资额已累计约 1.26 万亿美元，投资次数累计已达 22 701 次，无疑是国际资本市场上重要的参与者之一。

表 3.1　机构投资者投资概况（截至 2017 年 7 月）

机构投资者类型	投资次数	累计投资总额（十亿美元）
主权财富基金	22 701	1 256.95
公共养老金	25 691	471.08
养老基金	29	8.45
公共基金（不含养老金）	9	1.87
中央银行	2 173	21.45

数据来源：主权财富基金研究所，https://www.swfinstitute.org/transactions，最后访问时间：2020 年 6 月 29 日。

如图 3.2 所示，主权财富基金的累计投资金额远远高于其他几类机构投资者。相较于表 3.1 的其他机构投资者，主权财富基金的投资策略更加大胆，风险偏好程度更高，平均单笔投资额远超其他几个机构投资者，这可能与主权财富基金成立的资金来源和投资目标有关。一是主权财富基金的资金主要来源于外汇储备盈余和财政盈余，基金的成立金额都比较大，尤其是全球前十大主权财富基金，目前所持有资金均在 1 000 亿美元以上。二是在投资策略方面，主权财富基金追求利润最大化，而其他机构投资者如养老基金、公共养老金、公共基金更多地是以保证资产保值增值为目标，各国中央银行主要以维护金融市场稳定、服务国家和人民为目标，因此并不像主权财富基金可以进行大规模、多频次的投资。此外，主权财富基金之所以能够飞速发展与当代国际货币体系、国际贸易收支不平衡有着密切的关系。一方面，在当代国际货币体系下，保证一国正常的进口能力、保证偿付外债能力、保证本国汇率稳定的能力、保证抵御经济危机或者战争的能力需要依赖美元等结算货币支持，需要拥有外汇储备。另一方面，出口导向型的国家不断积累的贸易顺差也使外汇储备不断增加，巨额外汇储备引发管理难题不容小觑，全球货币体系、国际贸易收支体系无法在短期内改变，主权财富基金对外投资为解决这些问题提供了新的路径。

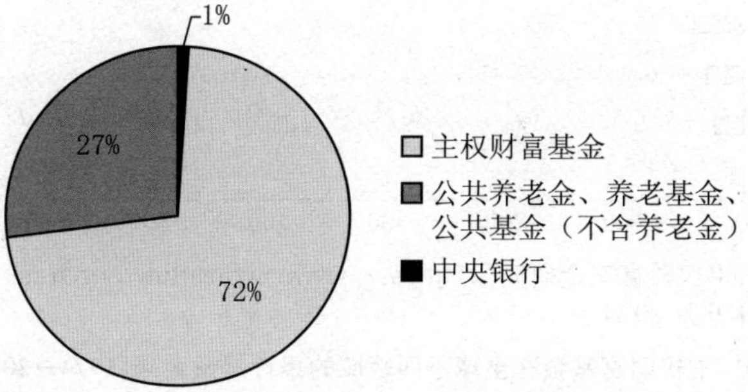

数据来源：主权财富基金研究所，https://www.swfinstitute.org/transactions，最后访问时间：2020 年 6 月 29 日。

图 3.2　各机构投资者投资总额占比

二、主权财富基金投资的地域特征

根据主权财富基金研究所的相关记载，主权财富基金的第一笔投资发生在 1974 年，科威特投资局以 1.85 亿美元的价格买下了亚特兰大希尔顿酒店。在买下这家拥有 1 224 间客房的酒店之外，科威特投资局通过谈判达成了一项特许协议，即禁止在 255 号球场的 10 英里半径范围内经营另一家希尔顿酒店。自此次投资之后，全球的主权财富基金对各大洲都有投资，通过对历年来的投资数据进行统计分析，发现主权财富基金在进行投资时呈现出一定的地域偏好（1974—2016 年历年投资数据详见附录 4）。

如图 3.3 和图 3.4 所示，欧洲地区接受主权财富基金的累计投资金额最高，达到 5 199.75 亿美元，占全球总投资额的 43.75%。欧洲接受过投资的 35 个国家或地区当中，英国最受主权财富基金的青睐，其接受的累计投资额在欧洲接受的投资总额中占据四成，交易也最频繁，交易频次达 4 511 次。接受投资额累计达到百亿美元的欧洲国家有英国、德国、瑞士、法国、爱尔兰、俄罗斯、意大利、西班牙、荷兰、瑞典。欧洲这 10 个国家接受的投资占到欧洲接受总投资的 95.08%。由此可见，主权财富基金在欧洲的投资目标国是比较集中的，并不像以往一些媒体和研究报道的那么分散。

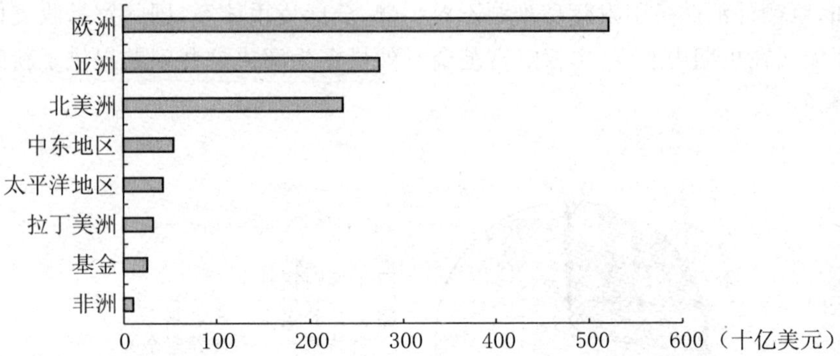

数据来源：主权财富基金研究所，https://www.swfinstitute.org/transactions，最后访问时间：2020 年 6 月 29 日。

图 3.3　主权财富基金在全球不同地域的累计投资金额(1974—2016 年)

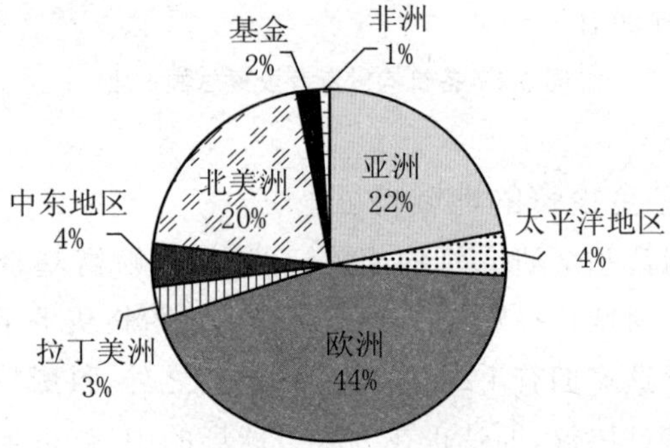

数据来源：主权财富基金研究所，https://www.swfinstitute.org/transactions，最后访问时间：2020 年 6 月 29 日。

图 3.4　主权财富基金在全球各区域的累计投资额占比

如图 3.3 和图 3.4 所示，从全球范围来看，截至 2016 年 12 月 31 日，主权财富基金偏好投资的区域仅次于欧洲的是亚洲地区，亚洲累计接受了主权财富基金 2 731.45 亿美元的投资，在全球投资中占比约为 22.98%。在各主权财富基金对亚洲的投资中，近半成的资金流向了中国。中国大陆及港澳台近些年累计接受了 2 187 次投资，总金额高达 1 278.54 亿美元。其中，中国大陆接受投资 897 亿美元、中国香港、中国台湾、中国澳门分别接受投资 197.09 亿美元、179.89 亿美元和 4.56 亿美元。改革开放以来，中国大陆在 1996 年接受了第一笔主权财富基金的投资，[1] 2000 年之前仅接受 3 次投资，中国香港在 2004 年接受了第一笔主权财富金的投资，投资金额不大，仅为100万美元。但2000年后中国明显更受投资者青睐，尤其是2008年全球金融爆发之后，全球主权财富基金对中国的投资呈现爆发式增长（如图3.5所示），这与中国受到本次国际金融危机的冲击相对较小而且在时间上也有迟滞相关，当然也与中国的进一步深化改革开放、改善营商环境、吸引外资密不可分。中国近些年创造的“中国速度”“中国奇迹”得到投资者们的认可，投资者十分看好中国的投资前景，当然这其中有一部分来自中国主权财富基金的投资。

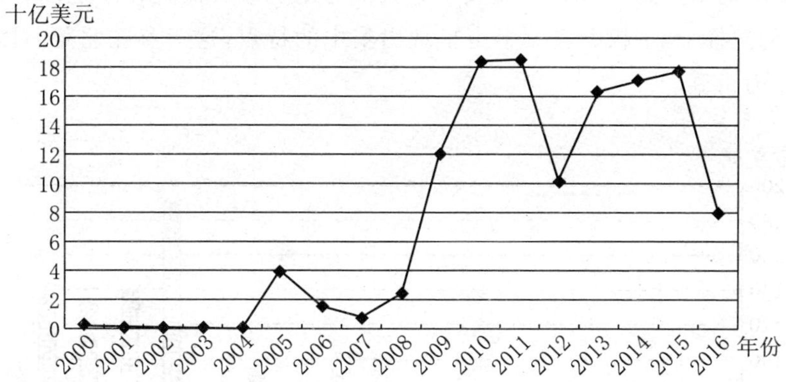

数据来源：主权财富基金研究所，https://www.swfinstitute.org/transactions，最后访问时间：2020年6月29日。

图3.5　2000—2016年中国接受各主权财富基金投资金额变化

在亚洲国家中，接受主权财富基金投资额累计超过10亿美元的国家和地区由多到少依次有：中国大陆、新加坡、日本、中国香港、印度、中国台湾、马来西亚、韩国、阿塞拜疆、哈萨克斯坦、印度尼西亚、泰国、菲律宾、越南。日本凭借发达的经济体系和成熟的制度环境吸引着投资者们，而作为新兴市场国家的中国、印度、马来西亚、韩国、印度尼西亚、泰国、菲律宾、越南等对主权财富基金的吸引力更是可见一斑。

如图3.3和图3.4所示，主权财富基金其次偏爱的投资地区就是北美洲，约有五分之一的资金流向北美洲。虽然北美洲接受的投资在总投资中的比重与亚洲相差不多，但是从目标国的角度来看，流向北美洲的资金要集中得多，而累计投资额超过百亿美元的国家仅有美国和加拿大，这两个国家接受了大约96.68%主权财富基金对北美洲的投资。[2]

主权财富基金在全球金融危机爆发时对发达国家注资援助而导致的巨

额亏损使各基金纷纷面临巨大的压力。如图 3.6 所示,2009 年投资者们便把目光转向了受危机影响较小、经济增长较快的新兴经济体。自 2009 年起,各主权财富基金对亚洲地区的投资明显增加。随着世界经济的缓慢复苏、欧元区经济的触底反弹、欧洲股市飘红等因素的影响,主权财富基金在 2013 年对欧洲的投资有了大幅度的增加,达到历史峰值 959.51 亿美元。与通常人们认为的投资应该更为分散化不同,全球主权财富基金在目标地域的选择上呈现集中的特点,流入资金最多的三个大洲合计占总投资的比重达到 86.84%,吸收了绝大部分的资金。而且在东道国(或地区)的选择上,主权财富基金也呈现出集中的特点,这一点在北美洲体现得尤为明显。

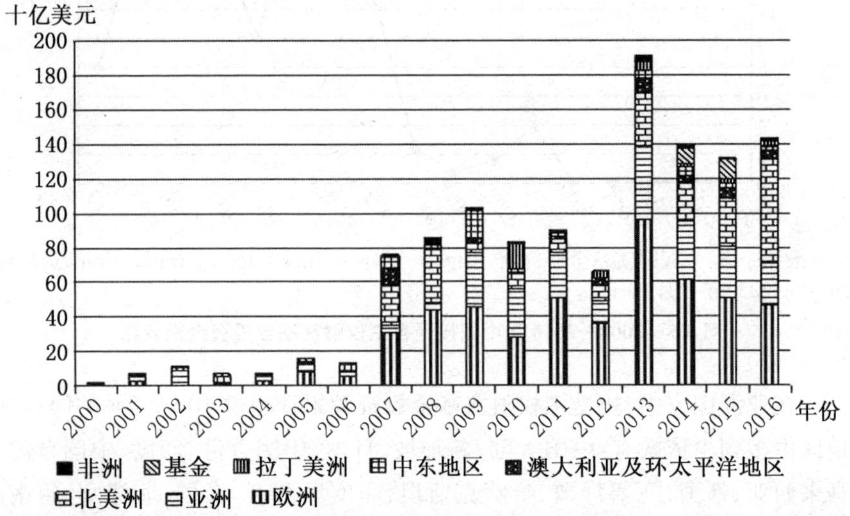

数据来源:主权财富基金研究所,https://www.swfinstitute.org/transactions,最后访问时间:2020 年 6 月 29 日。

图 3.6 2000—2016 年全球主权财富基金投资目标地域分布情况

三、主权财富基金投资的行业特征

如图 3.7 所示,主权财富基金在行业部门的选择上呈现出多样化的特点,分别投资了房地产、能源、必需消费品、非必需消费品、材料、金融、工业、基础设施、农业、信息科技、医疗保健、电信通讯、公共事业、主权债券、基金等行业,2017 年上半年还有两笔资金投向传媒与娱乐业。

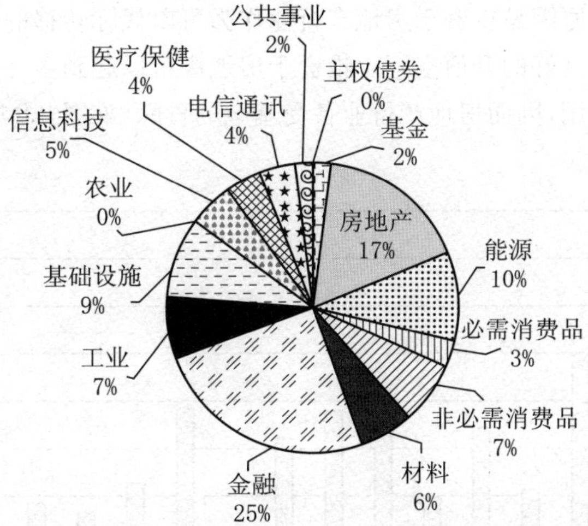

数据来源：主权财富基金研究所，https://www.swfinstitute.org/transactions，最后访问时间：2020年6月29日。

图3.7　历年来全球主权财富基金累计投资行业分布比例图(1990—2016年)

近些年，主权财富基金从一些强周期产业向稳定收益和新兴产业转移，目光由金融部门转向实体部门，并且随着投资经验与投资能力的提升，投资领域越发丰富。根据附录5，截至2016年12月，基金投资的行业部门扩大到近二十个。这一投资策略的转变主要有两方面原因，一方面，2008年全球金融危机爆发以来，资产泡沫破裂，金融行业发展低迷，投资于金融行业的资产收益率大跌，损失严重，所以在全球经济复苏缓慢的大背景下，各投资机构迫于运营压力纷纷减少对金融行业的投资比重。另一方面，相比于金融行业，实体部门有着更为稳定的收益率，能保证投资组合有一个较好的投资业绩。对实体部门的投资可以为投资组合提供更加稳定的现金流回报，从而改善投资组合的风险收益特性。

由附录6和图3.9所示，主权财富基金的投资类型包括上市股权、未上市股权、私募股权基金、基金、可转换债券、固定收益、房地产与基础设施。其中全球主权财富基金更加倾向于投资股权，投资包括上市股权与非上市股权投资，总额达到8 359.82亿美元，投资比例占总的投资比例达到70.63%，这与主权财富基金一直秉持其是长期的股权持有者的理念有关。排名第三的是与房地产有关的投资，其中包括房地产业投资和房地产基金，其投资规模达到1 602.03亿美元，占总投资规模的13.54%，房地产行业占比如此之高的原因是投资于房地产行业作为可以代际转移的财产有着相对稳定的价值和良好的升值空间。投资于房地产可以起到多元化投资组合和降低风险的作用,因而房地产行业备受基金的青睐(如图3.8所示)。

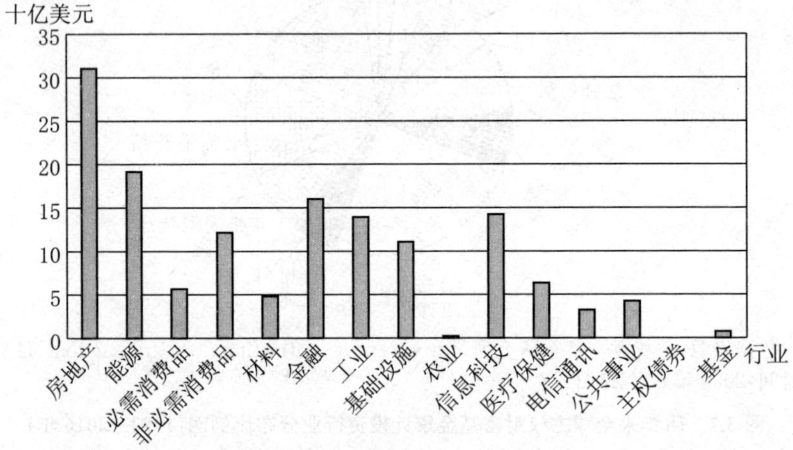

数据来源:主权财富基金研究所,https://www.swfinstitute.org/transactions,最后访问时间:2020年6月29日。

图3.8　2016年各主权财富基金投资行业情况

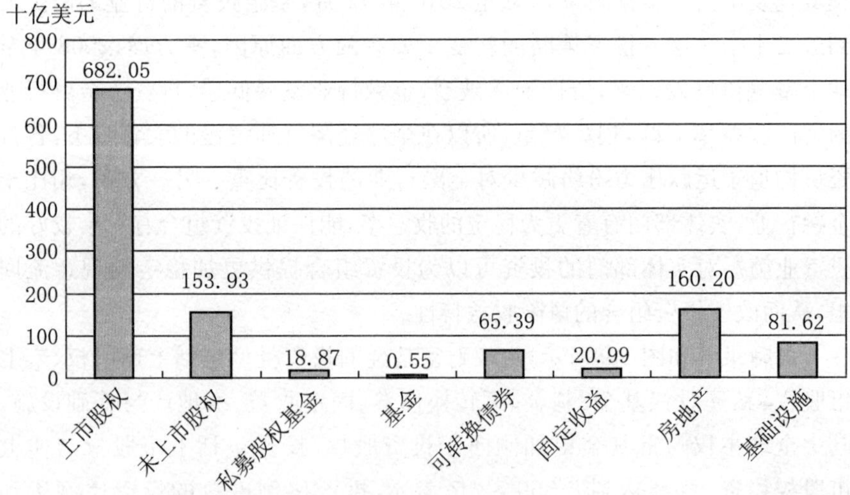

数据来源:主权财富基金研究所,https://www.swfinstitute.org/transactions,最后访问时间:2020年6月29日。

图3.9　主权财富基金投资的资产类型——按金额统计(1990—2016年)

四、全球主权财富基金对中国地区投资分布

作为世界上经济体量第二大的国家，没有人可以忽视中国在全球资本、贸易市场上的重要性，根据联合国贸易和发展组织发布的《2017—2018 年全球国际直接投资回顾与展望》报告显示，2017 年流入中国的外资约 1 440 亿美元，创下历史新高，升至全球第二。另外据统计，中国也是接收主权财富基金投资最多的国家之一。因此，研究全球主权财富基金的投资偏好进而分析主权财富基金的投资动机，无论在理论上还是实践上都具有十分重要的意义。

(一) 全球主权财富基金对中国地区投资的行业分布

如图 3.10 所示，全球主权财富基金对中国地区的投资行业分布，排名前几名的分别是金融业、工业、房地产业、信息技术业，其投资额分别为 533.4 亿美元、75.14 亿美元、63.59 亿美元、63.42 亿美元。毫无疑问，金融业是全球主权财富基金对中国地区投资金额最多的行业。中国工商银行 2017 年净利润达到 2 875 亿元人民币，而目前在中国互联网市场上风生水起的腾讯 2017 年净利润为 715 亿人民币，阿里巴巴调整后净利润为 578 亿人民币，百度净利润 183 亿人民币，BAT 三巨头利润刚刚达到中国工商银行的一半，这足以说明金融行业的盈利能力，因此全球主权财富基金将金融行业作为其重点投资的对象。在全球主权财富基金投资中国的行业中，工业排

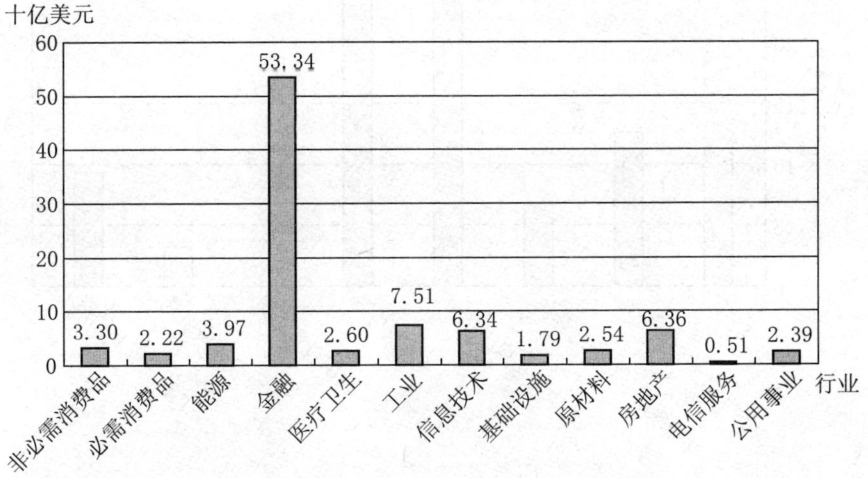

数据来源：主权财富基金研究所，https://www.swfinstitute.org/transactions，最后访问时间：2020 年 6 月 29 日。

图 3.10　主权财富基金对中国投资的行业分布(1996 年第一季度年至 2017 年第三季度)

名第二，这与我国目前工业发展的强劲势头相关，在习近平主席倡导的"中国制造2025"的引领下，未来中国的工业将得到飞速发展，因而极具有投资价值，而且工业存在盈利稳定、风险低等特点，可起到多元化投资和降低风险等作用。排名第三的是房地产行业，2008年金融危机过后，中国的房地产行业迎来了黄金十年，房地产行业飞速发展，房地产企业利润空间巨大。排名第四的是信息技术行业，近些年来，中国的信息技术行业引领世界发展，培养了一批世界级企业，如华为、阿里巴巴、腾讯等，全球主权财富基金因而大幅度增加对于这个行业的投资进而把握未来的大势。

（二）在中国大陆地区投资的全球主权财富基金的分布

1996年第一季度至2017年第三季度，一共有18支主权财富基金对中国大陆地区进行过投资，共计投资1 594笔，累计金额达到928亿美元。如图3.11所示，全国社会保障基金和淡马锡对中国大陆地区的累计投资金额最高，分别位列第一和第二位，新加坡政府投资公司和中投公司的累计投资金额也都超过了100亿美元，位列第三和第四位，挪威政府全球养老基金在中国大陆地区的累计投资金额超过了50亿美元，位列第五位，其他国家和地区的主权财富基金单独的累计投资金额都没有超过50亿美元。

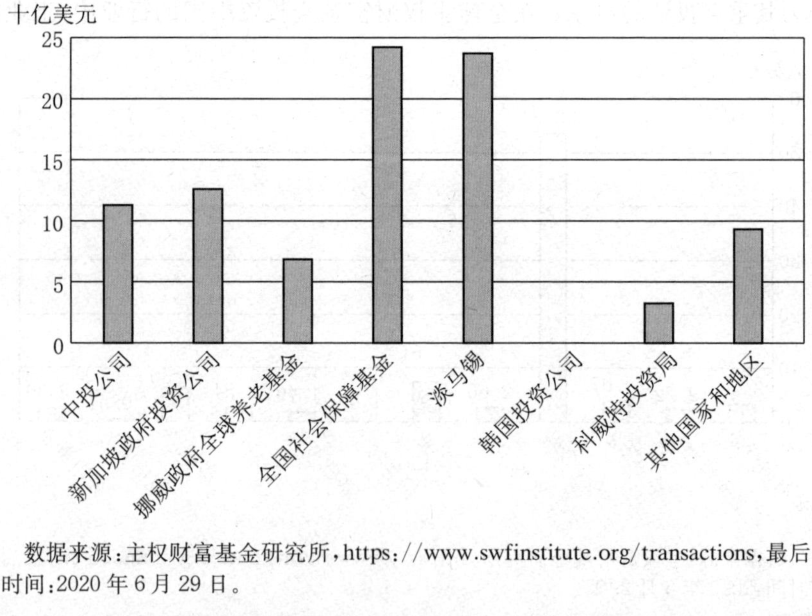

数据来源：主权财富基金研究所，https://www.swfinstitute.org/transactions，最后访问时间：2020年6月29日。

图3.11　全球主权财富基金对中国累计投资金额（1996年第一季度至2017年第三季度）

如图 3.12 所示，在全部 1 594 笔投资中，全国社会保障基金共进行了 831 笔投资，挪威全球养老基金投资了 327 笔，新加坡政府投资公司投资了 171 笔，淡马锡和中投公司分别投资了 86 笔和 63 笔（其中一笔是中投与淡马锡合作投资），韩国投资公司投资了 41 笔，科威特投资局投资了 21 笔。

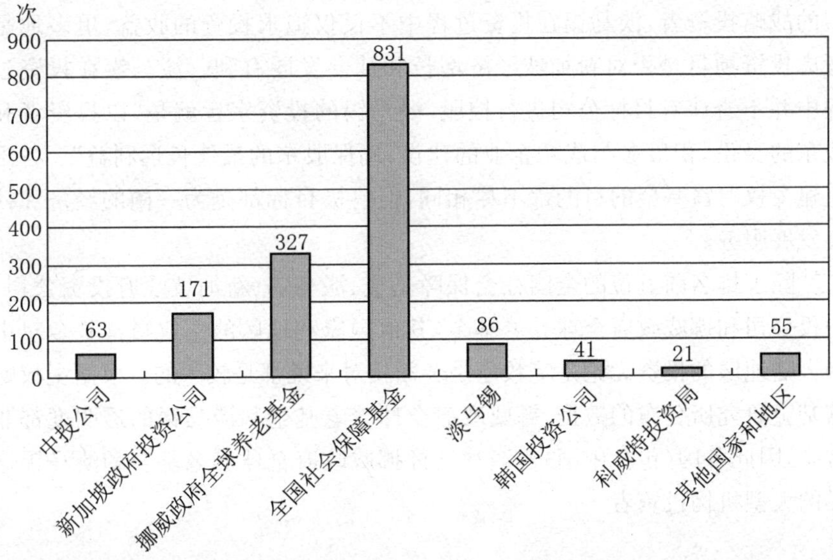

数据来源：主权财富基金研究所，https://www.swfinstitute.org/transactions，最后访问时间：2020 年 6 月 29 日。

图 3.12　全球主权财富基金对中国累计投资频次
（1996 年第一季度至 2017 年第三季度）

结合图 3.11 和图 3.12 我们发现，虽然淡马锡的投资笔数与全国社会保障基金和挪威政府全球养老基金相比较少，但是淡马锡的投资金额几乎与全国社会保障基金持平，而挪威政府全球养老基金的投资笔数虽然远高于淡马锡，但是在投资金额上远远低于淡马锡，仅仅位列第五。这一投资现象印证了不同国家主权财富基金的投资策略有显著区别，比较而言，挪威政府全球养老基金更倾向于典型的财务投资者，而淡马锡则是典型的战略投资者。

作为典型的财务投资者，挪威政府全球养老基金的投资运营特点可以总结为三个方面。一是长期化的投资理念，考核周期一般在 10 年或以上，优势在于忍受短期波动获得长期收益，是国际金融市场上重要的长线资本和稳定力量。二是分散化的投资模式，关键是要做好多元化的资产配置，不能把鸡蛋放在一个篮子里，一般开展跨区域、多资产的投资运作。三是不谋求控制权的投资方式，主权财富基金不像实业企业那样具备产业链条和优势，不能通过控股型投资获得产业上的"协同效应"，反而适合做财务投资者，有时候为了获取投资灵活性而放弃董事席位是必要的。作为典型的战略投资者，淡马锡在投资过程中不仅仅追求投资的收益，更多地是考虑投资项目是否对新加坡经济增长和社会发展有利。淡马锡在投资过程中并不避讳对目标公司进行控股，淡马锡的投资宗旨就是"以投资者和股东的身份，积极参与成功企业的建设，确保股东的最佳长远利益"。各国组建主权财富基金的目的都不尽相同，但终极目标都是为一国的经济和社会发展服务。

除了排名前五位的全国社会保障基金、淡马锡、新加坡政府投资公司、中投公司和挪威政府全球养老基金，其他国家和地区的主权财富基金对中国大陆地区的投资无论是笔数还是金额相对来说都是较少的。根据主权财富基金研究所公布的数据，挪威政府全球养老基金和淡马锡的透明度都非常高，因此各国(包括中国)普遍欢迎像挪威政府全球养老基金和淡马锡这样的大型机构投资者。[3]

五、中国主权财富基金的投资分布

在投资地区方面，从 2007 年第二季度至 2017 年第三季度，中国主权财富基金一共进行了 1 199 笔投资，总投资金额达到 1 362.76 亿美元，其中中投公司进行了 222 笔投资，共投资约 802.26 亿美元；全国社会保障基金进行了 834 笔投资，共投资约 245.91 亿美元；华安投资有限公司进行了 143 笔投资，共投资约 314.57 亿美元。中投公司虽然投资项目较少，但是平均每笔投资额较大，最为著名的案例就是中投公司对美国黑石公司的 30 亿美元投资，而全国社会保障基金虽然进行了 834 笔投资，但是总额却显著低于中投公司，共投资 245.91 亿美元。这反映出两者截然不同的投资风格，中投公司其目的是最大化利益，因而投资风格相对激进，而全国社会保障基金的资金主要用于弥补我国人口老龄化高峰时期的社会保障需要，是国家重要的战略储备，因而其投资风格相对稳健。

由图 3.13 和图 3.14 可见，在中国主权财富基金投资的地区分布中，中

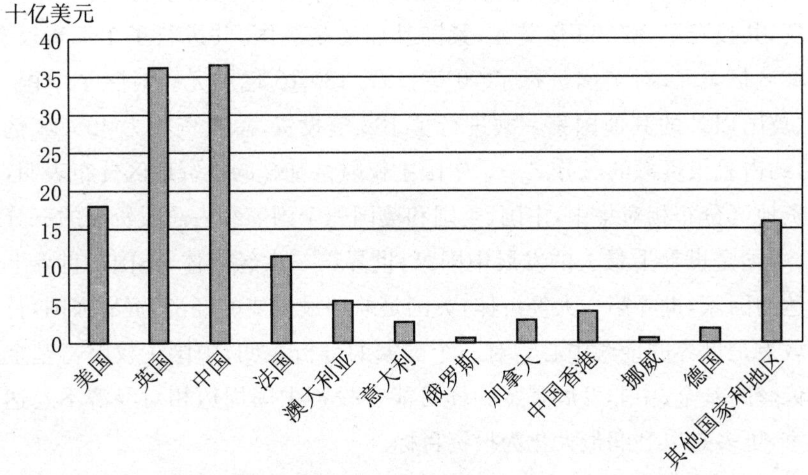

数据来源：主权财富基金研究所，https://www.swfinstitute.org/transactions，最后访问时间：2020年6月29日。

图3.13 中国主权财富基金投资地区——按金额分布
（2007年第二季度年至2017年第三季度）

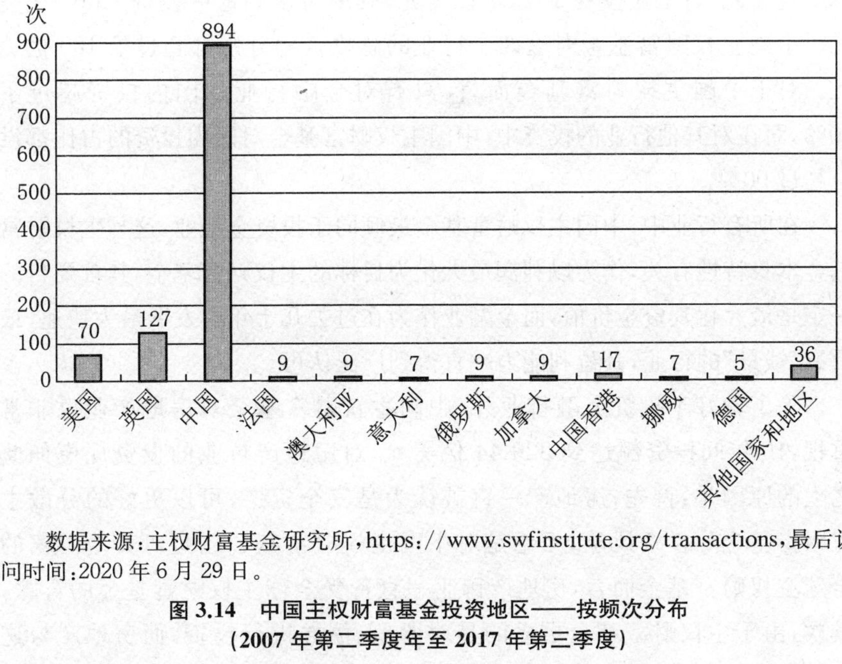

数据来源：主权财富基金研究所，https://www.swfinstitute.org/transactions，最后访问时间：2020年6月29日。

图3.14 中国主权财富基金投资地区——按频次分布
（2007年第二季度年至2017年第三季度）

国、美国和英国是排名前三位的东道国。其中对于中国地区进行了894笔投资，共投资了363.88亿美元，紧随其后的是英国，共进行了127笔投资，363.58亿美元，对美国进行了70笔投资，180.16亿美元。对除了中国、美国、英国以外的其他国家一共进行了108笔投资，总投资额为455.12亿美元，约占总投资额的三分之一。中国主权财富基金的投资地区分布表明，其投资地区分布相对集中，中国、美国和英国三个国家约占总投资额的三分之二，中国是世界上最大的发展中国家，世界第二大经济体，美国是世界上最发达的国家，世界第一大经济体，英国是欧洲最重要的经济、贸易强国，首都伦敦更是世界的金融中心。对三个国家的分析表明，中国主权财富基金并不像丝路基金、中非发展基金一样可能会投资中国周边相对经济不发达的国家，更多是以利润最大化为投资目标。

金融业、房地产业、能源业和工业是中国主权财富基金较为偏好的行业。中国主权财富基金对金融行业投资为380.45亿美元，其中对中国地区投资199.01亿美元；对房地产业投资329.44亿美元，其中对中国地区投资为61.26亿美元；对能源业投资为177.47亿美元，其中对中国地区投资为6.32亿美元；对工业投资104.34亿美元，其中对中国地区投资45.69亿美元。中国主权财富基金对这四个行业的总投资额分别都超过了100亿美元。对于中国主权财富基金而言，只有对金融行业的国内投资超过了50%，而在对其他行业的投资中，中国主权财富基金对国内投资的占比都没有超过50%。

在所有行业中，中国主权财富基金最倾向于投资金融业，这与主权财富基金本身特性有关，作为以利润最大化为目标的主权财富基金，其首要目的一定是最大化其资金价值，而金融业作为在过去几十年中发展最为快速、最具有“钱景”的行业，其盈利能力一直得到广泛认可。

除了偏好于投资金融行业外，中国主权财富基金对房地产业也非常重视，10年间投资额达到329.44亿美元，对房地产行业的投资规模如此之大的原因是：首先，房地产一直被认为是安全资产，可以更好的分散主权财富基金的投资风险，无论是对中国主权财富基金还是对其他国家的全球主权财富基金而言，房地产行业一直备受全球主权财富基金的青睐；其次，由于主权财富基金更多的是对股票、债券进行投资，而房地产与这些投资关系不大，可以起到更好的分散风险的作用；最后，金融危机之后，物价下跌，而房地产市场具有避险功能，因而房地产市场得到了更多的关注。

在中国主权财富基金的投资中，排名第三的是能源行业，在10年间共投资177.47亿美元，投资规模如此之大可能有如下原因：第一，新能源行业的发展是未来经济增长非常重要的一环，主权财富基金的投资将会使中国紧紧抓住未来这一重要的产业，实现超额的投资回报；第二，能源行业需要巨额的资金，而主权财富基金作为庞大的机构投资者，拥有雄厚的资本，因而能为能源行业的发展提供其所需的资金。

在中国主权财富基金的投资中，排名第四的是工业，总投资额达到104.3亿美元，对中国地区投资45.69亿美元。中国主权财富基金投资的行业中，大多数倾向于投资国外的企业，而在工业中，投资国内的比例接近50%，中国主权财富基金对工业投资上百亿的原因，一是工业的发展需要庞大的资金，尤其是技术创新、机器的采购等需要大量资金，恰好主权财富基金可以为其提供发展所需要的资金；二是工业的盈利性较为稳定，且收益丰厚，风险也较低。

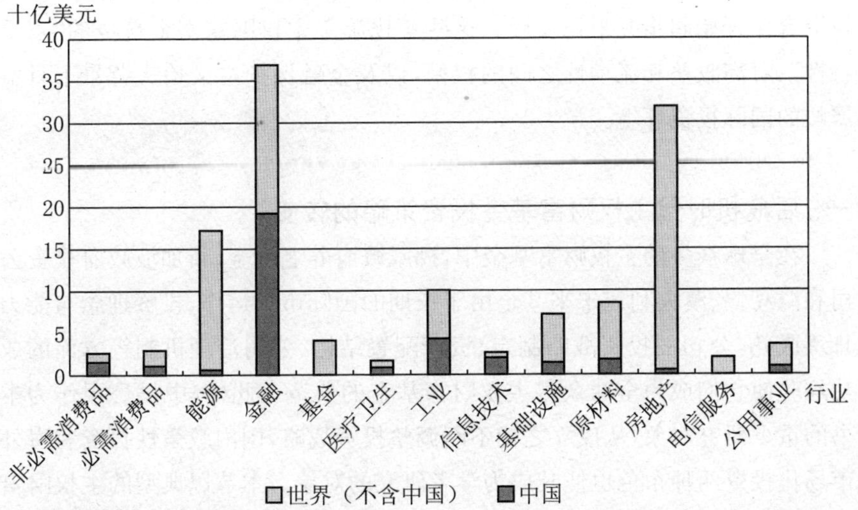

数据来源：主权财富基金研究所，https://www.swfinstitute.org/transactions，最后访问时间：2020年6月29日。

图3.15　中国主权财富基金投资行业分布(2007年第二季度年至2017年第三季度)

目前，中国主权财富基金对高科技、医疗及电信等行业的投资金额还比较少，但中投公司在2016年的年报中透露，中投会借鉴国际和历史经验，增加对高科技企业、医疗领域以及媒体、电信行业的投资，抓住此次全球性金融危机带来的对抗长周期、低回报时代的投资机遇。同时，中投公司会顺应时代发展潮流，对冲负利率时代回报下降的风险，增加另类资产的投资比重，投资规模有可能达到半数以上。

第二节　主权财富基金投资的发展趋势

2008年金融危机的持续深化使得全球主权财富基金的投资遭受严重损失，后危机时代主权财富基金在投资策略等方面呈现出新的特征。国际投资环境的不确定性使基金的资产配置结构更加多元化，另类资产持有比重增加，风险偏好有所提高；投资区域更加广泛，注重对实体部门的投资，未来基础设施建设的强大需求将备受主权财富基金关注；主权财富基金间的投资合作开始起步并平稳发展。这些变化源于主权财富基金自身的“双重特性”、对高收益和流动性之间的权衡，以及金融保护主义抬头背景下日益严峻的国际投资环境。

一、后危机时代主权财富基金投资策略的转变

在全球众多的主权财富基金中，挪威政府养老基金、新加坡政府投资公司和淡马锡、澳大利亚未来基金由于长期的国际市场运作，投资理念与能力日臻成熟，公司的投资战略制定、资产配置结构、公司治理机制等方面的成功经验使它们成为全球众多主权财富基金的典范。此外，中投公司作为本书的重点研究对象，从成立之初不断调整投资战略，国内政策性投资和海外市场化投资两种角色也使其成为学者研究的对象。本节以典型的主权财富基金为例，分析后危机时代基金投资策略的转变。

全球金融危机导致股票和另类投资为代表的资产价格下降，使全球范围内的主权财富基金账面资产损失严重，部分基金的投资组合价值的账面损失高达30%以上（如表3.2所示）。

表 3.2　2008 年部分主权财富基金账面资产损失情况(单位:亿美元)

	2008 年估计账面损失	管理资产总额至 2007 年底	管理资产总额至 2008 年底	损失率
韩国投资公司	400	600	200	−66.7%
淡马锡	378	1 205	827	−31.4%
挪威政府养老基金	757	3 250	2 493	−23.3%
阿布扎比投资局	1 830	4 530	3 290	−40.4%
新加坡政府投资公司	296—329	2 313	2 000	−14.4%

注:损失率=2008 年估计账面损失/2007 年底资产总额。

资料来源:谢平、陈超:《谁在管理国家财富? 主权财富基金的兴起》,中信出版社 2010 年版,第 71 页。

危机期间的这一局面使得主权财富基金的投资策略备受质疑,指责主要表现为:一是主权财富基金没有选择合适的时机而草率地投资股权市场;二是主权财富基金缺乏投资能力及眼光,在金融危机的初始阶段没有意识到之后可能遭受的潜在损失;三是主权财富基金在母国市场需要其注资缓解危机时依然倾力进行海外投资。这些批评迫使部分主权财富基金在金融危机期间对投资策略进行了调整,将较大部分的资金投资于国内市场,例如有些主权财富基金通过向银行系统注入资金为国内银行业的发展提供必要的流动性,并帮助银行业进行资本重组;有些主权财富基金利用资金来弥补政府财政赤字并支持政府的刺激计划;有些主权财富基金通过直接购买国内股票来重振市场与投资者信心。这一期间主权财富投资策略的临时转变目的是刺激国内经济发展,帮助母国尽快走出危机,缓解国内的政治经济舆论压力。

金融危机爆发后,各国政府一致认为使经济走出危机的有效途径是实行大规模的扩张性财政政策与货币政策,以 2009 年第三季度美国经济出现回升为标志,全球经济开始进入复苏阶段。此后,世界经济呈现不均衡发展,在世界经济结构调整阶段,主权财富基金与危机前相比投资战略出现了一些新特征。

(一) 投资组合更趋多元化,风险偏好明显提升

主权财富基金对资产配置结构进行了调整,相应的在投资组合中增加了对股权及另类资产等高风险高收益资产的投资比重,[4]资产类型更加多元化。例如,中投在 2008 年金融危机时期主要投资股权及固定收益产品,另类资产的投资比重仅有 0.4%。近几年,中投增加了对对冲基金、房地产及基础设施建设为代表的另类资产的投资，投资风险偏好显著提高，现金持有量大幅度减少，现金管理产品[5]由 2008 年的 87.4%减少至 2014 年的 3.6%；固定收益类产品在危机期间比重有所增加，但在近几年的投资比重不断下降，与之相反，股权投资与另类资产投资比重显著提高，2014 年比重分别占总资产的 44.1%和 37.7%(如图 3.16 所示)。

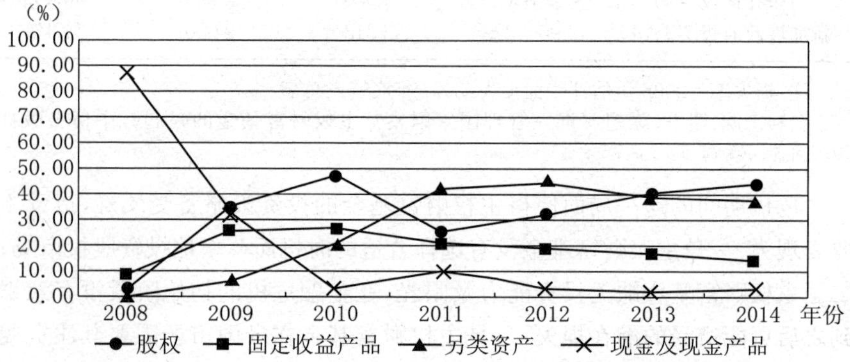

数据来源：中投 2008—2014 年年报。

图 3.16　中投公司资产配置结构(2008—2014 年)

世界经济结构调整期，新加坡政府投资公司也提高了股权投资比重，并增加了对私募与另类投资的投资力度，其资产组合增加至包括 13 种资产类别，尤其是地产类资产在其资产配置中占有重要地位。淡马锡的投资组合资产配置中，非上市资产比重由 2008 年的 21%逐步提升至 33%，而上市大型资产的持有比重由 2008 年的 48%降为 33%。澳大利亚未来基金对公开市场发行的股权与私募股权的投资比例分别由 2009 年的 24.9%和 2.3%上升至 33.8%和 10.8%。挪威政府养老基金主要投资于股权市场，投资比重一直占总资产的一半以上，2014 年底这一比重达到 61.3%，为了拓展投资领域，挪威政府养老基金从 2011 年开始投资房地产，地产项目比重由最初的 0.3%提升至 2014 年的 2.2%。

但值得注意的是，资产配置中股权及另类投资比重的增加大大增加了基金的投资风险。金融危机后的世界经济结构调整阶段，国际资本市场投资环境继续恶化，部分主权财富基金甚至出现了严重亏损。以资产配置策略备受国际评论家褒奖的挪威政府养老基金为例，因中国股票市场 A 股投资亏损和大众汽车集团股价暴跌，挪威政府养老基金 2015 年第三季度遭受四年来最大亏损，其季度报告显示第三季度亏损4.9%，所持有的股票(占比59.7%)亏损8.6%，这也是基金六年来首次出现连续两个季度亏损。

(二)投资地域广泛，新兴市场国家和地区投资比重增加

挪威政府养老基金广泛地活跃在国际市场，在2014年其投资的公司多达9 000余家，遍布全球75个国家或地区。挪威政府养老基金认为稳健的长期回报依赖于经济、环境社会的可持续发展，因此这几年也开始增加对亚洲地区的投资，2012年至2014年对亚洲的投资比重分别为12.9%、14.3%、15.5%，2014年对亚洲地区公司的投资最多，有3 700余家。在对发达地区投资方面，2012年至2014年，挪威政府养老基金对欧洲地区的投资比重不断下降，分别为48%、44.8%、39.3%，相反对北美地区的投资比重有所提高，分别为32.2%、35.2%、38.9%。挪威政府养老基金对北美与欧洲地区的投资一增一减，主要原因是金融危机过后，美国实行及时有效的量化宽松货币政策，在2013年经济有明显的复苏回升迹象，而欧洲许多国家深陷主权债务危机，经济增长依旧疲弱，此外，财政紧缩措施及几个国家节节攀升的失业率成为欧洲复苏道路上的阻力。

新加坡政府投资公司在中国、印度和拉美分别设立了分支机构，并密切关注这些目标市场的投资机会，其地产投资举足轻重，在亚洲地区的投资占全球地产投资的50%以上。澳大利亚未来基金长期以来一直集中于对发达地区的投资，澳大利亚本土、美国、英国、日本四个国家的投资比重在2015年高达60%以上，不过2008年金融危机之后，澳大利亚未来基金减少了对本国及美国的投资比重，开始增加对新兴市场国家的投资，由2008年的5.5%提升为2015年20%。

值得注意的是，虽然大部分主权财富基金都增加了对新兴市场地区的投资，但也有部分主权财富基金(如中投和淡马锡)依旧青睐发达经济体，这主要源于近期发展中国家增长率有所下降，以及美国经济的强势复苏。

(三)投资产业多元化，注重实体部门的投资

与其他产业相比，金融服务业依然最受主权财富基金青睐，所占比重大多在20%以上，但是多数主权财富基金在2008年金融危机过后对金融部门的投资比重进行了下调，如淡马锡由2008年的40%下调至2015年的28%，澳大利亚未来基金由2013年的26%下调至2015年的23%。此外，各主权财富基金逐步由金融服务业开始扩展至其他实体部门，由于投资理念与目标的差异，各基金投资的行业领域有较大差异(如表3.3所示)。

表 3.3(1)　后危机时代部分主权财富基金的股权投资产业分布

	年份	金融	工业	消费品	医疗卫生	信息技术	材料	能源	电信服务	公共事业	其他
中国投资有限责任公司	2014	22.6%	10.2%	25.1%	9.5%	12%	5.1%	7.5%	3.6%	3.1%	1.3%
	2013	22.9%	10.2%	22.7%	9.9%	12.1%	5.5%	8.5%	3.6%	2.6%	2.0%
	2012	22.3%	9.1%	21.1%	8.2%	11.6%	6.5%	10.2%	3.9%	2.7%	4.4%
	2011	19%	9%	20%	7%	10%	9%	14%	4%	3%	5%
	2010	17%	10%	19%	6%	10%	12%	13%	4%	3%	6%
澳大利亚未来基金	2014	23.7%	13.7%	13.9%	9.6%	8.4%	5.8%	6.9%	3.3%	3.7%	10.4%
	2013	23.8%	14.4%	14.0%	8.7%	7.5%	6.4%	8.4%	3.9%	3.5%	10.2%
	2012	22.9%	13.0%	13.5%	8.6%	7.3%	7.5%	9.8%	3.9%	3.7%	9.3%
	2011	19.8%	13.1%	12.7%	9.5%	7.9%	7.8%	11.6%	4.4%	4.3%	9.0%
	2010	21.4%	13.7%	11.7%	7.7%	8.1%	9.1%	8.5%	10.8%	4.5%	4.7%
挪威政府养老金	2015	23%	12%	23%	10%	12%	9%	6%	4%	1%	—
	2014	24%	11%	21%	9%	11%	9%	9%	4%	2%	—
	2013	26%	11%	20%	9%	9%	10%	9%	4%	2%	—
	2012	25%	9%	19%	8%	8%	16%	9%	4%	2%	—
	2011	24%	9%	17%	7%	8%	16%	11%	5%	3%	—
	2010	25%	9%	19%	9%	8%	14%	9%	4%	3%	—

表 3.3(2)　后危机时代部分主权财富基金的股权投资产业分布

	年份	金融	交通与工业	生命科学农业、消费与地产	能源与资源	电信媒体与科技	其他
淡马锡	2015	28%	17%	18%	5%	24%	8%
	2014	30%	20%	14%	6%	23%	7%
	2013	31%	20%	12%	6%	24%	7%
	2012	31%	21%	12%	6%	24%	6%
	2011	36%	23%	11%	3%	22%	5%
	2010	37%	18%	11%	6%	24%	4%
	2009	33%	19%	10%	5%	27%	6%
	2008	40%	16%	9%	5%	26%	4%

注：各主权财富基金投资领域不同，年报指标存在差异，便于分析在表 3.3(2)中并未将不同基金的各指标统一；个别指标的数据做了近似处理，所以总和与 100%有细微偏差。

数据来源：根据各主权财富基金历年年报(2008—2015 年)中数据整理而成。

危机后，淡马锡投资领域十分广泛，投资活动频繁，主要表现为看重对消费、生命科学与农业、地产等领域的投资，2015 年的投资比重为 18%，较 2008 年金融危机时提升了一倍。2015 年，淡马锡完成了对屈臣氏总值 57 亿美元的投资，并对全球领先的动物保健公司法国诗华动物保健公司(Ceva Santé Animale)和中粮国际有限公司进行了投资。金融服务部门投资比重较往年有所下降，但依然是淡马锡最重要的投资领域，与以往主要投资银行体系相比，淡马锡将金融服务投资组合扩展至非银行板块，如保险、消费金融及支付业务。

2007 年中投成立之初，投资集中于发达国家的金融部门，随着投资经验与投资能力的提升，投资领域扩大到十多个行业部门，尤其增加了对基础设施领域的投资。2015 年 1 月，中投成立专门从事对外直接投资业务的子公司——中投海外，专注开展境外直接投资活动，尤其侧重于基础设施、农林牧渔等长期资产的投资，成立之后中投海外投资了德国最大的高速公路服务区特许经营商 Tank & Rast 的少数股权，与其他公司共同收购土耳其第三大集装箱码头康普特(Kumport)约 65%的股份。未来发达国家基础设施改造升级、“一带一路”沿线国家推进基础设施互联互通等，都蕴含着更多的投资机会。

危机后，主权财富基金对房地产行业的投资不断增加。房地产作为一项非流动资产逐渐受到许多基金的重视，可能的原因是不同于传统资产类别的债券和股票，房地产可以提供多元化的收益。一方面与债券相似，房地产有着长期的稳定的收入流；另一方面与股票相似，房地产可以根据收入和资本价值随时间增值。如新加坡政府投资公司将房地产作为资产配置中的重要资产，通过租金以及房地产随时间增值为投资提供稳定回报，已经成为全球重要的房地产投资者，2015 年房地产投资项目多达 350 余个，遍及 40 多个国家，涉及所有重要的地产部门，包括商务办公（34%）、百货零售（19%）、酒店（13%）、居民住宅（15%）、工业厂房（13%）和其他（6%）。地产投资在澳大利亚未来基金的投资组合中也占有重要地位。2015 年，澳大利亚未来基金的地产投资包括百货零售（38%）、商务办公（28%）、居民住宅（15%）、工业厂房（11%）、酒店（2%）和其他（6%）。挪威政府养老基金在 2011 年开始投资地产，主要投资于发达国家的商务办公与百货零售部门。2014 年，挪威政府养老基金投资的商务办公地产项目占全部地产投资的 52.8%，对欧洲与美国的地产投资项目有 96 个，未来将考虑对亚洲国家的地产投资，使地产投资占基金总资产的比重提升至 5%。

（四）开始探索主权财富基金间的合作投资

金融危机期间，主权财富基金的大规模投资引发部分国家对其投资行为的关注和担忧，为避免引发金融保护主义，阻碍国际投资的有效进行，国际货币基金组织制定了"圣地亚哥原则"。危机过后，主权财富基金一方面不断提升自身的透明度，另一方面开始探索寻求与其他基金进行合作投资。如 2011 年俄罗斯成立了专注于合作投资的俄罗斯直接投资基金（RDIF）。[6] 2012 年中投与俄罗斯直接投资基金成立俄中投资基金，[7] 双方表示未来将对农业和食品生产、金融开采与加工、物流、信息技术等领域进行合作投资。中投、新加坡政府投资公司和澳大利亚未来基金在 2013 年对欧洲最大的私募股权投资机构安佰深（Apax）[8] VIII 进行联合投资，使其在 2013 年 6 月完成了 58 亿欧元融资。

在实践中，主权财富基金也与其他金融机构进行投资合作，如 2014 年俄罗斯直投基金计划联合来自中东以及中国的投资者，参与投资俄罗斯一家垂直一体化的农业加工商、贸易商 Sodrugestvo 公司；2016 年初，中国金融机构与海湾国家两大主权财富基金合作成立共同投资基金，两支基金分别为中国-阿联酋共同投资基金和中国与卡塔尔投资局成立的地区投资基金，规模达 200 亿美元基金，未来将联合投资中东传统能源、基础设施建设、高端制造业等领域。

二、后危机时代主权财富基金投资策略转变的原因

世界经济结构调整期主权财富基金投资策略的转变,一方面源于基金自身投资理念与投资目标的调整,另一方面更为重要的原因是受到外部国际投资环境变化的影响。

(一)高收益与流动性之间的权衡促成投资组合多元化

主权财富基金的投资管理是在投资机会随时间变化的条件下,长期投资目标的确定、基于长期投资目标的资产配置决策和基于资产配置决策的具体证券选择三个相互影响、相互关联的环节。主权财富基金投资的显著特征是注重整体风险管理、投资期限较长。主权财富基金着重关注境外投资组合的整体风险,而不是个别资产的短期波动风险,虽然部分资产的短期波动大,但是与其他资产相关性低,风险可以被有效分散,因此,主权财富基金在制定投资策略时非常注重投资组合的完整性,会采取更加多样化的资产配置结构。股权投资、房地产等另类资产投资比例不断攀升这一特点,反映了主权财富基金在危机后的投资偏好,即使在2008年金融危机期间遭受了较大亏损,长期投资目标决定了主权财富基金仍然偏好高收益的风险资产。

此外,值得注意的是,资金来源的不同使得不同类型的主权财富基金有不同的投资特征,主要表现在投资理念、投资目标、投资期限、资产类型选择、投资区域与行业、风险容忍度等方面。上文分析的挪威政府养老基金和澳大利亚未来基金属于养老储备型基金,而新加坡政府投资公司、淡马锡和中投属于典型的储备投资型基金,相比较而言,储备投资型基金倾向持有大量的收益和风险较高的非流动性资产,而养老储备基金需要持有一定量的流动性资产以抵御过高的风险损失。

(二)严峻的外部投资环境促成投资地域多元化

强劲有力的世界经济增长短期内难以实现,各国的经济发展状况苦乐不均,几乎各国政府都已对经济的预期增速进行了不同程度的下调,世界经济未来发展的悲观前景会对主权财富基金造成不利冲击。在主权财富基金的投资地域分布中,美国由于危机后经济结构改善,内在扩张动力增强,经济增长领先其他主要发达国家,所以依旧是接受基金投资最重要的东道国。欧洲地区许多国家依然被债务困扰,负利率逐渐成为各国央行的选择,但经

济复苏依然缓慢，因此不同的基金对投资欧洲地区态度迥异。此外，亚洲地区在危机后的强势复苏吸引了中东国家主权财富基金、挪威政府养老基金等众多基金的投资。但是近两年，以中国为代表的新兴市场国家经济增速不断下调，[9]面临经济转型和结构调整，新兴市场国家金融市场比较动荡，[10]各基金对新兴市场未来经济发展的不同看法，也造成了投资地域多元化的趋势。

（三）战略性投资促成投资行业多元化

危机后，由于之前投资的金融行业项目受损，主权财富基金开始不断拓展不同行业的投资。在多国出台振兴国内经济建设，尤其是积极扩大基础设施建设的背景下，主权财富基金开始更多关注实体部门的投资机会。如2013年中国提出共建"丝绸之路经济带"和"21世纪海上丝绸之路"的倡议，建立开发性金融机构，加快同周边国家和区域基础设施互联互通建设，形成全方位开放新格局；2013年"连接欧洲设施"(Connecting Europe Facility)计划出台，计划的目的是为了加强欧盟国家在交通、能源和电信等领域基础设施的互联互通；2014年底欧委会主席容克宣布2015—2017年为期三年总规模达3 150亿欧元的投资计划。欧委会和欧洲投资银行将出资设立210亿欧元基金，该计划将主要投资宽带网建设、能源、交通基础设施、教育项目和研发。这些都为主权财富基金拓展投资领域提供了机遇。

（四）金融保护主义抬头促成基金间合作投资

主权财富基金的"双重特性"难免会使部分国家出于政治考量而对基金的投资行为进行更加严厉的监管，甚至设立专门的法律法规限制主权财富基金的投资，极大损害了主权财富基金母国的利益。此外，当前国际投资体系多双边的、地区性的谈判非常活跃，各经济体增长点和利益诉求不断分化，为寻求新的经济增长点，各国纷纷加大对国际规则制定话语权的争夺，但是缺乏系统性的内部协调，没有形成一套全球性的投资规则。这一投资现状使各主权财富基金在投资活动时容易遭受金融保护主义的阻碍。在如此严峻的投资环境下，仅仅依靠单个基金的投资力量很难成功实现投资目标，因此，与其他国家的主权财富基金进行合作投资成为了一条可行的道路。主权财富基金通过联合投资的方式进行合作，不但资金充沛，而且可以在一定程度上提高自身的可信度，消除东道国(或地区)的顾虑，有利于改善自身的国际声誉。在世界经济结构调整期，主权财富基金之间合作投资的数量和规模将会不断增加。

第三节 主权财富基金与公共养老金投资策略比较

后危机时代，全球经济复苏缓慢、政策不确定性逐渐凸显，在国际投资回报下降以及人口老龄化日益加剧的压力下，研究主权财富基金及公共养老金投资特点的异同，有助于把握主权财富基金及公共养老金的最新投资趋势，从而为中国主权财富体系的构建和管理提供理论与现实意义上的参考。

一、主权财富基金与公共养老金的界定

关于主权财富基金的界定，学界一致存在争议。广义的界定包涵主权财富基金、养老基金和货币管理部门；而狭义的界定认为，主权财富基金独立于养老基金和货币管理部门，是一国政府利用超额的外汇储备或财政盈余建立的主权投资机构。为了更加准确地与公共养老金的投资策略进行比较，本节按照狭义的概念来界定主权财富基金。

主权财富基金自2000年以来一直维持快速增长态势，不仅规模稳步增长，各国设立新基金的速度也不断加快，对全球金融市场的影响力越来越大。尤其是2008年金融危机之后，虽然主权财富基金的增速有所放缓，但每年的总投资量都在600亿美元以上。排名前10的主权财富基金资产规模都在十亿美元以上，如此庞大的规模与体量是一般投资机构望尘莫及的。

公共养老金（Public Pension）是指政府直接管理运营的、面向全体国民的终身按月支付的养老金制度。通常由防止老年贫困的社会养老金（social pension）和覆盖中高收入群体的收入比例养老金（earning-related pension）构成。在经合组织的分类中，这两类公共养老金分别叫做第一层和第二层养老金。与之相对的是私人养老金（private pension），即第三层养老金。最常见的是商业养老保险、个人养老储蓄等，属于自愿的市场行为。国家对于公共养老金直接承担给付责任，但是对于私人养老金则没有这个责任。[11]像美国这样崇尚市场经济的国家，依旧将包括余额储备在内的整个公共养老

金制度完全交由政府管理，将筹资模式严格地限定在现收现付制的范围内。本节的研究对象指的是由政府为主体发起的第一和第二层次的公共养老金。

公共养老基金不仅有着庞大的资金规模，而且公共养老金主要由政府设立，也具有"主权"的特征，即国家直接建立和管理，这与主权财富基金十分相似。[12]从资金来源的角度来看，主权财富基金与公共养老金之间也有着相似之处：主权财富基金的资金主要来源于外汇储备或者财政盈余，如阿联酋的阿布扎比就是利用其出口石油资源积累下的巨额外汇储备进行投资的，挪威全球政府养老基金的资金来源是外汇储备和财政盈余。也有一些主权财富基金，如新加坡的淡马锡和政府投资基金，其资金就由"中央公积金"的缴费收入和外汇储备共同构成。部分公共养老金在资金来源方面与主权财富基金并没有明显的区别和界限，公共养老金的资金来源主要是财政收入（包括社保基金缴费盈余）、[13]外汇收入和国有资产私有化收入。

以中国为例，全国社会保障基金于 2000 年 8 月设立，是国家社会保障储备基金，包括基本养老保险基金、基本医疗保险基金、工伤保险基金、失业保险基金和生育保险基金，其资金来源为中央财政预算拨款、国有资本划转、基金投资收益和国务院批准的其他方式筹集的资金，专门用于人口老龄化高峰时期的养老保险等社会保障支出的补充、调剂。

全国社会保障基金理事会（简称社保基金会）是财政部管理的事业单位，负责管理运营全国社会保障基金。全国社会保障基金与地方政府管理的基本养老、基本医疗等社会保险基金在资金来源、运营管理和用途等方面也存在区别。[14]

在投资策略上，公共养老金与主权财富基金呈现出越发相似的趋势，由原先的以固定收益类资产为主，到投资组合不断多元化并逐渐将投资领域扩展到国际市场。正是由于二者在体量、"主权"性质、资金来源等方面所具有的相似特征，研究其投资策略的不同之处，为探讨人口老龄化和财务收益率较低给中国养老体系带来的巨大压力具有理论和现实意义。

二、主权财富基金与公共养老金的资产配置策略比较

次贷危机后，欧美仍是主要投资区域之一，但一些新兴经济体由于受危

机波及影响相对较小，并采取吸引外资的优惠政策而备受投资者关注。从行业来看，主权财富基金和公共养老金主要投向欧美及亚洲新兴市场的金融与房地产行业。此外，主权财富基金的投资决策主要会受到东道国（或地区）投资环境、对外政策的影响，且由于其较低的透明度水平和一定的战略目的，东道国（或地区）政府常常会表现出排斥。公共养老金的发展历史更为悠久、公众认可度更高，一般不会引起“国家威胁论”。

在两类基金投资策略的比较方面，国外学者给予了更多的关注，如布贝克等运用Probit模型将主权财富基金和养老基金对目标公司的投资选择进行比较发现，尽管各自的资金来源不同，但是主权财富基金和养老基金均被认为是长期投资者，两者具备相当的投资规模和投资次数，在机构投资者中，主权财富基金累计投资金额最多，达到12 569.5亿美元，其次就是公共养老金，其投资规模累计约达到4 710.8亿美元；二者累计投资次数分别为22 701次和25 691次，此外，主权财富基金被认为是非激进的投资者，更加偏好投资于战略部门和有着快速增长机会的公司。[15]

目前，国内关于这一领域的研究较少，本书整理了1974—2017年约40年间全球主权财富基金与公共养老金的投资案例，分别从资产配置、行业选择、地域偏好的角度将两类主权财富基金的投资策略进行对比分析。研究发现主权财富基金和公共养老基金对目标行业的选择和对风险分散化的策略比较相似，但在投资风格、地域选择上有明显区别。公共养老金更为保守，风险承受能力更低，注重收益的稳定性；主权财富基金则有更强烈的风险偏好，追求超额投资收益。

（一）资产类别分布比较分析

主权财富基金和公共养老金都被视作长期投资者，当今国际金融环境日益复杂，两者似乎都有资产配置多元化、风险分散化的投资趋势，但这一趋势在公共养老金的投资策略上体现得更加明显。鉴于数据的完整性和可获得性，本节选取1994—2017年间主权财富基金和公共养老金数据，对24年间的投资趋势进行描述分析。

虽然主权财富基金和公共养老金都具有“主权”性质，都拥有着庞大的体量，但从图3.17和图3.18可以看出主权财富基金的投资存量远大于公共养老金。在资产多元化配置方面，主权财富基金资产配置的多元化进程明显早于公共养老金。公共养老金体系的发展相对缓慢。在资产配置方面，相比于公共养老金，主权财富基金呈现出更为多样化的特征，因为主权财富基金的角色定位是投资收益最大化，所以为了获取风险溢价，主权财富基金愿意承受较高的风险，可以更多地投资于风险性高的资产；而公共养老金要保证稳定的现金流来为国家的养老体系提供现金支持。

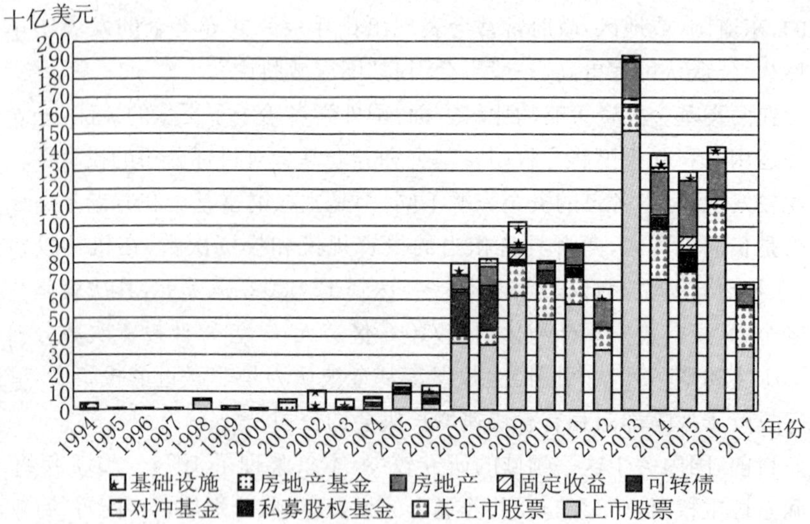

数据来源：主权财富基金研究所，https://www.swfinstitute.org/transactions，最后访问时间：2020 年 6 月 29 日。

图 3.17　1994—2016 年主权财富基金资产配置变化趋势

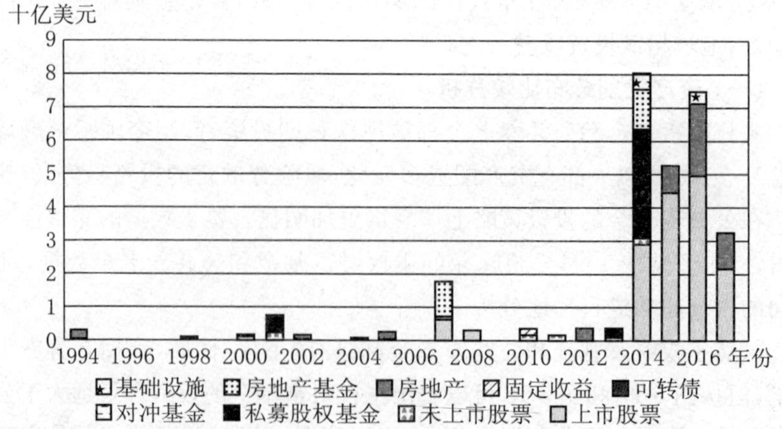

数据来源：主权财富基金研究所，https://www.swfinstitute.org/transactions，最后访问时间：2020 年 6 月 29 日。

图 3.18　1994—2016 年公共养老金资产配置变化趋势

公共养老金主要投资于房地产行业、信息科技行业、消费品行业以及金融、能源行业等。公共养老金比主权财富基金更加偏爱信息科技行业，这表明，公共养老金在不忽视金融和能源行业的同时，更关注成长良好和现金流动性强的投资对象。

表 3.4　2016 年主权财富基金和公共养老金投资部门对比

	农业		弹性消费品		必需消费品		能源	
	主权财富基金	公共养老金	主权财富基金	公共养老金	主权财富基金	公共养老金	主权财富基金	公共养老金
交易额占比	0.03%	0.00%	8.70%	7.87%	4.03%	9.49%	13.70%	6.94%
交易数量占比	0.05%	0.03%	16.03%	16.33%	6.62%	7.31%	6.64%	7.43%
	金融		对冲基金		医疗保健		工业	
	主权财富基金	公共养老金	主权财富基金	公共养老金	主权财富基金	公共养老金	主权财富基金	公共养老金
交易额占比	11.34%	13.80%	0.46%	0.00%	4.54%	9.21%	9.84%	10.36%
交易数量占比	13.61%	12.53%	0.05%	0.00%	9.63%	10.33%	13.33%	11.55%
	信息科技		基础设施		材料		传媒与娱乐	
	主权财富基金	公共养老金	主权财富基金	公共养老金	主权财富基金	公共养老金	主权财富基金	公共养老金
交易额占比	10.06%	8.93%	6.45%	6.70%	3.45%	3.43%	0.00%	0.00%
交易数量占比	13.23%	13.28%	0.55%	0.29%	6.95%	6.72%	0.00%	0.00%
	房地产		主权债券		电信服务		公用事业	
	主权财富基金	公共养老金	主权财富基金	公共养老金	主权财富基金	公共养老金	主权财富基金	公共养老金
交易额占比	22.04%	16.51%	0.00%	0.00%	2.33%	2.00%	3.05%	4.74%
交易数量占比	8.20%	7.69%	0.00%	0.00%	1.38%	1.55%	3.72%	4.87%
	其他		合计					
	主权财富基金	公共养老金	主权财富基金	公共养老金				
交易额占比	0.00%	0.02%	100%	100%				
交易数量占比	0.02%	0.10%	100%	100%				

数据来源：主权财富基金研究所，https://www.swfinstitute.org/transactions，最后访问时间：2020 年 6 月 29 日。

表 3.5　2017 年前三季度主权财富基金和公共养老金投资部门对比

	农业		弹性消费品		必需消费品		能源	
	主权财富基金	公共养老金	主权财富基金	公共养老金	主权财富基金	公共养老金	主权财富基金	公共养老金
交易额占比	0.04%	0.00%	6.18%	10.46%	6.67%	6.62%	6.73%	5.59%
交易数量占比	0.10%	0.02%	15.09%	15.65%	6.65%	7.47%	6.60%	7.03%
	金融		对冲基金		医疗保健		工业	
	主权财富基金	公共养老金	主权财富基金	公共养老金	主权财富基金	公共养老金	主权财富基金	公共养老金
交易额占比	13.68%	19.88%	0.00%	0.00%	7.93%	7.17%	4.21%	7.23%
交易数量占比	14.30%	11.62%	0.00%	0.00%	9.32%	11.08%	13.51%	11.50%
	信息科技		基础设施		材料		传媒与娱乐	
	主权财富基金	公共养老金	主权财富基金	公共养老金	主权财富基金	公共养老金	主权财富基金	公共养老金
交易额占比	8.25%	10.29%	6.67%	5.20%	2.76%	3.65%	0.02%	0.03%
交易数量占比	13.57%	15.13%	0.47%	0.23%	7.60%	5.60%	0.10%	0.17%
	房地产		主权债券		电信服务		公用事业	
	主权财富基金	公共养老金	主权财富基金	公共养老金	主权财富基金	公共养老金	主权财富基金	公共养老金
交易额占比	33.78%	18.69%	0.00%	0.00%	1.50%	2.28%	1.57%	2.92%
交易数量占比	7.33%	8.14%	0.00%	0.00%	2.25%	1.99%	3.09%	4.36%
	其他		合计					
	主权财富基金	公共养老金	主权财富基金	公共养老金				
交易额占比	0.00%	0.00%	100%	100%				
交易数量占比	0.00%	0.00%	100%	100%				

数据来源：主权财富基金研究所，https://www.swfinstitute.org/transactions，最后访问时间：2020 年 6 月 29 日。

（三）资产地域分布比较分析

如表 3.6 所示，相比于公共养老金，主权财富基金的投资地域分散程度更高，但北美洲、欧洲等发达地区仍然为主权财富基金所钟爱，分别占据了七成和近九成的比例。正如上文所述，由于东道国（或地区）对主权财富基金的敏感和抵触，部分主权财富基金在投资时会尽量规避美国等投资保护主义比较强烈的国家。

表 3.6　主权财富基金和公共养老金目标地域分布对比

目标地区	主权财富基金		公共养老金	
	投资笔数	%	投资笔数	%
非洲	175	0.77	87	0.34
亚洲	4 974	21.92	2 408	9.38
澳洲及太平洋地区	287	1.26	227	0.88
欧洲	6 891	30.36	2 802	10.91
拉丁美洲	312	1.37	389	1.51
中东地区	291	1.28	162	0.63
北美洲	9 682	42.66	19 558	76.17
其他	84	0.37	45	0.17
总计	22 696	100	25 678	100

数据来源：主权财富基金研究所，https://www.swfinstitute.org/transactions，最后访问时间：2020 年 6 月 29 日。

近些年，大部分主权财富基金增加了对新兴经济体的投资。1990 年科威特投资局获得新加坡石油公司 10.6% 的股份，这标志着主权财富基金在亚洲投资序幕的拉开。主权财富基金以后每年在亚洲地区都有投资，但成交量基本为个位数，进入 2000 年投资逐渐频繁，但每年也没有超过 30 笔成交量。由于经合组织国家在 2008 年全球金融危机中受到重创，2009 年基金把目光转向了受危机影响较小的新兴经济体，成交数量跃升到 181 笔，之后每年在亚洲的投资都比较活跃，2013 年达到 2 224 笔之多。

多年来，公共养老金的投资地域相对比较集中，76.17% 分布于北美洲，其次是欧洲、再次是亚洲，三个地区所吸引的投资数目占到了总投资的 96.46%。北美洲之所以备受投资者喜爱，一方面是投资者对北美地区的发展前景充满信心，另一方面也是更重要的原因是，“母国偏差”效应确实存在，公共养老金倾向于投资本国或者投资文化背景相同或相近的国家，而以美国、加拿大为代表的北美国家养老体系更加完善，真正实现了多支柱、多层次的养老体系，而且发展规模更为庞大，所以公共养老金比

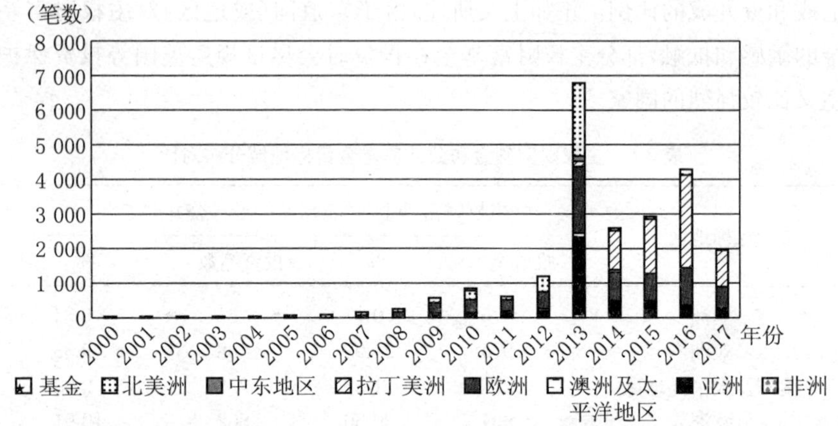

数据来源:主权财富基金研究所,https://www.swfinstitute.org/transactions,最后访问时间:2020 年 6 月 29 日。

图 3.21 2000—2017 年主权财富基金投资地域分布

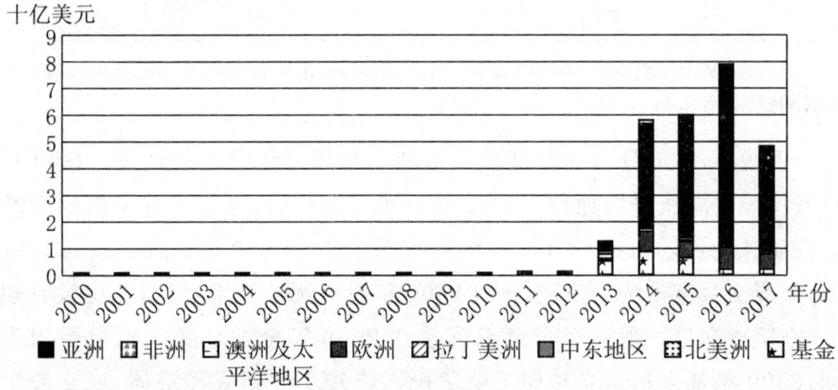

数据来源:主权财富基金研究所,https://www.swfinstitute.org/transactions,最后访问时间:2020 年 6 月 29 日。

图 3.22 2000—2017 年公共养老金投资地域分布

较集中地投资于北美地区。自 1994 年加州公共雇员退休系统以 2 583 万美元投资于联合能源开发投资项目以来。重要参与者美国加州公务员退休基金、加州教师退休基金、工伤保险和加拿大养老基金投资公司多数投资本国债券,从历史角度来看,美国的养老金曾全部投资美国国债,有着投资于本国的投资历史和投资习惯。上述原因使得公共养老金的投资显得更为集中。

表 3.7　东道国(或地区)接受主权财富基金和公共养老基金的投资次数分布情况对比表

东道国（或地区）	主权财富基金	公共养老金	东道国（或地区）	主权财富基金	公共养老金	东道国（或地区）	主权财富基金	公共养老金
巴勒斯坦	1	0	几内亚	1	0	印度	772	197
波多黎各	8	7	库拉索	7	18	巴拿马	12	28
澳大利亚	252	175	匈牙利	6	3	巴林	9	0
罗马尼亚	5	2	安哥拉	4	0	秘鲁	3	12
阿塞拜疆	8	0	比利时	62	26	菲律宾	40	42
塞尔维亚	1	0	爱尔兰	174	291	波兰	52	28
巴布亚新几内亚	2	2	阿根廷	3	2	葡萄牙	43	7
巴巴多斯	1	1	以色列	74	87	曼岛	9	1
印度尼西亚	72	41	意大利	251	39	卡塔尔	37	17
百慕大群岛	212	319	奥地利	36	13	日本	853	523
沙特阿拉伯	8	2	泽西岛	118	47	俄罗斯	111	39
英属维尔京群岛	13	28	巴哈马	1	0	巴西	195	195
保加利亚	2	0	根西岛	14	14	约旦	10	0
开曼群岛	117	138	肯尼亚	16	2	塞舌尔	1	0
哈萨克斯坦	15	0	科威特	14	0	新加坡	232	75
中国	1 594	430	拉丁美洲	2	2	南非	99	63
中国香港	137	86	黎巴嫩	1	0	韩国	234	676
中国台湾	578	158	利比里亚	10	16	西班牙	122	63
中国澳门	5	6	利比亚	3	0	古巴	1	0
列支敦士登	2	0	斯里兰卡	1	0	苏丹	3	0
哥伦比亚	17	18	立陶宛	1	0	瑞典	260	51
塞浦路斯	4	1	欧洲	1	2	瑞士	203	135
捷克共和国	2	5	德国	290	95	智利	32	53
塔吉克斯坦	1	0	马来西亚	212	84	丹麦	28	45
马绍尔群岛	6	26	马耳他	3	3	芬兰	42	27
卢森堡公国	37	22	埃及	32	3	泰国	157	88
法罗群岛	2	0	毛里求斯	2	2	突尼斯	6	0
坦桑尼亚	1	0	墨西哥	46	81	土耳其	27	36
黑山共和国	2	0	法国	245	123	乌干达	2	0
阿拉伯联合酋长国	49	16	摩洛哥	11	1	乌克兰	2	0
格鲁吉亚	3	0	荷兰	211	188	英国	4 511	1 504
克罗地亚	4	0	新西兰	27	21	美国	8 629	17 672
全球的	0	3	希腊	20	8	越南	57	0
津巴布韦	2	0	挪威	13	24	加纳	2	0
直布罗陀	4	0	阿曼	25	0	总计	22 616	25 638
尼日利亚	13	3	巴基斯坦	3	1			
加拿大	700	1 376						

数据来源：主权财富基金研究所，https://www.swfinstitute.org/transactions，最后访问时间：2020 年 6 月 29 日。

随着规模日益庞大、收益日益丰厚，主权财富基金渐渐引起广泛关注，其分散化的投资方式也开始被公共养老基金效仿。2003 年投资者将目光投向欧洲，2013 年开始交易日渐频繁。公共养老基金对亚洲的投资虽然起步于 2008 年，略晚于欧洲，但从交易数量来看两地区平分秋色，然而从累计交易额来看投资欧洲的资金是亚洲的 2 倍多，分别为 1 041 亿美元和 505 亿美元。由于部分主权基金投资管理规则的规定，投资欧洲的资金比重比较大，随着近些年亚洲一些新兴国家的崛起，投资者们纷纷将投资目光转向亚洲。[16]中东地区拥有着丰富的石油资源，并因此积累下大量的财富，但并没有受到公共养老金投资者的青睐，2013 年才有第一笔投向中东的资金项目，截至 2017 年第三季度累计投资数额仅为 8.7 亿美元。可见，公共养老金虽然有地域分散化投资的趋势，但不论从交易数量还是投资数额来看分散化依旧不是十分明显。

相比于公共养老金，主权财富基金投资于北美，特别是投资于美国的比重明显偏低，似乎也意味着美国在投资领域存在干扰主义和保护主义。

总体来看，主权财富基金将欧洲视为主要目的地，其次是北美。考虑到发展前景和风险水平，亚洲也成为投资者看重的一个选择。而公共养老金的投资主要集中于北美和欧洲这些传统的发达市场。

具体到国家角度，表 3.7 列举了东道国(或地区)分布情况，最受主权财富基金喜爱，接受投资最频繁的 10 个国家和地区依次是美国、英国、中国、日本、印度、加拿大、中国台湾、德国、瑞典、澳大利亚；最受公共养老基金所喜爱的国家和地区分别是美国、英国、加拿大、韩国、日本、中国。这与总体趋势吻合，值得注意的是，作为发展中国家的中国，深得主权财富基金和公共养老金的喜爱，表明投资者对中国的经济增长具有充足的信心。中国应该抓住机遇，全面提升开放层次和开放水平，不仅要在新的国际形势下积极地“走出去”，也要注重“引进来”。

综上所述，随着全球政策不确定性日益增强，在世界经济复苏缓慢的整体格局下，国际金融市场高波动和风险资产预期收益下降成为一种常态。中国主权财富基金应该科学理性分析投资环境，积极调整资产组合，考虑到投资的长期性，可以适当增加股权投资的比重，对于优秀的直接投资项目一定要把握机会；可以适当增加基础设施、房地产、私募股权、对冲基金等另类资产投资比重。增加基础设施领域的投资可以为东道国(或地区)经济发展注入活力，从而减少东道国(或地区)对主权财富基金负外部性的担忧，营造融洽的投资环境，树立负责任大国的国际形象；增加房地产投资比重，可以实现财富的代际转移，是理性的长期投资者的理想选择；增加私募股权和对冲基金的投资比重，可以平滑资产组合的风险，保证现金流和收益性。在行业选择上，可以继续关注金融部门。基金应该在关注传统发达市场的同时，重视新兴市场以及发展中国家的投资机会，既可以在目标地域方面实现资产配置的多元化，提高安全性，又可以借新兴市场蓬勃发展的东风，实现投资组合的盈利增长。

在各国积极推进养老体系改革的基础上，公共养老基金可以借鉴主权财富基金的投资经验，在可接受的风险水平上提高资产收益，缓解人口老龄化带来的财务压力。中国在养老体系改革积极推进的过程中，应尽早实现全国统筹，减少改革的阻力。同时也应该大力推进"第二支柱"企业年金计划和"第三支柱"个人商业养老保险体系。在公共养老金的改革与建设方面可以借鉴美国公共部门职业年金的投资运营经验，采取完全市场化的投资运营模式，实现投资的规模经济。此外，建立完善的治理结构也必不可少，应减少"裙带主义"对养老基金投资运营的干预，构筑起科学合理的可持续发展机制。

注　释

1. 新加坡政府投资公司在中国国有企业广东国际信托投资公司投资可转换债券，投资了约 2 亿新元。

2. 北美洲现有 23 个国家：美国、加拿大、墨西哥、危地马拉、伯利兹、萨尔瓦多、洪都拉斯、巴拿马、巴哈马、古巴、牙买加、海地、多米尼加、哥斯达黎加、圣基茨和尼维斯、安提瓜和巴布达、多米尼克、圣卢西亚、圣文森特和格林纳丁斯、巴巴多斯、格林纳达、特立尼达和多巴哥、尼加拉瓜。

3. 挪威政府全球养老基金和淡马锡的透明度指数都是 10。L-M 透明度指数值介于 1 到 10 之间，越高代表基金透明度越高。主权财富基金研究所认为，至少在 8 分以上，基金才算有充分的透明度。

4. 股权投资流动性较差而收益率较高，更适合长期投资者；另类资产流动性较低，出现资金短缺时按原价变现的概率较低，因而回报较高；固定收益类资产有仅次于现金及类似现金资产的变现能力，且回报稳定，但回报率较低。

5. 现金管理产品包括现金与银行存款、货币市场基金和短期票据。

6. 俄罗斯直接投资基金(Russian Direct Investment Fund, RDIF)，目的是改善俄罗斯的投资环境，使其成为战略投资者、国际私募股权投资公司和主权财富基金的专业合作伙伴，引导外资、推动俄罗斯经济现代化投资项目的落实。

7. 中俄投资基金以有限合伙制形式设立，进行商业化运作，目标募集规模为 20—40 亿美元。其中，10 亿美元将由中投及其相关方出资，10 亿美元由俄罗斯直接投资基金出资，剩余资金将向第三方国际投资者募集。

8. 安佰深是欧洲最大的私募股权投资机构，旗下美国和欧洲基金管理的资产规模分别达到15亿美元和44亿欧元（合55亿美元），除了雄厚的资金实力之外，它还拥有精通电信、信息技术、医疗保健、媒体、零售，以及金融服务等多个领域的专业队伍。

9. 在2010—2014年间，世界经济增长67%的贡献得益于新兴市场国家经济的强劲复苏，但2015年的贡献率下降至57%。详见2016年美国总统经济报告第119页和第134页。

10. 2015年8月11日开始实行的人民币汇改，为增强人民币对美元汇率中间价的市场化，人民币中间价贬值幅度超过2%，这一突然转变导致市场波动强烈，加大了市场对人民币汇率的贬值预期，导致央行不得不动用外汇储备稳定汇率。

11. 王新梅：《公共养老金"系统改革"的国际实践与反思》，载《社会保障评论》2018年第2期，第119—133页。

12. 美国这个典型的崇尚市场经济的国家，整个公共养老金制度（包括余额储备）却与资本市场没有丝毫关系，筹资模式严格地限定在现收现付制的范围内。因此，即使2008年金融危机给美国的职业年金和各种私人养老金造成了巨大的损失，但是其公共养老金仍安然无恙。政府与市场之间的界限清晰分明：私人性质的养老金由市场做，但是公共养老金只由政府做，以保障国民的老年生存安全。参见王新梅：《公共养老金"系统改革"的国际实践与反思》，载《社会保障评论》2018年第2期，第119—133页。

13. 还有部分国家（如法国和卢森堡）利用社保基金缴费盈余充实主权养老基金，在这里，缴费盈余并非指缴费余额本身，而是缴费余额经营运作后的投资收益，这种情况也归为财政收入范畴。参见高铮：《主权养老基金的国际经验与启示》，载《中国财政》2014年第17期，第68—70页。

14. 全国社保基金理事会官网，http://www.ssf.gov.cn/jj/qgsbjj/201501/t20150121_6316.html，最后访问时间：2020年6月20日。

15. Narjess Boubakri, Jean-Claude Cosset, and Jocelyn Grira, "Sovereign Wealth Funds Targets Selection: A Comparison with Pension Funds," *Journal of International Financial Markets Institutions & Money*, Vol.42, 2016, pp.60—76.

16. 在2005年12月22日挪威公布的《政府全球养老基金管理规则》中，除了对投资工具的比例有所规定，对投资区域也有规定：固定收益工具组合欧洲50%—70%，美洲和非洲25%—45%，亚洲和大洋洲0—15%，可投资的国家和地区31个；股权工具组合欧洲40%—60%，美洲和非洲25%—45%，亚洲和大洋洲5%—25%，可投资的国家和地区42个。2007年挪威财政部接受挪威银行多元化投资建议，允许股票投资比例从40%升至60%，同时固定收益产品投资比例由60%降至25%，还计划将10%的资产用于投资房地产及基础设施行业，5%用于投资杠杆收购基金以及风险投资基金，参见罗晓：《国外主权养老基金模式比较》，载《商业时代》2013年第20期，第79—81页。

第四章
主权财富基金投资对世界经济和政治格局的影响

第一节 主权财富基金投资对世界经济格局的影响

一、提高国际资本市场资金流动性

相比以往传统的外汇储备管理当局主要购买发达国家国债的保守投资，主权财富基金不断扩大对对外直接投资领域的投资。虽然2008年金融危机爆发后，国际市场上油价及其他商品价格下跌，资源型主权财富基金的资金来源受到了负面影响，与此同时，受到发达国家需求下降的影响，非资源型主权财富基金的收入也受到了负面影响，但是，根据跨国并购的数据显示，危机期间来自主权财富基金的对外直接投资却有所上升。

危机期间，在国际上其他机构投资者大范围缩减投资的情况下，主权财富基金对发达国家和发展中国家进行了大规模的投资。2008年第一季度主权财富基金的全球投资额达到了680亿美元，占全年交易总额的53.13%，受危机影响，第二季度的投资额仅为10亿美元，但是第三季度和第四季度的投资额逐渐回升，分别达到15亿美元和35亿美元。虽然受全球经济低迷的影响，2009年初，主权财富基金的投资活动有所减少，但是从第三季度开始投资活动呈现出明显的回升趋势（如图4.1）。

与2008年相比，2009年全球制造部门、服务部门和初级部门的跨国并购分别下降了77%、57%和47%，但在主权财富基金集中投资的电力和天然气行业，直接投资额均超过了2008年。[1] 2013年是主权财富基金投资最

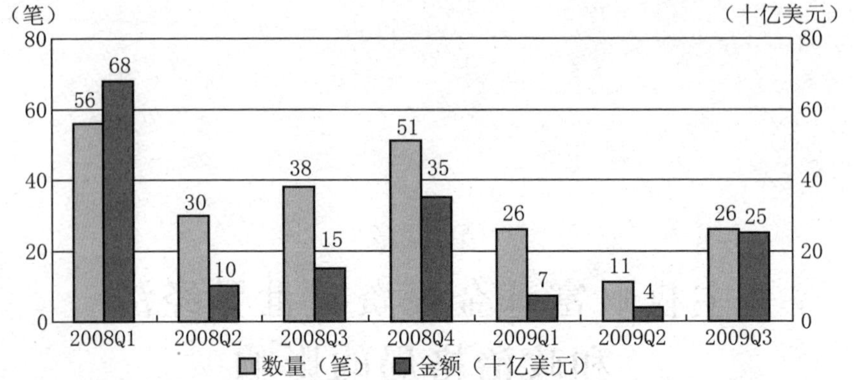

数据来源：Monitor-FEEM SWF Transaction Database，https://www.feem.it/en/publications/reports/feem-monitor-swf-report-1h-2010/，最后访问时间：2020 年 6 月 29 日。

图 4.1　主权财富基金在金融危机期间的投资数量和金额

为活跃的一年，全球主权财富基金完成直接交易共计 1 883 项，数量上比 2012 年增长了 53.8%，是 2011 年的 3 倍。主权财富基金在房地产行业的投资份额最高，占总体份额的 27%，金融行业紧随其后，占比约为 17%。虽然主权财富基金对发达国家金融机构进行了大规模的注资，但是多数投资不要求拥有控股权，主要以可转换债的形式进行投资，金融机构在获得资金的同时不需要丧失控制权，因此，发达国家的金融机构比较容易接受。与期限较短的资产管理相比，主权财富基金的交易频率相对较低，往往采取“购买并持有”的策略，其投资操作可以平稳资产价格的变动，降低流动性风险，起到稳定市场的作用。

后危机时代，全球经济依旧增长乏力，世界各国普遍呈现增长放缓的趋势，尤其是发展中国家和地区受全球经济下滑的影响，国内经济增长率下降，经济动荡有所加剧。如果流动性紧缺问题无法解决，投资者信心匮乏，则将在全球范围内引发新一轮的贸易和投资保护主义，使恢复缓慢的世界经济雪上加霜。在危机期间，中东和亚洲地区主权财富基金向发达经济体的金融机构注入了大量资金，在一定程度上缓解了危机的负面影响。危机爆发后，在发达经济体大规模从发展中经济体撤资的情况下，主权财富基金加大了对以新兴市场为代表的发展中经济体的投资。由于资金来源比较充足，主权财富基金不会因为资本充足率等问题而突然撤资，这为解决世界范围内的流动性紧缺问题提供了一种可行的途径。

二、使投资者格局多元化

主权财富基金投资将从国别和机构类型两个方面使国际投资者的格局多元化。

国际投资是获取经济和政治利益的重要载体。国际投资的发展历程具有一个特点：国际投资的流出国和流入国主要以发达国家为主，发达国家之间的投资比较活跃。2008 年爆发的金融危机使全球投资格局发生了巨大的变化，主权财富基金的大规模投资行为成为新兴经济体在国际投资领域崛起的标志性表现。

20 世纪末，通信创新、货物运输的改进（主要是集装箱运输）和拉丁美洲、东欧、远东地区政治格局的改革，加深了遥远国度之间的相互影响，使人口众多的中国和印度等国家在经济上获益，使先进技术传播到巴西、越南、土耳其

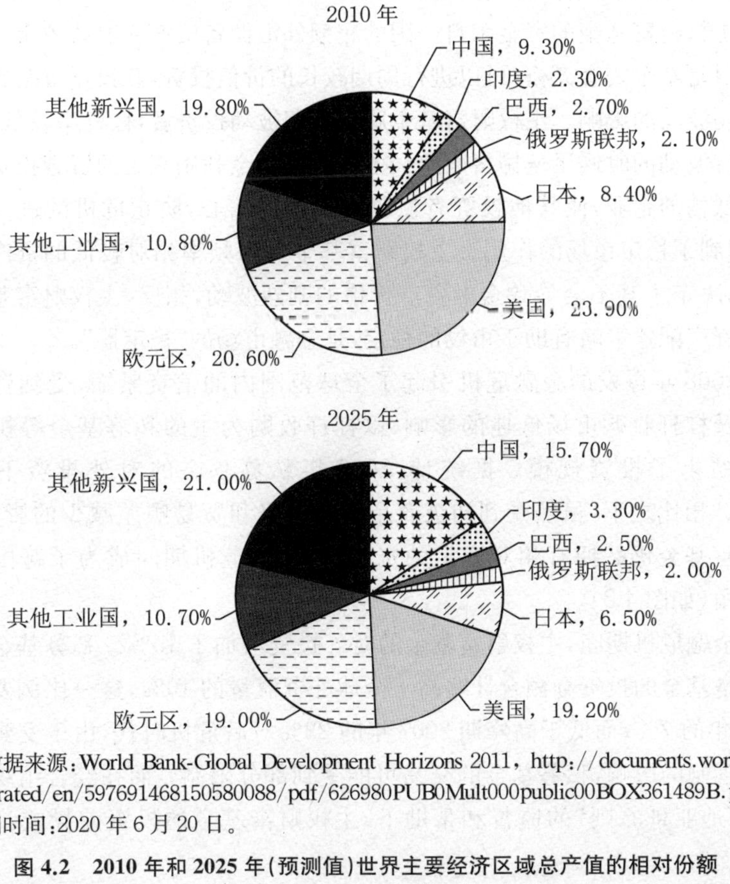

数据来源：World Bank-Global Development Horizons 2011，http://documents.worldbank.org/curated/en/597691468150580088/pdf/626980PUB0Mult000public00BOX361489B.pdf，最后访问时间：2020 年 6 月 20 日。

图 4.2　2010 年和 2025 年（预测值）世界主要经济区域总产值的相对份额

等地。高增长经济体的崛起已经动摇了全球经济力量的平衡。如图 4.2 所示,在 2010 年,发展中国家的总产出占世界国内生产总值的 38%(按市场汇率计算),由此可以推测出发展中国家所占的经济份额将在 10 年内超过发达国家。[2]

全球金融市场的机构投资者主要由银行、跨国公司、保险基金、养老金、共同基金、私募基金以及各国货币管理当局组成,主权财富基金作为近年来活跃于市场的参与者,为全球金融市场注入了新的活力。

对冲基金等机构投资者由于自身的资金来源不稳定,因此主要专注于短期投资,且频繁使用杠杆交易,当市场出现波动时,不但不能起到稳定市场的作用,还会由于资金短缺而使金融危机加剧。当市场遭遇危机时,金融机构的流动性不足,投资者普遍信心下降,恐慌心理会导致投资者大量撤资,甚至使危机进一步演变为经济衰退。

主权财富基金的资金来自一国的超额外汇储备资产或财政盈余,因此,主权财富基金资金充裕,可以进行周期较长的价值投资,其投资策略较少受到市场波动的影响。主权财富基金属于长期被动投资者,杠杆率较低,不会在股价波动的时候迅速抛售股票。主权财富基金利用充足的资金投资于价值被低估的企业,使其他投资者恢复对市场的信心,防止危机的进一步恶化,起到了稳定市场的作用。主权财富基金交易频率相对较低的资产配置特点,决定了其不会导致金融资产价格的剧烈波动,相反,主权财富基金的长期资产配置策略有助于市场的稳定,是金融市场的"稳定器"。

2008 年爆发的金融危机引起了全球范围内的信贷紧缩,受到资金短缺以及杠杆收购市场低迷的影响,以杠杆收购为主的私募基金等机构投资者缩小了投资规模。据统计,2009 年私募基金的对外投资下降了 65%。相比之下,虽然受到初级商品价格下降和贸易顺差减少的影响,主权财富基金仍然拥有相对充足的资金,在金融危机期间成为了跨国并购的主角(如图 4.3)。

金融危机期间,主权财富基金的对外投资增加了 15%。私募基金和主权财富基金的投资金额合计略高于全球外资流量的 10%,这一比例要高于 2000 年的 7%,而低于高峰期 2007 年的 22%。[3]后危机时代,由于受到欧盟提议管制的影响,私募基金的交易可能受到部分限制。而在经合组织设立的"圣地亚哥原则"的监督和帮助下,主权财富基金的投资前景或许更为明朗。

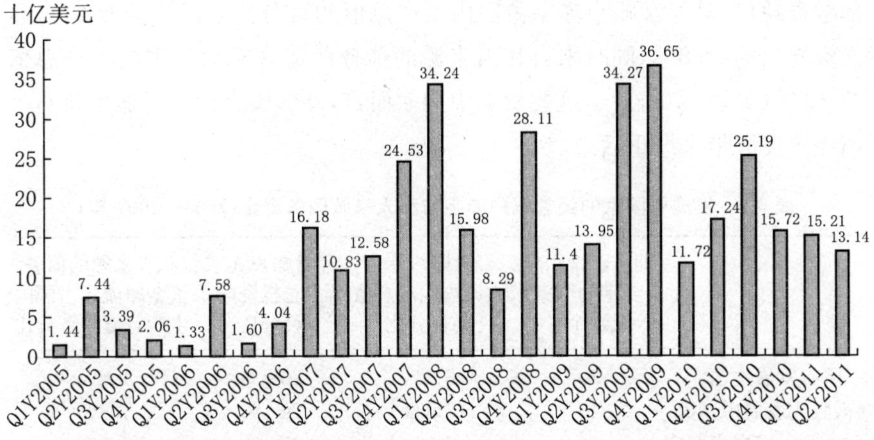

数据来源：主权财富基金研究所，https://www.swfinstitute.org/transactions，最后访问时间：2020 年 6 月 29 日。

图 4.3　主权财富基金直接投资季度数据(2005—2011 年)

三、改善发展中国家融资环境

受发达国家经济衰退的影响，发展中国家外部融资难度加大。虽然针对次贷危机遭受重大经济损失的发展中国家，国际组织出台了旨在帮助发展中国家防范国际金融市场波动影响的规则和政策，但是由于世界范围内风险规避的情绪普遍上升，政策效果并不理想。

在危机爆发之前，大量金融创新工具的使用令投资者相信风险资产的持有成本从此将保持下降趋势，但随着危机的不断深化，投资者发现这一期望并不现实。风险不会被无端的降低，只会从一个投资者手里转移到另一个投资者手里。随着投资者的避险情绪不断高涨，并伴随着发达国家为了修复本国的资产负债表而紧缩银根，全球的资本流动性因此大幅下降，随之而来的是发展中国家在传统的国际金融市场上借贷成本的上升。

国际金融环境将深刻影响发展中国家的融资状况。对于许多资本短缺的发展中国家，外部融资仍然是一个重要的投资资金来源。发达国家的个人和机构投资者运用共同基金等投资工具，把资金投放到发展中国家的资本市场以赚取高额的收益。据统计，1999—2009 年间，美国的投资银行参与发展中国家企业首次公开发行股票(IPO)交易数的 32%，资金额高达总额的 86%。目前，除中国和石油出口国外，多数的发展中国家都是资本净输入国。据世界银行 2009 年的统计数据显示，有 53 个发展中国家面临外部融资缺口，其经常账户赤字占国内生产总值的百分比已经达到6%，占总投资支出的26.8%，同时来自私人来源的债务净流入额约为国内生产总值的2.2%（见表4.1），对于这些发展中国家而言，外部资金的大量撤出将对一国经济发展带来严重后果。[4]

表4.1　发展中国家的经常账户赤字与私人来源债务资金（2003—2007年）

	拥有经常账户赤字的国家数（个）	经常账户赤字占国内生产总值的百分比	经常账户赤字占总投资的百分比	私人来源的债务资金净流入占国内生产总值的百分比
所有发展中国家	53	6.3%	26.8%	2.2%
低收入发展中国家	16	5.8%	29.1%	0.8%
中低收入发展中国家	20	6.1%	23.4%	0.8%
中高收入发展中国家	17	7.1%	28.3%	5.3%

注：经常账户赤字和债务流入的数据为各国数据的平均值，不包括小岛经济体。

数据来源：世界银行：《2010年全球经济展望：危机、金融与增长》，王辉等译，中国财政经济出版社2010年版，第9、59页。

受2008年金融危机的影响，发展中国家的对外直接投资流入额占国内生产总值的百分比从近年来的历史高峰3.9%跌落至2.8%—3.0%，对于像拉丁美洲和加勒比、欧洲和中亚以及撒哈拉以南非洲这类对外直接投资流入额占投资总额比例高达20%的地区，对外直接投资流入量的下降将给地区的经济带来负面影响。[5]

金融危机爆发之前，宽松的国际金融环境推动了发达国家和发展中国家经济的高速增长，但金融危机的爆发使我们认识到这种高速的增长是不可持续的。仅靠金融衍生品的不断创新所带来的财富只是虚假的经济繁荣，当发达国家的经济泡沫破灭时，其从发展中国家资本市场大范围的撤资行为使后者的经济发展遭受了沉重的打击。自2008年第一季度到2009年第三季度，流入发展中国家的外国直接投资下降了43.9%，2009年第三季度直接投资额仅为690亿美元（如图4.4）。随着发达国家金融机构去杠杆化过程的继续，流入发展中国家的资本可能会继续受到抑制。

与发达国家金融机构大规模从发展中国家撤资不同，亚洲和中东主权财富基金的投资对象逐渐向发展中国家资本市场转移，这将促进新的资金循环链形成，促进发展中国家生产体系的发展。以亚洲地区为例，1995—2009年，亚洲主权财富基金对区域内的投资占总体投资额的83%，共计达

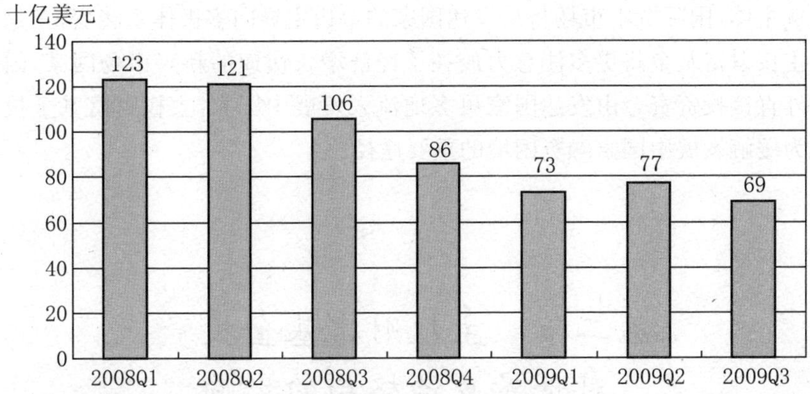

注：国家包括巴西、保加利亚、智利、中国（不包括一些部门）、克罗地亚、埃及、印度、印度尼西亚、哈萨克斯坦、马来西亚、墨西哥、约旦、巴基斯坦、菲律宾、波兰、罗马尼亚、南非、俄罗斯、泰国、土耳其、乌克兰和委内瑞拉。

数据来源：世界银行：《2010 年全球经济展望：危机、金融与增长》，王辉等译，中国财政经济出版社 2010 年版，第 21 页。

图 4.4　次贷危机期间流入发展中国家的对外直接投资（2008—2009 年）

到 466.5 亿美元，主要集中于制造业、科技产业、大宗商品和金融业，为本地区的长期发展提供了资金支持。亚洲和中东主权财富基金对本区域投资规模和领域的扩大，将改善目前发展中国家主要依靠区域外资金进行生产的格局，逐步形成由内部资金支持的投资、生产和贸易一体的区域内生产体系。如果发展中国家扩大内需，提高国内消费能力，那么这种区域内的投资、生产和贸易模式将使现行的国际分工格局出现较大的变化，有助于从根本上改善全球经济失衡的局面。

从此次繁荣-萧条周期中得到的一个重要启示是，发展中国家需要的是一个可持续的、稳定的资金来源，甚至是与本国的经济发展有密切联系的国家的资金来源作为自身长期经济增长的推动力。中东石油出口国和东亚加工贸易出口国的主权财富基金为这一新的资金来源提供了可能。

综上所述，主权财富基金的投资活动将从以下三个方面改善世界经济格局：一是作为长期投资者，主权财富基金有较高的风险容忍度，不会在股价短期剧烈波动期间大范围抛售，甚至可以在市场低迷的时候进行“逆周期”的操作，为资金短缺的金融市场提供流动性，有助于其他投资者恢复对市场的信心；二是投资主体不再仅以发达国家的私人投资者为主，拥有主权财富基金的亚洲新兴市场国家和中东石油出口国也成为了对外直接投资的投资主体,国际资本市场将从发达国家的单边主导向多极体系转变;三是由于主权财富基金将更多注意力放在了经济增长快速的新兴市场国家,因此对外直接投资资金由发达国家更多地流入发展中国家,主权财富基金投资成为缓解发展中国家融资困境的重要途径。

第二节　主权财富基金投资对世界政治格局的影响

一、提升发展中国家的国际地位

主权财富基金已经成为发展中国家行使国家权利的重要工具。主权财富基金的投资行为能否增强一国的国家权利,关键在于能否提高发展中国家的国际地位、改善东西方的力量对比,影响国际体系中经济和政治的互动,维护一国的国家利益。

实践的变化总是先行于理论的发展。在发展中国家利用外汇储备资产提升国际社会地位这一问题上,理论与现实也呈现出很大的差距。根据传统的外汇储备理论,一国的外汇储备规模越大,其发展的自由度和国际社会的话语权就越大,对本国经济调整的能力就越强。以新兴市场经济体为代表的发展中国家近年来的实践显示,发展中国家的经济规模和外汇储备资产的规模虽然在不断扩大,但是其转嫁经济调整成本的能力却没有增强,并没有改变发展中国家在国际社会中的从属地位,像中国和印度等发展中大国甚至成为世界经济调整成本的主要承担者。

以中东石油出口国和亚洲加工贸易出口国为例,石油美元的回流是中东国家为夺回石油定价权与发达国家抗争的成果,而实施出口导向型战略是亚洲国家为了更好地融入国际生产体系,积累储备资产预防金融危机的结果,二者由此所积累的巨额美元资产都是为了获得经济发展更大的自主权,实现自我保护而作出的选择。这些国家因为巨额的美元资产获得了经济发展的保障和国际地位的提高,但与此同时,国际储备资产结构的不合理,即美国可以凭借美元的霸权地位拖延经济调整甚至转嫁经济调整的成本,使中东和亚洲发展中国家承担了与其国际社会地位不符的世界经济调整成本。

对于已经成为世界主要债权国的发展中国家，主权财富基金的兴起和发展对于其摆脱在国际体系中的从属地位具有重要的意义。通过主权财富基金的对外投资，以往单纯以“债权”形式存在的资产，将以“股权”等形式存在，发展中国家在国际市场中的被动地位将有所改善。在经济基础决定政治地位的国际格局中，发展中国家对经济发展自主权的提高，对其政治话语权的提高具有积极影响。

需要指出的是，一方面，主权财富基金的建立是发展中国家追求本国储备资产的自主管理，通过海外投资提高国际社会话语权的产物；另一方面，主权财富基金的蓬勃发展引起国际社会更多关注的同时，对其治理结构和投资行为的约束条例和国际监管也随之而来。

实际上，发展中国家主权财富基金投资不是要以侵犯发达国家现有的利益为手段，而是通过各国之间更多的沟通，以及国际组织的协调，可以为母国和东道国(或地区)二者的经济发展都作出贡献。对于发展中国家主权财富基金在海外市场大规模投资的理解，应该是为了更好地实现自主性和提高话语权。对于大多数发展中国家来说，更大的自主性意味着提高本国控制对外关系的能力，而不是与发达国家断绝关系。因此，主权财富基金特有的主权属性不应该阻碍发展中国家同发达国家的关系，而是借助其与发达国家建立更加良好的合作关系。

二、改善现行的国际体制

目前，大国主导的国际关系格局并没有发生根本的转变。中东和亚洲新兴市场经济体虽然在经济发展的速度上赶超了发达国家，但是国家综合实力，以及对国际社会的影响力还非常有限。大部分的发展中国家依然处于国际竞争体制的边缘。主权财富基金被视为一种国家力量，能否对现有的国际体制产生深刻的影响引起了广泛的探讨。对于美国等既得利益者来说，或许担心的并不是主权财富基金，而是某些国家借助主权财富基金投资所产生的影响。

主权财富基金的发展是否会改变现有的国际体制，首先要考虑发展中国家是否有改变现有国际体制的意图。其次，主权财富基金在改善发展中国家国际社会地位方面能够起到多大的作用，这不但要看个别国家主权财富基金的投资收益，更重要的是发展中国家的主权财富基金作为一个整体所能实现的战略意义。最后，如果发展中国家主权财富基金的兴起触及发达国家的利益，后者会采取何种应对措施，是强烈抵制，还是将其纳入国际监管体制之中加以控制甚至为己所用。

（一）发展中国家具有改变现有国际体制的意愿

对于发展中国家是否具有改变现有国际体制的意图，应该结合目前发展中国家在现有国际体制中的现状予以分析。

现有的国际政治和经济体制是以发达国家占主导的国际体制。发展中国家在国际政治或经济体制中仍依附于发达国家。发达国家作为被依附的一方，将这种依赖作为一种权利资源，可以在某个问题上制定规则甚至借之影响其他问题。发展中国家生产规模的扩大，更多地反映的是发达国家需求规模的扩大，当后者的需求规模缩小时，将对前者的生产规模造成消极影响。

根据国际货币基金组织的统计，在1960—2006年间的142次经济调整事件中，其中100次是顺差国的调整，只有42次是逆差国的调整（见表4.2）。

表4.2　顺差国经济调整事件数据统计（1960—2006年）

	次数	调整持续时间（年）	调整规模（占国内生产总值比重）	国内生产总值增长（百分比）	实际有效汇率变化[b]（百分比）
新兴市场	49	4.0[a] （4.0）	10.1 （9.1）	1.4 （1.2）	23.1 （16.6）
石油出口国	15	4.4 （4.0）	20.7 （11.7）	−2.4 （−1.6）	71.6 （36.0）

注：a. 表中各指标数据为平均值，括号内为中间值。

b. 指实际有效汇率的最大变动。增加表示本币相对于贸易伙伴国货币的实际汇率升值。

数据来源：国际货币基金组织：《世界经济展望：全球经济中的溢出效应与经济周期》，康以同等译，中国金融出版社2007年版，第71页。

表4.2的数据显示，在近50年的时间里，石油出口国进行了15次经济调整，经济调整的规模占国内生产总值比重达到了20.7%，其间国内生产总值的平均增长率下滑了2.4%；新兴市场国家进行了49次经济调整，但与石油出口国相比，经济调整规模较小，经济增长受到的负面影响也比较小。这可能与新兴市场国家国内的经济结构更为多元化，市场规模更大有关。

在现有的国际政治和经济体制中，除了联合国奉行主权平等，实行的是“一国一票”，大部分国际组织（如国际货币基金组织）奉行市场导向的分配模式，即“一美元一票”，这显然不利于发展中国家提高在国际社会的话语权。尽管任何一种国际政治和经济体制都不能做到让每个国家、每个利益集团所付出的代价和获得的利益完全相同,但是,发展中国家在现行的国际体制中一直没有得到应有的平等待遇。不论是在国际机制的制定和调整上,还是在国际经济组织中的投票权,发展中国家一直处于弱势地位。正如克拉斯纳指出,南北关系的实质是一种结构冲突,而且在可预见的未来,发展中国家难以改变自身地位的脆弱性。但是,他也提出了可能改变这一局面的一些因素,包括发展中国家内部生产要素更高的灵活性、现有国际机制的衰败、南北之间关系的脱离,以及国家力量对国际市场的介入。[6]

关于国家力量对国际市场介入的文献,主要是以发达国家为研究对象进行分析,因为早期发展中国家还没有足够的政治和经济实力介入国际市场。但是,20 世纪 70 年代以后,中东石油出口国家通过将石油资源收归国有,提高了国际石油价格,对国际市场产生了实质的影响;东亚贸易出口国通过扶持国内相关行业,增强了贸易出口的能力,对国际市场也产生了重要的影响。但是,这些改变也依然依附于发达国家的经济发展需要。而发展中国家主权财富基金作为国家力量介入国际市场的方式,与以往作为依附力量介入国际市场不同,是化被动为主动的积极的介入方式,是发展中国家以国家力量介入国际市场的重要进展。

(二) 主权财富基金作为区域性力量取得一定成果

20 世纪 70 年代以来,发展中国家之间的合作在层次上、形式上、以及内容上都呈现出多样化的特征。首先,在合作的层次上,既有全球范围内的“南南合作”,又有区域性的政治经济联盟,如东盟、非盟等。其次,在合作形式上,既有合作机构和组织,如二十四国集团,又有一些对话机制,如不结盟运动。最后,在合作内容上,既有清算联盟,又有货币互换,还有关于使用共同货币的探索。由此可见,发展中国家之间的合作已经建立起一定的基础。

发展中国家的合作已经取得一定的进展,但是长期以来,发展中国家的区域合作缺少资金支持。20 世纪 70 年代以来,发展中国家的合作过程屡次由于资金短缺的问题,不得不寻求发达国家或者国际金融机构的资助,但是资助的实现往往附带其他的政治条件。资金短缺的问题严重制约了发展中国家开展区域合作的自主性。主权财富基金的建立为这一问题的解决提供了有益的途径。

与对冲基金、私募基金等其他私人投资机构相比,主权财富基金长期的投资策略更有助于发展中国家宏观经济的稳定。更重要的是,与发达国家金融机构和国际金融组织相比，主权财富基金在区域内的投资没有附加的政治等条件。因此，主权财富基金能够促进发展中国家之间的区域合作。金融危机爆发后，主权财富基金在国际金融市场上的活跃投资引起了国际社会广泛关注。现有的研究主要集中于主权财富基金的对外投资方面，关于主权财富基金对区域内的投资以及其对区域内经济发展的影响研究较少。事实上，中东和东亚地区主权财富基金对推进本区域经济合作都已经取得了一定的进展。

注　释

1. UNCTAD，*World Investment Report 2010*：*Investing in a Low-Carbon Economy*，New York：United Nations Publication，2010，p.14.

2. 用购买力平价来衡量，新兴经济体在2008年超过发达经济体。参见卡斯特里(Castelli M.)、斯卡西维拉尼(Scacciavillani F.)：《主权财富基金新经济学》，姜广东译，东北财经大学出版社2016年版，第141页。

3. UNCTAD，*World Investment Report 2010*：*Investing in a Low-Carbon Economy*，New York：United Nations Publication，2010，pp.12—14.

4. 世界银行：《2010年全球经济展望：危机、金融与增长》，王辉等译，中国财政经济出版社2010年版，第8—9页。

5. 同上书，第10页。

6. [美]斯蒂芬・克拉斯纳：《结构冲突：第三世界对抗全球自由主义》，李小华译，浙江人民出版社2001年版。

第五章
主权财富基金投资决策的影响因素研究

迄今为止，由于缺乏研究数据和适合的研究方法，虽然主权基金投资的决定性因素至关重要，但是国内缺乏对影响主权财富基金投资的决定性因素的相关研究，部分学者虽然关注到这一领域，但苦于缺乏数据只能尝试进行一些定性的分析，主要是对全球典型主权财富基金的投资策略做一些简要的介绍和评价。鉴于此，笔者进行了持续的数据搜集工作，截至 2017 年 12 月，通过多种途径搜集到共计 50 660 个全球主权财富基金的投资数据，建立了有关主权财富基金投资的较为完整的数据库。数据库包含了主权财富基金所投资的每一笔交易的投资金额、投资行业、时间、投资主体和对象等详尽的投资信息和数据，为本书的实证研究提供了充实、可靠的数据资源。

在第五章中，本书首先对最基本的经济因素对主权财富投资决策的影响进行了分析。其次，将本次实证研究的重点放在了政治因素对基金决策的影响方面。这是因为主权财富基金不同于一般的投资主体，其独特的“双重特性”[1]决定了其在制定投资决策时不能完全基于盈利目的，而同时要兼顾战略性目标，而这也是国内外学者一直争论的焦点，但由于一直没有充分的数据分析和实证检验做支持，对于这一争论也一直没有定论。对于这一悬而未决却又至关重要的问题，本书尝试利用翔实的数据和科学的研究方法对这一问题进行了深入的探讨。

第一节　双边经济因素对主权财富基金投资决策的影响

一、变量选取与模型设定

本节采用引力模型来对母国和东道国(或地区)的双边经济因素对主权财富基金投资的影响进行实证分析。引力模型早期应用于国际贸易问题研究，以分析两国间贸易量与各国的经济总量及两国间距离的关系。[2]随着贸易引力模型的理论基础不断拓展，越来越多的学者将其应用于投资等问题的研究。

(一) 变量选取

借鉴引力模型，并在回顾国内外学者关于国际投资的经济影响因素文献的基础上，本书选取两国国内生产总值增长率的差异、两国人均国内生产总值的差异、两国真实利率水平的差异、两国汇率稳定性的差异、两国金融

表 5.1　变量说明

变量名称	变量含义	数据来源
growth	两国国内生产总值增长率的差异	世界银行世界发展指标数据库，佩恩表
GDPPC	两国人均国内生产总值的差异(对数值)	世界银行世界发展指标数据库，佩恩表
interest	两国真实利率水平的差异	世界银行世界发展指标数据库
exchange	两国汇率稳定性的差异	艾森曼、门齐和伊藤开放经济困境数据库*
polity	两国政治体制的差异(民主化程度的差异)	修订后的综合政治得分、政治民主数据库**
*finopen*1	两国金融开放度的差异	艾森曼、门齐和伊藤开放经济困境数据库
colony	两国是否曾经存在殖民地关系	法国国际经济研究所数据库
contig	两国是否接壤	法国国际经济研究所数据库
comlang_off	是否具有共同官方语言	法国国际经济研究所数据库
dist	两国的地理距离	法国国际经济研究所数据库

注：* 参见 Joshua Aizenman, Menzie D.Chinn, and Hiro Ito, "The 'Impossible Trinity' Hypothesis in an Era of Global Imbalances: Measurement and Testing," *Review of International Economics*, Vol.21, No.3, 2013, pp.447—458.

** 参见 Monty G.Marshall, Ted Robert Gurr, and Keith Jaggers, "Polity IV Project: Political Regime Characteristics and Transitions, 1800—2015," 2015, http://www.systemicpeace.org/inscrdata.html，最后访问时间：2020 年 6 月 20 日。

开放度的差异作为本书的核心经济因素解释变量，选取两国政治体制的差异、两国是否曾经存在殖民地关系、两国是否接壤、两国是否具有共同的官方语言、两国的地理距离作为控制变量对本书的研究问题进行回归分析，变量的含义和数据来源如表 5.1 所示。

(二) 模型设定

本书借鉴引力模型来对母国和东道国(或地区)的双边经济因素对主权财富基金投资的影响进行实证分析。根据对已有文献的梳理，[3]基础模型设定如下：

$$\begin{aligned} Y_{ij,t} = \alpha &+ \beta_1 growth_{ij,t} + \beta_2 GDPPC_{ij,t} + \beta_3 interest_{ij,t} + \beta_4 exchange_{ij,t} \\ &+ \beta_5 polity_{ij,t} + \beta_6 finopen1_{ij,t} + \beta_7 colony_{ij,t} + \beta_8 contig_{ij,t} \\ &+ \beta_9 comlang\_off_{ij,t} + \beta_{10} dist_{ij,t} + \gamma_{ij,t} + \mu_{ij,t} + \epsilon_{ij,t} \end{aligned} \tag{I}$$

$$\begin{aligned} Amount_{ij,t} = \alpha &+ \beta_1 growth_{ij,t} + \beta_2 GDPPC_{ij,t} + \beta_3 interest_{ij,t} \\ &+ \beta_4 exchange_{ij,t} + \beta_5 polity_{ij,t} + \beta_6 finopen1_{ij,t} \\ &+ \beta_7 colony_{ij,t} + \beta_8 contig_{ij,t} + \beta_9 comlang\_off_{ij,t} \\ &+ \beta_{10} dist_{ij,t} + \ + \gamma_{ij,t} + \mu_{ij,t} + \epsilon_{ij,t} \end{aligned} \tag{II}$$

其中，i 表示主权基金所在的投资国，j 表示接受投资的目标企业所在的东道国(或地区)，t 表示年份。在模型(I)中，被解释变量为 $Y_{ij,t}$ 为第 t 年，i 国主权基金对 j 国投资的概率，在模型(II)中，被解释变量为 $Amount_{ij,t}$ 表示 i 国的主权基金在第 t 年对 j 国的投资金额。解释变量 $growth_{ij,t}$ 为 t 时期投资国 i 和东道国(或地区)j 之间国内生产总值增长率的差异；$GDPPC_{ij,t}$ 为 t 时期投资国 i 和东道国(或地区)j 之间的人均国内生产总值的差异；$interest_{ij,t}$ 为 t 时期投资国 i 和东道国(或地区)j 真实利率水平的差异；$exchange_{ij,t}$ 为 t 时期投资国 i 和东道国(或地区)j 汇率稳定性的差异；$polity_{ij,t}$ 为 t 时期投资国 i 和东道国(或地区)j 政治体制的差异；$finopen1_{ij,t}$ 为 t 时期投资国 i 和东道国(或地区)j 金融开放度的差异；$colony_{ij,t}$ 为 t 时期投资国 i 和东道国(或地区)j 是否曾经存在殖民地关系；$contig_{ij,t}$ 为 t 时期投资国 i 和东道国(或地区)j 是否接壤；$comlang\_off_{ij,t}$ 为 t 时期投资国 i 和东道国(或地区)j 是否具有共同的官方语言；$dist_{ij,t}$ 为投资国 i 与东道国(或地区)j 之间的地理距离；$\gamma_{ij,t}$ 为个体固定效应；$\mu_{ij,t}$ 为时间固定效应；$\epsilon_{ij,t}$ 为随机扰动项。

二、实证结果及分析

本书搜集了2008—2017年29个国家和地区的主权财富基金在全球的50 660项投资信息，利用涵盖29个国家和地区的主权基金与全球组成的175 388个国家对对基础模型(I)和(II)进行回归分析，回归结果如表5.2所示。实证检验分为如下三个步骤，首先，分析相关经济因素对全球主权财富基金投资决策的影响；其次，检验经济因素对于主权基金当年的投资金额的影响；最后，分析上述因素的长期影响，即经济因素对于主权财富基金投资存量的影响。在分析相关经济因素的影响时，为确保结果的稳定性，首先加入了政治体制(*polity*)作为控制变量，后陆续加入相关地理和历史变量(*colony*、*contig*、*comlang_off*、*dist*)作为控制变量。

表5.2 双边经济因素对全球主权基金投资的影响分析

变量	(1) a1 投资决策	(2) a2 投资决策	(3) a3 投资金额	(4) a4 投资金额	(5) a5 投资存量	(6) a6 投资存量
growth	−0.004 5** (0.002)	−0.006 2*** (0.002)	−0.081 7** (0.032)	−0.092 7*** (0.033)	−0.001 4*** (0.000)	−0.001 6*** (0.000)
GDPPC	0.077 3*** (0.012)	0.078 5*** (0.013)	1.205 2*** (0.181)	1.153 3*** (0.185)	0.017 4*** (0.001)	0.016 1*** (0.001)
interest	−0.003 3*** (0.001)	−0.003 1*** (0.001)	−0.006 0 (0.004)	−0.006 2 (0.004)	−0.000 3*** (0.000)	−0.000 3*** (0.000)
exchange	−0.073 0* (0.044)	−0.124 4*** (0.048)	−1.884 2*** (0.665)	−2.255 3*** (0.676)	−0.025 2*** (0.005)	−0.028 2*** (0.005)
*finopen*1	−0.195 7*** (0.048)	−0.199 0*** (0.051)	−1.594 4** (0.630)	−1.328 0** (0.645)	−0.032 1*** (0.005)	−0.030 3*** (0.005)
polity	0.007 5*** (0.001)	0.008 6*** (0.001)	0.018 6** (0.009)	0.031 5*** (0.010)	0.001 0*** (0.000)	0.001 1*** (0.000)
colony		0.433 0*** (0.083)		21.423 3*** (6.325)		0.231 5*** (0.035)
contig		0.381 2*** (0.107)		2.116 0 (4.452)		0.181 5*** (0.044)
comlang_off		0.382 4*** (0.055)		2.933 4** (1.343)		0.046 6*** (0.010)
dist		−0.000 0* (0.000)		−0.000 1 (0.000)		−0.000 0*** (0.000)
常数项	−2.612 4*** (0.025)	−2.685 3*** (0.050)	1.547 6*** (0.420)	−2.791 6* (1.513)	0.028 8*** (0.005)	−0.006 3 (0.014)
观测值	62 742	62 742	62 742	62 742	62 742	62 742
R^2			0.003	0.006	0.018	0.027

注：圆括号中为稳健标准差，*** $p<0.01$，** $p<0.05$，* $p<0.1$。

如表5.2的第(1)列所示,变量 *growth*、*interest*、*exchange* 和 *finopen*1、与被解释变量主权基金是否决定投资呈现显著的负向关系,这表明两国国内生产总值增长率的差异越小、两国真实利率水平的差异越小、两国汇率稳定性的差异越小、两国金融开放度的差异越小,则主权基金越倾向于投资;变量 *GDPPC* 和 *polity* 与被解释变量主权基金是否决定投资呈现显著的正向关系,这表明两国人均国内生产总值的差异越大、两国政治体制的差异越大,则主权基金越倾向于投资。在此基础上,加入了控制变量 *dist*、*colony*、*contig* 和 *comlang_off*,如表5.2的第(2)列所示,在加入其他控制变量后,核心解释变量的系数仍然是高度显著的,这表明双边经济因素会对主权基金决定是否投资该东道国产生显著影响。此外,变量 *colony*、*contig* 和 *comlang_off* 与被解释变量主权基金是否决定投资呈现显著的正向关系,这表明两国曾经存在殖民地关系、两国接壤、两国具有共同的官方语言,则主权基金越倾向于投资。变量 *dist* 与被解释变量主权基金是否决定投资呈现显著的负向关系,这表明两国地理距离越小,则主权基金越倾向于投资。

表5.2的第(1)列和(2)列的结果显示,双边经济因素对主权基金是否投资具有显著的影响。在此基础上,利用主权基金当年的投资额来实证检验经济因素是否会影响主权基金的投资金额,结论如表5.2的第(3)列和第(4)列所示,各核心解释变量对主权基金当年投资额的影响与对主权基金决定是否投资的影响的作用方向完全一致。

考虑到主权基金可能会出现不同年份投资金额波动变化的情况,为了进一步验证表5.2的第(3)列和第(4)列的结论,本节使用主权基金的累计投资额进行了实证分析,回归结果如表5.2的第(5)列和第(6)列所示,各核心解释变量和控制变量对被解释变量的影响依然十分显著。具体而言,变量 *growth*、*interest*、*exchange*、*finopen*1、*dist* 与被解释变量主权基金的累计投资金额呈现显著的负向关系,这表明两国国内生产总值增长率的差异越小、两国真实利率水平的差异越小、两国汇率稳定性的差异越小、两国金融开放度的差异越小、两国地理距离越小,则主权基金在该国的累计投资金额越大;变量 *GDPPC*、*polity*、*colony*、*contig*、*comlang_off* 与被解释变量主权基金的累计投资金额呈现显著的正向关系,这表明两国人均国内生产总值的差异越大、两国政治体制的差异越大、两国曾经存在殖民地关系、两国接壤、两国具有共同的官方语言则主权基金的累计投资金额越大。表5.2的第(5)列和第(6)列的回归结果与表5.2的第(1)列和第(2)列的回归结果完全保持一致,与表5.2的第(3)列和第(4)列的回归结果在核心解释变量方面也保持了一致,即表5.2的第(5)列和第(6)列的实证结果从累计投资的角度进一步验证了此前的结论。

全球主权基金的整体回归结果显示,双边经济因素会显著影响主权基金的投资决策。但是,是否所有国家和地区的主权基金受双边经济因素的影响同样显著?经济因素对不同国家主权基金投资的决策作用方向是否一致?基于这个疑问,本节对主权基金所在的国家和地区进行了细分样本回归。鉴于本书主要围绕中国主权财富基金的投资策略研究,因此,本节首先利用涵盖2008—2017年中国主权基金与全球组成的2 843个国家对对基础模型(I)和模型(II)进行回归分析,回归结果如表5.3所示。

表5.3 双边经济因素对中国主权基金投资的影响分析

变 量	(1) a1 投资决策	(2) a2 投资决策	(3) a3 投资金额	(4) a4 投资金额	(5) a5 投资存量	(6) a6 投资存量
growth	−0.034 2 (0.021)	−0.046 8** (0.020)	−0.344 6 (0.278)	−0.344 5 (0.272)	−0.001 4 (0.002)	−0.002 2 (0.002)
GDPPC	0.027 6 (0.042)	0.021 8 (0.057)	6.008 1*** (2.141)	5.949 0*** (2.188)	0.106 2*** (0.014)	0.110 7*** (0.015)
interest	−0.009 3* (0.005)	−0.010 9* (0.007)	−0.053 1 (0.033)	−0.047 3 (0.031)	−0.000 1 (0.000)	−0.000 1 (0.000)
exchange	−0.830 6*** (0.299)	−0.871 1** (0.360)	−20.333 9** (8.283)	−20.476 9** (8.388)	−0.297 8*** (0.056)	−0.292 7*** (0.056)
*finopen*1	0.871 9*** (0.281)	1.129 1*** (0.420)	9.213 0** (3.950)	9.753 7** (4.135)	−0.001 5 (0.036)	0.008 1 (0.036)
polity	0.035 2 (0.023)	0.082 4*** (0.025)	−0.041 1 (0.035)	−0.030 9 (0.038)	−0.000 8 (0.001)	−0.000 8 (0.001)
contig		1.362 8*** (0.444)		1.747 9 (4.064)		0.284 0*** (0.106)
comlang_off		1.044 1*** (0.293)		−12.242 3 (12.163)		0.282 0 (0.218)
dist		−0.000 0 (0.000)		−0.000 5 (0.000)		0.000 0 (0.000)
colony				−16.174 7** (7.553)		−0.405 4*** (0.121)
常数项	−3.944 2*** (0.474)	−5.047 4*** (0.626)	−11.489 5* (6.221)	−6.577 5 (7.082)	−0.138 1*** (0.045)	−0.192 9*** (0.070)
观测值	2 843	2 824	2 843	2 843	2 843	2 843
R^2			0.025	0.025	0.102	0.108

注:圆括号中为稳健标准差,*** $p<0.01$,** $p<0.05$,* $p<0.1$。

表5.3的结果显示，变量 *growth* 在大多数情况之下并不显著，这意味着中国的主权基金投资并未受到东道国（或地区）当年经济增长率的影响（或者影响较为微弱）。变量 *GDPPC* 在第(1)列和第(2)列不显著，这表明东道国（或地区）的收入水平（相对于中国）对于中国主权基金的投资决策不存在显著的影响，但是在第(3)列到第(6)列中，变量 *GDPPC* 的回归结果高度显著，这说明东道国（或地区）相对收入水平显著影响了中国主权基金对该国的投资量和累计投资量，当该国人均收入水平高于中国时，中国主权基金对于该国的投资额和累计投资额也更大。变量 *interest* 的回归结果显示，两国的利差对于中国主权基金决定是否对该国投资存在显著的负面影响，但对于投资量和累计投资量的影响不显著。变量 *exchange* 的回归系数高度显著且为负，这表明东道国（或地区）相对更高的汇率波动率对中国主权基金决定是否投资、当年的投资金额，以及数年来的累计投资额均会产生显著的负面影响，即中国主权基金对于东道国（或地区）的汇率稳定性表现出极大的敏感性。变量 *finopen*1 的回归结果在第(1)列和第(2)列高度显著，这表明东道国（或地区）金融开放程度越高时，中国主权基金越倾向于投资该国，在第(3)列和第(4)列，变量 *finopen*1 的回归系数在5%的水平上显著为正，说明第 *t* 年的投资额同样与金融开放度正相关，但是第(5)列和第(6)列变得几乎不再显著，意味着金融开放度并未显著影响中国主权基金对该国的投资存量；变量 *polity* 的回归结果显示，在中国主权基金的投资过程中，两国政治体制的差异并未产生显著的影响（尤其是对于投资流量和投资存量而言）。

中国主权基金的实证结果表明，双边经济因素的确对主权基金投资产生显著影响，但是当对细分样本回归后发现，经济因素对基金影响的作用程度有所不同。因此，为了深入了解经济因素对于不同国家和地区的主权基金影响有何区别，本节将样本继续细分，进一步分析中东、欧洲和美国主权基金的样本数据。首先选取中东样本是因为中东和以中国为代表的东亚地区主权基金经常被放在一起讨论，两个地区建立主权基金的母国多为发展中国家，基金的运营模式也相仿，而欧洲和美国的基金常被划分为一类进行讨论。那么，是否中东与中国主权基金在进行投资决策时受双边经济因素影响的作用方向和程度完全一致呢？基于这个疑问，本节利用涵盖2008—2017年中东主权基金与全球组成的9 767个国家对对基础模型(I)和模型(II)进行回归分析，回归结果如表5.4所示。

表 5.4　双边经济因素对中东主权基金投资的影响分析

变　量	(1) a1 投资决策	(2) a2 投资决策	(3) a3 投资金额	(4) a4 投资金额	(5) a5 投资存量	(6) a6 投资存量
growth	−0.004 5 (0.005)	−0.005 1 (0.006)	−0.167 1 (0.112)	−0.124 9 (0.118)	−0.001 0 (0.001)	−0.000 4 (0.001)
GDPPC	0.068 2** (0.030)	0.005 5 (0.043)	1.448 0*** (0.502)	0.275 1 (0.471)	0.019 4*** (0.004)	0.001 9 (0.003)
interest	−0.002 0 (0.003)	−0.000 6 (0.003)	0.005 1 (0.017)	0.013 5 (0.017)	0.000 0 (0.000)	0.000 2* (0.000)
exchange	−0.279 6* (0.155)	−0.297 3* (0.168)	−5.437 8** (2.587)	−2.750 7 (2.671)	−0.028 5 (0.018)	0.013 9 (0.015)
*finopen*1	0.284 2*** (0.103)	0.260 8* (0.153)	2.841 3* (1.590)	1.040 8 (1.195)	0.089 7*** (0.017)	0.054 0*** (0.014)
polity	0.006 5 (0.005)	0.006 1 (0.005)	0.059 3* (0.033)	0.018 1 (0.037)	0.000 9** (0.000)	0.000 3 (0.000)
colony		1.855 0*** (0.193)		251.185 3*** (86.379)		3.755 9*** (0.374)
contig		−0.010 0 (0.379)		−27.632 0 (18.567)		0.087 5 (0.237)
comlang_off		0.317 4 (0.230)		0.770 4 (1.009)		0.001 2 (0.018)
dist		−0.000 0 (0.000)		−0.000 1 (0.000)		−0.000 0* (0.000)
常数项	−2.772 8*** (0.109)	−2.942 9*** (0.185)	4.235 6* (2.307)	−5.358 9 (6.418)	0.228 0* (0.126)	0.079 4* (0.041)
观测值	9 767	9 767	9 767	9 767	9 767	9 767
R^2			0.003	0.048	0.014	0.238

注：圆括号中为稳健标准差，*** $p<0.01$，** $p<0.05$，* $p<0.1$。

表 5.4 的结果显示，变量 *growth* 在大多数情况之下并不显著，这意味着中东的主权基金投资并未受到东道国（或地区）当年经济增长率的影响，这一结果与中国主权基金的实证回归结果保持了一致。但是与中国主权基金投资不同的是，在加入其他控制变量后，变量 *GDPPC* 的回归结果均不再显著，这表明虽然中东和中国的主权基金在决定是否向一国投资时，人均收入水平的差异都不影响基金的决定，但是与中国主权基金的投资金额显著受到人均收入差异的影响不同，变量 *GDPPC* 也未对中东主权基金的投资金额产生任何显著的影响。变量 *interest* 和变量 *exchange* 的回归结果显

示，两国的利差以及两国汇率稳定性的差异对于中东主权基金的投资决策影响不显著(变量 *exchange* 对基金决定是否投资该国仅有微弱的负向影响)。变量 *finopen*1 的回归结果表明两国金融开放度的差异对中东主权基金的投资决策具有显著的影响，东道国(或地区)金融开放程度越高时，中东主权基金越倾向于投资该国，而且会显著提高中东主权基金对该国的投资存量。变量 *polity* 的回归结果显示，在中东主权基金的投资过程中，两国政治体制的差异并未产生显著的影响，这一结果也与中国主权基金的投资倾向保持了一致。

表 5.3 和表 5.4 的实证结果表明，中东地区主权基金和中国主权基金在进行投资决策时有很多相似之处，如母国和东道国(或地区)的国内生产总值增长率的差异、两国真实利率水平的差异都不会影响主权基金的投资决策，但是两国金融开放度的差异会显著影响基金的投资决策，东道国(或地区)的金融开放程度越高，中东和中国的主权基金越倾向于向该国投资。略有不同的是，中国主权基金的投资决策还会受到两国汇率稳定性差异的显著性影响。

欧洲和美国的主权基金在进行投资时，其受到双边经济因素的影响机制是否会与中东和中国主权基金有所不同，带着这样的疑问下文对这两个地区的分样本进行了回归分析。本节利用涵盖 2008—2017 年欧洲主权基金与全球组成的 18 473 个国家对基础模型(I)和模型(II)进行回归分析，回归结果如表 5.5 所示。

表 5.5　双边经济因素对欧洲主权基金投资的影响分析

变　量	(1) a1 投资决策	(2) a2 投资决策	(3) a3 投资金额	(4) a4 投资金额	(5) a5 投资存量	(6) a6 投资存量
growth	0.008 7*** (0.002)	0.007 2** (0.003)	−0.024 2** (0.012)	−0.026 3** (0.013)	−0.000 8*** (0.000)	−0.000 8*** (0.000)
GDPPC	0.062 4 (0.042)	0.019 4 (0.038)	0.352 5** (0.176)	0.293 4* (0.150)	0.005 9*** (0.001)	0.005 0*** (0.001)
interest	−0.004 2** (0.002)	−0.003 9* (0.002)	−0.001 6 (0.002)	−0.000 7 (0.002)	−0.000 1*** (0.000)	−0.000 1*** (0.000)
exchange	0.329 7* (0.178)	0.357 8** (0.169)	0.973 8* (0.557)	0.913 1* (0.534)	0.019 7*** (0.006)	0.019 2*** (0.005)
*finopen*1	−0.107 3 (0.145)	−0.059 8 (0.139)	0.513 7** (0.262)	0.601 2** (0.302)	0.006 5* (0.003)	0.007 7** (0.004)

续表

变　量	(1) a1 投资决策	(2) a2 投资决策	(3) a3 投资金额	(4) a4 投资金额	(5) a5 投资存量	(6) a6 投资存量
polity	0.058 4*** (0.013)	0.063 3*** (0.014)	0.001 3 (0.002)	0.003 4 (0.002)	0.000 1*** (0.000)	0.000 1*** (0.000)
colony		0.971 0** (0.398)		0.043 5 (0.167)		0.030 3 (0.019)
contig		0.534 0* (0.313)		−1.774 9** (0.894)		−0.008 9 (0.018)
dist		−0.000 0 (0.000)		−0.000 1** (0.000)		−0.000 0** (0.000)
comlang_off				−0.202 9** (0.103)		−0.014 7*** (0.004)
常数项	−2.783 5*** (0.101)	−2.762 7*** (0.149)	0.299 2 (0.218)	1.126 2* (0.584)	0.004 3* (0.002)	0.011 8** (0.005)
观测值	18 473	17 138	18 473	18 473	18 473	18 473
R^2			0.004	0.004	0.013	0.014

注:圆括号中为稳健标准差，*** $p<0.01$， ** $p<0.05$，* $p<0.1$。

表5.5的结果显示,与中东和中国主权基金不同的是,变量 *growth* 对欧洲地区主权基金投资决策的影响非常显著,这意味着欧洲的主权基金投资会受到东道国当年经济增长率的显著影响;但同时注意到变量 *growth* 对欧洲主权基金决定是否投资和投资金额时作用方向不一致,具体而言,两国国内生产总值增长率的差异越大,则欧洲主权基金越倾向于对该国投资,而两国国内生产总值增长率的差异越小,则欧洲主权基金投资的金额越大,这一看似令人费解的结果实际上刚好反映了欧洲主权基金的投资偏好特征。以欧洲最典型的挪威政府全球养老基金为例(该基金是目前全球资产规模最大的主权财富基金,实际上欧洲主权基金的大部分投资项目都是该基金投资的),挪威政府全球养老基金在2008年金融危机后十分看重对发展中国家,尤其是新兴市场国家和地区的投资,与发达国家普遍较低的国内生产总值增长率相比,这些国家和地区的国内生产总值增长率普遍较高,因此基金所在的母国与东道国(或地区)国内生产总值增长率的差异也很大,但是以挪威为代表的欧洲主权基金在投资项目时往往在新兴市场地区的投资金额较在发达国家稍低,因为这些地区虽然增长潜力高,但同时资本市场也存在非常高的风险(如挪威政府全球养老基金就在2016—2017年投资中国A

股时遭受巨额亏损)。因此基金倾向于对这些地区进行“广撒网,小金额”的投资策略。由此可见,欧洲主权基金倾向于投资增长速度快的发展中国家,但是在投资金额方面仍然是比较谨慎的。变量 *GDPPC* 在第(1)列和第(2)列不显著,这表明两国人均国内生产总值的差异对于欧洲主权基金的投资决策不存在显著的影响,但是在第(3)列到第(6)列中,变量 *GDPPC* 的回归结果高度显著,这说明东道国(或地区)相对收入水平显著影响了欧洲主权基金对该国的投资量和累计投资量,当该国人均收入水平高于母国时,欧洲主权基金对于该国的投资额和累计投资额也更大,这一结果与中国主权基金十分相似。变量 *interest* 和变量 *exchange* 的回归结果显示,两国的利差以及两国汇率稳定性的差异对于欧洲主权基金的投资决策有显著影响,特别是对累计投资金额的影响十分显著,两国真实利率水平的差异越小、两国汇率稳定性的差异越大,则欧洲主权基金越倾向于向该国投资。变量 *finopen*1 在第(1)列和第(2)列不显著,这表明两国金融开放度的差异对于欧洲主权基金的投资决策不存在显著的影响,但是在第(3)列到第(6)列中,变量 *finopen*1 的回归结果显著为正,这说明东道国(或地区)的金融开放度越高,则欧洲主权基金对于该国的投资额和累计投资额也更大。

最后,本节利用涵盖 2008—2017 年美国主权基金与全球组成的 3 251 个国家对对基础模型(I)和模型(II)进行回归分析,回归结果如表 5.6 所示。

表 5.6　双边经济因素对美国主权基金投资的影响分析

变　量	(1) a1 投资决策	(2) a2 投资决策	(3) a3 投资金额	(4) a4 投资金额	(5) a5 投资存量	(6) a6 投资存量
growth	−0.001 0 (0.026)	−0.013 4 (0.030)	−0.001 3 (0.001)	−0.001 2 (0.001)	−0.000 3* (0.000)	−0.000 2 (0.000)
GDPPC	0.242 3* (0.136)	0.285 6* (0.161)	0.031 7 (0.019)	0.032 8* (0.020)	0.006 5** (0.003)	0.006 8** (0.003)
interest	0.003 7** (0.001)	0.003 6*** (0.001)	−0.000 2 (0.000)	−0.000 2 (0.000)	−0.000 0 (0.000)	−0.000 0 (0.000)
*finopen*1	1.514 0** (0.704)	1.717 8** (0.679)	0.045 4* (0.024)	0.050 1* (0.027)	0.010 5*** (0.004)	0.011 3*** (0.004)
exchange	0.536 9 (0.386)	0.551 6 (0.534)	−0.004 6 (0.015)	−0.017 2 (0.021)	0.002 4 (0.005)	0.000 0 (0.005)
polity	0.057 7* (0.030)	0.065 7 (0.041)	−0.000 1 (0.000)	−0.000 1 (0.000)	−0.000 0 (0.000)	−0.000 0 (0.000)

续表

变量	(1) a1 投资决策	(2) a2 投资决策	(3) a3 投资金额	(4) a4 投资金额	(5) a5 投资存量	(6) a6 投资存量
comlang_off		0.348 6 (0.267)		0.002 8 (0.016)		0.001 6 (0.003)
dist		0.000 0 (0.000)		−0.000 0* (0.000)		−0.000 0** (0.000)
colony				−0.079 2* (0.045)		−0.016 3** (0.006)
contig				−0.152 3* (0.086)		−0.031 9*** (0.012)
常数项	−3.959 7*** (0.704)	−4.146 4*** (0.359)	0.034 4 (0.032)	0.094 8 (0.067)	0.004 4 (0.005)	0.016 3* (0.009)
观测值	3 251	3 058	3 251	3 251	3 251	3 251
R^2			0.012	0.012	0.022	0.023

注:圆括号中为稳健标准差,*** $p<0.01$, ** $p<0.05$, * $p<0.1$。

表5.6的结果显示,和预期的有所不同,变量 *growth* 和变量 *exchange* 对美国主权基金投资决策的影响并不显著,这与欧洲主权基金有较大差别。但变量 *GDPPC* 和变量 *finopen*1 的回归结果显示美国主权基金与欧洲主权基金在制定投资决策时,对东道国(或地区)的人均收入和金融开放度的偏好是一致的。除此之外,变量 *interest* 在第(1)列和第(2)列的回归结果高度显著,这表明两国的利差对于美国主权基金决定是否投资东道国(或地区)具有显著影响,但是在第(3)列到第(6)列中,变量 *interest* 的回归结果不再显著,这说明两国利差不会对投资金额产生显著影响。由表5.5和表5.6的结果可知,尽管都是发达国家建立的主权基金,欧洲和美国主权基金在制定投资决策的时候也不尽相同,例如以挪威政府全球养老基金为例,该基金在投资新兴市场时更加偏好小额投资,是典型的财务型投资者。

第二节　双边政治关系对主权财富基金投资决策的影响

在当今的世界经济运行体制下,一国的对外经济活动已经不仅仅取决于经济因素，而是同时受制于国家间的政治关系。在此背景下，政治关系已经成为影响一国对外直接投资至关重要的因素。主权财富基金作为一类特殊的主权投资机构，其特有的“双重特性”更是决定了基金在制定投资决策时要兼顾一国的战略性目标。一方面，主权基金是市场化的投资主体，作为财务投资者，基金负责管理资本保值增值；另一方面，作为战略投资者，基金为实现国内经济发展目标，受国家政策影响而采取相应的战略投资。因此，主权基金与一般的对外投资企业在投资理念、投资目的等方面存在显著不同，会出于国家战略方面的考量投资政治关系疏远或者亲近的国家，主权基金母国与目标企业所在东道国（或地区）的双边政治关系成为了本节的重点研究对象。

一、变量选取与模型设定

由于以往的研究从政治体制方面考察主权财富基金投资决策的研究较少，在变量选取和模型设定方面可以借鉴的前期研究较少，本节在选取衡量双边政治关系的变量时进行了较为深入的研究。

（一）变量选取

学界至今对双边政治关系没有明确定义，不同的学者通过不同的研究角度来构建双边政治关系。回顾双边政治关系对投资的影响的文献综述可以发现，相关研究尽管试图从多维度探讨双边政治关系对投资的影响，但仍有几个关键性问题没能解决。首先，双边政治关系包括恶化与改善两个维度，现有研究以战争冲突及负面政治事件为视角，只关注到了政治关系恶化的经济后果，并不能分析和平时期或者政治环境改善向好的时期，政治关系对经济活动的影响。其次，通过外交活动来衡量双边政治关系，主要是从领导人相互访问、两国建交时间、国家关系级别等角度对外交活动进行量化，但是，外交活动尤其是领导人访问是不定期的，政治关系往往会在外交活动发生前后的短期内有一定效应，而长期的变化却不能很好地被外交活动所描述。例如，中国的对外直接投资活动在2000年之后因为“走出去”战略的提出才得到真正的快速发展，而中国与其他大多数国家的建交都是发生在20世纪，建交时间的单纯递增并不能很好地描述我国对外投资活动背后的政治因素。

现有研究主要关注一国同其他国家军事冲突、负面政治事件或外交活动的经济后果，却没有观察到一国在国际政治舞台角色的微妙变化。各国利用自身的国际影响力进行适当的经济外交，对国际形势和敏感问题，逐渐持积极参与的姿态，希望自己能够在国际政治舞台，尤其是在关乎自身重大利益的问题面前享有更大的话语权。在国家间利益分歧表现为“斗而不破”的情形下，如何维护同其他国家对同一重大事件的政治共识，如何平衡同其他国家的政治利益，如何智慧地在敏感政治事物决议中争取自己的“政治同盟”，逐渐成为两国政治关系亲疏的重要方面。

基于此，本书尝试在国内外学者研究的基础上，选取一个更能体现政治关系渐变性和连续性特点的变量来衡量两国的双边政治关系，进而对影响主权基金投资的政治因素作出较为严谨的分析。参考埃里克、克尼尔、迈克尔等的研究，本文改变前人以事件作为政治关系替代变量的做法，选取各国在联合国大会决议的投票行为，刻画一国与其他国家在国际形势或重大问题的看法是否一致，进而表明一国与其他国家的政治关系是否亲密友好。[4]

1. 联合国投票行为与政治关系：以五个常任理事国为例

双边政治关系是出于维护国家安全、加强经济交往、扩大国际影响等战略考虑，一国与其他国家结成一定的政治上的亲疏关系。政治关系既具有相对稳定性，但也会因为权力转移、政府更迭、领土争端、极端事件而发生变化。因此，在现有研究基础上，本文试图从建立主权基金的母国与东道国在联合国大会决议投票行为的差异这一角度来构建双边政治关系变量，准确把握政治关系渐变性和连续性的特点，以考察其与主权基金投资决策的关系。

联合国五个常任理事国在各届各项联合国大会决议中具有很高的话语权与影响力，并且这五个国家由于历史发展、政治制度、经济政策等方面的原因，相互之间表现出了不同的外交理念和政治关系，在联合国大会的各项决议中也表现出了不同的投票选择。各个国家在联合国大会决议中对政治和安全等事务所采取的合作或不合作投票行为都会受到国家间关系的制约并服务于国家间的双边关系。[5]本文以五个常任理事国作为典型国家，简要梳理国际关系史和五国之间“理想点”的变化来分析各国联合国大会决议的投票行为与国家间政治关系的相关关系。

从图 5.1 可见，利用“理想点”之间的距离刻画的联合国五个常任理事国在联合国大会决议中的不同投票选择，表明了国家之间外交政策的相似和差异。1946—1990 年，苏联与美国、英国、和法国等资本主义国家的“理想点”之间保持着很大的距离，表明双方在联合国大会决议中所表现出的外交政策理念有很大不同,这符合历史事实。在第二次世界大战之后,以苏联为首的社会主义国家阵营同美国、英国和法国等资本主义国家阵营进入了冷战时期,联合国成为美苏争霸的工具。1946—1995 年,五个常任理事国在联合国安理会共行使否决权 244 次,其中苏联行使否决权达 121 次,美国达到 70 次,英国、法国、中国各行使否决权 32 次、18 次和 3 次。[6]从图 5.1 可以看出,1991 年,即苏联解体前后的时期,苏联(俄罗斯)与美国、英国和法国的“理想点”距离有所缩小,因为历史上,俄罗斯在这一时期采取了向西方国家“一边倒”的政策,但很快因为激进的“休克”式经济政策在俄罗斯的失败,使得俄罗斯与西方资本主义国家关系逐渐疏远。从图 5.1 可以看到,20 世纪 90 年代后期及 2000 年之后俄罗斯与西方资本主义国家间的“理想点”距离再次拉大,这也表明这一时期双方在联合国大会决议中的外交理念出现了分歧。部分学者的研究也验证了这一趋势,如朱立群研究发现俄罗斯与美国在联合国大会中的投票表决一致率在冷战结束后呈现出倒 U 型变化趋势,从 1990 年的 16.7%上升至 1994 年的 66.6%,之后开始持续下降至 2004 年的 18.6%。[7]

此外,1971 年联合国恢复了中国在联合国的合法席位,从图 5.1 可以看出,中国与美国、英国和法国等资本主义国家之间的“理想点”距离在 1979 年之后有所缩小,这一时期,中国进行了改革开放,并实施了出口导向型的经济发展政策,积极融入经济全球化。此后,在 20 世纪 90 年代,因为中国

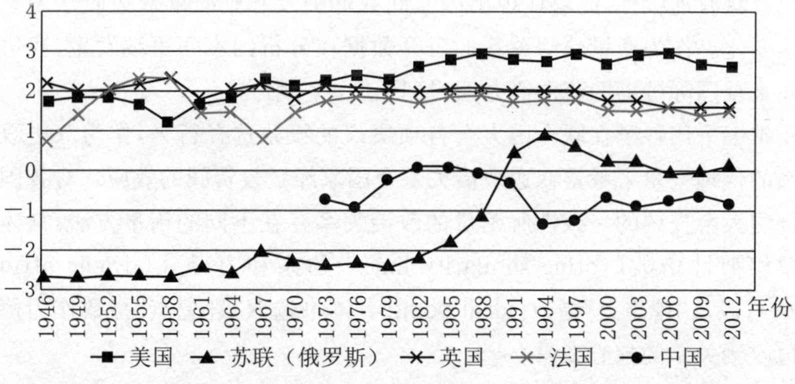

资料来源:作者根据联合国大会决议投票“理想点”数据绘制而成。全球政策论坛网站:https://www.globalpolicy.org/component/content/article/102/32810.html,最后访问时间:2020 年 6 月 13 日。

注:中国在 1971 年恢复在联合国的合法席位。

图 5.1　1946—2014 年联合国 5 个常任理事国投票理想点分布

与西方国家在政治关系及外交政策理念方面出现分歧，使得双方之间的“理想点”距离再次拉大。进入 21 世纪，中国同英国和法国保持了相对稳定的外交理念和政治关系，而与美国的关系出现了不同程度的波动，这一变化也由图 5.1 较好地呈现了出来。2000 年之后的很长时期，中国与俄罗斯之间的“理想点”距离保持了稳定并且十分相近，这表明中国与俄罗斯在联合国大会决议中表现出了相似的外交政策理念，关系更加亲密，因为这一时期中国与俄罗斯保持了非常友好的政治关系，两国政治关系不断升级。通过对图 5.1 常任理事国的“理想点”距离变化以及国际关系史的分析，本书认为以国家“理想点”距离所代表的各国在联合国大会决议中的不同投票选择可以作为描述各国之间的政治关系的变量。

2. “理想点”指数

采用联合国大会决议的投票行为来衡量政治关系有以下几点优势。第一，联合国大会每年对国际政治、社会人道、全球经济发展等问题进行广泛讨论和磋商，并就相关决议草案进行投票表决，这为了解两国对国际问题的看法提供了充足信息。中国与其他国家在联合国大会决议的投票行为可以很好地刻画中国与其他国家在面临国际形势或重大问题时的不同外交政策偏好（foreign policy preferences），并可以衡量不同国家政治关系的亲疏。[8] 第二，该数据可以追溯至联合国成立之初，详细记录了各成员国 1946—2014 年期间对联合国大会每年召开的多次决议投票，因此数据的国家覆盖面广且具有连续性，能够体现出国家间在冲突及和平时期双边政治关系的连续变化。作为衡量政治关系的公开数据在分析国家间争端发生、双边经贸往来及国际援助的流向等方面得到了广泛应用。[9]

本书采用各国在联合国大会各项决议的投票选择行为，作为双边政治关系的代理变量来考察双边政治关系在国家经贸投资间的效应。对各国在联合国大会投票的一致性所衡量的政治关系存在不同的衡量方法，具体为投票相似性指数（voting similarity index）与亲和力得分（dyadic affinity score），以及“理想点”指数（ideal point）。本书选取“理想点”指数作为衡量双边政治关系的核心变量。

针对于各个国家在联合国大会决议中的原始投票数据，采用不同的数理方法对各国的原始投票数据进行了归整量化处理，其中迈克尔等采用项目反应理论模型，[10] 将“理想点”表示被试的潜在特质，采用贝叶斯估计方法对项目反应模型的参数进行估计。[11] 每个国家在一次投票中的偏好可表示为：

$$Z_{itv} = \beta_v \theta_{it} + \epsilon_{iv}$$

其中 $i=1, 2, \cdots, N$ 为国家，$v=1, 2, \cdots, v$ 为某次投票，β 为项目的区分度参数，θ_{it} 为项目反应理论模型中被试的潜在特质，即国家 i 在 t 年的外交政策偏好——“理想点”。国家 i 在第 v 次投票中有三种投票选择：赞成票($Y_{itv}=1$)、弃权票($Y_{itv}=2$)或否定票($Y_{itv}=3$)，Y_{itv} 取决于每个国家在一次投票中的偏好 Z_{itv} 以及项目难度参数 γ_{1v}、γ_{2v}、γ_{3v}，即如果 $Z_{itv}<\gamma_{1v}$，则 $Y_{itv}=1$；如果 $\gamma_{1v}<Z_{itv}<\gamma_{2v}$，则 $Y_{itv}=2$；如果 $Z_{itv}>\gamma_{2v}$，则 $Y_{itv}=3$。“理想点”测算过程中具体的项目反应理论模型函数形式如下：

$$\Pr(Y_{itv}=k) = \phi(\gamma_{k,v} - \beta_v \theta_{itv}) - \phi(\gamma_{k-1,v} - \beta_v \theta_{itv})$$

其中，ϕ 为标准累积分布函数，γ 为项目难度参数，假设对所有的投票 $\gamma_{0v}=-\infty$，$\gamma_{3v}=+\infty$，β 为项目的区分度参数，θ 为被试的潜在特质。等式左侧表示国家 i 在第 v 次投赞成票($k=1$)、弃权票($k=2$)或否定票($k=3$)的概率，并且可以从投票行为观测，服从标准正态分布。

国家 i 在第 v 次投赞成票的概率：

$$\Pr(Y_{itv}=1) = \phi(\gamma_{1,v} - \beta_v \theta_{itv}) - \phi(\gamma_{0,v} - \beta_v \theta_{itv})$$

投弃权票的概率：

$$\Pr(Y_{itv}=2) = \phi(\gamma_{2,v} - \beta_v \theta_{itv}) - \phi(\gamma_{1,v} - \beta_v \theta_{itv})$$

投反对票的概率：

$$\Pr(Y_{itv}=3) = \phi(\gamma_{3,v} - \beta_v \theta_{itv}) - \phi(\gamma_{2,v} - \beta_v \theta_{itv})$$

然后，利用贝叶斯估计方法，[12]通过马尔科夫链蒙特卡洛算法[13]估计出参数 γ，β 和 θ 的后验期望值。

通过各国在联合国大会决议中的不同投票概率测算出背后各国不同的外交政策偏好。“理想点”指标很好地区分了国家投票行为的变化是由于国家本身偏好的转变还是因为联合国议程的变化。第一，“理想点”年度尺度数据允许研究人员将国家偏好的变化与联合国议程的变化区分开，并能对国家偏好进行更有效的跨期比较。第二，通过“理想点”之间的绝对差异来衡量国家对之间的偏好差距，而不是简单通过投票记录的差异来帮助消除噪音，这将有助于更好地比较国家外交政策方向的相对变化。如果两个国家之间的“理想点”差异越小，表明这两个国家在同一年有相似的外交政策偏好，政治共识趋于一致，政治关系更为亲密，反之，如果两个国家之间的“理想点”差异越大，则表明这两个国家在同一年的政治关系相对疏远。

本节的核心变量和控制变量的含义和数据来源如表 5.7 所示。

表 5.7　变量说明

变量名称	变量含义	数据来源
s3un	两国在联合国投票的一致性	根据联合国大会投票进行计算
growth	两国国内生产总值增长率的差异	世界银行世界发展指标数据库，佩恩表
GDPPC	两国人均国内生产总值的差异（对数值）	世界银行世界发展指标数据库，佩恩表
interest	两国真实利率水平的差异	世界银行世界发展指标数据库
exchange	两国汇率稳定性的差异	艾森曼、门齐和伊藤开放经济困境数据库*
polity	两国政治体制的差异（民主化程度的差异）	修订后的综合政治得分、政治民主数据库**
*finopen*1	两国金融开放度的差异	艾森曼、门齐和伊藤开放经济困境数据库
colony	两国是否曾经存在殖民地关系	法国国际经济研究所数据库
contig	两国是否接壤	法国国际经济研究所数据库
comlang_off	是否具有共同官方语言	法国国际经济研究所数据库
dist	两国的地理距离	法国国际经济研究所数据库

注：* 参见 Joshua Aizenman, Menzie D.Chinn, and Hiro Ito, “The ‘Impossible Trinity’ Hypothesis in an Era of Global Imbalances: Measurement and Testing,” *Review of International Economics*, Vol.21, No.3, 2013, pp.447—458。

** 参见 Monty G.Marshall, Ted Robert Gurr, and Keith Jaggers, “Polity IV Project: Political Regime Characteristics and Transitions, 1800—2015,” 2015, http://www.systemicpeace.org/inscrdata.html，最后访问时间：2020 年 6 月 20 日。

（二）模型设定

本书搜集了 2008—2017 年 29 个国家和地区的主权财富基金在全球的 50 660 项投资信息，分析核心解释变量双边政治关系对主权财富基金投资决策的影响。根据对已有文献的梳理，基础模型设定如下：

考察基金是否投资：

$$Y_{ij,t}=\alpha+\beta_1 s3un_{ij,t}+\beta_2 X_{ij,t}+\gamma_{ij,t}+\mu_{ij,t}+\epsilon_{ij,t} \quad \text{(III)}$$

考察基金的投资金额：

$$Amount_{ij,t}=\alpha+\beta_1 s3un_{ij,t}+\beta_2 X_{ij,t}+\gamma_{ij,t}+\mu_{ij,t}+\epsilon_{ij,t} \quad \text{(IV)}$$

其中，i 表示主权基金所在的投资国，j 表示接受投资的目标企业所在的东道国(或地区)，t 表示年份。在模型(III)中，被解释变量为 $Y_{ij,t}$ 为第 t 年 i 国主权基金对 j 国投资的概率，在模型(IV)中，被解释变量为 $Amount_{ij,t}$ 表示 i 国的主权基金在第 t 年对 j 国的投资金额。$s3un_{ij,t}$ 为本文重点讨论的核心解释变量，代表 t 时期基金所在投资国 i 与目标企业所在东道国(或地区) j 之间的双边政治关系；$X_{ij,t}$ 是其他对主权财富基金投资起重要作用的控制变量，包括 $growth_{ij,t}$ 为 t 时期投资国 i 和东道国(或地区) j 之间国内生产总值增长率的差异；$GDPPC_{ij,t}$ 为 t 时期投资国 i 和东道国(或地区) j 之间的人均国内生产总值的差异；$interest_{ij,t}$ 为 t 时期投资国 i 和东道国(或地区) j 真实利率水平的差异；$exchange_{ij,t}$ 为 t 时期投资国 i 和东道国(或地区) j 汇率稳定性的差异；$polity_{ij,t}$ 为 t 时期投资国 i 和东道国(或地区) j 政治体制的差异；$finopen1_{ij,t}$ 为 t 时期投资国 i 和东道国(或地区) j 金融开放度的差异；$colony_{ij,t}$ 为 t 时期投资国 i 和东道国(或地区) j 是否曾经存在殖民地关系；$contig_{ij,t}$ 为 t 时期投资国 i 和东道国(或地区) j 是否接壤；$comlang\_off_{ij,t}$ 为 t 时期投资国 i 和东道国(或地区) j 是否具有共同的官方语言；$dist_{ij,t}$ 为投资国 i 与东道国(或地区) j 之间的地理距离；$\gamma_{ij,t}$ 为个体固定效应；$\mu_{ij,t}$ 为时间固定效应；$\epsilon_{ij,t}$ 为随机扰动项。

二、实证结果及分析

(一) 基本结果和分析

借助于 Probit 模型和 2SLS 模型，本节利用涵盖 2008—2017 年 29 个国家和地区的主权基金与全球组成的 175 388 个国家对对基础模型(III)进行回归分析，回归结果如表 5.8 所示。表 5.8 的结果显示，核心解释变量 $s3un$ 的系数在 1%的水平上显著为负，且在加入两国国内生产总值增长率的差异等控制变量后系数仍然是高度显著，这表明主权基金所在投资国与目标企业所在东道国(或地区)的双边政治关系会显著影响基金是否投资。值得注意的是，这一实证结果与大多数双边政治关系对投资的影响不同，一般而言企业倾向于投资与母国双边政治关系较好的东道国(或地区),[14]然而表5.8的结果显示主权基金倾向于投资与母国的双边政治关系相对疏远的国家和地区,这一结果与克尼尔等的实证结果保持了一致。[15]究其原因,这源于主权财富基金这一投资主体所特有的“双重性”:一方面,基金是市场化的投资主体,作为财务投资者,基金负责管理资本保值增值;另一方面,作为战略投资者,基金为实现国内经济发展目标以及政治外交目标,在作出投资决策时会受到国家政策影响而采取相应的战略投资。一般的企业主体进行投资时仅仅出于盈利目的,而主权基金在投资盈利的基础上还会考虑政治外交等战略性目的。因此,主权基金与一般的对外投资企业在投资理念、投资目的等方面存在显著不同,所以可能会出于国家战略投资考量投资政治关系疏远的国家。

此外,变量 *growth*、*interest*、*exchange*、*finopen*1、*dist* 与被解释变量主权基金是否决定投资呈现显著的负向关系,这表明两国国内生产总值增长率的差异越小、两国真实利率水平的差异越小、两国汇率稳定性的差异越小、两国金融开放度的差异越小、两国地理距离越小,则主权基金越倾向于投资;变量 *GDPPC*、*polity*、*colony*、*contig*、*comlang_off* 与被解释变量主权基金是否决定投资呈现显著的正向关系,这表明两国人均国内生产总值的差异越大、两国政治体制的差异越大、两国曾经存在殖民地关系、两国接壤、两国具有共同的官方语言,则主权基金越倾向于投资。我们在选取常见的控制变量(各经济变量、两国是否接壤、两国的地理距离以及是否有共同的官方语言)之外增加了描述两国殖民地关系的变量,这是因为殖民地和宗主国之间由于具有紧密的经贸联系和特殊的政治关系,因而成为学者研究政治与经济相关性的重要切入点。殖民地和宗主国之间的经贸往来存在显著非市场化力量的影响,间接证明了政治的重要性。

表 5.8　双边政治关系与全球主权基金是否投资的整体回归结果

变　量	(1) 投资决策	(2) 投资决策	(3) 投资决策	(4) 投资决策
s3un	−0.001 1*** (−3.015 6)	−0.001 1*** (−3.271 1)	−0.004 8*** (−6.407 5)	−0.003 9*** (−6.560 5)
growth			−0.000 1*** (−3.038 8)	−0.000 1*** (−3.601 0)
GDPPC			0.000 7*** (5.929 0)	0.000 6*** (5.588 6)

续表

变　量	(1) 投资决策	(2) 投资决策	(3) 投资决策	(4) 投资决策
interest			−0.000 0*** (−5.104 7)	−0.000 0*** (−4.396 8)
exchange			−0.000 6 (−1.336 3)	−0.000 9** (−2.290 4)
*finopen*1			−0.002 0*** (−4.225 1)	−0.001 6*** (−3.997 5)
polity			0.000 1*** (11.053 4)	0.000 1*** (12.339 2)
colony		0.007 2*** (7.878 1)		0.002 8*** (2.954 1)
contig		0.003 8*** (4.245 3)		0.008 4*** (4.640 1)
comlang_off		0.000 3 (0.911 0)		0.004 9*** (7.370 6)
dist		−0.000 0*** (−6.855 6)		−0.000 0** (−2.147 4)
观测值	175 388	175 388	61 226	61 226
Pseudo-R^2	0.001 00	0.024 5	0.042 1	0.084 7
标准边际效应(%)	−11.20	−10.91	−32.71	−26.95

注:括号中为Z统计量,*** $p<0.01$, ** $p<0.05$, * $p<0.1$。

表5.9是对基础模型(IV)进行回归分析的实证结果,如表5.9的第(1)列和第(2)列所示,在没有加入两国国内生产总值增长率的差异等控制变量时,核心解释变量 *s3un* 的系数为负,但是并不显著。在控制了两国人均国内生产总值的差异等变量进行回归后,结果如表5.9的第(3)列和第(4)列所示,核心解释变量 *s3un* 的系数在1%的水平上显著为负,这表明主权基金所在投资国与目标企业所在东道国(或地区)的双边政治关系会显著影响基金投资的金额,双边政治关系越弱,基金的投资金额越大。值得注意的是,这一实证结果与克尼尔等的实证结果不同,克尼尔等的实证结果显示,虽然基金所在的投资国与东道国(或地区)的双边政治关系会对基金是否投资产生显著的影响,但是双边政治关系并不会对基金的投资金额产生显著影响。[16]此外,如表5.9所示,变量 *growth*、*exchange*、*finopen*1 与被解释变量主权基金决定投资的金额呈现显著的负向关系,这表明两国国内生产总

值增长率的差异越小、两国汇率稳定性的差异越小、两国金融开放度的差异越小则主权基金的投资金额越大；变量 *GDPPC*、*polity*、*colony*、*comlang_off* 与被解释变量主权基金的投资金额呈现显著的正向关系，这表明两国人均国内生产总值的差异越大、两国政治体制的差异越大、两国曾经存在殖民地关系、两国具有共同的官方语言则主权基金决定投资的金额越大；变量 *interest*、*contig*、*dist* 的回归结果不显著，这表明两国真实利率水平的差异、两国是否接壤以及两国地理距离的大小对主权基金的投资金额没有显著影响。

表 5.9　双边政治关系与全球主权财富基金投资金额的回归结果

变　量	(1) a1 投资金额	(2) a2 投资金额	(3) a3 投资金额	(4) a4 投资金额
s3un	−0.814 7 (0.596)	−0.444 6 (0.551)	−8.992 8*** (1.977)	−6.791 6*** (1.607)
growth			−0.118 2*** (0.036)	−0.123 5*** (0.037)
GDPPC			1.294 2*** (0.194)	1.228 8*** (0.194)
interest			−0.005 9 (0.004)	−0.006 1 (0.004)
exchange			−2.131 3*** (0.709)	−2.433 2*** (0.712)
*finopen*1			−1.383 8** (0.663)	−1.197 4* (0.672)
polity			0.035 8*** (0.012)	0.042 7*** (0.012)
colony		10.207 3*** (2.778)		18.845 1*** (6.290)
contig		4.860 9* (2.758)		3.704 3 (4.440)
comlang_off		−0.426 5 (0.546)		3.273 6** (1.363)
dist		−0.000 1*** (0.000)		−0.000 1 (0.000)
常数项	0.468 7 (0.301)	1.036 7** (0.425)	5.173 5*** (1.173)	0.360 3 (1.722)
观测值	175 388	175 388	61 226	61 226
R^2	0.002	0.003	0.004	0.006

注：圆括号中为稳健标准差，*** $p<0.01$，** $p<0.05$，* $p<0.1$。

为了验证表 5.9 的结论，本书进一步使用主权基金的累计投资额进行了实证分析，回归结果如表 5.10 所示。表 5.10 的结果显示，核心解释变量 *s3un* 的系数在 1%的水平上显著为负，且在加入其他控制变量后系数仍然是高度显著的，这表明主权基金所在投资国与目标企业所在东道国（或地区）的双边政治关系会显著影响基金的累计投资金额。此外，变量 *growth*、*interest*、*exchange*、*finopen*1、*dist* 与被解释变量主权基金的累计投资金额呈现显著的负向关系，这表明两国国内生产总值增长率的差异越小、两国真实利率水平的差异越小、两国汇率稳定性的差异越小、两国金融开放度的差异越小、两国地理距离越小，则主权基金在该国的累计投资金额越大；变量 *GDPPC*、*polity*、*colony*、*contig*、*comlang_off* 与被解释变量主权基金的累计投资金额呈现显著的正向关系，这表明两国人均国内生产总值的差异越大、两国政治体制的差异越大、两国曾经存在殖民地关系、两国接壤、两国具有共同的官方语言则主权基金的累计投资金额越大。表 5.10 的回归结果与表 5.8 的回归结果完全保持一致，与表 5.9 的回归结果在核心解释变量以及主要的控制变量方面也保持了一致。

表 5.10 的实证结果从累计投资的角度进一步验证了表 5.8 和表 5.9 的结论，本书的核心解释变量 *s3un* 与被解释变量呈现高度显著的负向关系，即主权基金所在投资国与目标企业所在东道国（或地区）的双边政治关系会显著影响主权基金的投资决策，主权基金倾向于投资双边政治关系疏远的国家和地区，并且两国双边政治关系越疏远基金的投资金额越大。

表 5.10 双边政治关系与全球主权财富基金累计投资金额的回归结果

变 量	(1) a1 投资存量	(2) a2 投资存量	(3) a3 投资存量	(4) a4 投资存量
s3un	−0.018 8*** (0.004)	−0.012 9*** (0.004)	−0.096 6*** (0.014)	−0.081 6*** (0.012)
growth			−0.001 6*** (0.000)	−0.001 8*** (0.000)
GDPPC			0.018 1*** (0.001)	0.016 7*** (0.001)
interest			−0.000 3*** (0.000)	−0.000 3*** (0.000)
exchange			−0.027 8*** (0.005)	−0.029 9*** (0.005)

续表

变 量	(1) a1 投资存量	(2) a2 投资存量	(3) a3 投资存量	(4) a4 投资存量
*finopen*1			−0.029 5*** (0.006)	−0.028 5*** (0.005)
polity			0.001 2*** (0.000)	0.001 3*** (0.000)
colony		0.203 5*** (0.019)		0.205 9*** (0.034)
contig		0.115 7*** (0.019)		0.199 8*** (0.044)
comlang_off		−0.023 5*** (0.004)		0.049 1*** (0.010)
dist		−0.000 0*** (0.000)		−0.000 0*** (0.000)
常数项	0.011 0*** (0.003)	0.026 7*** (0.003)	0.068 1*** (0.010)	0.034 1** (0.015)
观测值	175 388	175 388	62 720	62 720
R^2	0.019	0.024	0.020	0.028

注:圆括号中为稳健标准差,*** $p<0.01$, ** $p<0.05$, * $p<0.1$。

全球主权基金的整体回归结果显示,双边政治关系会显著影响主权基金的投资决策。主权基金倾向于投资基金所在母国与目标企业所在东道国双边政治关系疏远的国家,且关系越疏远投资的金额越大。但是,是否所有国家和地区的主权基金都遵循这一投资战略呢?基于这个疑问,本节对主权基金所在的国家和地区进行了细分样本回归。

(二)细分样本的结果和分析

鉴于本书主要围绕中国主权财富基金的投资策略,因此,本节首先借助Probit 模型和 2SLS 模型,利用涵盖 2008—2017 年中国主权基金与全球组成的 6 146 个国家对对基础模型(III)进行回归分析,回归结果如表 5.11 所示。表 5.11 的结果显示,核心解释变量 *s3un* 的系数在 1%的水平上显著为负,且在加入两国国内生产总值增长率的差异等控制变量后系数仍然是高度显著,这表明中国主权基金与目标企业所在东道国(或地区)的双边政治关系会显著影响中国的主权基金是否投资,这一结果与表 5.8 全球主权基金的回归结果保持了一致。此外,其他控制变量 *growth*、*exchange* 与被解释变量中国主权基金是否决定投资呈现显著的负向关系，这表明两国国内生产总值增长率的差异越小、两国汇率稳定性的差异越小则中国主权基金越倾向于投资；变量 *finopen*1、*polity*、*contig*、*comlang_off* 与被解释变量中国主权基金是否决定投资呈现显著的正向关系，这表明两国金融开放度的差异越大、两国政治体制的差异越大、两国接壤、两国具有共同的官方语言则中国主权基金越倾向于投资；变量 *GDPPC*、*interest*、*dist* 的回归结果不显著，这表明两国人均国内生产总值的差异、两国真实利率水平的差异以及两国地理距离的大小对中国主权基金决定是否在该国投资没有显著影响。

表 5.11　双边政治关系与中国主权基金是否投资的回归结果

变　量	(1) 投资决策	(2) 投资决策	(3) 投资决策	(4) 投资决策
s3un	−0.009 4*** (−6.923 4)	−0.009 0*** (−8.349 0)	−0.006 2** (−2.405 4)	−0.001 2*** (−2.607 3)
growth			−0.000 2 (−1.345 0)	−0.000 1** (−2.164 5)
GDPPC			−0.000 3 (−0.723 7)	−0.000 1 (−0.847 0)
interest			−0.000 1* (−1.763 4)	−0.000 0 (−1.477 1)
exchange				−0.001 0** (−2.190 6)
*finopen*1			0.005 2*** (2.597 7)	0.001 1** (2.386 1)
polity			0.000 2 (1.342 2)	0.000 1*** (2.792 9)
contig		0.010 7** (2.345 2)		0.026 1*** (2.995 4)
comlang_off		0.017 0* (1.836 8)		0.029 4*** (3.573 3)
dist		−0.000 0 (−0.242 0)		0.000 0 (0.713 2)
观测值	6 146	6 105	2 845	2 824
Pseudo-R^2	0.087 5	0.115	0.129	0.228
标准边际效应(%)	−55.36	−52.54	−22.27	−4.229

注：括号中为 Z 统计量，*** $p<0.01$，** $p<0.05$，* $p<0.1$。

表 5.12 是对基础模型(IV)进行回归分析的实证结果,用以分析双边政治关系是否对中国主权基金的投资金额产生显著性影响。表 5.12 的结果显示,核心解释变量 *s3un* 的系数在 1%的水平上显著为负,且在加入两国国内生产总值增长率的差异等控制变量后系数仍然是高度显著,这表明中国主权基金所在投资国与目标企业所在东道国(或地区)的双边政治关系会显著影响中国主权基金的投资金额,中国与东道国(或地区)的双边政治关系越疏远,中国主权财富基金的投资金额越大。这一实证结果与全球主权基金的回归结果保持一致。此外,如表 5.12 所示,变量 *exchange*、*polity* 与被解释变量主权基金决定投资的金额呈现显著的负向关系,这表明两国汇率稳定性的差异越小、两国政治体制的差异越小则中国主权基金的投资金额越大;变量 *GDPPC*、*finopen*1 与被解释变量主权基金的投资金额呈现显著的正向关系,这表明两国人均国内生产总值的差异越大、两国金融开放度的差异越大,则中国主权基金决定投资的金额越大;变量 *growth*、*interest*、*contig*、*colony*、*comlang_off*、*dist* 的回归结果不显著,这表明两国国内生产总值增长率的差异、两国真实利率水平的差异、两国是否接壤、两国是否曾经存在殖民地关系、两国是否具有共同的官方语言以及两国地理距离的大小对中国主权基金的投资金额没有显著影响。

表 5.12　双边政治关系与中国主权基金投资金额的回归结果

变　量	(1) a1 投资金额	(2) a2 投资金额	(3) a3 投资金额	(4) a4 投资金额
s3un	−34.876 7*** (11.836)	−35.052 8*** (11.963)	−54.139 9** (24.767)	−56.330 1** (26.531)
growth			−0.201 3 (0.226)	−0.206 8 (0.221)
GDPPC			1.921 3** (0.844)	1.919 2** (0.819)
interest			−0.042 7 (0.030)	−0.043 7 (0.031)
exchange			−15.874 9** (6.880)	−15.656 4** (6.902)
*finopen*1			6.160 7** (3.043)	6.250 8** (3.102)
polity			−0.163 3** (0.075)	−0.171 9* (0.088)

续表

变　量	(1) a1 投资金额	(2) a2 投资金额	(3) a3 投资金额	(4) a4 投资金额
colony		−5.445 6* (3.252)		−7.741 9 (6.468)
contig		1.419 3 (3.085)		6.527 3 (5.096)
comlang_off		6.949 9 (7.065)		7.765 3 (10.940)
dist		−0.000 1 (0.000)		0.000 3 (0.000)
常数项	19.965 2*** (6.841)	20.670 3*** (6.673)	37.752 5** (18.004)	36.288 1** (16.454)
观测值	6 146	6 146	2 814	2 814
R^2	0.018	0.018	0.030	0.030

注：圆括号中为稳健标准差，*** $p<0.01$，** $p<0.05$，* $p<0.1$。

为了验证表 5.12 的结论，本节进一步使用中国主权基金的累计投资额进行了实证分析，回归结果如表 5.13 所示。表 5.13 的结果显示，核心解释变量 *s3un* 的系数在 1%的水平上显著为负，且在加入其他控制变量后系数仍然是高度显著的，这表明中国与目标企业所在东道国（或地区）的双边政治关系会显著影响中国主权基金的累计投资金额。此外，变量 *exchange*、*polity*、*colony* 与被解释变量主权基金的累计投资金额呈现显著的负向关系，这表明两国汇率稳定性的差异越小、两国政治体制的差异越小、两国曾经存在殖民地关系则中国主权基金在该国的累计投资金额越大；变量 *GDPPC*、*contig*、*comlang_off* 与被解释变量中国主权基金的累计投资金额呈现显著的正向关系，这表明两国人均国内生产总值的差异越大、两国接壤、两国具有共同的官方语言则中国主权基金的累计投资金额越大；变量 *growth*、*interest*、*finopen*1、*dist* 的回归结果不显著，这表明两国国内生产总值增长率的差异、两国真实利率水平的差异、两国金融开放度的差异以及两国地理距离的大小对中国主权基金的累计投资金额没有显著影响。

表 5.13 的实证结果从累计投资的角度进一步验证了表 5.11 和表 5.12 的结论，本书的核心解释变量 *s3un* 与被解释变量呈现高度显著的负向关

系，即中国与目标企业所在东道国（或地区）的双边政治关系会显著影响中国主权基金的投资决策，中国主权基金倾向于投资双边政治关系疏远的国家和地区，并且两国双边政治关系越疏远基金的投资金额越大。

表 5.13　双边政治关系与中国主权基金累计投资金额的回归结果

变　量	(1) a1 投资存量	(2) a2 投资存量	(3) a3 投资存量	(4) a4 投资存量
s3un	−0.350 6*** (0.068)	−0.385 5*** (0.070)	−0.353 3** (0.161)	−0.446 2*** (0.169)
growth			−0.000 5 (0.002)	−0.001 1 (0.002)
GDPPC			0.080 2*** (0.014)	0.079 4*** (0.013)
interest			−0.000 1 (0.000)	−0.000 1 (0.000)
exchange			−0.265 2*** (0.056)	−0.249 8*** (0.055)
*finopen*1			−0.025 8 (0.033)	−0.025 4 (0.033)
polity			−0.001 7*** (0.001)	−0.001 9*** (0.001)
colony		−0.210 3*** (0.061)		−0.336 1*** (0.122)
contig		0.179 1*** (0.059)		0.318 3*** (0.108)
comlang_off		0.390 6** (0.158)		0.438 9** (0.218)
dist		0.000 0 (0.000)		0.000 0 (0.000)
常数项	0.200 7*** (0.040)	0.184 9*** (0.043)	0.183 1 (0.134)	0.149 6 (0.126)
观测值	6 146	6 146	2 843	2 843
R^2	0.072	0.077	0.107	0.115

注：圆括号中为稳健标准差，*** $p<0.01$，** $p<0.05$，* $p<0.1$。

利用涵盖 2008—2017 年欧盟地区主权基金与全球组成的 49 014 个国家对，本书对基础模型（III）进行回归分析，回归结果如表 5.14 所示。表 5.14 的第（1）列和第（2）列结果显示，核心解释变量 *s3un* 的系数在 1%的水平上显著为负，但是，在加入两国国内生产总值增长率的差异等其他控制变量后（如表 5.14 第(3)列和第(4)列所示），核心解释变量 *s3un* 的系数不再显著，这表明欧盟各国与东道国（或地区）的双边政治关系不会对欧盟地区的主权基金决定是否对东道国（或地区）投资产生显著的影响，这一结果与全球和中国主权基金的回归结果不同。导致这一结果的可能原因是，以挪威政府全球养老基金为代表的欧盟主权基金，其投资战略更倾向于财务投资者，而非战略投资者。以挪威政府全球养老基金为例，其在除挪威外的全球其他地区企业的投资控股比例基本在 10%左右，远远低于如中国、新加坡主权基金在企业投资的持股比例。因此，各国学者都一致认同挪威政府全球养老基金是典型的财务投资者，仅仅出于获取部分投资收益的目的对其他国家和地区的企业进行投资。

此外，其他控制变量中只有 *interest* 这一变量与被解释变量欧盟主权基金是否决定投资呈现显著的负向关系，这表明两国真实利率水平的差异越小则欧盟主权基金越倾向于投资。变量 *growth*、*polity*、*colony*、*contig*、*exchange* 与被解释变量欧盟主权基金是否决定投资呈现显著的正向关系，这表明两国国内生产总值增长率的差异越大、两国政治体制的差异越大、两国曾经存在殖民地关系、两国接壤、两国汇率稳定性的差异越大则欧盟主权基金越倾向于投资。变量 *GDPPC*、*finopen*1、*dist* 的回归结果不显著，这表明两国人均国内生产总值的差异、两国金融开放度的差异以及两国地理距离的大小对欧盟主权基金决定是否在该国投资没有显著影响。

表 5.14　双边政治关系与欧盟主权基金是否投资的回归结果

变　量	(1) 投资决策	(2) 投资决策	(3) 投资决策	(4) 投资决策
s3un	0.009 7*** (9.444 4)	0.007 8*** (7.444 0)	0.000 6 (1.640 3)	0.000 4 (1.165 7)
growth			0.000 0*** (4.939 2)	0.000 0*** (2.852 1)
GDPPC			0.000 0 (0.356 9)	0.000 0 (0.096 0)
interest			−0.000 0*** (−2.613 4)	−0.000 0** (−2.055 9)
*finopen*1			−0.000 1 (−0.366 4)	−0.000 1 (−0.545 2)

续表

变　量	(1) 投资决策	(2) 投资决策	(3) 投资决策	(4) 投资决策
polity			0.000 1***	0.000 1***
			(3.308 8)	(3.940 4)
colony		0.002 3		0.008 0**
		(1.174 0)		(2.535 4)
contig		0.004 8***		0.001 7*
		(3.197 2)		(1.769 9)
comlang_off		−0.002 7***		
		(−3.790 9)		
dist		−0.000 0		−0.000 0
		(−1.291 2)		(−0.431 7)
exchange				0.000 4**
				(2.145 5)
观测值	49 014	49 014	18 199	16 864
Pseudo-R^2	0.056 1	0.067 8	0.062 3	0.096 4
标准边际效应(%)	61.84	49.79	13.29	8.839

注:括号中为 Z 统计量,*** $p<0.01$, ** $p<0.05$, * $p<0.1$。

表 5.14 的结果显示,双边政治关系不会对欧盟地区的主权基金决定是否对东道国(或地区)投资产生显著的影响,那么,双边政治关系进而是否对欧盟主权基金的投资金额也没有显著影响呢?为了验证这一想法,本节对基础模型(IV)进行了回归分析,回归的实证结果如表 5.15 所示。如表 5.15 的第(1)列和第(2)列所示,在没有加入两国国内生产总值增长率的差异等控制变量时,核心解释变量 *s3un* 的系数在 1%的水平上显著为正,但是,在控制了两国人均国内生产总值的差异等变量进行回归后,结果如表 5.15 的第(3)列和第(4)列所示,核心解释变量 *s3un* 的系数在 10%的水平上显著为正,这表明欧盟主权基金所在投资国与目标企业所在东道国(或地区)的双边政治关系会显著影响欧盟主权基金的投资金额,但核心解释变量 *s3un* 对欧盟主权基金产生作用的方向与对全球和中国主权基金的作用截然相反,即欧盟主权基金倾向于投资与本国双边政治关系更亲密的国家和地区。这一结论与此前提及的大多数双边政治关系对企业国际投资影响的文献结论相似,这更加验证了欧洲主权基金与中国主权基金相比,更倾向于一个普通的财务投资者。

此外,如表 5.15 所示,变量 *growth*、*contig*、*comlang_off*、*dist* 与被解释变量主权基金决定投资的金额呈现显著的负向关系,这表明两国国内生产总值增长率的差异越小、两国不接壤、两国不具有共同的官方语言以及两国地理距离越小，则欧盟主权基金的投资金额越大。变量 *GDPPC*、*exchange*、*finopen*1、*colony* 与被解释变量主权基金的投资金额呈现显著的正向关系，这表明两国人均国内生产总值的差异越大、两国汇率稳定性的差异越大、两国金融开放度的差异越大，两国存在殖民地关系，则欧盟主权基金决定投资的金额越大。变量 *interest*、*polity* 的回归结果不显著，这表明两国真实利率水平的差异、两国政治体制的差异对欧盟主权基金的投资金额没有显著影响。

表 5.15　双边政治关系与欧盟主权基金投资金额的回归结果

变　量	(1) a1 投资金额	(2) a2 投资金额	(3) a3 投资金额	(4) a4 投资金额
s3un	12.447 0*** (3.437)	10.655 7*** (3.209)	2.009 4* (1.079)	1.594 7* (0.940)
growth			−0.018 5** (0.009)	−0.022 1** (0.011)
GDPPC			0.235 3** (0.116)	0.220 5** (0.111)
interest			−0.001 3 (0.002)	−0.000 6 (0.002)
exchange			0.964 8* (0.554)	0.935 6* (0.545)
*finopen*1			0.438 9* (0.235)	0.525 7* (0.275)
polity			−0.003 3 (0.003)	−0.000 6 (0.003)
colony		1.063 5** (0.509)		0.387 2* (0.230)
contig		5.516 5 (6.093)		−1.965 2** (0.989)
comlang_off		−2.638 0*** (0.651)		−0.257 7** (0.119)
dist		−0.000 2** (0.000)		−0.000 1** (0.000)
常数项	−5.384 0*** (1.489)	−3.081 9*** (0.934)	−0.830 2 (0.530)	0.085 0 (0.460)
观测值	49 014	49 014	18 199	18 199
R^2	0.009	0.010	0.004	0.004

注：圆括号中为稳健标准差，*** $p<0.01$，** $p<0.05$，* $p<0.1$。

为了验证表 5.15 的结论，本节进一步使用欧盟主权基金的累计投资额进行了实证分析，回归结果如表 5.16 所示。表 5.16 的结果显示，核心解释变量 *s3un* 的系数在 1%的水平上显著为正，且在加入两国国内生产总值增长率的差异等控制变量后系数仍然是高度显著，这表明欧盟主权基金所在投资国与目标企业所在东道国（或地区）的双边政治关系会显著影响欧盟主权基金的累计投资金额。此外，变量 *growth*、*interest*、*comlang_off*、*dist* 与被解释变量欧盟主权基金的累计投资金额呈现显著的负向关系，这表明两国国内生产总值增长率的差异越小、两国真实利率水平的差异越小、两国不具有共同的官方语言、两国地理距离越小则欧盟主权基金在该国的累计投资金额越大。变量 *GDPPC*、*exchange*、*finopen*1、*polity*、*colony* 与被解释变量欧盟主权基金的累计投资金额呈现显著的正向关系，这表明两国人均国内生产总值的差异越大、两国汇率稳定性的差异越大、两国金融开放度的差异越大、两国政治体制的差异越大、两国曾经存在殖民地关系则欧盟主权基金的累计投资金额越大。变量 *contig* 的回归结果不显著，这表明是否两国接壤对欧盟主权基金的累计投资金额没有显著影响。

表 5.16 的实证结果从累计投资额的角度进一步验证了表 5.15 的结论，本书的核心解释变量 *s3un* 与被解释变量呈现高度显著的正向关系，即虽然欧盟各国与目标企业所在东道国（或地区）的双边政治关系不会显著影响欧盟主权基金是否投资，但是，两国双边政治关系越亲密，则欧盟主权基金对该国的投资金额越大。

表 5.16　双边政治关系与欧盟主权基金累计投资金额的回归结果

变　量	(1) a1 投资存量	(2) a2 投资存量	(3) a3 投资存量	(4) a4 投资存量
s3un	0.146 8*** (0.013)	0.135 5*** (0.013)	0.029 5*** (0.009)	0.029 4*** (0.008)
growth			−0.000 7*** (0.000)	−0.000 7*** (0.000)
GDPPC			0.004 1*** (0.001)	0.003 5*** (0.001)
interest			−0.000 1*** (0.000)	−0.000 1** (0.000)
exchange			0.019 6*** (0.006)	0.019 4*** (0.005)

续表

变　量	(1) a1 投资存量	(2) a2 投资存量	(3) a3 投资存量	(4) a4 投资存量
*finopen*1			0.005 2* (0.003)	0.006 3* (0.003)
polity			0.000 1* (0.000)	0.000 1*** (0.000)
colony		0.034 5*** (0.011)		0.036 4* (0.019)
contig		0.043 1 (0.031)		−0.012 0 (0.018)
comlang_off		−0.043 0*** (0.005)		−0.015 5*** (0.004)
dist		−0.000 0*** (0.000)		−0.000 0* (0.000)
常数项	−0.063 5*** (0.006)	−0.047 5*** (0.006)	−0.012 4** (0.005)	−0.007 4 (0.006)
观测值	49 014	49 014	18 473	18 473
R^2	0.040	0.041	0.013	0.014

注：圆括号中为稳健标准差，*** $p<0.01$，** $p<0.05$，* $p<0.1$。

欧盟主权基金这一实证结果显示，不同地区的主权基金的确呈现出不同的投资策略，基于此，本节在下文进一步对中东和美国的主权基金做了进一步细分样本的回归。

本节利用涵盖2008—2017年中东地区主权基金与全球组成的40 700个国家对对基础模型(III)进行回归分析，回归结果如表5.17所示。表5.17的结果显示，核心解释变量 *s*3*un* 的系数在1%的水平上显著为负，且在加入两国国内生产总值增长率的差异等控制变量后系数仍然是高度显著，这表明中东地区主权基金与目标企业所在东道国(或地区)的双边政治关系会显著影响中东的主权基金是否投资，这一结果与全球和中国主权基金的回归结果保持了一致。但是，其他控制变量的结果与全球整体主权基金的回归结果呈现出较大差异，具体表现为变量 *finopen*1、*colony*、*comlang_off* 与被解释变量中东主权基金是否决定投资呈现显著的正向关系，这表明两国金融开放度的差异越大、两国曾经存在殖民地关系、两国具有共同的官方语言则中东主权基金越倾向于投资。其余的控制变量包括 *growth*、*GDPPC*、*interest*、 *exchange*、*polity*、*contig*、*dist* 的回归结果不显著，这表明两国国内生产总值增长率的差异、两国人均国内生产总值的差异、两国真实利率水平的差异、两国汇率稳定性的差异、两国政治体制的差异、两国是否接壤以及两国地理距离的大小对中东主权基金决定是否在该国投资没有显著影响。

表 5.17 的结果显示，双边政治关系的确是影响中东地区主权基金投资决策的重要影响因素，但控制变量中只有金融开放度的差异、殖民地关系以及是否具有共同官方语言对中东主权基金是否投资有重要影响，其余的控制变量影响不大，那么在决定中东主权基金投资金额方面，其他控制变量是否也没有显著影响呢？进一步的实证回归结果如表 5.18 和表 5.19 所示。

表 5.17 双边政治关系与中东地区主权基金是否投资的回归结果

变　量	(1) 投资决策	(2) 投资决策	(3) 投资决策	(4) 投资决策
s3un	−0.006 3*** (−13.239 9)	−0.004 4*** (−10.027 9)	−0.006 4*** (−6.531 9)	−0.003 4*** (−3.232 7)
growth			−0.000 0 (−0.394 8)	−0.000 0 (−0.434 4)
GDPPC			−0.000 2 (−0.742 6)	−0.000 3 (−1.346 8)
interest			−0.000 0 (−0.875 2)	−0.000 0 (−0.440 3)
exchange			−0.001 4 (−1.217 9)	−0.001 1 (−1.422 7)
*finopen*1			0.002 1*** (3.279 4)	0.001 4** (2.288 7)
polity			0.000 0 (0.066 3)	0.000 0 (0.383 3)
colony		0.071 9*** (13.080 8)		0.093 7*** (8.426 1)
contig		0.003 9** (2.140 4)		0.002 0 (0.805 5)
comlang_off		0.001 3 (1.451 8)		0.004 9** (2.103 4)
dist		0.000 0 (0.099 1)		−0.000 0 (−0.249 9)
观测值	40 700	40 700	8 880	8 880
Pseudo-R^2	0.053 3	0.139	0.103	0.290
标准边际效应(%)	−50.86	−35.27	−44.68	−23.38

注：括号中为 Z 统计量，*** $p<0.01$，** $p<0.05$，* $p<0.1$。

表5.18是对基础模型(IV)进行回归分析的实证结果,用以分析双边政治关系是否对中东地区主权基金的投资金额产生显著性影响。表5.18的结果显示,核心解释变量 *s3un* 的系数在1%的水平上显著为负,且在加入两国国内生产总值增长率的差异等控制变量后系数仍然是高度显著,这表明中东地区主权基金所在投资国与目标企业所在东道国(或地区)的双边政治关系会显著影响中东地区主权基金的投资金额,双边政治关系越疏远,基金的投资金额越大,这一实证结果与全球和中国主权基金的回归结果保持一致。此外,变量 *colony*、*comlang_off* 与被解释变量中东地区主权基金的投资金额呈现显著的正向关系,这表明两国曾经存在殖民地关系且两国具有共同的官方语言,则中东主权基金决定投资的金额越大。变量 *growth*、*GDPPC*、*interest*、*exchange*、*finopen*1、*polity*、*contig*、*dist* 的回归结果均不显著,这表明两国国内生产总值增长率的差异、两国人均国内生产总值的差异、两国真实利率水平的差异、两国汇率稳定性的差异、两国金融开放度的差异、两国政治体制的差异、两国是否接壤、以及两国地理距离的大小对中东地区主权基金的投资金额没有显著影响。

表5.18 双边政治关系与中东地区主权基金投资金额的回归结果

变 量	(1) a1 投资金额	(2) a2 投资金额	(3) a3 投资金额	(4) a4 投资金额
s3un	−13.962 6*** (3.460)	−9.293 2*** (2.986)	−29.291 4*** (10.704)	−13.867 7** (5.573)
growth			−0.130 5 (0.118)	−0.116 8 (0.124)
GDPPC			−0.096 2 (0.492)	−0.488 9 (0.601)
interest			0.007 9 (0.019)	0.016 9 (0.019)
exchange			−3.673 4 (2.664)	−2.760 3 (2.848)
*finopen*1			1.344 3 (1.285)	0.958 8 (1.234)
polity			−0.012 5 (0.040)	−0.007 7 (0.043)
colony		104.168 9*** (32.595)		261.932 1*** (96.021)

续表

变　量	(1) a1 投资金额	(2) a2 投资金额	(3) a3 投资金额	(4) a4 投资金额
contig		6.398 3 (7.890)		−27.638 3 (19.226)
comlang_off		−0.433 2 (1.434)		4.042 1** (1.901)
dist		0.000 0 (0.000)		0.000 1 (0.000)
常数项	9.462 1*** (2.298)	5.445 1** (2.198)	22.254 3*** (8.306)	5.017 2 (5.402)
观测值	40 700	40 700	8 880	8 880
R^2	0.003	0.009	0.006	0.049

注:圆括号中的稳健标准差，*** $p<0.01$， ** $p<0.05$， * $p<0.1$。

为了验证表 5.18 的结论,本节进一步使用中东地区主权基金的累计投资额进行了实证分析,回归结果如表 5.19 所示。表 5.19 的结果显示,核心解释变量 *s3un* 的系数在 1%的水平上显著为负,且在加入其他控制变量后系数仍然是高度显著的,这表明中东地区各国与目标企业所在东道国(或地区)的双边政治关系会显著影响中东地区主权基金的累计投资金额。此外,变量 *GDPPC*、*contig* 与被解释变量中东地区主权基金的累计投资金额呈现显著的负向关系,这表明两国人均国内生产总值的差异越小、两国不接壤则中东地区主权基金在该国的累计投资金额越大。变量 *finopen*1、*colony*、*comlang_off*、*dist* 与被解释变量中东地区主权基金的累计投资金额呈现显著的正向关系,这表明两国金融开放度的差异越大、两国曾经存在殖民地关系、两国具有共同的官方语言、两国地理距离越大,则中东地区主权基金的累计投资金额越大。变量 *growth*、*interest*、*exchange*、*polity* 的回归结果不显著,这表明两国国内生产总值增长率的差异、两国真实利率水平的差异、两国汇率稳定性的差异、两国政治体制的差异对中东地区主权基金的累计投资金额没有显著影响。

表 5.19 的实证结果从累计投资的角度进一步验证了表 5.17 和表 5.18 的结论,本书的核心解释变量 *s3un* 与被解释变量呈现高度显著的负向关系,即中东地区各国与目标企业所在东道国(或地区)的双边政治关系会显著影响中东地区主权基金的投资决策,中东地区主权基金倾向于投资双边

政治关系疏远的国家和地区，并且两国双边政治关系越疏远基金的投资金额越大。这一实证结论与全球和中国主权基金的回归结果保持一致。

表 5.19　双边政治关系与中东地区主权基金累计投资金额的回归结果

变　量	(1) a1 投资存量	(2) a2 投资存量	(3) a3 投资存量	(4) a4 投资存量
s3un	−105.560 7*** (13.412)	−61.448 6*** (7.812)	−250.095 4*** (63.458)	−116.286 5*** (29.258)
growth			−0.243 2 (0.493)	−0.100 2 (0.475)
GDPPC			−3.444 5 (2.157)	−6.808 7** (2.794)
interest			0.014 3 (0.058)	0.085 2 (0.056)
exchange			−4.943 0 (6.808)	3.325 3 (8.629)
*finopen*1			16.541 3** (6.600)	14.271 0** (6.381)
polity			−0.213 8 (0.178)	−0.200 5 (0.174)
colony		980.640 3*** (184.015)		2 265.991 2*** (537.323)
contig		40.426 1* (22.928)		−307.144 3*** (111.940)
comlang_off		−1.790 7 (4.412)		33.199 5*** (10.475)
dist		0.000 1 (0.000)		0.001 3* (0.001)
常数项	69.680 1*** (8.883)	31.346 7*** (6.246)	198.349 6*** (51.553)	47.562 4 (38.947)
观测值	40 700	40 700	8 880	8 880
R^2	0.011	0.057	0.014	0.150

注：圆括号中为稳健标准差，*** $p<0.01$，** $p<0.05$，* $p<0.1$。

最后，本节利用涵盖 2008—2017 年美国的主权基金与全球组成的 6 146 个国家对对基础模型(III)进行回归分析，回归结果如表 5.20 所示。表 5.20 的第(1)列和第(2)列结果显示，核心解释变量 *s3un* 的系数在 1%的水平上显著为负，但是，在加入两国国内生产总值增长率的差异等控制变量后，如

表5.20的第(3)列和第(4)列所示核心解释变量 *s3un* 的系数不再显著,这表明美国的主权基金与目标企业所在东道国(或地区)的双边政治关系不会显著影响美国主权基金是否投资,这一结果与全球、中国和中东地区主权基金的回归结果不同,但是,这一核心解释变量的回归结果与欧盟主权基金的回归结果保持了一致。通过观察美国主权基金的性质不难发现,美国主权基金性质主要是主权养老基金,主权养老基金的投资战略侧重于投资组合的安全性和流动性,投资的持股比例也和以挪威政府全球养老基金为代表的欧盟主权基金一样,投资战略更倾向于财务投资者,而非战略投资者。

此外,控制变量中变量 *interest* 和 *finopen*1 与被解释变量美国主权基金是否决定投资呈现显著的负向关系,这表明两国真实利率水平的差异越小、两国金融开放度的差异越大则美国主权基金越倾向于投资。变量 *growth*、*GDPPC*、*exchange*、*polity*、*colony*、*comlang_off*、*dist* 的回归结果不显著,这表明两国国内生产总值增长率的差异、两国人均国内生产总值的差异、两国汇率稳定性的差异、两国政治体制的差异、两国是否曾经存在殖民地关系、两国是否具有共同的官方语言以及两国地理距离的大小对美国主权基金决定是否在该国投资没有显著影响。

综上所述,中国和中东地区的主权基金与欧盟和美国的主权基金的投资策略的确有所差异,中国和中东地区的主权基金所在母国主要以发展中国家为主,因此主权基金在制定投资策略时,要同时侧重财务上的收益和国家长远的发展战略,而以主权养老基金为主体的欧盟和美国主权基金在投资时主要以投资收益为主,持股比例通常较小,强调资产的流动性,很少考虑国家层面的发展战略。

表5.20　双边政治关系与美国主权基金是否投资的回归结果

变　量	(1) 投资决策	(2) 投资决策	(3) 投资决策	(4) 投资决策
s3un	0.002 7*** (3.287 9)	0.002 4*** (2.824 0)	0.000 0 (0.338 9)	0.000 0 (0.754 4)
growth			0.000 0 (0.096 0)	−0.000 0 (−0.253 4)
GDPPC			0.000 0 (1.232 6)	0.000 0 (1.217 2)
interest			0.000 0** (2.574 5)	0.000 0*** (4.232 8)

续表

变 量	(1) 投资决策	(2) 投资决策	(3) 投资决策	(4) 投资决策
*finopen*1			0.000 3** (2.209 2)	0.000 1*** (2.579 8)
exchange			0.000 1* (1.714 1)	0.000 0 (1.383 1)
polity			0.000 0 (1.380 2)	0.000 0 (1.484 2)
colony		0.000 3 (0.201 3)		
comlang_off		0.000 4 (0.492 2)		0.000 0 (1.461 9)
dist		−0.000 0 (−1.185 3)		0.000 0 (0.086 3)
观测值	6 146	6 064	3 211	3 018
Pseudo-R^2	0.060 0	0.073 3	0.222	0.258
标准边际效应(%)	60.09	51.47	0.672	0.374

注:括号中为 Z 统计量,*** $p<0.01$, ** $p<0.05$, * $p<0.1$。

表 5.20 的结果显示,双边政治关系不会对美国主权基金决定是否投资东道国(或地区)产生显著的影响,这一结论与欧盟主权基金的回归结果一致(见表 5.14)。但表 5.15 和表 5.16 的实证结果显示,虽然双边政治关系不会对欧盟主权基金是否投资产生显著性影响,但是会对欧盟主权基金的投资金额产生正向的影响。那么,双边政治关系对美国主权基金的作用是否与对欧盟主权基金的作用一致呢?为了验证双边政治关系对美国主权基金投资金额所可能产生的作用,本节进一步运用美国主权基金的投资金额对基础模型(IV)进行了回归分析,回归的实证结果如表 5.21 所示。如表 5.21 所示,与欧盟主权基金不同的是,在控制了两国人均国内生产总值的差异等变量进行回归后,核心解释变量 *s3un* 的系数仍然不显著,这表明美国与目标企业所在东道国(或地区)的双边政治关系不会影响美国主权基金的投资金额。

此外,如表 5.21 所示,变量 *colony*、*contig* 与被解释变量美国主权基金决定投资的金额呈现负向关系,变量 *finopen*1 与被解释变量美国主权基金的投资金额呈现正向关系,但结果均只在 10%的水平上显著,这表明两国曾经存在殖民地关系、两国接壤则美国主权基金的投资金额越小,而两国金融开放度的差异越大,则美国主权基金的投资金额越大。变量 *GDPPC*、*exchange*、*growth*、*interest*、*comlang_off*、*dist*、*polity* 的回归结果均不显著，这表明两国人均国内生产总值的差异、两国汇率稳定性的差异、两国国内生产总值增长率的差异、两国真实利率水平的差异、两国是否具有共同的官方语言、两国地理距离的大小、两国政治体制的差异对美国主权基金的投资金额没有显著影响。由此可见，与中国、中东和欧洲的主权基金都不同，美国主权基金投资时更多的是受到经济因素的影响，而双边政治关系不会对美国主权基金的投资决策产生显著的影响。这是因为美国的主权基金大多是养老型基金，此外，严格意义上来讲，美国的主权基金很多都是州立基金，因此，基金在制定投资决策时几乎完全不会考虑美国政府的战略意图。

表 5.21　双边政治关系与美国主权基金投资金额的回归结果

变　量	(1) a1 投资金额	(2) a2 投资金额	(3) a3 投资金额	(4) a4 投资金额
s3un	0.309 8 (0.208)	0.170 3** (0.083)	0.128 1 (0.081)	0.145 5 (0.089)
growth			−0.001 0 (0.001)	−0.000 9 (0.001)
GDPPC			0.021 0 (0.017)	0.021 5 (0.016)
interest			−0.000 1 (0.000)	−0.000 2 (0.000)
Financial Openness Index[*TR*]			0.036 9* (0.021)	0.042 2* (0.025)
Exchange Rate Stability Index[*TR*]			0.007 7 (0.012)	−0.003 7 (0.017)
polity			−0.000 4 (0.000)	−0.000 4 (0.000)
colony		0.752 1 (0.818)		−0.106 7* (0.059)
contig		−0.070 4* (0.037)		−0.159 2* (0.089)
comlang_off		−0.069 5 (0.061)		0.000 7 (0.016)
dist		−0.000 0 (0.000)		−0.000 0 (0.000)
常数项	−0.043 3 (0.030)	0.011 4 (0.020)	−0.025 4 (0.037)	0.024 2 (0.058)
观测值	6 146	6 146	3 211	3 211
R^2	0.007	0.011	0.013	0.013

注：圆括号中为稳健标准差，*** $p<0.01$，** $p<0.05$，* $p<0.1$。

为了验证表 5.21 的结论，本节进一步使用美国主权基金的累计投资额进行了实证分析，回归结果如表 5.22 所示。表 5.22 的结果显示，在没有加入其他控制变量之前，核心解释变量 *s3un* 的系数在 1%的水平上显著为正，但是，在加入两国国内生产总值增长率的差异等控制变量后，核心解释变量 *s3un* 的系数不再显著，这表明美国与目标企业所在东道国（或地区）的双边政治关系不会影响美国主权基金的累计投资金额，这一实证结果与表 5.21 的结果保持一致。此外，变量 *colony*、*contig*、*dist* 与被解释变量美国主权基金的累计投资额呈现负向关系，这表明两国曾经存在殖民地关系、两国接壤、两国的地理距离越大，则美国主权基金在该国的累计投资金额越小。变量 *GDPPC*、*finopen*1 与被解释变量美国主权基金的累计投资金额呈现正向关系，这表明两国人均国内生产总值的差异越大、两国金融开放度的差异越大，则美国主权基金的累计投资金额越大。变量 *growth*、*interest*、*exchange*、*polity*、*comlang_off* 的回归结果不显著，这表明两国国内生产总值增长率的差异、两国真实利率水平的差异、两国汇率稳定性的差异、两国政治体制的差异、两国是否具有共同的官方语言对美国主权基金的累计投资金额没有显著影响。

表 5.22 的实证结果从累计投资额的角度进一步验证了表 5.20 和表 5.21 的结论，核心解释变量 *s3un* 对美国主权基金是否投资以及投资金额都没有显著影响。这一结论与欧盟主权基金略有不同，虽然欧盟各国与目标企业所在东道国（或地区）的双边政治关系不会显著影响欧盟主权基金是否投资，但是，实证结果表明双边政治关系会对欧盟主权基金的投资金额产生显著影响。

美国主权基金这一实证结果显示进一步验证了不同地区的主权基金的确呈现出不同的投资策略，主要表现在从国家类别的角度来看，双边政治关系对发展中国家主权基金的影响更大，且显著为负；从基金类别的角度来看，双边政治关系对主权养老基金的影响较小。

表 5.22　双边政治关系与美国主权基金累计投资金额的回归结果

变　量	(1) a1 投资存量	(2) a2 投资存量	(3) a3 投资存量	(4) a4 投资存量
s3un	0.081 4*** (0.018)	0.066 0*** (0.015)	0.025 4 (0.017)	0.028 8 (0.018)
growth			−0.000 2 (0.000)	−0.000 2 (0.000)

续表

变　量	(1) a1 投资存量	(2) a2 投资存量	(3) a3 投资存量	(4) a4 投资存量
GDPPC			0.004 4* (0.002)	0.004 5** (0.002)
interest			−0.000 0 (0.000)	−0.000 0 (0.000)
*finopen*1			0.008 4** (0.003)	0.009 2** (0.004)
exchange			0.005 1 (0.005)	0.003 0 (0.005)
polity			−0.000 1 (0.000)	−0.000 1 (0.000)
colony		0.074 3 (0.055)		−0.021 6** (0.009)
contig		−0.032 8*** (0.008)		−0.033 1*** (0.013)
comlang_off		−0.013 8*** (0.005)		0.001 2 (0.003)
dist		−0.000 0*** (0.000)		−0.000 0* (0.000)
常数项	−0.011 4*** (0.003)	0.006 3* (0.004)	−0.007 5 (0.008)	0.002 3 (0.011)
观测值	6 146	6 146	3 251	3 251
R^2	0.026	0.030	0.023	0.024

注：圆括号中为稳健标准差，*** $p<0.01$，** $p<0.05$，* $p<0.1$。

表5.8至表5.22的回归结果表明，双边政治关系对主权基金投资决策的影响会因国家类型以及主权基金的类型而产生差异，即双边政治关系对基金投资决策的影响会因投资主体的不同而发生变化，因此，我们进一步考量，双边政治关系对基金投资决策的影响是否会因投资对象的不同而异呢？在表5.23的回归分析中，本节进一步将全球主权基金投资的行业进行了分类，考察双边政治关系对基金投资于不同行业时的影响。

如表5.23所示，将主权基金投资的行业分为11类，包括非必需消费品、日用消费品、能源、金融、医疗保健、工业、信息技术、材料、房地产、电信、公用事业，回归结果如表5.23的第(1)列到第(11)列所示。

表5.23第(1)列结果显示，在加入控制变量后，核心解释变量 *s3un* 的

系数在1%的水平上显著为负，这表明主权基金所在投资国与目标企业所在东道国（或地区）的双边政治关系会显著影响主权基金是否对该国的非必需消费品行业进行投资，主权基金倾向于投资双边政治关系疏远的国家的非必需消费品行业。此外，变量 *polity*、*contig*、*comlang_off* 与被解释变量主权基金是否决定投资非必须消费品行业呈现显著的正向关系，这表明两国政治体制的差异越大、两国接壤、两国具有共同的官方语言，则主权基金越倾向于投资非必需消费品行业。变量 *growth*、*GDPPC*、*colony*、*interest*、*exchange*、*finopen*1、*dist* 与被解释变量主权基金是否决定投资非必需消费品的关系不显著，这表明两国国内生产总值增长率的差异、两国人均国内生产总值的差异、两国是否曾经存在殖民地关系、两国真实利率水平的差异、两国汇率稳定性的差异、两国金融开放度的差异、两国地理距离的大小对主权基金决定是否投资该国的非必需消费品行业没有显著影响。

表5.23的第(2)列到第(11)列是主权财富基金在进行投资决策时，双边政治关系这一核心变量对基金决定是否投资日用消费品、能源、金融、医疗保健、工业、信息技术、材料、房地产、电信、公用事业等行业的回归结果，双边政治关系对这些行业的作用方向是一致的，因此这里不再赘述。但我们同时注意到，虽然作用方向一致，但是核心解释变量对被解释变量的作用程度还是有所区别，这说明对于不同的行业，两国的双边政治关系对基金投资决策的影响程度还是有所差别。

部分学者分析认为，政治关系对双边经贸的影响具有显著的不对称性，比如一些政治对抗事件，其对于某些“战略性”商品的冲击要显著大于其他商品。[17]表5.23的结果也显示，如能源、金融等战略性行业的确受影响的程度比较大，而与其他变量相比，变量 *Healthcare*、*IT*、*Telecommunications*、*Utilities* 的系数相对较小，这表明与其他行业相比，双边政治关系对主权基金投资于医疗保健、信息技术、电信和公用事业的影响较弱，特别是医疗保健行业，其变量回归的显著性与其他行业相比也是最低的。

综上，本节以2008—2017年29个国家和地区的主权基金在全球的50 660项投资数据为总样本，对影响主权基金投资策略的双边政治关系进行了实证研究。本节的研究和克尼尔的研究结果都表明，与传统的机构对外直接投资不同，总体来说，双边政治关系会对主权基金决定是否投资具有非常显著的影响，且以全球主权基金的投资数据为样本，本节与克尼尔得出了一致的结论，即主权基金倾向于投资与母国双边政治关系较弱的国家和

表 5.23　双边政治关系与全球主权基金是否投资的划分行业的细分样本回归结果

变　量	(1) 非必需消费品	(2) 日用消费品	(3) 能源	(4) 金融	(5) 医疗保健	(6) 工业	(7) 信息技术	(8) 材料	(9) 房地产	(10) 电信	(11) 公共事业
s3un	−0.001 1*** (−4.392 7)	−0.001 0*** (−4.657 7)	−0.001 1*** (−3.616 0)	−0.001 5*** (−3.336 7)	−0.000 4** (−2.451 1)	−0.001 0*** (−4.980 1)	−0.000 8*** (−4.054 7)	−0.001 1*** (−4.560 2)	−0.001 2*** (−4.294 1)	−0.000 8*** (−5.059 3)	−0.000 4*** (−6.467 5)
growth	−0.000 0 (−1.252 3)	−0.000 0 (−1.520 6)	−0.000 0* (−1.912 2)	−0.000 0* (−1.755 4)	−0.000 0 (−1.236 2)	−0.000 0 (−0.732 9)	−0.000 0 (−1.261 2)	−0.000 0** (−2.261 5)	−0.000 0 (−0.732 3)	−0.000 0* (−1.959 8)	−0.000 0 (−1.241 9)
GDPPC	0.000 1 (1.373 7)	0.000 1*** (5.285 6)	0.000 1*** (2.697 4)	0.000 2*** (2.862 5)	0.000 1*** (3.352 0)	0.000 1*** (4.707 9)	0.000 1*** (5.057 0)	0.000 1*** (2.636 3)	0.000 2*** (4.879 9)	0.000 1** (2.289 8)	0.000 0*** (3.225 5)
interest	−0.000 0 (−0.963 5)	−0.000 0 (−0.682 4)	−0.000 0* (−1.920 6)	−0.000 0 (−1.428 6)	−0.000 0** (−2.035 0)	−0.000 0 (−0.622 9)	−0.000 0 (−0.810 4)	−0.000 0 (−0.949 5)	−0.000 0** (−2.055 7)	−0.000 0 (−0.970 4)	−0.000 0 (−0.070 6)
exchange	0.000 1 (0.648 5)	−0.000 1 (−1.504 4)	−0.000 2 (−1.211 1)	−0.000 2 (−0.872 6)	−0.000 1 (−0.984 1)	−0.000 0 (−0.140 4)	0.000 1 (0.626 5)	0.000 4*** (−3.842 0)	−0.000 2 (−0.901 4)	0.000 0 (0.160 8)	−0.000 0 (−0.585 8)
*finopen*1	−0.000 4 (−1.468 2)	0.000 4*** (−2.802 4)	−0.000 3 (−1.424 4)	0.000 7*** (−2.696 6)	−0.000 2** (−1.992 0)	−0.000 4** (−2.374 1)	−0.000 2 (−1.347 8)	−0.000 2 (−1.516 8)	0.000 8*** (−3.316 9)	−0.000 3** (−2.088 0)	−0.000 1 (−1.041 3)
polity	0.000 0*** (5.034 4)	0.000 0*** (2.860 7)	0.000 0*** (3.649 6)	0.000 0*** (4.087 0)	0.000 0** (2.147 7)	0.000 0* (1.784 4)	0.000 0 (0.938 9)	0.000 0*** (3.003 3)	0.000 0*** (4.531 7)	0.000 0** (2.053 5)	0.000 0 (0.541 3)
colony	0.000 2 (0.465 1)	0.000 3 (0.849 0)	0.000 3 (0.496 1)	0.000 2 (0.374 9)	0.000 8* (1.867 9)	−0.000 1 (−0.604 5)	−0.000 0 (−0.103 2)	−0.000 0 (−0.014 2)	−0.000 1 (−0.215 2)	0.000 1 (0.341 1)	0.000 2 (1.111 6)
contig	0.003 1* (1.767 6)	0.000 7 (0.931 8)	0.003 5** (2.419 1)	0.003 1** (2.201 6)	0.000 1 (0.322 2)			0.003 6** (2.481 5)	0.002 3 (1.565 7)	0.001 7 (1.606 7)	
comlang_off	0.000 7** (2.359 6)	0.000 3 (1.558 0)	0.001 0*** (2.735 2)	0.000 6* (1.666 8)	0.000 9*** (3.188 3)	0.000 8*** (2.635 1)	0.000 6** (2.082 7)	0.000 8*** (2.750 6)	0.002 4*** (4.493 7)	0.000 7** (2.076 8)	0.000 1 (0.694 6)
dist	0.000 0 (0.179 9)	0.000 0 (0.702 2)	0.000 0 (0.239 3)	−0.000 0 (−1.552 9)	−0.000 0 (−1.032 2)	0.000 0 (0.417 3)	−0.000 0 (−0.023 3)	0.000 0 (0.528 6)	−0.000 0 (−0.519 6)	0.000 0 (0.880 3)	0.000 0** (2.051 0)
观测值	61 226	61 226	61 226	61 226	61 226	60 125	60 125	61 226	61 226	61 226	60 125
Pseudo-R^2	0.086 7	0.099 5	0.090 2	0.053 2	0.124	0.113	0.094 3	0.095 5	0.113	0.120	0.164
标准边际效应(%)	−42.46	−43.22	−36.88	−36.49	−19.08	−42.60	−40.08	−39.55	−28.34	−37.92	−33.47

注：括号中为 Z 统计量，*** $p<0.01$，** $p<0.05$，* $p<0.1$。

地区。在此基础上，本节研究进一步发现，与克尼尔的研究分析认为基金的投资金额与双边政治关系无显著关系不同，本节的研究表明双边政治关系会显著影响主权基金的投资金额。

但与克尼尔的研究不同的是，本节基于不同地区的主权基金是否会呈现出不同的投资策略的考量，进一步对中国、欧盟、中东和美国的主权基金做了进一步细分样本的回归，结果表明不同地区的主权基金在双边政治关系的影响下甚至会呈现出截然相反的投资策略。具体而言，中国和中东地区的主权基金倾向于投资双边政治关系疏远的国家和地区，且关系越疏远，投资金额越大，而双边政治关系对欧盟和美国的主权基金决定是否投资没有显著影响，更进一步，双边政治关系越好，欧盟主权基金的投资金额反而越大，这与其他一般的机构投资者在对外直接投资中的表现更为一致。

究其原因，这源于主权基金这一投资主体所特有的“双重性”。一方面，基金是市场化的投资主体，旨在投资项目中获得高额的投资收益；另一方面，作为战略投资者，基金在选择投资项目时会考虑一国的经济社会发展目标，受国家政策影响而采取相应的战略投资，因此，主权基金与一般的对外投资企业在投资理念、投资目的等方面存在显著不同。这一“双重性”特征在中国和中东主权基金的投资行为中体现的更为明显，基金是典型的战略型投资者，中国和中东主权基金所在母国主要以发展中国家为主，因此主权基金在制定投资策略时，要同时侧重财务上的收益和国家长远的发展战略。相对而言，欧盟和美国的主权基金则更倾向于一般的财务型投资者。以主权养老基金为主体的欧盟和美国主权基金在投资时主要以投资收益为主，持股比例通常较小，强调资产的流动性，很少考虑国家层面的发展战略。

此外，基于双边政治关系这一核心解释变量对不同国家和地区的主权基金有着差异化的影响，本节进一步考察了双边政治关系对基金投资东道国(或地区)不同行业的影响。因为政治关系对双边经贸的影响具有显著的不对称性，比如一些政治对抗事件，其对于某些“战略性”商品的冲击要显著大于其他商品。回归结果也显示，与其他行业相比，双边政治关系的确对主权基金投资于医疗保健、信息技术、电信和公用事业的影响较弱，而对于如能源、金融等战略性行业的影响较强。

注　释

1. 一方面，基金为实现国内经济发展目标，受国家政策影响而采取相应的战略投资;另一方面,基金是市场化的投资主体,管理资本保值增值。

2. James E Anderson, "A Theoretical Foundation for the Gravity Equation," *The American Economic Review*, Vol.69, No.1, 1979, pp.106—116.

3. Nandini Gupta, Xiaoyun Yu, "Does Money Follow the Flag?" May 1, 2007, https://papers.ssrn.com/sol3/papers.cfm? abstract_id = 1316364,最后访问时间: 2020 年 6 月 20 日。Peter J.Buckley et al., "Historic and Emergent Trends in Chinese Outward Direct Investment," *Management International Review*, Vol.48, No. 6, 2008, pp.715—748.

4. Erik Gartzke, "Kant We All Just Get Along? Opportunity, Willingness, and the Origins of the Democratic Peace," *American Journal of Political Science*, 1998, pp.1—27. April Knill, Bong-Soo Lee, and Nathan Mauck, "Bilateral Political Relations and Sovereign Wealth Fund Investment," *Journal of Corporate Finance*, Vol. 18, No. 1, 2012, pp. 108—123. Michael A. Bailey, Anton Strezhnev, and Erik Voeten, "Estimating Dynamic State Preferences from United Nations Voting Data," *Journal of Conflict Resolution*, Vol.61, No.2, 2017, pp.430—456.

5. 全球政策论坛网站:https://www.globalpolicy.org/component/content/article/102/32810.html,最后访问时间:2020 年 6 月 13 日。

6. 全球政策论坛网站:https://www.globalpolicy.org/component/content/article/102/32810.html,最后访问时间:2020 年 6 月 13 日。

7. 朱立群:《联合国投票变化与国家间关系(1990—2004)》,载《世界经济与政治》2006 年第 4 期,第 5、49—54 页。

8. 库济耶姆科和维克研究发现,一国成为联合国安理会非常任理事国可以改善与美国的政治关系,该国接受来自美国和联合国的援助也会因此增加,参见 Kuziemko, Ilyana, and Eric Werker, "How Much is a seat on the Security Council Worth? Foreign Aid and Bribery at the United Nations," *Journal of Political Economy*, Vol.114, No.5, 2006, pp.905—930;南希和大卫以美国与苏联在联合国持相反决定的议题中,其他国家投票是否与美国一致来衡量该国与美国是否是政治同盟关系,研究了此关系对美国主流媒体对该国人权指控报道程度的影响,Nancy Qian and David Yanagizawa-Drott, "Government Distortion in Independently Owned Media: Evidence from US News Coverage of Human Rights," *Journal of the European Economic Association*, Vol.15, No.2, 2017, pp.463—499。

9. 约翰等通过对联合国大会决议投票行为所显示的国家外交政策选择偏好,分析了不同国家在联合国大会决议投票的不同行为对国家间争端的发生以及争端程度的影响,参见 John R.Oneal, Bruce Russett, "Assessing the Liberal Peace with Alternative Specifications: Trade Still Reduces Conflict," *Journal of Peace Research*, Vol.36, No.4, 1999, pp.423—442; Sweeney, Kevin J., "The Severity of Interstate Disputes: Are Dyadic Capability Preponderances Really More Pacific?" *Journal of Conflict Resolution*, Vol.47, No.6, 2003, pp.728—750。阿尔贝托等分析各个国家

在联合国大会决议的投票行为与该国的重大战略利益存在强相互关系，分析了国际援助的流向显著地受到援助国的政治及战略利益的考量，援助国往往会援助那些在联合国大会决议投票中“盟友”，政治同盟关系成为国际援助的重要影响因素，参见 Alberto Alesina，David Dollar，“Who Gives Foreign Aid to Whom and Why?” *Journal of Economic Growth*，Vol.5，No.1，2000，pp.33—63。

10. 项目反应理论（Item Response Theory，IRT）是一种现代心理测量理论，该理论认为被试者在测验项目上的反应和成绩与他们的潜在特质有特殊的关系。项目反映理论模型通常用于心理学、教育学、社会学等领域的测量。

11. Michael A. Bailey，Anton Strezhnev and Erik Voeten，“Estimating Dynamic State Preferences from United Nations Voting Data，” *Journal of Conflict Resolution*，Vol.61，No.2，2017，pp.430—456.

12. 项目反应理论中的参数估计方法，有联合极大似然估计、条件极大似然估计、边际极大似然估计、近似估计方法、贝叶斯估计方法等。贝叶斯估计方法通常用于相对复杂的项目反应理论参数估计。

13. 马尔科夫链蒙特卡洛（Markov Chain Monte Carlo，MCMC）估计法是一种特殊的贝叶斯参数估计方法，适用于相对复杂的模型与项目反应理论的假设。其基本思想是从后验分布直接采样，利用马尔科夫链进行推论，最终收敛于平稳分布。

14. Rodolphe Desbordes，Vincent Vicard，“Foreign Direct Investment and Bilateral Investment Treaties：An International Political Perspective，” *Journal of Comparative Economics*，Vol.37，No.3，2009，pp.372—386. 刘晓光、杨连星：《双边政治关系、东道国制度环境与对外直接投资》，载《金融研究》2016 年第 12 期，第 17—31 页。.

15. April Knill，Bong-Soo Lee，and Nathan Mauck，“Bilateral Political Relations and Sovereign Wealth Fund Investment，” *Journal of Corporate Finance*，Vol. 18，No.1，2012，pp.108—123.

16. April Knill，Bong-Soo Lee，and Nathan Mauck，“Bilateral Political Relations and Sovereign Wealth Fund Investment，” *Journal of Corporate Finance*，Vol. 18，No.1，2012，pp.108—123.

17. 杨攻研、刘洪钟：《政治关系、经济权利与贸易往来：来自东亚的证据》，载《世界经济与政治》2015 年第 12 期，第 110—130、159 页。

第二部分
中国主权财富体系的构建

第六章
中国主权财富基金

第一节　中国主权财富基金的成立背景与资金来源

一、中国主权财富基金的设立背景

（一）中国的结售汇制度

外汇储备是指货币当局能够有效控制并可以随时动用的对外资产。根据国际货币基金组织《外汇储备管理指南》的解释，外汇储备需要具备以下几个特点：外汇储备的管理者、持有者是货币当局；外汇储备是在需要时可以随时动用的资产，即具有流动性和可变现性的资产；货币当局实际拥有的国外债权才能作为储备资产；充当外汇储备的"对外"资产指货币当局对非居民的债权；货币当局对非居民的长期外汇贷款不算外汇储备，但是对国际货币基金组织的贷款和对非居民的短期外汇贷款在随时可动用的情况下算作外汇储备。[1]可见，并不是一国的所有外汇资产都是官方外汇储备。截至2020年6月，中国官方储备资产金额为32 433.25亿美元，其中，外汇储备为31 123.28亿美元，国际货币基金组织储备头寸为96.1亿美元，特别提款权（SDRs）为109.54亿美元，黄金为6 264万盎司（约合1 107.6亿美元），其他储备资产为－3.26亿美元（如表6.1所示）。

1994年人民币汇率并轨改革，中国实行强制结售汇制度。在维持人民币汇率基本稳定的操作中，民间的大部分外汇资产和政府其他外汇资产都集中到中央银行，转化为外汇储备。因此，中国的外汇资产主要是官方外汇储备。

表 6.1　中国官方储备资产(2020 年 4 月至 2020 年 6 月)

项　目	2020 年 4 月		2020 年 5 月		2020 年 6 月	
	亿美元	亿 SDR	亿美元	亿 SDR	亿美元	亿 SDR
外汇储备	30 914.59	22 624.81	31 016.92	22 606.78	31 123.28	22 623.67
基金组织储备头寸	90.36	66.13	90.73	66.13	96.10	69.86
特别提款权	108.12	79.13	108.75	79.26	109.54	79.63
黄　金	1 066.66	780.63	1 082.92	789.29	1 107.60	805.12
其他储备资产	−0.34	−0.25	−0.51	−0.37	−3.26	−2.37
合　计	32 179.39	23 550.45	32 298.81	23 541.09	32 433.25	23 575.91

数据来源:国家外汇管理局官网:http://www.safe.gov.cn/safe/2020/0207/15341.html,最后访问时间:2020 年 7 月 21 日。

注:自 2016 年 4 月 1 日起,除按美元公布官方储备资产外,增加以国际货币基金组织特别提款权(SDR)公布相关数据,折算汇率来源于国际货币基金组织网站,其中 2020 年 1 月 USD/SDR = 0.726 242, 2020 年 2 月 USD/SDR = 0.728 183, 2020 年 3 月 USD/SDR = 0.732 709, 2020 年 4 月 USD/SDR = 0.731 849, 2020 年 5 月 USD/SDR = 0.728 853, 2020 年 6 月 USD/SDR = 0.726 905。

从 1994 年起开始实施的外汇结售汇制度,从本质上讲是"外汇集中制"。其过程是民间的大部分外汇和政府其他外汇资产先集中出售给外汇指定银行,在外汇周转头寸限制下,外汇指定银行将多余的外汇到银行间外汇市场出售,为了保持人民币汇率的稳定,中央银行将供过于求的全部外汇买下,转化为官方外汇储备。在这一过程中,结售汇扩大了中国官方外汇储备的边界,使得中国的外汇储备的规模过大。即中国的官方外汇储备包含了本应该属于政府的其他外汇资产,以及企业、居民部分外汇资产,这部分资产作为外汇储备投向美国国债等低收益金融资产显然是不经济的。

中国的外汇储备规模已经超过了合理的水平。在外汇储备资产过度增长的情况下,中央银行为稳定汇率所实施的公开市场操作,增加了基础货币的投放,导致国内流动性过剩,进一步加大了中央银行调控经济的难度。

(二) 高额外汇储备对中国经济的影响

1. 积极影响

(1) 提高国际资信,为偿还外债提供保证

出口导向型发展中国家的国际收支极易受到国际市场需求变动的影响,一旦国际市场发生剧烈波动,国家将面临双重压力。一方面,要遭受因出口下滑导致的外汇收入减少,另一方面,还要面临即将到期的外债的还本付息,双重压力将导致一国经济下滑,甚至造成经济危机。1997 年发生的

亚洲金融危机即是源于部分国家的债务危机，这使以中国为代表的发展中国家认识到了外汇储备的重要性。在 2007 年中国政府建立主权财富基金之前，截至 2006 年 12 月，中国的官方外汇储备就已经突破了 1 万亿美元，2007 年 12 月这一数值达到了 1.5 万亿美元，一年的时间增长了 50%。[2]此后，中国的官方外汇储备规模持续增长，2011 年 12 月突破了 3 万亿美元(如图 6.1 所示)。截至 2020 年 6 月，外汇储备仍然维持在 3 万亿美元水平之上，约为 31 123.28 亿美元。[3]高额的外汇储备可以提高中国抵御国际市场需求动荡的能力，避免经济实体遭受巨大的冲击，同时，还可以震慑投机者，使其放弃实施破坏性经济活动的动机。高额的外汇储备满足了中国偿还外债的需要，为充分利用国内国外两种资源提供了坚实的保证。

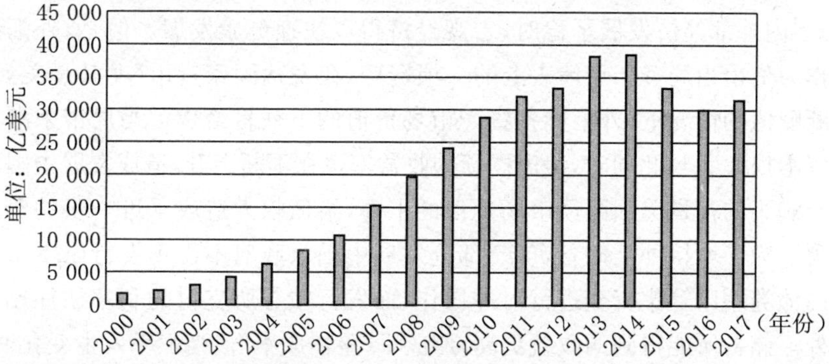

数据来源：国家外汇管理局官网，http://www.safe.gov.cn/safe/tjsj1/index.html，最后访问时间：2020 年 6 月 20 日。

图 6.1　中国国家外汇储备规模(2000—2017 年)

(2) 提高政府对国际收支政策调节的自主性

政府可以根据国际市场的变动调整进出口政策，当国际市场需求增加时执行鼓励出口的政策，而当国际市场需求下降时，以充足的外汇储备作为保证，可以把因出口额下降，以及紧缩政策带来的不利影响减少到最低限度，最大程度地保证国内经济的平稳运行。

(3) 为实现货币的自由兑换提供了可靠保证

充足的外汇储备可以随时满足对于一国货币的兑换要求，当发生大规模的货币兑换时，可以维持本国货币汇率的相对稳定，降低货币兑换所带来的汇率波动风险。这对于中国以人民币可自由兑换为目标，最终实现人民币国际化的战略尤为重要。

2. 消极影响

(1) 持有高额外汇储备面临巨大的机会成本

20世纪90年代以来，中国外汇储备不断积累，大部分的外汇储备用于购买美国等发达国家的国债和机构债，以及以银行储蓄的方式存放到发达国家进行生息保值，获取的投资收益十分有限。而与此同时，发达国家将通过低息获得的资金，投资到像中国这样快速发展的新兴市场，借助新兴市场经济的快速发展获得了高额的投资收益。此外，外汇储备本身是一种资源，持有过多的外汇储备会挤占本该用于基础设施建设等其他用途的资金，降低了资金的经济收益，无法对国内的经济发展起到应有的支撑作用。

(2) 持有高额外汇储备面临潜在的资本损失

持有充足的外汇储备资产可以缓解资金波动给宏观经济带来的不利影响，当内外部经济发展平稳时，宏观经济得以快速健康发展。但是，外汇储备作为货币当局资产负债表上的一项资产，在发达国家货币（尤其是美元）不断贬值的情况下，外汇储备资产市场价值的下跌将给货币当局带来潜在的资本损失。[4]与此同时，美国国债的收益率也在不断上升，造成发展中国家已经购买的存量美国国债市场价值的下降，给债权人造成了进一步的资本损失。为了增持外汇储备资产，部分发展中国家政府不得不发行以本币计价的债券用以筹集资金进行对冲操作，而发行债券所支付的利率往往比持有外汇储备所能得到的收益更高，形成了“重估成本”。[5]当汇率发生变化时，持有外汇储备的机构还要承担汇率损失，相关研究表明，汇率的大幅度波动将对持有高额储备的发展中国家造成巨额损失。以东南亚国家为例（这些国家的外汇储备主要以美元资产为主），如果这些国家持有与全球平均水平同等比率的美元储备资产，则当美元贬值20%时，东南亚国家将遭受相当于其国内生产总值10%的资产损失。[6]

(3) 高额的外汇占款加剧了通货膨胀的压力

近年来，随着发展中国家外汇储备的快速增加，对于资本项目还没有完全开放的国家，兑换外汇储备而发行的货币成为了基础货币投放的主要渠道。这部分基础货币量不断扩大，并通过乘数效应造成一国货币供应量的大幅增长，增加了政府控制通货膨胀的难度。以中国为例，央行主要以控制信贷规模进而对货币量进行调整，但在外汇储备持续高速增长的情况下，由于资本账户没有完全开放，央行只能被动地买卖外汇，这在一定程度上削弱了央行对货币供应量的控制，进而增加了控制通货膨胀的难度。

二、中国主权财富基金的资金来源

中国政府积极管理外汇储备的第一步，是效仿新加坡淡马锡控股公司，于2003年12月成立了中央汇金投资有限责任公司（以下简称汇金公司）。汇金公司的注册资本金为3 724.65亿元人民币，成立之初主要是负责利用外汇储备资产，对国有商业银行和证券公司等国有重点金融机构进行股权投资，代表国家依法行使出资人权利、履行出资人义务，以实现国有金融资产增值的目的。

中国政府积极管理外汇储备的第二步，就是效仿挪威政府全球养老基金和新加坡政府投资公司等成功主权财富基金的运作模式，于2007年9月成立了中国第一支主权财富基金——中国投资有限责任公司，通过多元化的海外投资提高外汇储备资产的收益率。汇金公司原本属于外汇管理局，中投成立以后，将汇金公司整体购入，成为其全资子公司。

中投的初始资本金是2 000亿美元，是通过财政部发行1.55万亿元人民币特别国债筹集的。特别国债的发行采取多对象、分批次的发行方式。首批6 000亿元国债由中国农业银行购入，财政部利用出售国债的收入向中国人民银行购买等值的外汇，中国人民银行利用出售外汇资产的收入向中国农业银行买入等额的国债。首次特别国债的发行仅仅改变了中国农业银行、中国人民银行以及财政部的资产负债关系，对商业银行的资金头寸以及实体经济没有产生影响。在此之后，财政部通过全国银行间债券市场公开发行剩余的特别国债。特别国债的公开发行在一定程度上缓解了国内市场的流动性过剩。

中投是国务院直属的正部级国有独资公司。中投的建立旨在实现国家外汇储备资产的多元化配置，通过积极的资产配置和严谨的风险管理获取风险调整后更高的投资收益，以服务于国家经济发展和金融机构改革的需要。实际操作中，中投的表现更倾向于混合型投资策略。2011年9月，中投公司的业务被拆分为两个部分，分别由中投国际有限责任公司（以下简称中投国际）和汇金公司负责运营。中投国际成立后，国家向其增加了约490亿美元的资金。中投国际专门负责开展境外投资和管理业务，而汇金公司的主要任务是根据国家金融体制改革的需要，对国有重点金融机构进行股权投资和管理，汇金公司肩负着中国政府进行商业银行改革和券商改革的政策性任务，属于典型的战略投资。中投公司同时肩负着国内政策性投资和海外市场化投资两种角色，目前与中投公司模式类似的主权财富基金还有新加坡的淡马锡、卡塔尔投资局和阿联酋阿布扎比投资委员会等。

2010年,汇金公司在银行间市场发行1 090亿人民币债券,募集资金用于参与工商银行、中国银行、建设银行再融资和向中信保注资,实现了“市场化融资+政策性注资”的结合,并由此在我国债券市场中增加了“政府支持机构债”这一新品种。2017年11月,汇金公司在银行间市场发行首期150亿3年期汇金信用债,该债券的发行主要依靠汇金公司自身的主体信用,对于中国的主权财富基金来说也是一次新的尝试。通过政府支持机构债和信用债的发行,中央汇金初步建立起稳定的融资机制。

第二节　中国主权财富基金的运营模式

一、中投公司的治理结构

2003年12月16日,中央汇金成立。中央汇金是依据《中华人民共和国公司法》由国家出资设立的国有独资公司。2007年9月29日,中投公司成立,中央汇金成为中投公司的全资子公司。成立至今10年的时间里,中投公司对其治理结构进行了不断的调整和优化(如表6.2所示)。

表6.2　中投大事记

时　间	事　　件
2007年9月	中投公司在北京成立,设立董事会、监事会以及执行委员会,楼继伟担任中投公司董事长兼首席执行官
2008年1月	成立投资决策委员会和风险管理委员会
2008年9月	开通中投公司官方网站
2008年10月	中国政府签署主权财富基金《圣地亚哥原则》
2009年7月	成立国际咨询委员会,发布首份年度报告
2010年11月	成立中投国际(香港)有限公司
2011年1月	董事会决定将投资考核周期调整至10年,成立中投多伦多代表处
2011年5月	承办“主权财富基金国际论坛”第三次年会,发表《北京宣言》
2011年9月	成立中投国际有限责任公司
2012年2月	批准通过《中投国际2012—2016年战略规划》
2012年7月	发布《中投文化共识》
2013年7月	丁学东担任中投公司董事长兼首席执行官

续表

时　间	事　　件
2014 年 1 月	中投公司风险业绩系统“丰业”投入使用
2015 年 1 月	成立中投海外直接投资有限责任公司
2015 年 11 月	成立中央汇金资产管理有限责任公司
2016 年 1 月	采用参考组合配置模式
2017 年 5 月	中投公司纽约代表处开业运营
2017 年 12 月	完成董事会确定的十年投资绩效考核目标
2018 年 12 月	国务院批准《中投公司 2018—2022 年战略规划》
2019 年 4 月	彭纯担任董事长兼首席执行官，居伟民担任副董事长、总经理

资料来源：中国投资有限责任公司 2018 年年度报告。

成立十余年来，汇金公司先后对国有商业银行、证券公司、保险公司、开发性政策性金融机构等共计 19 家机构进行注资，通过行使出资人权利和履行出资人义务，探索形成了市场化的国有金融资本管理模式，即“汇金模式”（如图 6.2 所示）。汇金公司按照出资比例，向持股机构派出专职股权董事，依托公司治理渠道，根据法律法规和公司章程依法履行职责，维护国有资本出资人权益。自成立至今，累计共有 260 多名派出董监事，目前在任的专职派出董事 60 余人。

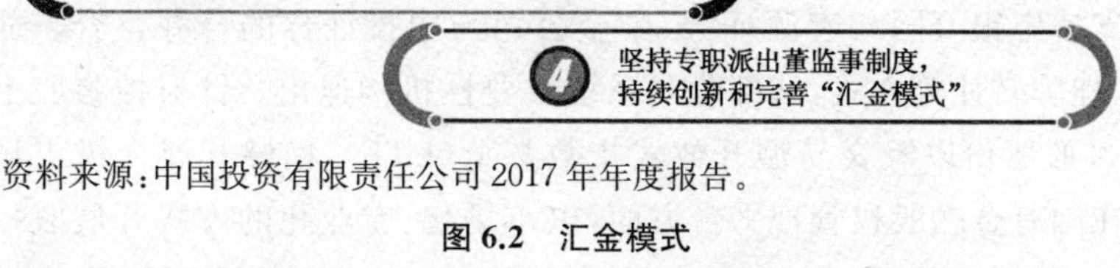

资料来源：中国投资有限责任公司 2017 年年度报告。

图 6.2　汇金模式

经国务院批准的《中央汇金投资有限责任公司章程》（以下简称《章程》）对汇金公司的组织形式、职责、经营范围、治理架构等作了规定。《章程》的修改由汇金公司董事会拟定方案报国务院批准后生效，国务院授权汇金公司董事会对《章程》进行解释。根据《章程》，汇金公司以出资额为限依法对国有重点金融企业行使出资人权利、履行出资人义务，不开展商业性经营活动，不干预其控股国有金融企业的日常经营活动。汇金公司不设股东会，董事会、监事会分别行使公司的经营决策权和监督权。董事会、监事会成员由国务院委派。总经理主持公司的经营管理工作，组织实施董事会决议。

汇金公司设置银行机构管理一部、证券机构管理部/保险机构管理部、综合管理部/银行机构管理二部等股权管理部门和相关业务支持部门。其中，银行机构管理一部负责工商银行、农业银行、中国银行、建设银行的股权管理工作；证券机构管理部/保险机构管理部负责控参股证券公司和保险公司的股权管理工作；综合管理部/银行机构管理二部负责国家开发银行、光大集团、光大银行、中信保的股权管理工作，并负责汇金公司日常办公和运营。此外，汇金公司还全资持有子公司——中央汇金资产管理有限责任公司。

汇金公司组建以来力求发挥三大平台作用：国有金融机构注资改制平台、国有金融资本投资运营平台、国有金融股权管理平台。具体而言，在国有金融机构注资改制平台方面，2003 年以来，汇金公司对工商银行、农业银行、中国银行、建设银行、光大银行等 5 家商业银行进行了注资，并推动各行完成财务重组、股份制改造、引进战略投资者和公开发行上市等一系列市场化改革。2005 年以来，采取市场化方式参与 9 家证券公司救助，并对中再集团和新华保险注资。2007 年以来，注资国家开发银行和中信保，积极探索适合开发性政策性金融机构特点的治理模式。在国有金融资本投资运营平台方面，推动工商银行、农业银行、中国银行、建设银行、光大银行、中再集团、中金公司、中信建投等 11 家控参股机构公开上市。支持申银万国与宏源证券、中金公司与中投证券的合并整合。通过换股、挂牌转让等方式，从部分非系统重要性机构退出。针对控参股上市公司 A 股股份以及交易型开放式指数基金(ETF)，稳健开展二级市场操作。在国有金融股权管理平台方面，以市场化、专业化的方式开展股权管理工作，运用法律赋予的股东权利参与决策，不干预控参股机构日常经营。按照出资比例向持股机构派出股权董事，专职在金融机构工作，密切跟踪控参股机构的经营和风险情况，定期开展评估，创设“管理建议函”和“风险提示函”，从国有出资人代表角度，对控参股机构提出管理建议和风险提示。

图 6.3　汇金公司发挥的三大平台作用

成立初期，中投的下属机构和业务分为两个部分，一是由中投国际负责的海外多元化投资业务，二是由汇金公司负责控股国有重点金融机构。经过多年发展，中投的海外业务管理趋于细化，于 2015 年 1 月成立了中投海外直接投资有限责任公司(简称中投海外)。中投国际主要开展公开市场股票、债券、对冲基金和房地产投资，而中投海外主要进行直接投资和多双边及平台基金管理。

中投拆分出中投国际之后，在短短的 4 年之内又成立了中投海外，一度造成坊间的困惑，质疑两个公司的职能有所重叠。解读中投官方网站对两家子公司的定位，可理解为中投海外主要负责开展直接投资，侧重基础设施、农林牧渔等长期资产投资，而中投国际则侧重股票、债券、对冲基金和房地产等少数股权投资。这种对境外投资业务的细致划分，是中投对其他主权财富基金和机构投资者运营模式的借鉴，如新加坡政府投资公司就下设了资产管理、房地产和直接投资三个子公司。业务拆分可以使投资过程更加专业化，责任也更加明确，但实际运营过程中是否能像预期中提高境外投资效率，在降低风险的同时实现收益的最大化，仍需实践的检验。

中投是国有独资公司，目前，中投是国内注册资本金最大的公司。中投在投资行为上和其他企业一样受《公司法》的约束，企业也依循《公司法》设立了公司治理结构(如图 6.4 所示)。

在风险管控治理方面，2008 年 1 月，公司在执行委员会下建立风险管理委员会(以下简称风委会)，随后制定《风险管理基本制度》，明确风险管理的总体目标和基本原则。2009 年，公司着重提升运营风险的内控管理，发布《内部控制基本制度》。2010 年，公司实现对市场风险、信用风险和操作风险的集中管理，并搭建投资估值、业绩评估和归因分析体系，建立了“三道防线”的内控体系。2011 年，欧债危机的影响持续发酵，公司总组合风险预警机制启动。2012 年，公司对总组合进行全面梳理并简化结构，全面风险管理体系逐步成型。2014 年，公司实行投资经理责任制，明确公司资产与

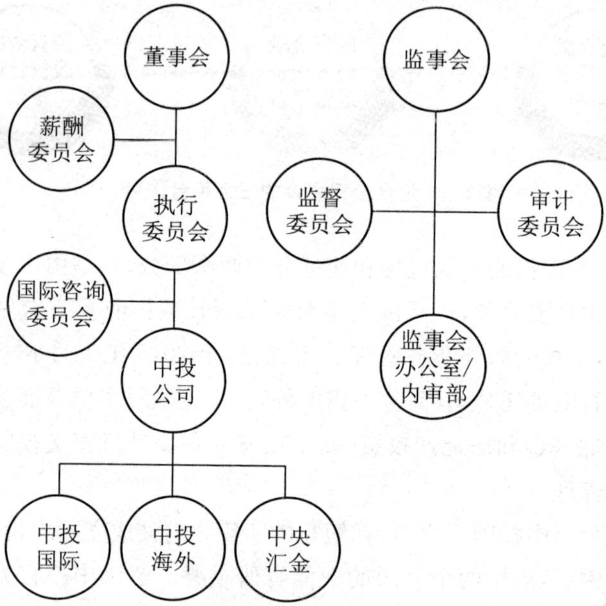

资料来源：中国投资有限责任公司 2017 年年度报告。

图 6.4　中投的组织结构图

投资人员之间的责任关系，针对直接投资力度加大，长期资产比重逐步增加的情况，制定了《直接投资风险管理指引》，与此同时，结合业界最佳实践、学术研究前沿以及公司积累的投资风险管理经验，自主开发了拥有知识产权的第一个大型综合投资管理系统——丰业系统（风险业绩分析系统），并投入使用。2015 年以来，公司深化全面风险管理工作，强化资产配置风险管理，深入开展投资项目投前风险识别和评估、投后风险监测和预警工作，建立风险因子体系，完善各类风险管理工具。十年来，国际金融市场持续震荡，中投公司在拓展境外投资业务中，不断磨砺，建立了由三个层次的制度体系、三级流程的管理体系、“三道”防线的组织架构共同构成的全面风险管理体系（如图 6.5 所示）。

针对投资活动中的市场、信用、操作、流动性、战略、法律、声誉和国家等各种风险，中投公司建立了包括执委会、风委会及各相关部分在内的全面风险管理组织体系，对风险实行分类、全面管理。风委会根据董事会和执委会制定的政策，进行风险管理相关事项的决策，主要职责包括：审议公司风险管理的战略、制度和政策；审定公司总体风险限额及分配方案；审定全面风

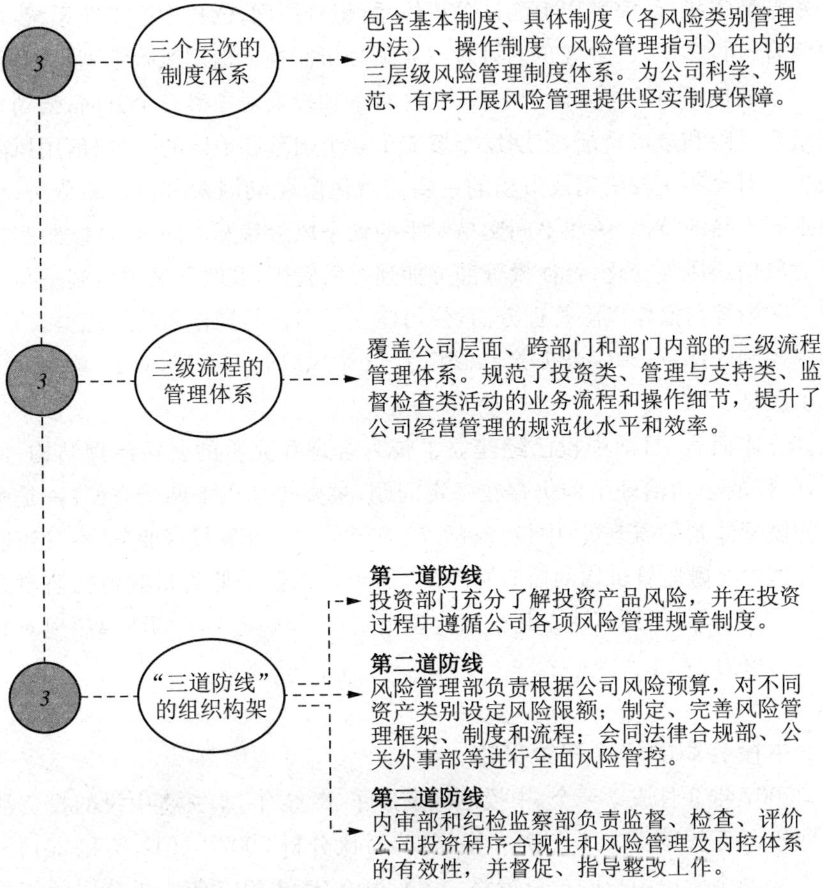

资料来源：中国投资有限责任公司2017年年度报告。

图 6.5　中投的风险管理框架

险管理报告和风险评估报告；审定重大风险、重大事件以及重要业务流程的评估标准、管理制度以及内控机制；定期评估公司资产配置的风险状况及风险限额的执行情况；审议风险管理策略和重大风险事件的解决方案；审议执委会授权的有关风险管理的其他重大事项。风委会下设有专业子委员会——操作风险管理委员会和估值委员会。

对于各类风险，中投公司制定了不同的管理措施。具体而言，市场风险管理方面，公司建立了从宏观到市场再到组合的全方位风险监控体系；在宏观层面，定期监测主要经济体的宏观经济状况，制作宏观风险热力图，研究宏观经济因子的变化及传导机制；在市场层面，持续监测系统性相关指数、动荡指数等指标，完善压力测试分析体系，组合层面，依托中投丰业系统，对总组合进行多层次、多视角的风险与业绩分析监控。信用风险管理方面，投资活动的信用风险主要源于主权、交易对手和投资对象等三个方面，公司根据组合风险和敞口特征，定期发布覆盖110个国家和地区的《主权信用风险报告》，对全年主权信用及市场的主要宏观风险驱动因素进行前瞻分析，针对不同产品的特性，关注不同交易对手的动态风险状况。同时，持续跟踪投资对象信用风险变化，督促投资部分加强投后管理，及时开展项目调整与退出。在内控与操作风险管理方面，公司建立了内控与操作风险管理框架，完善内控制度体系，2017年制定和修订了12个风险管理指引，对17项制度出具了意见。

总体而言，目前中投已经建立了较为合理和完善的公司治理结构，但是，中投的公司治理结构仍存在一定问题，主要包括以下两个方面：一是中投的监管体制仍需改进，中投持有外汇资产在国外开展投资业务，不受银监局等国内金融监管机构的监管和制约，而企业内部的监管机制包括监事会和独立董事等，但没有建立起股东监管机制；二是缺乏专项的法律法规对其产生约束力。

二、中投公司的资产配置策略

2007年9月成立至今，中投已经发展了10余年，本文将中投的投资活动划分为两个阶段，以5年为一个周期，对比分析2007—2012年和2013—2017年两个阶段中投的投资策略，并以2012年和2017年中投公司的年报数据为例，分析中投在不同时期的行业、地域和产品投资特征。

（一）资产配置策略（2007—2012年）

1. 投资管理框架

在公司成立的初期，中投学习国际上典型主权财富基金的经验，也设立了较为完整的投资管理框架。公司董事会负责指导和监督公司的运营活动，评估公司的整体业绩，根据公司章程对重大事项作出决策。董事会下设执行委员会，负责执行董事会决议，对公司日常经营管理中的如公司基本制度建设、绩效考核与薪酬激励等重大问题进行研究和决策。公司监事会负责监督公司董事和高级管理人员的履职行为，同时负责公司内部审计，监督公司会计和财务状况。另设国际咨询委员会，由国际知名专家组成，对公司重大发展战略、境外投资战略和重大决策提供专业咨询意见（如图6.6所示）。

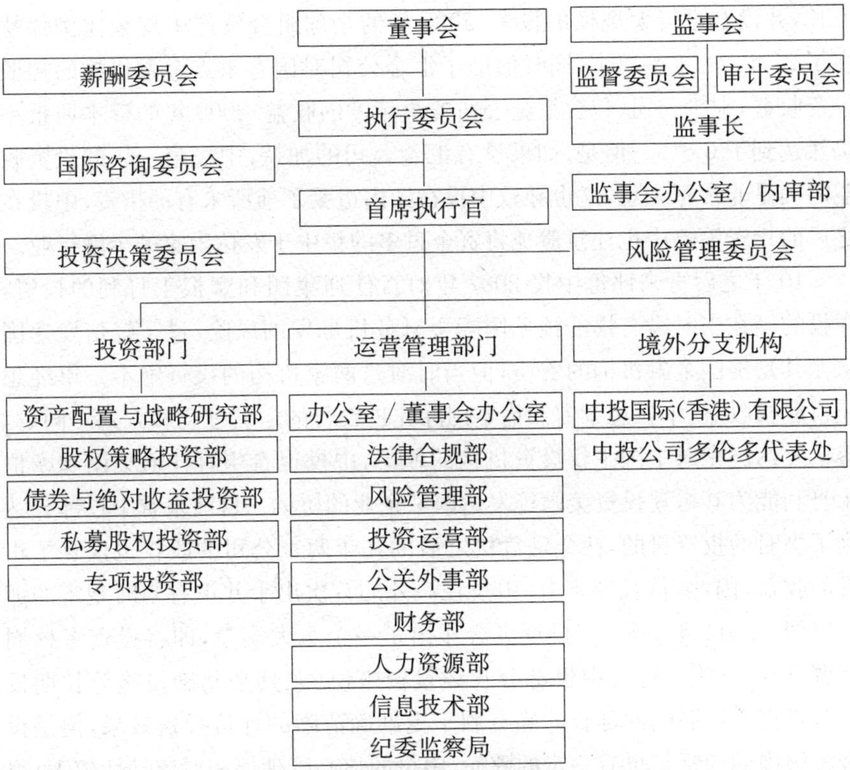

资料来源:中国投资有限责任公司2010年年度报告。

图6.6　中投的投资管理框架(不包括中央汇金公司)

2. 资产配置分布

2007—2012年,中投对海内外市场进行了广泛的投资。中投最初的定位是财务投资者,主要对金融产品组合进行投资,少量进行直接投资。2007年,中投的最初两笔投资都投向了金融行业,其中包括百仕通集团和摩根士丹利,这两家企业都是美国知名的金融咨询和管理公司。中投分别向百仕通集团和摩根士丹利投资了30亿美元和56亿美元。对于一个刚刚成立的投资公司来说,近百亿美元的投资金额已经不算是一个小数目,中投在投资之前也做了较为充足的尽职调查,但是,在中投的两笔大手笔投资之后就爆发了次贷危机,美国的顶级投行除了高盛集团之外无一幸免,百仕通集团和摩根士丹利也遭受重创,对于这两家公司的投资使中投遭遇重大账面亏损,中投2008年的全球组合回报率为-2.1%。不幸中的万幸是中投成立时间不长，并没有进行大规模的投资，2008 年的全球组合资产中现金比例保持在了 87.4%的水平以上，同时借助于汇金公司对国有重点金融机构的控股投资收益，中投公司(包含汇金公司整个年度的收益)2008 年的资本回报率仍然达到了 6.8%。但是，如果没有汇金公司的加持，中投第一年的投资收益的确是非常不理想，这也导致中投在国内遭受了前所未有的指责，中投在之后的投资策略中也注意避免将资金过多的集中于发达国家的金融行业。

10 年之后再来评价中投 2007 年对百仕通集团和摩根士丹利的投资，中投的确在当时没有提前预见国际金融危机爆发的风险，过于轻信发达国家尤其是美国金融机构的资质，但当时对这两家机构的投资绝不是单纯想获得股权收益，中投想学习和借鉴国际先进投行的运营理念和方式。同时，鉴于发达国家对中国主权投资机构的顾虑，中投也希望百仕通集团和摩根士丹利能为其搭建投资美国等发达国家企业的桥梁。目前来看中投部分达到了当时的投资目的，在金融危机之后的几年两家公司的股权也恢复了正常的收益，因此，从长期来看，中投在海外的首次出手并没有当时观察的那么惨烈。2011 年 1 月，中投董事会作出了一个重大调整，即将投资考核周期调整至 10 年。对于中投部分长线投资来说(尤其是基础设施等长期投资)，投资考核周期的延长的确有利于更准确清晰的评价投资效果，但是投资考核周期的延长也有一定的弊病，中投的核心管理层相对流动性较大，很多职位的管理人员任期不到 10 年就会被调离或者跳槽，这在一定程度上降低了责任认定的效果。

2008 年金融危机后，中投逐渐加大了对外直接投资的比重，全球投资组合中的单项大额投资主要是直接投资(见表 6.3)。2010 年，中投大幅减少了投资组合中的现金比重，现金占比从年初的 32%降低至 4%，中投新增投资 357 亿美元，全球投资组合收益率为 11.7%，自公司成立以来的累计年收益率为 6.4%。截至 2012 年末，公司境外投资业务账面净投资收益率为 10.6%，公司累计年化净收益率为 5.02%。[7]

表 6.3 中投部分重点境外直接投资项目(2009—2011 年)

东道国(或地区)	公司名称	合同签署时间	投资额(百万美元)	投资类型	行业	初始持股比例
加拿大	泰克资源有限公司	2009 年 7 月	1 500	B 类次级投票权股票	采矿和矿产资源开发	0.172

续表

东道国（或地区）	公司名称	合同签署时间	投资额（百万美元）	投资类型	行业	初始持股比例
哈萨克斯坦	哈萨克斯坦石油天然气勘探开发股份有限公司	2009 年 7 月	940	全球存托证	油气	0.106
俄罗斯	诺贝鲁石油公司	2009 年 9 月	270	股权收购	油气	0.45
印度尼西亚	布密资源公司	2009 年 9 月	1 900	债券	煤炭开采	不适用
新加坡	来宝集团	2009 年 9 月	858	普通股	资源	14.9%的未摊薄流通股
加拿大	南戈壁能源资源有限公司	2009 年 11 月	500	30 年期有抵押可转债	煤炭开采与勘探公司	不适用
美国	爱依斯电力公司	2009 年 11 月	1 581	普通股	发电	0.15
中国香港	保利协鑫能源控股有限公司	2009 年 11 月	717	普通股	可再生能源	20.1%完全摊薄后股权
美国	爱依斯	2010 年 3 月	1 581	普通股	电力和公共事业	0.15
加拿大	畔西能源	2010 年 6 月	416	股权投资	油气	0.05
加拿大	畔西合资	2010 年 6 月	329	合资公司	油气	0.45
美国	切萨皮克	2010 年 6 月	200	可转优先股	油气	不适用
巴西	巴西百达	2010 年 12 月	300	财团联合交易	金融	0.03
印度尼西亚	布玛	2010 年 12 月	73	股权投资	矿产服务	0.08
法国	苏伊士石油天然气开发生产有限公司	2011 年 12 月	3 150	—	油气	—
南非	山杜卡集团	2011 年 12 月	247	—	矿产、金融	—

资料来源：中国投资有限责任公司 2009 年、2010 年、2011 年年度报告。

2012 年，中投进一步加强对基础设施、能源矿产和泛行业私募股权投资等直接投资（见表 6.4），此外，中投推进对长期资产的投后管理工作，对所有直投项目进行了分类，制定增值措施或退出方案，择机退出了部分私募和直投项目。

表 6.4　2012 年中投部分直接投资项目

东道国	公司名称	投资时间	行　业	金　额	初始持股比例
英国	泰晤士水务	2012.1	基础设施	2.76 亿英镑	8.68%
美国	EP Energy	2012.5	能源	3 亿美元	9.9%
俄罗斯	极地黄金公司	2012.5	矿产	4.25 亿美元	5%—1 股
法国	欧洲卫星通信公司	2012.6	泛行业	3.86 亿欧元	7%
英国	希思罗机场	2012.11	基础设施	4.5 亿英镑	10%
俄罗斯	莫斯科交易所	2012.12	泛行业	1.87 亿美元	4.58%

资料来源:中国投资有限责任公司 2012 年年度报告。

借鉴国际大型机构投资者资产配置战略模式,中投将以捐赠基金模式为基础配置资产。捐赠基金模式兴起于耶鲁大学和哈佛大学基金的投资模式,是指在投资传统资产的基础上,大幅度增加房地产、对冲基金等另类资产投资比例,以获得更高的长期回报。捐赠基金模式通过资产的分散化投资来实现风险的分散化,另类资产的配置比率通常达到资产组合的 30%左右。中投资金雄厚,对经济短期波动具有较高的承受力,因此,中投可以发挥自身投资周期长的比较优势,通过长期持有另类资产获取更高的投资收益。中投的资产类别分为五类,包括股票、固定收益、绝对收益、长期资产和现金。其中,中投将泛行业直投、泛行业私募股权、房地产、资源能源和基础设施归为长期资产,给予了较高的配置比例。按照资产配置的种类划分,截至 2012 年底,中投在境外投资组合中的公开市场股票资产占比 32%;绝对收益资产占比 13%;长期资产占比 32%;现金产品占比 4%;固定收益资产占比 19%,其中投资级公司债占比 25.1%,与通胀挂钩债占比 2.7%,新兴主权债占比 17.5%,发达主权债占比 54.7%(见图 6.7)。

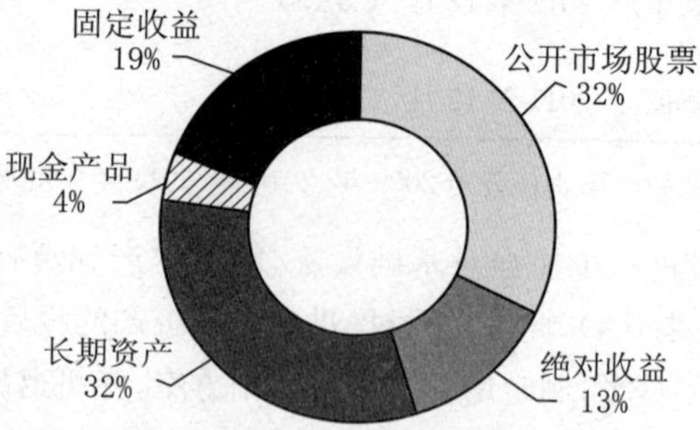

数据来源:中国投资有限责任公司 2012 年年度报告。

图 6.7　中投资产配置的类别分布

截至 2012 年底，中投在境外投资组合中的公开市场股票资产主要分布在 10 个行业，其中，在金融行业的资产占比最高，达到 22.3%，其次是信息科技领域，资产占比达到 11.6%，紧随其后的弹性消费品、非弹性消费品和能源行业占比也都超过了 10%（见图 6.8）。

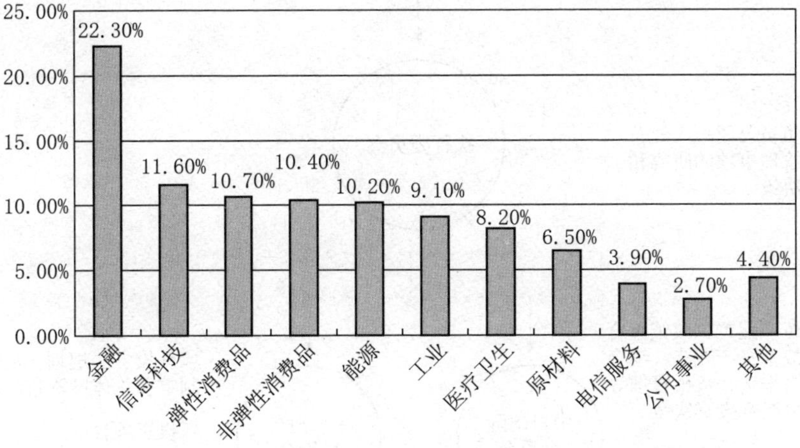

数据来源：中国投资有限责任公司 2012 年年度报告。

图 6.8　中投资产配置的行业分布

在中投的境外投资组合中，金融行业一直是资产占比最高的领域。金融行业的资产占比从 2010 年的 17%增长到 2011 年的 19%，截至 2012 年末已经高达 22.3%，在境外投资组合中的份额呈现不断上升的趋势，这表明虽然经历了 2008 年的金融危机，中投仍旧对发达经济体成熟的金融体系充满了信心。参股世界顶级的金融机构，获取投资收益的同时学习被投资企业的运营模式仍然是中投资产配置策略的重心。

（二）资产配置策略（2013—2017 年）

1. 投资管理框架

经过 10 年的公司发展建设，中投公司对不同层级的管理层在投资决策中的职能进行了更明确的划分（如图 6.9 所示）。董事会负责制定中长期战略规划、设定公司收益目标以及投资考核周期；执行委员会负责公司重大经营管理事项的研究和决策；中投国际投委会和中投海外投管会负责资产配置、政策组合、战术资产配置、组合再平衡、货币管理等总组合投资决策，以及境外投资的规划、策略制定和总体投资布局，还包括新投资项目的进入以及已投资项目的调整和退出。

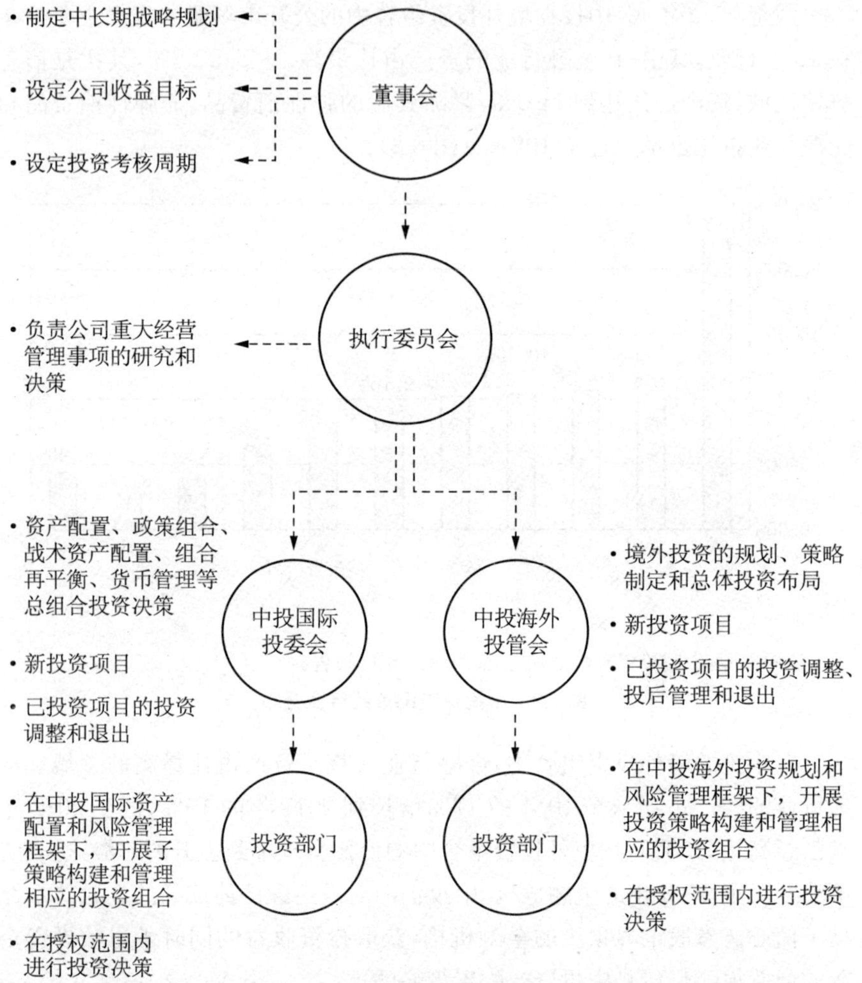

资料来源：中国投资有限责任公司 2017 年年度报告。

图 6.9　中投的投资决策流程（不包括中央汇金公司）

中投公司管理投资的运营部门从建立伊始到 2017 年的 10 年间进行了多次调整。具体表现为，中投公司在成立之初设立了股权投资部、固定收益投资部、另类资产投资部，2009 年 4 月调整为相对收益投资部、策略投资部、私募投资部、专项投资部。2010 年 11 月，中投在香港成立中投国际（香港）。2011 年 5 月，对原相对收益投资部、策略投资部的业务进行了重新整合，组建了股权策略投资部、债券与绝对收益投资部，前者负责以积极方式投资（全球）公开市场股票，后者负责固定收益产品以及对冲基金等绝对收益投资。2015年1月,原专项投资部整编规划入新成立的中投海外。2015年10月,为进一步扩大稳定收益类实物资产投资,公司组建了房地产投资部。目前,中投国际和中投海外的投资部门设置如表6.5所示。此外,目前中投公司境外的分支机构仅包括中投国际(香港),[8]中投国际(香港)负责管理全球投资级公司债、中国香港股票、亚洲股票自营组合、中国企业特殊信用机会和美国高收益债等四个投资策略组合。

表6.5 中投国际和中投海外的投资管理部门及职责

中投国际投资部门	职　　责
资产配置部	拟定和调整投资政策、资产配置方案;承担投委会秘书处相关工作;负责公司总组合敞口管理;管理公司交易室等。
股权策略投资部	在全球范围内开展公开市场股票投资等。
债券与绝对收益投资部	开展固定收益、绝对收益以及部分多资产投资等。
私募股权投资部	除资源能源、农林牧渔及基础设施外的泛行业直接与间接股权或类股权投资,以及私募信用投资等。
房地产投资部	构建全球房地产直接投资组合;选聘并管理房地产私募股权基金及相关的跟投工作;开展公开市场的房地产相关投资等。
中投海外投资部门	**职　　责**
投资一部	基础设施、资源能源方面的直接投资和基金投资;管理相关多双边平台基金以及项目跟投等。
投资二部	除投资一部相关行业以及农业以外行业的直接投资和基金投资;管理相关多双边平台基金以及项目跟投等。
中投君义资产管理公司*	开展农业方面投资、管理中国海外农业投资开发基金。

注:* 中投君义资产管理公司是中投海外的全资子公司。
资料来源:中国投资有限责任公司2017年年度报告。

目前,中投公司在"参考组合—三年政策组合—年度政策组合—实际组合"四层配置框架下持续加强资产配置研究和管理,不断优化策略和基准设置,提升资产配置效能。全面系统评估资产价格驱动因素,加强大类资产、基准和市场走势研判,并调整年度政策组合;在总组合触发再平衡机制后,有纪律性地开展再平衡操作,使总组合敞口保持在目标水平;积极管理与政策组合互补的战术资产配置叠加组合,把握因市场价格错位带来的中短期绝对收益,实现较好回报;建立货币敞口叠加组合,统筹公司货币敞口,有效管理汇率风险。[9]

公开市场投资方面,公司持续推进公开市场投资的精细化管理,推进策略结构优化,提高超额收益获取能力。在公开市场股票方面,深入跟踪、评估已投管理人，调整优化组合结构；开展具有中长期配置意义的行业主题投资策略，包括信息科技、医疗健康和基础设施等，拓展超额收益来源；持续开发量化自营组合，不断提高市场适应性。在债券与绝对收益方面，在债券策略上细致回顾现有策略和管理人，给予投资能力较强、业绩优秀的管理人更多灵活度；在对冲基金策略上，强化投后监控管理工作，按照优胜劣汰原则，对管理人进行撤资与增选；在多资产策略上，按照资产配置方案完成增资操作，进一步提高风险分散化效果。

长期资产管理方面，公司重点加强长期资产配置与策略研究，提升长期资产投资效能；通过规范投资决策与项目督办流程，提高长期资产管理水平。2017 年，共签约或审批 49 个私募股权/私募信用/房地产项目，并对多个项目实施了退出或部分退出，取得了良好效果。私募股权和私募信用方面，探索管理人分类管理机制，适度提高对部分业绩持续优秀的基金的承诺投资额；创新账户管理机制，改进投资决策流程，及时抓住高质量投资机会，强化与管理人合作跟投、共投；与少数能力突出、业绩优秀的顶级投资机构在传统合伙人(LP-GP)关系之上构建基于信任、互惠原则的深入合作关系。房地产方面，遴选聘用优秀新基金并对已投基金进行择优续聘；严控项目风险，注重挖掘具有平台投资价值和成熟运营模式的优质项目，并关注市场有效性较低的细分市场和投资机会。投后管理方面，注重加大投后管理的参与力度和主动性，对已投项目进行密切跟踪与定期梳理，以项目为单位制定投后管理方案；深入分析相关行业周期和区域市场走势，积极把握窗口，妥善开展项目减持和退出工作。[10]

中投在 2017 年年报中表示，2017 年世界经济动能强化，迎来金融危机后的全面复苏，国际金融市场持续回暖，中投公司会积极应对国际形势，把握机遇，审慎开展各项投资管理活动。

2. 资产配置分布

近年来，中投的资产配置分布变化显著，一是现金类比例显著下降，直接投资比例显著提升，资产配置不断多元化；二是投资地域更加广泛，不再局限于发达国家；三是以联合投资方式与其他机构投资者的合作投资项目明显增多。

如表 6.6 所示，自建立至今的 10 年时间里，中投的资产配置组合发生了显著的变化。中投所持有的现金类资产的比例显著下降(从 2008 年的 87.4%下降到 2017 年的 1.2%)，而所持有的股权类资产显著增多(从 2008

年的3.2%增长到2017年的43.6%)，固定资产的占比变化相对较小(从2008年的9.0%增长到2011年的21%，2017年比例下降为15.9%)。此外，与建立初期变化较大的是另类资产的配置比例，最初另类资产投资占比非常小，甚至在公司年报中仅被包含在其他资产类别中(占比仅为0.4%)，而在2017年另类资产的投资占比已经达到39.3%，几乎与当年的股权类资产持平。近几年，中投所持有另类资产的比例显著增加，主要是因为中投对基础设施领域的投资金额巨大，一方面，在"一带一路"倡议的号召下，中国的主权基金都纷纷加大了对"一带一路"沿线国家基础设施的投资；另一方面，主权财富基金(以及一些养老基金)通常对资金的流动性要求比较低，因此适合投资一些风险较低但是收益相对有保障的投资项目(如基础设施、非上市的房地产等)。此外，近几年私募基金等项目也广受各国主权财富基金的青睐，这类投资也包含在另类资产当中。因此，近几年中投所持有的另类资产比例不断上升。

表6.6　中投的资产配置组合变化

2008年	现金管理产品	87.4%
	固定收益证券	9.0%
	股权	3.2%
	其他	0.4%
2011年	长期资产	31%
	公开市场股票	25%
	固定收益	21%
	绝对收益	12%
	现金、现金产品和其他	11%
2013年	公开市场股票	40.4%
	固定收益	17.0%
	绝对收益	11.8%
	长期资产	28.2%
	现金及现金产品	2.6%
2017年	公开市场股票	43.6%
	另类资产*	39.3%
	固定收益	15.9%
	现金产品	1.2%

* 数据不包括中投海外贷款部分。
资料来源：中国投资有限责任公司2008年、2011年、2013年、2017年年度报告。

如图 6.10 所示，截至 2017 年 12 月 31 日，中投境外所持有的资产类别中，公开市场股票占比最高，在总资产中占比达到 43.6%，另类资产的占比达到 39.3%，而固定收益资产仅仅占比 15.9%，现金产品仅占 1.2%。

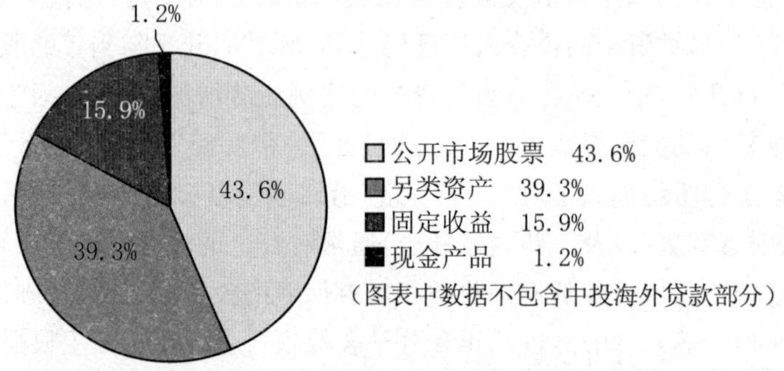

资料来源：中国投资有限责任公司 2017 年年度报告。

图 6.10　中投境外投资组合分布及比例(截至 2017 年 12 月 31 日)

总体来说，公开市场股票在中投近几年的投资组合占比有所上升，从 2013 年的 40.4%上升到 2017 年的 43.6%。在中投的境外投资组合中公开市场股票的地域分布方面，中投在保持对北美地区投资偏好的同时，不断扩大投资区域，开始投资于欧洲等非美发达地区。中投在以欧洲为代表的非美发达地区股权投资比重由 2009 年的 20.5%提升至 2015 年的 42%，2017 年略微下降到 33.8%，而对新兴市场国家(地区)股票的投资比重由 2009 年的 35.6%下降为 2015 年的 11.68%，2017 年略微上升至 14.2%(如图 6.11 所示)。

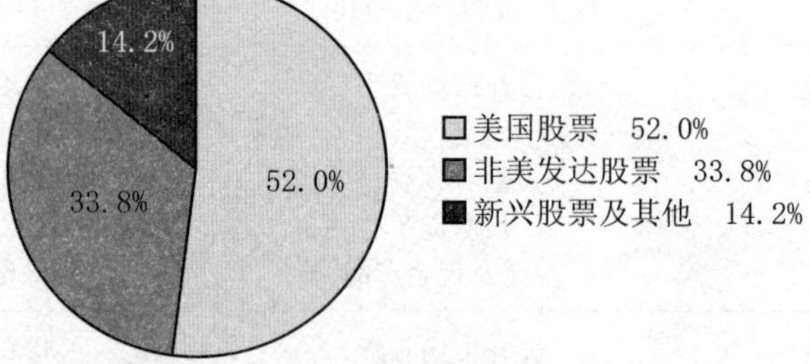

资料来源：中国投资有限责任公司 2017 年年度报告。

图 6.11　中投境外投资组合中公开市场股票的地域分布(截至 2017 年 12 月 31 日)

在中投的境外投资组合中公开市场股票的行业分布方面，截至 2017 年 12 月，金融领域仍然是中投最青睐的行业，这一趋势似乎从未改变，而信息科技行业上升至第二位，占比 19.4%，仅仅比金融行业低 0.7 个百分点，但位居第三位的弹性消费品行业的占比仅为 11.7%，医疗卫生和工业领域的投资占比略微高于 10 个百分点，分别占比 10.6%和 10.5%，其他几个行业占比则均低于 10%（如图 6.12 所示）。

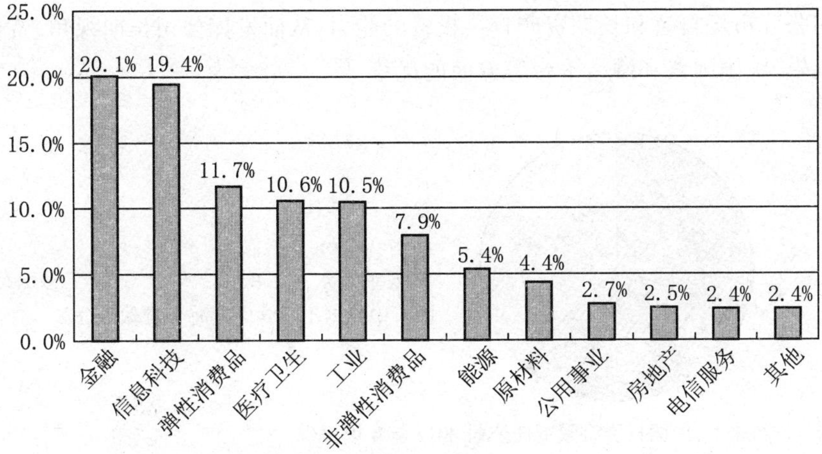

资料来源：中国投资有限责任公司 2017 年年度报告。

图 6.12　中投境外投资组合中公开市场股票的行业分布（截至 2017 年 12 月 31 日）

总体来说，固定收益类产品在中投近几年的投资组合占比中有所下降，从 2013 年的 17.0%下降到 2017 年的 15.9%。在中投的境外投资组合中固定收益类型分布方面，截至 2017 年 12 月，发达经济体的主权债券占比仍然最高，达到 53.7%，这一趋势也似乎从未改变，而新兴经济体的主权债券占比仅为 9.0%，公司债占比为 17.3%，结构化产品及其他占比 20%（如图 6.13 所示）。

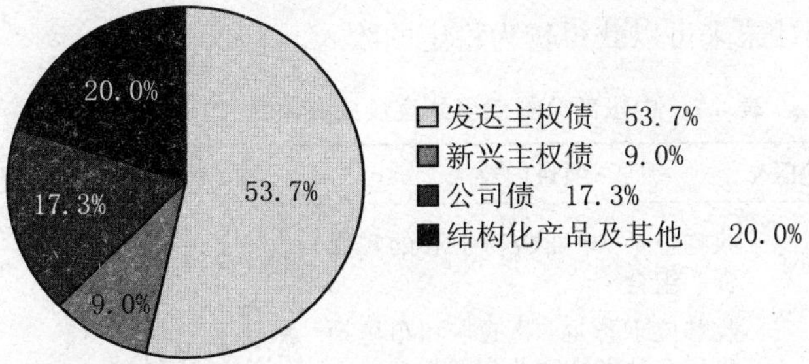

资料来源：中国投资有限责任公司 2017 年年度报告。

图 6.13　中投境外投资组合中固定收益类型分布（截至 2017 年 12 月 31 日）

此外,目前中投境外投资组合中委托投资的比例仍然比较高,占全部投资组合的62.6%,而自营部分[11]仅占37.4%(如图6.14所示)。与部分国家主权财富基金逐步降低委托外部经理人投资比例,进而提高自营投资比例不同,中投倾向于针对不同的资产类别聘用外部管理人,并建立长期的合作关系进行项目投资。中投目前对自身的定位是在委托投资基础上,培育公司公开市场自营和长期资产直接投资的能力,从而发挥公司长期视角、资金规模、中国因素和网络平台等方面的优势。[12]

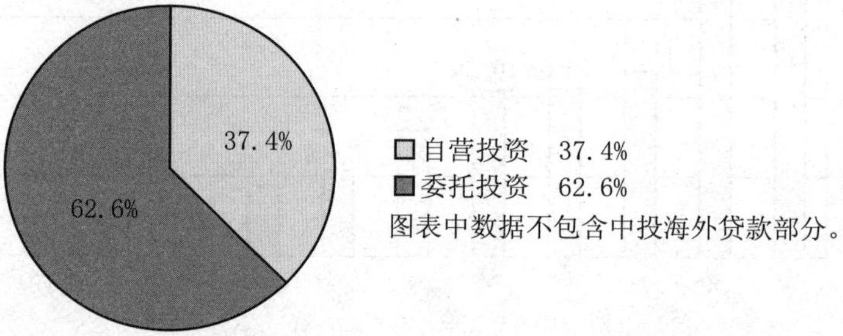

资料来源:中国投资有限责任公司2017年年度报告。

图6.14 中投境外投资组合自营和委托投资比例(截至2017年12月31日)

近年来,中投调整了投资策略,对资产配置结构进行了调整,相应地在投资组合中增加了对股权及另类资产等资产的投资比重,资产类型更加多元化,其中现金产品持有比重不断下降,而以直接投资为主的长期资产投资占比不断上升。自2013年以来,中投公司实施了多笔大额的直接投资项目(如表6.7所示)。中投最近的一笔直接投资项目是2017年11月由中投国际牵头出资122.5亿欧元对欧洲物流设施资产组合Logicor进行的收购,Logicor的资产位于欧洲主要的经济体以及"一带一路"的沿线国家,出租率比较高,预计未来可以获得较为稳定的收入。

表6.7 中投部分重点境外直接投资项目(2013—2017年)

东道国(或地区)	项目内容	时 间	投资金额	行业
法国、比利时	收购包括10处购物中心的零售资产组合	2015年7月	13亿欧元	房地产
澳大利亚	收购位于悉尼、墨尔本和布里斯班的9处办公物业相关权益	2015年10月	—	房地产

续表

东道国(或地区)	项目内容	时　间	投资金额	行业
德国	收购高速公路服务区特许经营商 Tank & Rast 少数股权	2015 年 10 月	—	基础设施
土耳其	联合其他机构收购土耳其第三大集装箱码头康普特约 65%股份	2015 年 12 月	—	基础设施
澳大利亚	对澳大利亚铁路运输商及港口商 Asciano 公司的私有化收购	2016 年 9 月	—	基础设施
澳大利亚	联合其他基金收购墨尔本港 50 年租赁权	2016 年 11 月	—	基础设施
英国	联合其他机构收购英国国家电网配气管道资产 61%股权	2017 年 3 月	—	基础设施
巴西	联合其他机构收购巴西东南部天然气管道公司(Nova Transportadora do Sudeste S. A., NTS)90%的股权	2017 年 4 月	—	基础设施
欧洲	对欧洲物流设施资产组合 Logicor 进行了收购	2017 年 11 月	122.5 亿欧元	物流

资料来源:中国投资有限责任公司 2013—2017 年年度报告。

2017 年 7 月 4 日,在习近平主席和普京总统的见证下,中投公司与俄罗斯直接投资基金交换了《中俄投资基金第二期注资的谅解备忘录》。2017 年 11 月 9 日,在习近平主席和特朗普总统的见证下,中投公司与美国高盛集团在北京签署了合作谅解备忘录,成立中美制造业合作基金,与此同时,中投推行公开市场投资的精细化管理,改进了投资决策流程,创新私募基金账户管理机制,与少数优异管理人构建深度合作关系,深化专业化直投平台建设,对接“一带一路”建设。

自 2013 年以来,中投最显著的变化就是在运营过程中十分重视寻求合作投资,而这也是近年来全球主权财富基金投资的一大趋势。因此,中投在投资布局中特别注重注资多资产战略合作伙伴组合,力争推动知识共享和提升投资能力,中投在运营过程中不断推动搭建跨境投资平台,力争在投资过程中发挥中投在资金规模、中国因素和网络平台的独特优势。本书研究也将在第四部分对中国主权基金的联合投资发展趋势做更详尽的分析研究。

中投是中国外汇管理体制改革的重要产物,经过多年的发展,截至 2017 年底,中投的境外投资净收益按美元计算为 17.59%,创下历史新高,中投的境外投资累计年化净收益率是5.94%。截至2017年底,汇金公司管理的国有金融资本为4.1万亿人民币,直接持有17家金融机构股权(包括银行、证券公司、保险公司以及综合性金融机构),控参股机构资产总额达到112万亿人民币,同比增长8%,控参股机构全年实现净利润合计1.1万亿人民币,同比增长3.4%,公司累计年化国有资本增值率为14.51%。截至2017年底,中投的资产总值超过9 400亿美元。

第三节　中国主权财富基金的投资绩效评价

国内外大量研究表明,机构投资者的投资对于股票价格可以产生显著影响,这种效应被称为投资的公告效应。根据有效市场假说,主权财富基金的投资效应会迅速反映到目标公司的股票价值上,通过对目标公司股票价值的分析可以判断市场对于主权财富基金投资行为的反应。主权财富基金作为一类特殊的机构投资者,其投资行为具有"双重特性":一方面,基金是市场化的投资主体,管理资本保值增值;另一方面,基金为实现国内经济发展目标,受国家政策影响而采取相应的战略投资,这一特性在基金投资于本土企业时更为显著。因此,本书选取中国主权财富基金对中国地区的投资数据研究中国主权财富基金的公告效应。首先,本书选取2015年第一季度至2017年第三季度共118笔中国主权财富基金对中国大陆地区的投资数据进行实证分析,检验中国主权财富基金对本土地区投资是否存在公告效应;其次,本书将目标企业分为国有企业和私有企业进行分样本检验,以考察中国主权财富基金的投资对两类企业的投资公告效应是否有差异。因为中国在战略性行业和关键产业的企业多为国有企业,而主权财富基金大多拥有政府背景,因此,将目标公司按照国有企业和私有企业进行划分,观察主权财富基金对两类企业投资后在市场上是否产生不同的反应,这为研究主权基金投资公告效应投资提供了一个绝佳视角。再次,2015年下半年中国股市经历了巨大波动,因此,本书选取2015年7月至12月的数据进行分析,检测中国主权财富基金在危机期间的投资是否有稳定市场、提高目标公司价值的作用。最后,本书以淡马锡控股公司对中国地区的投资为例,对比分析国外主权财富基金和中国主权财富基金在对中国地区企业投资时是否在投资公告效应方面存在差异。

一、模型设定及数据选取

（一）模型设定

本书借鉴杰森等分析主权财富基金投资效应所采用的研究方法，即采用事件研究法中应用最为广泛的市场模型对主权财富基金投资的公告效应进行实证分析。[13]市场模型假设个股股票的报酬率与市场报酬率间存在线性关系，并以市场报酬率建立股价报酬率之回归模式，公式如下：

$$R_{it} = \alpha_i + \beta_i R_{mt} + \varepsilon_{it} \tag{1}$$

其中 α_i 表示截距项，β_i 表示斜率，ε_{it} 表示残差项，R_{it} 表示 i 公司 t 期的报酬率，计算公式如下：

$$R_{it} = \frac{P_{i,t} - P_{i,t-1}}{P_{i,t-1}} \tag{2}$$

其中 $P_{i,t}$ 为股票 i 在 t 日的收盘价，$P_{i,t-1}$ 为股票 i 在 $t-1$ 日的收盘价。

R_{mt} 表示 t 期市场组合的报酬率，计算公式如下：

$$R_{mt} = \frac{e_{i,t} - e_{i,t-1}}{e_{i,t-1}} \tag{3}$$

其中 $e_{i,t}$ 为市场在 t 日的收盘指数，$e_{i,t-1}$ 为市场在 $t-1$ 日的收盘指数。在本文中使用股票市场指数收益率来代替市场组合的报酬率，由于本书中目标公司同时涉及沪市和深市上市公司，所以 R_{mt} 采用沪深 300 指数。

1. 在估计窗口内，对于每个目标公司的股票，运用 stata 软件进行回归分析，获得参数 α_i 和 β_i 的估计值 $\hat{\alpha}_i$ 和 $\hat{\beta}_i$。

2. 在事件窗口内，计算目标公司的股票的正常报酬率，公式如下：

$$E[R_{it(event)}] = \hat{\alpha}_i + \hat{\beta}_i R_{mt(event)} \tag{4}$$

我们用下标 event 表示我们使用的是事件窗口内的观察值。

3. 在事件窗口内，计算目标公司股票的超额收益率，公式如下：

$$AR_{it} = R_{it(event)} - E[R_{it(event)}] = R_{it(event)} - (\hat{\alpha}_i + \hat{\beta}_i R_{mt(event)}) \tag{5}$$

4. 计算平均超额收益率，公式如下：

$$AAR_t = \frac{1}{N}\sum_{i=1}^{N} AR_{it} \tag{6}$$

5. 计算累计平均超额收益率,公式如下:

$$CAR(t_1,\ t_2) = \sum_{t=t_1}^{t_2} AAR_t \tag{7}$$

(二) 数据选取及描述

根据主权财富基金研究所对中国主权财富基金的界定,[14]中国一共包括四支主权财富基金,分别为中国投资有限公司、华安投资有限公司、全国社会保障基金理事会和中非发展基金,截至 2018 年 1 月,中国四支主权财富基金总资产达到 16 810 亿美元(如表 6.8 所示)。[15]

表 6.8　中国主权财富基金概况(单位:亿美元)

中文名称	英文名称	成立年份	资产规模
中国投资有限责任公司	China Investment Corporation	2007	9 400
华安投资有限公司	SAFE Investment Company	1997	4 410
全国社会保障基金理事会	National Social Security Fund	2000	2 950
中非发展基金	China-Africia Development Fund	2007	50

数据来源:主权财富基金研究所,https://www.swfinstitute.org/sovereign-wealth-fund-rankings/,最后登录时间:2020 年 6 月 20 日。

通过主权财富基金研究所网站发布的数据,本书搜集到了 2015 年第一季度到 2017 年第三季度共 334 笔收购,由于公司退市、停牌、无法获取足够长的时间数据等、在估计窗口期间内数据缺失等原因最后得到了 118 个有效的收购数据。

1. 行业分布

本书对近 3 年的中国主权财富基金投资中国地区的 335 组收购数据进行分类处理,对目标企业所在行业分类,行业划分按照主权财富基金研究所所给出的行业进行整理分析(如图 6.15 所示)。中国主权财富基金更偏好投资工业企业,对工业企业的投资约占整体的 27%,排名第二、三的分别为消费品行业和材料行业,对两个行业投资的企业数分别约占整体 23% 和 14%,而对于属于战略性行业的能源行业和金融行业,投资的次数并不多,这是因为 2008 年金融危机爆发期间,包括中国在内的发展中国家主权基金对金融和能源行业进行了大规模的投资,后危机时代,这两个行业对资金的需求有所下降，主权基金对这两个行业的投资也逐渐饱和。

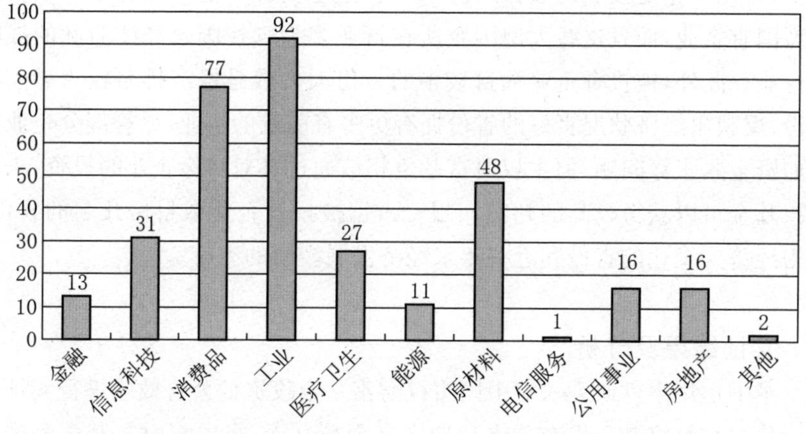

数据来源：主权财富基金研究所，https://www.swfinstitute.org/transactions，最后访问时间：2020 年 6 月 20 日。

图 6.15　中国主权财富基金投资行业分布(2015 第一季度年至 2017 年第三季度)

2. 区域分布

中国主权财富基金对中国大陆以及香港地区的投资分布如图 6.16 所示。在 334 组收购数据中，中国主权财富基金的投资区域共计包括 20 个省份、4 个直辖市、3 个自治区和 1 个特别行政区。如图 6.16 所示，中国主权

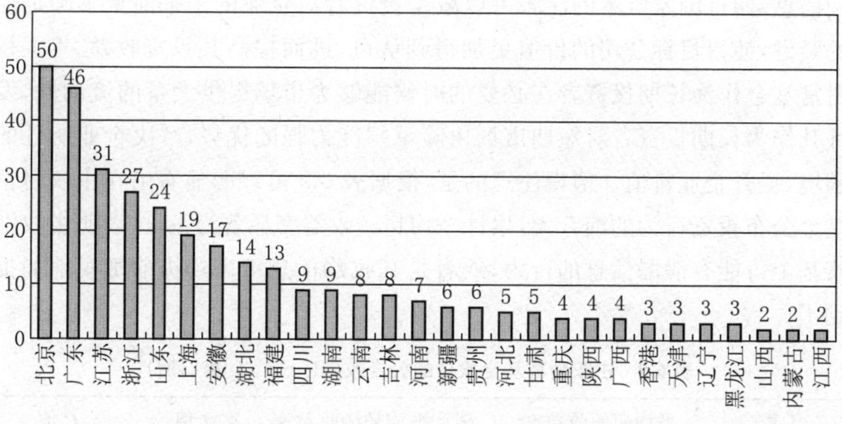

数据来源：主权财富基金研究所，https://www.swfinstitute.org/transactions，最后访问时间：2020 年 6 月 20 日。

图 6.16　中国主权财富基金投资地区分布(2015 第一季度至 2017 年第三季度)

财富基金对北京企业的投资项目数是最多的，共计 50 项，在 335 组收购项目中，对北京企业投资的数目约占 15%。这主要源于北京拥有较多数目的大型国有企业，而且这些大型国企所在行业多为管控国家经济命脉的战略性行业。此外，被投资企业数目较多的省份大多数是经济排名较为靠前的省份，反映出经济状况良好的省份拥有更多有前景的企业，尽管部分企业存在如资金紧张等问题，但主权财富基金相信通过其对目标企业的投资，未来主权基金可以获得较高的超额回报。占据被投资企业数目后几名的省份，多为经济欠发达的省份和近些年来经济发展缓慢的省份。

二、实证结果及分析

本书运用事件研究法对中国主权财富基金投资的公告效应进行实证分析。将主权财富基金发布公告日期定义为第 0 天，将主权财富基金公告日的[－70，－11]天记为估计窗口，以这 60 天的数据计算事件窗口期内的预期收益率，本书将[－5，5]、[－10，10]两个时间段为事件窗口期，以此来进行实证分析。

（一）中国主权财富基金投资的公告效应在[－5，5]窗口期的反应

由表 6.9 可见，在[－5，5]窗口期内，累计平均超额收益率达到 2.82%，在窗口期内的大部分时间内是统计显著的。陈超认为，主权财富基金投资有助于提升被投资方“声誉价值”，向市场上的投资者传递被投资公司的有利信息，而且国家资本的注入可以减少投资者对企业的未来前景不确定性的疑虑，使得目标公司的价值更加得到认可，进而提高其投资收益。[16] 主权财富基金作为长期投资者在必要的时候能够为市场提供大量的流动性，发挥其作为长期投资者对短期市场风险承担能力强的优势，解决企业所处的困境，提升企业价值。值得注意的是，根据表 6.9 可以明显看出在主权财富基金公布投资行为的前 5 天，累计平均超额收益率显著为正，这表明主权财富基金可能有泄漏信息的行为，或者是其收购信息被市场提前敏锐地捕捉到了。

表 6.9　主权财富基金投资的公告效应（[－5，5]窗口期）

天数	平均超额收益率	累计平均超额收益率	*t* 值	*P* 值
－5	0.38%	0.38%	1.77	0.079
－4	0.44%	0.81%	2.34	0.021

续表

天数	平均超额收益率	累计平均超额收益率	*t* 值	*P* 值
-3	-0.29%	0.52%	1.25	0.215
-2	0.58%	1.10%	2.12	0.037
-1	0.13%	1.24%	2.01	0.047
0	-0.40%	0.83%	1.4	0.163
1	0.69%	1.52%	2.38	0.019
2	0.23%	1.75%	2.52	0.013
3	0.21%	1.95%	2.64	0.009
4	0.89%	2.84%	3.35	0.001
5	-0.02%	2.82%	3.19	0.002

（二）中国主权基金投资的公告效应在[-10，10]窗口期的反应

由表6.10可见，在主权财富基金公布其投资行为的前10天和后7天里，平均超额收益有13天为正，4天为负，累积平均超额收益显著为正。但是第8天开始，平均超额收益变为负值，累积平均超额收益开始下降，到第10天时，累计平均超额收益率不再显著。尽管事件窗口期扩大到了[-10，10]天，但是累积平均超额收益率在窗口期的大多数时间内依旧处于相当显著的水平，充分表明，中国主权财富基金在投资中国企业的时候确实有显著的公告效应，市场对其行为作出了积极的判断，提升了公司的股价。主权财富基金的公告效应充分反映出对市场投资者信心提振的作用较为明显。

表6.10　主权财富基金投资的公告效应([-10，10]窗口期)

天数	平均超额收益率	累积平均超额收益	*t* 值	*P* 值
-10	0.82%	0.82%	4.91	0.000
-9	-0.04%	0.78%	2.77	0.006
-8	0.19%	0.97%	2.31	0.022
-7	0.94%	1.91%	3.45	0.001
-6	-0.29%	1.63%	2.8	0.006
-5	0.38%	2.00%	3.28	0.001
-4	0.44%	2.44%	3.59	0.000
-3	-0.29%	2.15%	3.08	0.003
-2	0.58%	2.73%	3.45	0.001
-1	0.13%	2.86%	3.24	0.002
0	-0.40%	2.46%	2.8	0.006
1	0.69%	3.15%	3.42	0.001
2	0.23%	3.37%	3.4	0.001

续表

天数	平均超额收益率	累积平均超额收益	t 值	P 值
3	0.21%	3.58%	3.5	0.001
4	0.89%	4.46%	3.95	0.000
5	−0.02%	4.44%	3.82	0.000
6	−0.27%	4.17%	3.52	0.001
7	0.28%	4.45%	3.66	0.000
8	−0.51%	3.94%	3.22	0.002
9	−0.33%	3.61%	2.87	0.005
10	−1.77%	1.84%	1.54	0.127

（三）中国主权财富基金对国有企业和私有企业投资的公告效应

由于主权财富基金天生的主权特性和低透明度问题，主权财富基金的投资一直被认为是出于政治目的，如李峰和宋玉华认为，我国主权财富基金肩负着改造国有企业、提高国内企业国际化水平的艰巨任务。[17]国有企业在中国的经济发展中有着举足轻重的作用，因此，研究主权财富基金投资对于国有企业的公告效应具有重要的实践意义。因而本部分将目标企业按国有企业和私有企业进行划分，观察中国主权财富基金对国有企业和私有企业的投资公告效应有何不同。本书将118组收购数据进行划分，其中目标公司为国有企业的数据有76组，目标公司为私有企业的数据有42组。

由表6.11可见，中国主权基金对国有企业和私有企业的投资公告效应有显著差异。对于国有企业而言，在主权基金公布其投资后，第1天至5天的平均超额收益为正，累积平均超额收益在窗口期内一直为正。在公布其投资后的第1天至8天中，累积平均超额收益在1%的水平上显著。通过分析得出，在主权基金投资国企后，提升了目标公司的价值，提升了市场对于目标企业的信心。对于私有企业而言，在主权基金公布其投资后，目标企业的平均超额收益并没有明显的趋势，且累积平均超额收益在投资前后均不显著。分析国有企业和私有企业产生如此明显差别的原因：一是我国主权基金本身就肩负着改造国企的任务，而且即使在不了解我国主权基金投资动机的情况下，因为同属于国有企业，同服务于国家战略，市场投资者也会愿意相信对国企的投资行为会增加目标企业未来价值；二是国有企业把控着国家经济命脉，主权基金实力强大、运作灵活，两种企业的强强联合会强化市场的信心，增加目标企业价值；三是我国主权基金对于私有企业投资并没有明显的公告效应，可能是市场投资者无法了解主权基金投资动机、投资策略等，进而导致市场没有增加对私有企业未来前景的预期；四是由于主权基金对私有企业进行股权投资，市场可能会担心主权基金持股比例较大进而会出现损害中小投资者的事情，进而下调对于目标公司未来价值上升的期望。

表 6.11　主权财富基金投资国企和私企的公告效应

目标公司为国有企业				目标公司为私有企业			
天数	平均超额收益	累积平均超额收益	P 值	天数	平均超额收益	累积平均超额收益	P 值
−10	1.03%	1.03%	0.000	−10	0.45%	0.45%	0.121
−9	−0.08%	0.94%	0.008	−9	0.03%	0.48%	0.323
−8	0.15%	1.09%	0.043	−8	0.26%	0.74%	0.286
−7	1.02%	2.12%	0.003	−7	0.80%	1.54%	0.099
−6	−0.27%	1.85%	0.015	−6	−0.32%	1.22%	0.194
−5	0.37%	2.21%	0.005	−5	0.39%	1.61%	0.123
−4	0.44%	2.66%	0.001	−4	0.43%	2.04%	0.108
−3	−0.31%	2.35%	0.003	−3	−0.27%	1.78%	0.207
−2	0.69%	3.04%	0.001	−2	0.40%	2.17%	0.163
−1	0.04%	3.08%	0.002	−1	0.29%	2.46%	0.171
0	−0.49%	2.59%	0.011	0	−0.24%	2.22%	0.202
1	0.83%	3.41%	0.002	1	0.44%	2.67%	0.144
2	0.49%	3.90%	0.002	2	−0.25%	2.42%	0.184
3	0.29%	4.19%	0.001	3	0.05%	2.47%	0.187
4	1.25%	5.44%	0.000	4	0.23%	2.70%	0.198
5	0.04%	5.48%	0.000	5	−0.14%	2.56%	0.247
6	−0.23%	5.25%	0.000	6	−0.34%	2.22%	0.315
7	0.22%	5.48%	0.000	7	0.37%	2.59%	0.25
8	−0.69%	4.78%	0.002	8	−0.18%	2.41%	0.271
9	−0.74%	4.04%	0.01	9	0.42%	2.83%	0.213
10	−2.19%	1.86%	0.205	10	−1.02%	1.81%	0.400

（四）中国主权财富基金在危机期间投资的公告效应

2015 年下半年开始，中国股市从牛市走向了熊市，甚至在一天内出现了千股跌停的场面，为验证主权财富基金的投资是否可以解决目标公司的困境，进而提升公司价值，本书选择了 2015 年下半年的 57 组数据进行实证分析以观测我国主权财富基金投资目标公司的公告效应。

由表 6.12 可见,在公告日前后的 10 天中,累计平均超额收益率均在 1%水平上显著为正。中国主权财富基金 2015 年下半年共进行了 181 笔投资,相较于 2015 年上半年度的 15 笔投资,涨幅高达 1 106.7%,基金在危机时刻选择大幅度增加其投资,表明基金偏好在危机期间进行投资。主权财富基金在危机期间大幅度增加对国内企业的投资无论对缓解国内企业所处困境还是稳定金融市场都具有十分重要的意义。首先,大量的资金流入金融市场,对金融市场的稳定起到至关重要的作用;其次,主权财富基金的投资不仅为市场提供了大量流动性,而且也为市场注入了信心,缓和了当时动荡的局面。最后,主权财富基金作为长期的机构投资者,可以对目标公司实行有效的监督,同时帮助目标公司的管理层改善企业经营管理所存在的薄弱环节,进而提高公司未来的价值。

表 6.12　主权财富基金投资在危机期间的公告效应

天数	平均超额收益率	累积平均超额收益	*t* 值	*P* 值
−10	1.72%	1.72%	7.54	0.000
−9	0.23%	1.95%	4.06	0.000
−8	0.57%	2.52%	3.53	0.001
−7	1.49%	4.01%	4.34	0.000
−6	−0.34%	3.67%	3.68	0.001
−5	1.01%	4.68%	4.69	0.000
−4	0.83%	5.51%	4.90	0.000
−3	−0.44%	5.07%	4.42	0.000
−2	1.03%	6.10%	4.61	0.000
−1	0.76%	6.86%	4.64	0.000
0	−0.75%	6.11%	4.05	0.000
1	0.61%	6.72%	4.26	0.000
2	0.29%	7.01%	4.25	0.000
3	−0.28%	6.73%	4.07	0.000
4	1.33%	8.06%	4.43	0.000
5	0.09%	8.15%	4.25	0.000
6	0.06%	8.21%	4.15	0.000
7	0.54%	8.75%	4.38	0.000
8	−0.89%	7.86%	3.98	0.000
9	−0.36%	7.50%	3.70	0.000
10	−3.38%	4.12%	2.14	0.037

（五）淡马锡对于中国地区投资的公告效应

淡马锡控股公司（简称淡马锡）成立于1974年，是由新加坡财政部负责监管注册的一家控股公司。本书根据2015年到2017年淡马锡对中国大陆以及香港地区的投资数据进行分析（如图6.17所示），根据目标企业所在行业进行划分，发现淡马锡偏好于投资中国的高新技术行业，其对信息科技行业的投资达到9个，医疗卫生、金融业是淡马锡投资第二、第三多的行业。通过对29笔数据整理分析得出，有6家为国有企业，23家私有企业，且6家国有企业中有4家是金融业、2家是医药业、1家是基础建设企业，23家私有企业中大多数都是互联网行业。通过对以上整理分析得出，淡马锡在对中国的投资中，主要专注于投资国内的战略性行业和高科技产业。

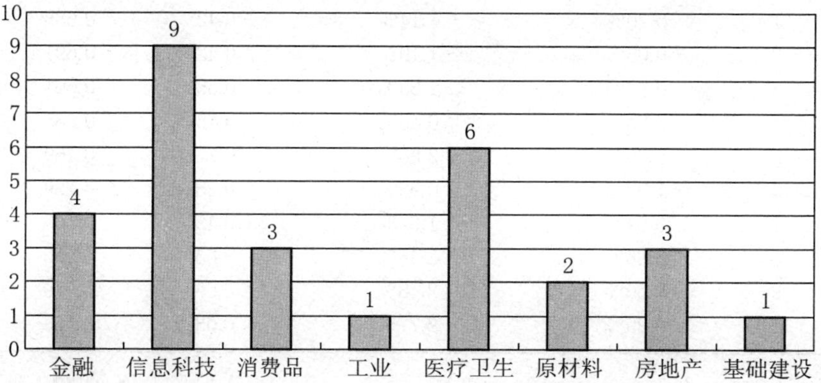

数据来源：主权财富基金研究所，https://www.swfinstitute.org/transactions，最后访问时间：2020年6月20日。

图6.17　淡马锡对中国大陆以及香港地区投资分布（2015第一季度至2017年第三季度）

由表6.13可见，淡马锡的投资并没有显著的公告效应，公众并没有对淡马锡的投资有明显的看好行为，主要原因可概括为三点。第一，淡马锡作为外国投资者，公众可能担心其有随时撤资的可能。第二，淡马锡投资最多的行业是互联网行业，而从目前来看互联网行业泡沫较为严重，公众并不看好淡马锡的这些投资。第三，鉴于主权基金的"双重属性"，一方面，基金是市场化的主体，建立的初衷是通过多元化的投资获取收益；另一方面，主权财富基金在制定投资战略时会考虑国家利益，为本国经济发展战略目标服务，作为新加坡的主权基金，公众并不了解淡马锡的投资目的和策略等，作为外国机构投资者，导致国内市场对其不信任。

表 6.13　淡马锡投资的公告效应

天数	平均超额收益率	累计平均超额收益率	t 值	P 值
-10	-0.95%	-0.95%	-1.22	0.270
-9	0.40%	-0.55%	-0.40	0.702
-8	-0.68%	-1.23%	-1.11	0.308
-7	0.55%	-0.68%	-0.94	0.384
-6	0.28%	-0.40%	-0.29	0.780
-5	-1.84%	-2.24%	-1.38	0.218
-4	0.59%	-1.65%	-1.00	0.358
-3	-0.21%	-1.86%	-1.07	0.326
-2	0.67%	-1.19%	-0.51	0.628
-1	-0.47%	-1.66%	-0.75	0.483
0	0.31%	-1.34%	-0.54	0.606
1	0.20%	-1.14%	-0.42	0.688
2	-0.05%	-1.19%	-0.42	0.691
3	-0.36%	-1.55%	-0.55	0.601
4	2.03%	0.48%	0.15	0.885
5	2.38%	2.86%	0.77	0.469
6	-1.93%	0.93%	0.28	0.789
7	0.69%	1.62%	0.45	0.668
8	0.86%	2.48%	0.63	0.555
9	0.00%	2.48%	0.59	0.579
10	0.29%	2.77%	0.63	0.553

(六) 小结

通过对中国主权财富基金对中国地区的 118 组投资项目进行实证分析，结果表明，无论事件窗口期是[-5, 5]还是[-10, 10]天，在窗口期目标公司的累计平均超额收益率在多数时间内显著为正，表明中国主权财富基金投资提升了目标公司价值。在将目标公司分为国有企业和私有企业进行实证分析，发现对国有企业投资后，目标公司的累计平均超额收益率显著为正，而私有企业并不存在这种情况。对 2015 年下半年的投资数据进行实证分析表明，主权财富基金的投资改善了目标公司所处的困境，对稳定股市具有十分明显的效果。作为对照组的淡马锡公司的实证结果表明，淡马锡对中国地区的企业的投资并没有显著的公告效应。

实证结果对未来中国主权财富基金的投资策略选择，以及中国企业接受国内外主权财富基金的投资决策也具有一定的借鉴意义。

首先，实证结果表明，中国主权财富基金对国有企业投资后具有显著的公告效应，表明资本市场对于公司的未来预期前景感到乐观。近年来，中国主权财富基金更是加大了对国有控股商业银行的投资力度。截至 2017 年 12 月 31 日，汇金公司（中投公司下属的机构）控股、参股 17 家金融机构（包括银行、证券公司、保险公司及综合性金融机构），且金额前五位的金融机构（中国建银投资有限责任公司、中国银河金融控股有限责任公司、中国出口信用保险公司、中国再保险（集团）股份有限公司、建投中信资产管理有限责任公司）的持股比例均超过 70%。主权财富基金的投资可以为企业带来充足的资金流，而主权财富基金的回报率也会因此提升。但我们也应注意到，国有股权比例过高不利于国有控股商业银行公司治理结构的改善，会导致国有控股商业银行的股权结构更加集中，并进一步削弱中小股东的作用。

其次，通过对 2015 年“股灾”后中国主权财富基金的投资数据进行实证分析，发现主权财富基金确实可以显著地提高目标公司价值，改善其所处的困境，主权财富基金作为长期投资者具有稳定、庞大的现金流，在经济危机期间可以为资本市场注入流动性，改善企业经营状况。

最后，近年来，全球的主权财富基金对新兴市场国家和地区的企业产生了浓厚的投资兴趣，中国商业银行、证券公司等金融机构也成为了最具吸引力的目标企业。当国外主权财富基金对中国企业进行投资时，应敦促其披露相关信息，一方面可以帮助削弱公众对于其投资的偏见，另一方面也有助于提高其投资回报率。与此同时，我们也需要注意的是，虽然国外主权财富基金等境外战略投资者可以为机构提供庞大的资金流、完善治理结构和提高治理水平等，但境外战略投资者的大规模撤资可能会对相关机构和资本市场产生非常大的冲击。如 2009 年，淡马锡大规模减持中国国有控股商业银行的股权，对中国的资本市场造成了很大的冲击。因此，企业在引入境外战略投资者也要注意相关风险。一是部分境外战略投资者投资行为的短期化，如当持股银行盈利能力下降，境外战略投资者可能会抛售资产以实现利益最大化；二是当境外战略投资者占有相关企业一定股权比例时，可能对国家金融安全等具有潜在威胁。

注　释

1. IMF, “Guidelines for Foreign Exchange Reserve Management,” September 20, 2001, https://www.imf.org/external/np/mae/ferm/eng/index.htm，最后访问

时间:2020 年 6 月 20 日。IMF, "Guidelines for Foreign Exchange Reserve Management: Accompanying Document," March 26, 2003, https://www.imf.org/external/np/mae/ferm/2003/eng/index.htm,最后访问时间:2020 年 6 月 20 日。

2. 国家外汇管理局官网,http://www.safe.gov.cn/safe/2018/0612/9313.html,最后访问时间:2020 年 6 月 13 日。

3. 同上。

4. 资本损失是指投资者对资产高买低卖而产生的账面损失。这里指当国际储备货币(如美元、欧元、日元)对本币贬值时,一国持有价值下跌的外汇储备所造成的账面损失。

5. 重估成本是指为了冲销外汇资本而发行以本币计价的证券票息,与换算成本币的国际储备收益之间的差额。

6. 世界银行:《2010 年全球经济展望:危机、金融与增长》,王辉等译,中国财政经济出版社 2010 年版,第 111 页。

7. 依据中国投资有限责任公司 2008 年、2009 年、2010 年、2011 年、2012 年年度报告整理。

8. 中投在纽约还设立了一个代表处,之前在加拿大也设立了一个代表处,但因投资绩效不理想等原因撤销了。

9. 资料来源:中国投资有限责任公司 2017 年年度报告。

10. 资料来源:中国投资有限责任公司 2017 年年度报告。

11. 中投在股票、债券、多资产等主要公开市场资产大类以及动态资产配置调整机制下设有自营团队。

12. 资料来源:中国投资有限责任公司 2017 年年度报告。

13. Jason Kotter, Ugur Lel, "Friends or Foes? Target Selection Decisions of Sovereign Wealth Funds and Their Consequences," *Journal of Financial Economics*, Vol.101, No.2, 2011, pp.360—381.

14. 此处选取广义的主权财富基金的界定。

15. 主权财富基金研究所,https://www.swfinstitute.org/sovereign-wealth-fund-rankings/,最后访问时间:2020 年 6 月 20 日。

16. 陈超:《主权财富基金的五重"比较优势"》,载《金融发展评论》2011 年第 7 期,第 144—145 页。

17. 李锋、宋玉华:《中国主权财富基金的投资绩效研究》,载《经济理论与经济管理》2012 年第 2 期,第 54—60 页。

第七章
中国其他主权投资基金

当前中国对外投资增长迅速，拥有政府背景的主权投资基金纷纷成立，成为境外投资的重要力量。本章通过对中国其他几支主要的主权投资基金的整体发展情况作梳理，分析各主权投资基金的共性与差异。一方面，各主权投资基金在成立背景、资金筹集来源及规模、投资方式、投资行业和地域等方面存在巨大差异。另一方面，各主权投资基金在运营过程中都开始重视合作投资，加强对基础设施建设的投资，并且倾向与"一带一路"倡议的对接。明确各基金设立目标和主要职能的异同之处，才能使基金各司其职，助力"一带一路"建设与中国海外投资。

第一节　丝路基金有限责任公司

一、丝路基金的成立背景和发展现状

（一）丝路基金的成立背景

2014年12月，丝路基金有限责任公司（以下简称"丝路基金"）在北京注册成立。如图7.1所示，丝路基金的资金规模计划达到400亿美元，首期资金100亿美元分别由国家外汇管理局（65亿美元）、中国进出口银行（15亿美元）、中投（15亿美元）和国家开发银行（5亿美元）共同出资提供。中国建立丝路基金的目的主要是利用资金直接支持"一带一路"建设，习近平总书记阐述了建设丝路基金的初衷：以建立融资平台为抓手，打破亚洲互联互通的瓶颈。丝路基金将秉承"开放包容，互利共赢"的理念，重点致力于"一

带一路”框架内的经贸合作，为双边多边互联互通提供融资支持，与境内外企业、金融机构一道，促进中国与“一带一路”沿线国家和地区实现共同发展。[1]“一带一路”是一个广阔的朋友圈，所有感兴趣的国家都可参与其中，但参与“一带一路”中的各国多是发展中国家，普遍面临资金短缺的问题，中国通过丝路基金为“一带一路”沿线国家提供经济发展所必需的资金，同时加快中国与“一带一路”沿线国家实现互联互通，进而推动经济增长实现互利共赢。

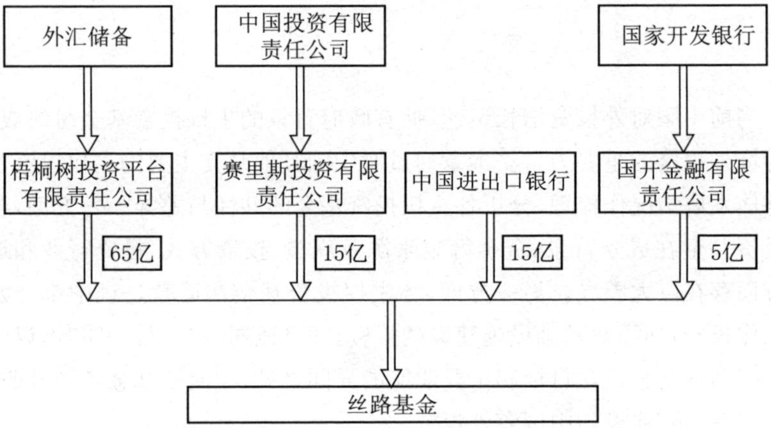

数据来源：中投网官网，https://www.chinaventure.com.cn/cmsmodel/report/detail/1286.shtml，最后访问时间：2020 年 6 月 26 日。

图 7.1　丝路基金首期资本金来源

由于中国的主权财富基金和丝路基金的资金来源均属于国家资本，因而很多人会将丝路基金和主权财富基金进行比较，但两个基金在资金来源和投资目的方面差异还是比较明显的。第一，主权财富基金和丝路基金成立的资金来源并不相同。中国主权财富基金的资金多来源于外汇储备盈余或者是特别国债的发行，如中投公司的初始资金是通过财政部发行 1.55 万亿元人民币特别国债筹集的，而丝路基金首轮 100 亿美元的资金来源于国家外汇管理局、中国进出口银行、中投和国家开发银行。第二，在投资行业方面，主权财富基金投资领域非常广泛，包括消费品、医疗卫生、工业、金融等各个行业，而丝路基金在投资领域上，主要投资于基础建设、资源开发、产能合作等。

（二）丝路基金的发展现状

在初始资金 400 亿美元的基础上，中国为加大对“一带一路”的支持，向丝路基金增资1 000亿元人民币，1 000亿元的增资体现了中国政府建设“一带一路”的坚强决心。截至2017年12月，丝路基金已经签约了17个项目，承诺投资约70亿美元，支持项目总投资达800亿美元。

如图7.2所示，截至2017年5月，共有52支丝路基金成立，其总规模达到3 081.55亿元人民币，其中有1 615.25亿元来自国家资本，1 069.5亿元是省级政府及国有企业划拨而来，而剩下的396.8亿元来源于社会资本。

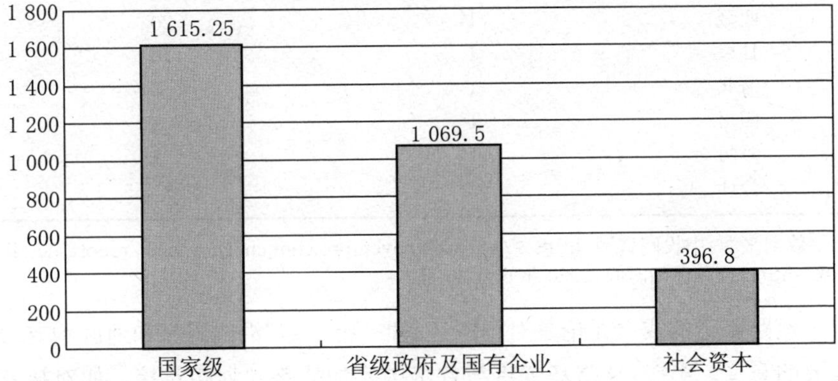

数据来源：中投网官网，https://www.chinaventure.com.cn/cmsmodel/report/detail/1286.shtml，最后访问时间：2020年6月26日。

图7.2 不同层级的丝路基金金额(单位：亿元)

如表7.1所示，在地区分布上，广东省基金数量一枝独秀，达到18支，紧随其后的是新疆和北京，分别为5支和4支。在丝路基金规模上，由于丝路基金总部位于北京，所以位于北京的丝路基金规模最大，达到1 630.25亿元，占总规模的50%以上。广东、江苏、天津、河南紧随北京之后，其规模分别达到302.5亿元、233.8亿元、200亿元和100亿元。

表7.1 丝路基金的地区分布

省 份	基金数量(支)	规模(亿元)
广东	18	302.5
新疆	5	88.5
北京	4	1 630.25
陕西	4	306
江苏	4	233.8
上海	2	66

续表

省　份	基金数量(支)	规模(亿元)
浙江	2	41
宁夏	2	30.5
山东	2	30
福建	2	8.5
天津	1	200
河南	1	100
西藏	1	20
甘肃	1	10
河北	1	8.5
四川	1	5
海南	1	1
合计	52	3 081.55

数据来源:中投网官网,https://www.chinaventure.com.cn/cmsmodel/report/detail/1286.shtml,最后访问时间:2020 年 6 月 26 日。

丝路基金的成立无论是对中国还是“一带一路”沿线国家和地区均有着重要的意义。第一,丝路基金将与各个国家的战略规划相对接。如对接欧洲的“容克计划”、俄罗斯“创新发展计划”、哈萨克斯坦“光明大道”计划等,助推各国发展自己亟待改善的产业,实现产业布局合理化,加快各国工业化、城镇化进程,提升各国的经济发展水平。第二,为“一带一路”建设提供资金融通。目前“一带一路”建设沿线国家涉及的大部分是基础设施、资源开发和产能合作等领域,这些领域的项目特点是资金需求较高、回报周期较长等,基金可以为项目提供充足的融资。第三,拉动中国经济增长。丝路基金对“一带一路”沿线国家的投资可以带动中国企业的海外投资,促进中国企业的出口,加速化解中国过剩产能。第四,履行中国责任,展现大国风范。中国并没有走资本主义国家的老路,通过殖民、战争等手段来实现国家的发展,中国将走一条共同富裕的道路,中国在自身发展的同时绝不忘记自己的朋友,力图让其他国家搭上中国这辆飞速发展的快车。

二、丝路基金的运营策略和特点

在投资策略方面,丝路基金的定位是中长期开发投资基金,主要为涉及“一带一路”的项目提供投融资服务。丝路基金的投资类型以股权投资为主,也可进行债券、基金、贷款等投资,并且可以与其他金融机构共同建立投资基金以资产委托等方式进行投资。丝路基金已与国际金融公司、欧洲投资银行、欧洲复兴开发银行等机构探索开展合作，与30多个国家(地区)政府部门和20多个国家驻华使领馆、代表处建立工作联络，并与国内外金融机构和重点行业中的领先企业建立起稳固的合作关系。截至2017年12月，在已经签约了的17个项目中，丝路基金的重点投资领域主要包括基础设施、资源开发、产能合作、金融合作等，投资区域覆盖亚洲、欧洲、非洲、美洲等地区(见表7.2)。[2]

表7.2　丝路基金的主要投资活动(2015年4月至2018年7月)

时　　间	合作方	投资内容
2015年4月	三峡集团	巴基斯坦水电项目
2015年6月	中国化工	中国橡胶国际控股(香港)有限公司
2015年9月	俄罗斯国家开发、对外经贸银行和俄罗斯直接投资基金	在基础设施、电力和能源等领域共同投资
2015年9月	—	俄罗斯亚马尔液化天然气一体化项目的最大股东诺瓦泰克公司
2015年12月	中国出口信用保险公司	共同加大对“一带一路”建设的金融支持力度，促进中国企业“走出去”
2015年12月	哈萨克斯坦巴伊捷列克国家控股公司	寻求产能、创新、信息技术等优先领域合作
2015年12月	哈萨克斯坦出口投资署	丝路基金出资20亿美元建立中哈产能合作专项基金
2016年1月	沙特国际电力与水务公司	签订共同投资开发阿联酋与埃及电站的协议
2016年6月	欧洲能源利用有限公司、北京控股有限公司	签订绿色环保能源利用协议，支持在中国和欧洲开展固废环保业务
2016年6月	欧洲复兴开发银行	达成合作协议寻求共同投资机会
2016年6月	葛洲坝集团、塞尔维亚政府	水电、生物质等可再生能源领域
2016年11月	中国国家开发银行、俄罗斯西布尔控股公司	签署收购西布尔公司少数股权的非约束性框架协议
2016年11月	基金会资本全球集团、中国国际金融股份有限公司、东方汇理资产管理公司	丝路基金将投资入股基金会资本全球集团的基金管理公司
2017年6月	欧洲投资基金会	签署了促进共同投资框架备忘录
2017年6月	上合组织银联体	签署了关于伙伴关系基础的备忘录
2017年7月	—	完成收购意大利高速公路5%股权交易

续表

时 间	合作方	投资内容
2017 年 11 月	通用电气	丝路基金与通用电气旗下美国通用电气公司能源金融服务在京签署“成立能源基础设施联合投资平台合作协议”
2018 年 6 月	哈萨克斯坦阿斯塔纳国际金融中心	签署战略合作伙伴备忘录
2018 年 6 月	—	认购阿斯塔纳国际交易所的部分股权
2018 年 6 月	乌兹别克斯坦国家石油天然气控股公司	签署合作协议
2018 年 6 月	乌兹别克斯坦对外经济银行	签署合作备忘录
2018 年 7 月	欧洲投资基金	签署《关于中欧共同投资基金首单项目落地与继续深化合作的谅解备忘录》，宣布中欧共同基金投入实质性运作
2018 年 7 月	—	丝路基金同迪拜水电局交换与沙特国际电力和水务公司共同投资迪拜光热电站项目协议

丝路基金的资产配置类型包括股权投资、债权投资、基金投资以及其他类型投资，丝路基金未来将逐步从以债权为主的投资方式转向以股权投资为主的投资方式(见表 7.3)。[3]

表 7.3 丝路基金的投资类型

类 型	内 容
股权投资	绿地和棕地股权出资、企业并购和资产收购(M&A)股权出资、首次公开募股和 Pre-IPO 投资、优先股投资等，丝路基金将以股权投资为主，股权投资比例超过 70%。
债权投资	贷款、债权投资(含次级债、可转债)、夹层投资等。
基金投资	公司可设立子基金开展自主投资，与国际金融机构、境内外金融机构等发起设立共同投资基金，也可投资于其他基金。
其他类型投资	公司可进行资产受托管理、对外委托投资等。

丝路基金未来也将在基础设施、资源开发、金融合作等领域展开投资。第一，基础设施建设。改革开放以来，中国的经济飞速增长，交通运输、桥梁、通信、水利、港口、机场等基础设施都非常完备，在基础设施领域无论是技术还是设备等都处于世界先进水平，而“一带一路”沿线国家多为发展中国家，其基础设施存在明显短板且需求旺盛，因此中国和“一带一路”沿线国

家在基础设施领域将展开广泛合作。第二，资源开发。在"十二五"期间，中国资源开发利用取得了巨大的进步，形成了一批具有世界先进水平的技术创新成果。"一带一路"沿线国家和地区多为能源储备较为丰富的国家，但是因为其技术、设备较为缺乏，因而开发不足。此外，新能源、清洁能源领域的技术进步使成本逐渐降低，因此未来丝路基金将和"一带一路"沿线国家和地区在资源开发领域展开积极合作。第三，金融合作。丝路基金可提供沿线国家和地区所急需的长期的贷款和股权投资，未来丝路基金与沿线国家和地区的金融合作也将是战略成功实施的关键。

第二节　中非发展基金

一、中非发展基金的成立背景和发展现状

（一）中非发展基金的成立背景

中非发展基金是在 2006 年中非合作论坛北京峰会召开期间，政府宣布的对非务实合作 8 项举措之一，是支持中国企业展开对非合作、开拓非洲市场而设立的专项基金，于 2007 年 6 月 26 日正式开始运行。基金的初始规模为 50 亿美元，首期 10 亿美元由国家开发银行提供，为支持中非"十大合作计划"实施，2015 年 12 月，习近平主席在中非合作论坛上宣布为基金增资 50 亿美元。

中非发展基金是中国推动中非新型战略伙伴关系的新举措，秉承如下理念：致力于搭建中非经贸合作的桥梁与纽带；致力于增加非洲发展的"造血"机能；积极履行社会责任；以市场化运作促进中非互利共赢。中非发展基金的成立契合中非共同发展、构建命运共同体的需要，基金的建立见证和促进了中非合作的蓬勃发展。

（二）中非发展基金的发展现状

中非发展基金是中国第一支专注于对非投资的主权投资基金，目前中非发展基金的资金规模达到 100 亿美元，成立 12 年以来，基金投资金额超过 46 亿美元，带动中国对非投资超过 230 亿美元，中非发展基金投资项目分布在非洲的 36 个国家，将主要投资于产能合作、基础设施、农业民生、资源开发等领域，可增加非洲当地出口 58 亿美元、税收 10 亿美元，超过 870

万人受益。中非基金与企业合作的项目有效带动了当地的经济发展，如基金与一汽集团合作的南非汽车组装厂项目，总统祖马称项目打造了“南非的底特律”。

“一带一路”倡议的提出赋予了中非合作新的内涵，也为中非发展基金带来了新的机遇。“一带一路”倡议与非洲地区的发展高度契合，非洲大陆是发展中国家最集中、年龄结构最年轻的大陆，未来非洲大陆有广阔的发展空间。但是目前来看，非洲国家基础设施缺乏严重、工业化进展缓慢，“一带一路”倡议将会对非洲国家工业化、基础设施、产能合作等领域起到至关重要的作用。中非发展基金作为对非投资的先行者，将会起到先锋作用。

此外，中非发展基金一直致力于提供咨询服务。中非发展基金的咨询业务同时服务于中国和非洲的政府、机构及企业等，服务涉及融资、管理、信息等各方面内容，旨在提高中非投资管理水平，帮助中国企业进入非洲投资，同时也欢迎非洲企业来到中国投资，中非基金的服务内容主要包括：第一，信息咨询。中非发展基金主要为中国企业进入非洲提供行业信息、法律信息、国别信息等，同时也为非洲企业进入中国提供相应的咨询服务。第二，桥梁纽带。基金为中国企业进入非洲和非洲企业进入中国牵线搭桥，寻找适合投资的项目，起到中间纽带作用。第三，融资服务。基金可以对需要资金的企业提供资金帮助，帮助其设计融资方案，寻找资金来源等。第四，并购和上市。基金将会为投资公司和被投资公司提供并购服务，提供被投资公司鉴别、评估和协商并购等事项，设计并购方案等，同时为被投资公司的上市提供相关帮助。第五，经营管理。基金长期在非投资积攒了大量的投资、管理经验，可以提供人员培训，提高企业的风险管理能力等。

中国政府设立中非发展基金具有重要的意义。第一，巩固中非伙伴关系，深化务实合作。基金在成立的10余年里，积极帮助中国企业进入非洲投资，在非洲投资了一批有代表性的项目。例如，埃及苏伊士经贸园区项目、尼日利亚莱基自贸区项目、埃塞皮革厂项目、南非汽车组装厂项目、非洲数字电视项目等。这一批项目得到了中国高层和非洲各国的领导积极认可，未来中国将不断加大对非投资，扩大中非友谊深化务实合作。第二，引领中国产能和装备走出去。基金将做好中国先进产能、装备和技术走进非洲的引领者，引导中国的过剩产能与非洲的基础设施领域相结合，实现中非互利共赢的美好局面。第三，中非发展基金的成立填补了中非合作领域的空白。中非之间传统的合作主要是以贸易、工程承包等传统合作模式，基金弥补了传统模式下无偿援助和贷款之间的空白，在不加重非洲国家债务的情况下，基金将通过市场化方式服务中非可持续发展，基金将根据高层确立的投资政策对投资项目进行选择，按照投资决策程序进行独立投资，自担风险。

二、中非发展基金的运营策略和特点

(一) 投资策略

以往中国与非洲地区的合作多以援助、贸易为主，而中非发展基金则主要采取市场化经营模式，不按国别分配，采取自主经营、市场运作、自担风险的方式进行运作和管理。中非发展基金在投资运营的过程中遵循市场规则，基金将同其他市场化基金一样，在对项目展开综合评估基础之上，选择符合非洲发展且商业上可持续的项目进行投资，只有在商业上是可行有效的投资方式才能在不增加东道国（或地区）负担的情况下，撬动更多社会资本的投入，解决当地资金匮乏问题。

在投资领域，中非发展基金重点支持非洲“三网一化”及互联互通、中国企业对非产能合作及装备制造业走出去、农业民生、资源开发和工业（经贸）园区等领域。

中非发展基金在运营过程中十分重视支持非洲国家突破基础设施滞后、人才不足、资金短缺三大发展瓶颈，致力于促进非洲工业化和农业现代化进程，帮助其实现自主可持续发展。中非发展基金主要致力于投资以下领域：第一，中非发展基金将投资对非洲国家提升经济水平有重要作用的领域，包括能够帮助其提升自己“造血”能力的农业、建筑业等。第二，基础设施和基础建设领域。国际货币基金组织非洲部部长曾指出，非洲在宏观经济上面临三大挑战，其中第一大挑战就是基础设施领域的挑战，非洲在几乎所有基础设施领域的表现都是全球垫底，因此对非洲电力、能源设施、电信、铁路等领域的投资将是中非发展基金未来投资的重中之重。第三，资源领域。在农业资源方面，非洲目前尚有大量可以开垦用地但是却没有得到有效利用，如果开发得当将产生巨额效益。在能源资源方面，非洲国家拥有煤、石油、天然气资源，是世界市场上能源的主要供应者。在矿产资源方面，非洲蕴含着大量的矿产，如铂、锰、钌、黄金等稀有金属，铜、锌、铁、钻石、磷酸盐等矿产资源（见表 7.4）。

表 7.4　中非发展基金的主要投资活动

合作方	投资内容	投资国家
天津泰达集团	埃及苏伊士经贸园区项目	埃及
中铁建、中土木	尼日利亚莱基自贸区项目	尼日利亚
黑田明亮	埃塞皮革厂项目	埃塞俄比亚
一汽集团	南非汽车组装厂项目	南非
冀东集团	南非水泥项目	南非
海信集团	南非产业园项目	南非
四达集团	非洲数字电视项目	—
深圳能源集团公司	加纳安所固电厂	加纳
中地海外建设集团	埃塞俄比亚玻璃厂	埃塞俄比亚
青岛瑞昌、青岛汇富	棉花中转加工项目	马拉维、莫桑比克、赞比亚等国
武汉钢铁(集团)公司	利比里亚邦州铁矿项目	利比里亚
一汽集团	一汽南非汽车组装厂	南非东开普省纳尔逊·曼德拉市
福田汽车、中非产能合作基金	中非福田投资有限公司	—
华电香港公司	签署战略合作备忘录	—
中国水电集团	签署了《合作投资开发非洲水电市场战略合作意向书》	—
葛洲坝集团	签署战略合作框架协议	—
新乡市黑田明亮制革有限公司	组建中非洋皮业股份有限公司	—
中国一拖集团有限公司	组建中非中共投资有限公司	—
中国煤炭地质总局	签署战略合作协议	
金川集团有限公司	中非发展基金与金川集团有限公司联合收购维西兹维(Wesizwe)公司 51%股权	南非
中广核集团	中广核将通过与中非发展基金合资成立金牛矿业有限公司,对 Kalahari 公司进行要约收购	纳米比亚
加纳 SAS 金融集团、加纳社保基金和国内海航航空	组建非洲世界航空	加纳
河北建投能源投资股份有限公司	签署战略合作备忘录	—
中材集团与中交集团	签署三方合作意向	—

表 7.5　中国-东盟基金的主要投资活动

时　　间	投资内容	东道国
2013 年 10 月	与上海鼎信投资集团有限公司和印度尼西亚八星投资公司合作开发大型镍铁冶炼项目	印度尼西亚
2014 年 5 月	对印度尼西亚一家领先的通信塔运营商投资	印度尼西亚
	协助中方企业为当地建设骨干光纤网络与数字电视网络，并将光纤网络模式拓展到缅甸，实现柬-缅地区光纤互联	柬埔寨
	投资泰国最大生物质发电公司；与国际知名港口运营商合作投资泰国林查班港，使其成为中南半岛区域性港口	泰国
	基金将投资 5 000 万美元入股亚洲钾肥集团有限公司，协助其子公司开发建设位于老挝境内的钾盐矿项目	老挝
	投资马来西亚领先的铁矿石开采及贸易公司	马来西亚
2013 年 1 月	基金与新加坡 SIN Capital 联合投资新加坡医疗服务项目	新加坡
	投资菲律宾最大的国内船运及物流公司	菲律宾

推进东盟地区基础设施互联互通合作，更好提升东盟地区一体化进程将是中国-东盟基金未来主要的投资方向，基金的投资领域包括：第一，交通运输。东盟各国之间经济水平并不均衡，东盟之间的互联互通对经济的发展显得尤为重要，各国推动港口、机场、道路等交通运输业的基础设施建设，对各国协同发展具有十分重要的意义。第二，电力。东南亚国家目前的人均用电量仅为世界人均用电量的一半，因而缺少电力也是导致目前东南亚国家经济不发达的原因之一，因此，基金将会对电力行业进行投资，主要对东盟国家的发电、电力传输等环节进行投资。第三，可再生能源。可再生能源不仅能源利用率高，而且具有可持续开发、成本低、污染小等特点，因此基金将通过投资建厂、参股入股等方式进入可再生能源领域。第四，电信基础设施。东盟各国电信基础设施领域间的发展情况参差不齐，大多数国家的电信基础设施领域发展较为缓慢。在第一批投资项目中，基金对印度尼西亚一家领先的通信塔运营商进行了投资，协助建设了柬埔寨地区的骨干光纤网络与数字电视网络，并将光纤网络模式扩展到缅甸，实现柬-缅地区光纤互联。第五，矿产及采矿。东盟地区的矿产资源较为丰富，特别是铜、镍、铝、钛、钾、盐、石油、天然气等，与中国在能源方面有较强的互补性。第六，

公益设施。基金将致力于与东盟国家一起对公益设施领域进行投资，进而提升居民生活质量。除了上述行业外，基金还将不断加强对管道及储运、石油和天然气、林业等行业的投资。

（二）典型案例

1. 缅甸光纤项目

中国-东盟基金协助中方企业在柬埔寨、缅甸投资的光纤项目，将帮助中国与整个东盟国家实现电信互联互通。缅甸光纤项目将成为当地第一个全国性的光纤骨干网络，有效解决当地通信问题，同时项目的实施将带动成百上千的就业岗位，带动当地经济增长，提高居民的生活水平。

2. 老挝钾盐项目

中国-东盟基金将投资 5 000 万美元入股亚洲钾盐集团有限公司，协助其子公司投资开发位于老挝的钾盐项目。东盟一些国家具有丰富的钾盐，但其技术相对落后，而中国的钾盐含量非常少，往往需要大量进口钾盐才能满足日常生活、生产的需要。通过投资老挝钾盐项目，中国可以绕过钾盐生产者对钾盐的控制，因此，老挝钾盐项目不仅对老挝的经济增长、就业有好处，对于中国也具有一定的战略意义。

3. 印度尼西亚镍铁项目

中国-东盟基金与中方企业合作开发了印度尼西亚镍铁项目，印度尼西亚具有丰富的镍资源，但是由于其基础设施、采矿和冶炼技术相对较为薄弱，因此中方通过提供设备、人员、技术、资金等形式同印度尼西亚展开合作，该项目将为当地提供大量就业岗位，增加当地的税收，提升产业附加值等。中国凭借多年的开采经验，拥有世界领先的技术和设备，但是由于前期的过度开采，导致目前国内包括镍在内的很多矿产资源面临枯竭的状态。镍在新兴产业和国防科技发展中具有重要的价值，在印度尼西亚全面限制原矿出口的背景下，该项目的实施可以有效地规避印尼对出口原矿的限制，保障我国的镍矿供应。

第四节　其他主权投资基金

除以上 4 支主权投资基金之外，中国政府还针对基础设施建设和产能合作两大领域建立了3支专项投资基金，目标是与拉丁美洲、欧洲和非洲地区国家合作，共同开发东道国(或地区)相关领域资源，完善基础设施领域建设。中拉产能合作投资基金是为服务中国拉美全面合作伙伴关系，推进中拉产能合作，于2015年6月成立的中长期开发投资基金，首期资金规模100亿美元，基金由国家外汇管理局、国家开发银行、中国人民银行共同设立。中非产能合作基金是继中非发展基金之后，于2016年1月成立的针对中非产能领域合作的投资基金，首批资金100亿美元，由国家外汇管理局和中国进出口银行共同出资。中欧共同投资基金是为对接中国"一带一路"合作倡议和欧洲的"容克计划"，于2015年6月第17次中国欧盟领导人会晤期间中欧双方决定设立的基金。基金致力于建立中欧互联互通平台，助力欧洲战略投资基金，以购买欧债、直接投资等多种方式参与欧洲发展，并最终促成一个全面的中欧投资协定。3支基金都将主要通过股权债权等多种投资方式，寻求拉美、非洲和欧洲地区可以合作的农业、能源、制造业、高新科技和金融等领域项目。

一、中拉产能合作投资基金

中国与拉美地区的资源禀赋和产业结构之间存在着明显的差异，这为中拉之间的对外贸易、投资提供许多空间。因而，为推动中拉在产能合作、基础设施、制造业、农业等领域开展更深层次的合作，中方决定设立中拉产能合作投资基金并且以股权、债权等多种形式进行投资。

中拉产能合作投资基金的设立对中拉经济发展产生巨大推动作用。首先，中拉产能基金服务拉美基础设施需求，加速中国优势产能转移。目前，拉美地区存在基础设施水平较为落后，而基础设施的落后极大地制约了拉美地区的发展。根据测算表明，2011—2040年间拉美地区基础设施的投资需求将会达到13.2万亿美元(按2010年不变价)，中拉产能合作投资基金的设立将服务于拉美地区基础设施的需求。[6]其次，近些年中国产能过剩的问题愈发严重，产生了巨大的资源浪费，中国可以通过资本输出将优势产能输入到拉美国家，加速中国的优势产能转移，实现中拉之间的互利共赢。最后，基础设施、产能合作等的项目存在投资大、周期长、风险大的特点，由于拉美地区金融市场并不发达，普遍存在融资困难等情况，而中拉产能合作项目中资金需求如此之大，对于其融通资金来说更是难上加难，中拉产能合作投资基金可以解决这些项目的资金需求，助力中拉之间的产能合作。

中拉产能合作投资基金在拉美地区投资时面临一些挑战。一是拉美的政治法律环境较为复杂。拉美地区各国政局较为动荡，在权利更迭的时候将会影响政策的连续性，进而对中国海外投资项目造成巨大影响。二是拉美的整体营商环境并不乐观。拉美地区的营商环境并不良好，其投资的便利化程度不高，市场监管不完善，导致基金投资易遭受损失。

二、中非产能合作基金

为了推进中非十大合作计划，中国将拿出600亿美元作支持，其中用100亿美元成立了中非产能合作基金。中非产能合作基金将以股权、债权等多种投资方式，促进"三网一化"（"三网"指铁路、航空、公路，"一化"指工业化），基金主要投资于产能合作、金融合作、技术合作等领域，基金将致力于建设起支撑中非合作所需的物流、信息流和资金流，这"三流"将对中非之间的合作起到至关重要的作用。目前，中非产能合作基金已经投资深圳传音控股有限公司股权投资项目、埃塞俄比亚-吉布提液化天然气项目、洛阳钼业收购铜钴矿（Tenke）股权项目、中信建设安哥拉铝合金型材厂项目、白银有色集团认购南非斯班一增发股份。

中非产能合作基金为在非洲投资的中国企业面临的问题创造性地提出了许多解决思路。首先，设立"资金池"解决中国企业"外汇结转难"的问题。目前，许多民营企业参与到了非洲的建设中，但是均遇到了一个非常棘手的问题，就是"外汇结转难"的问题，究其原因是目前中国的金融支持较少、国家保障力度不够，因此基金将通过设立"资金池"解决好外汇结转难的问题。其次，设立"打包型平台"以解决金融机构服务中小企业时面临的效费比过低的问题。金融机构在中小企业申请融资时，往往倾向于拒绝为其贷款，因为中小企业存在自身规模有限、资金缺乏、信用水平低、风险意识淡薄等问题，因而金融机构在为其进行融资贷款时往往会面临效费比过低的问题。因此，基金将设立"打包型平台"为金融机构解决后顾之忧。最后，利用基金自身的信息优势、平台优势，引导国内企业投入非洲优质项目。中国与各国拥有良好的双边关系，基金在帮助中国企业走进非洲投资时可以协助企业规避诸多风险，成为中国企业强有力的后盾。

三、中欧共同投资基金

后危机时代，欧洲经济增长缓慢、失业率居高不下、欧债危机等问题困扰着欧洲各国的领导人。为了挽救欧洲疲软的经济，欧委会提出了有史以来最大的投资计划——“容克计划”，“容克计划”旨在促进基础设施、新能源、信息技术等领域的投资，缓解近些年来欧洲投资疲软的问题。中欧共同投资基金的建立推动了“容克计划”和“一带一路”倡议相对接，可以推动中国和欧洲国家之间实现互利共赢，也将促进全球经济的发展。在第二十次中国-欧盟领导人会晤期间，双方宣布中欧共同投资基金投入实质运作，“凯辉并购基金二期”是中欧共同投资基金设立的一支基金，首期融资 6 亿欧元，基金将支持中欧企业的发展，其具体投资领域将包括医疗、高端产业、消费和商品服务业等。

中欧共同投资基金将会对中欧在金融领域上的合作起到促进作用，可以促进投资者对欧洲债券的购买，发挥人民币清算作用，健全人民币境外机构投资者（RQFII）制度，让金融合作成为促进双方经济合作的一个纽带。中欧共同投资基金未来将在基础设施、能源、数字、金融等领域开展广泛的投资，上述几个领域是“容克计划”和“一带一路”倡议对接的重点领域，中欧共同投资基金将在二者合作对接中起到非常关键的作用。世界各国在经济联系上越来越紧密，一国经济的好坏可能对世界经济造成重大影响，经济危机爆发的概率将会愈来愈大，在面临危机时，中欧双方的互帮互助是必不可少的，中欧共同投资基金的设立可以将双方更多的资本集合在一起，抵抗危机的到来。

第五节　中国主权基金的异同点分析

2011 年 3 月，中国外汇储备规模首次突破 3 万亿美元，此后，外汇储备规模不断增长，2014 年 6 月已经达到 3.99 万亿美元。尽管近两年，中国的外汇储备存量出现了下降趋势，但其规模依然在 3 万亿美元以上，截至 2018 年 7 月，中国外汇储备资产规模为 31 179.46 亿美元。外汇储备可用于国际支付、偿还外债，并可有效应对金融风险，因此，适当规模的外汇储备有助于一国经济的平稳发展。但近年来，中国外汇储备的规模超过了最优规模，为了应对管理外汇储备较高的机会成本与汇率风险，国家开始主动积极的管理外汇储备。从 2006 年和 2007 年相继成立的中非发展基金与中投公司，到 2014 年成立丝路基金，再到近两年产能合作专项基金的成立，中国针对境外投资的主权投资基金日益成为资本市场的重要投资力量，并对中国企业“走出去”战略发挥重要影响。

一、中国主权基金的差异比较分析

各主权投资基金虽然都是政府积极主动管理资产、对外投资的主权投资机构，但是在成立背景、资金筹集来源及规模、投资方式和领域、投资地域等方面存在较大的区别和互补性。

在成立背景方面，各主权基金设立目标明确，各司其职。中投作为主权财富基金，是国家为了应对外汇储备管理中存在的较高的机会成本，主动管理外汇储备资产的积极尝试，中投在投资策略中不考虑特定的投资行业和地域，首要目标是实现国家外汇资产的保值增值，其次是利用其旗下的汇金公司服务于国家金融体制改革的需要。丝路基金是迄今为止中国规格最高的政府多边合作基金，基金在成立的初期曾遭受西方国家的广泛质疑，认为丝路基金和亚洲基础设施投资银行（简称亚投行）的建立是对现有的亚洲开发银行和世界银行的挑战。但中国政府强调，丝路基金和亚投行的设立是对现有国际组织的补充而非替代，丝路基金设立的目标是为了助力中国“一带一路”和国际产能合作战略，加快中国企业对外投资步伐，推动工程机械等一批重点行业“走出去”，最终实现与“一带一路”沿线国家的互联互通。非洲一直是中国重点投资合作的地区，中非发展基金和中非产能合作基金的成立就是为了推动中非战略伙伴关系发展，促进中非更深层次的合作，两支基金是新时期为配合中国对非洲国家的产能合作战略实施，支持中国对非“十大合作计划”，鼓励中国企业到非洲投资而设立的。中拉产能合作投资基金是为了支持中国优势产业与拉美国家需求相契合，推动中拉基础设施和产能合作而成立的。中国-东盟基金则致力于为中国及东盟地区的优秀企业提供资本支持。

在资金来源方面，国家外汇管理局所管理的外汇储备资产是各主权投资基金的主要资金来源，这意味着进入后危机时代的世界经济结构调整期，中国开始积极主动的运用外汇储备资产。在资金规模方面，各主权投资基金的资金规模差异较大，中投的注册资本金高达 2 000 亿美元，而截至 2017 年年底，中投的资产总值增长到 9 400 亿美元。丝路基金作为“一带一路”战略的成果之一，资金筹集规模将达到 400 亿美元，首期资本筹集为 100 亿美元。其他主权投资基金的资金规模均为 100 亿美元，其中，中国-东盟基金由于成立时间较早，首期资金为10亿美元，不过二期资金筹集与项目储备开始进行，筹集目标也是100亿美元。由于各主权投资基金的成立资金规模庞大，所以绝大多数基金（除中投）的资金筹集都是由国家多家机构共同出资完成。

在投资方式和领域方面，中投作为主权财富基金，更强调主权“财富”的增加。因此，与国际上多数主权财富基金相似，中投在实际运营中对股票、房地产、对冲基金等高风险高收益类另类资产领域有显著的资产配置。丝路基金的定位是中长期开发投资基金，筹资方式类似私募股权基金，但是可以提供比私募股权基金期限更长的投资。但值得注意的是，虽然丝路基金多数的投资项目期限会比较长，但在投资运营的过程中仍注重追求投资回报，而非以往单纯外援性或者捐助性质的投资。中非发展基金与中国-东盟基金的资金筹集方式也类似于私募股权基金，基金设定的投资期限为7—10年，其中中国-东盟基金的一期10个投资项目中已有5个项目完成，表明基金实际投资期限可以更短。中非产能合作基金与中拉产能合作投资基金则更多关注中国与非洲及拉美在产能领域的合作。

在投资地域方面，丝路基金、中非发展基金、中非产能合作基金、中国-东盟基金及中拉产能合作投资基金都是区域性的国际金融机构，其中丝路基金主要服务于“一带一路”沿线国家，由于“一带一路”沿线涵盖的国家众多，并没有明显的地域分界，所以丝路基金的投资区域覆盖十分广泛。其他区域性的主权投资基金（中非发展基金、中非产能合作基金、中国-东盟基金、中拉产能合作投资基金）的投资活动都具有很强的地域性。中投作为主权财富基金，对外投资不受行业领域的限制，也不受地区范围的限制，在全球各个地区都可以投资，包括“一路一带”沿线国家、东盟非洲及拉美各国，即使是在各自的区域内部，丝路基金等区域性的主权基金也不可能包揽所有的项目，中投依然有很大的投资空间。

通过比较分析可见，除中投之外，其他基金都有促进与特定国家（地区）发展和助力特定产业发展的任务，倾向于战略投资者，而中投在运营过程中则较为偏重财富的保值增值，尤其是海外投资部分更倾向于财务投资者。

二、中国主权基金投资策略的相同点分析

（一）重视合作投资

为了提高投资成功率，提高自身的投资信誉，避免投资过程中来自东道

国(或地区)的投资保护主义,各主权投资基金都开始注重与其他基金、国际开发机构或境内外金融机构开展合作投资。中投最早从2012年就开始探索寻求与其他基金进行合作投资。2012年6月,中投与俄罗斯直接投资基金共同出资成立中俄投资基金。2014年12月,中投携手国开金融与墨西哥国有开发银行及基金成立中墨投资基金。[7]丝路基金从成立之初进行的各项投资都是以合作的方式开展的,在丝路基金的四大重点投资领域(基础设施、资源开发、产能合作、金融合作)中,产能合作与金融合作是丝路基金与其他境内外机构合作投资的重点。历经9年的发展,中非发展基金已成为中国对非投资的主力平台,其中许多投资项目已成为中非务实合作的典范,而这些投资项目均是中非发展基金与其他金融机构或实体企业合作投资完成的。其他主权投资基金也在投资实践中广泛寻求合作,以期提高投资成功率的同时分散投资风险。

此外,各主权投资基金除了和国际机构、企业合作外,基金之间在运营过程中也有紧密的联系。如中投与俄罗斯直接投资基金联合出资成立了中俄投资基金,并在组建至今的4年时间里进行了包括收购俄罗斯第二大林业企业、共建中俄同江铁路大桥和组建旅游养老产业人民币基金等多项投资。2014年12月,中投出资参与了丝路基金的组建,而在2015年9月,丝路基金就与俄罗斯直接投资基金签订了有关在基建、能源和电力领域共同投资的协议,相信中投作为二者合作的桥梁也提供了帮助。近期,丝路基金还表示正积极寻求与中非发展基金等其他基金合作的机会。

(二) 重视基础设施领域的投资

根据全球基础设施中心预计,到2030年全球的基础设施赤字将达到20万亿美元,未来三到五年内,在新兴市场寻求基础设施投资机会的投资人将增加一倍多。[8]未来五年,非洲地区基础设施建设的投融资需求将达到1.4万亿美元,东盟各国的电力供应、交通等相关领域的基础设施建设也需求强劲。[9]目前,不仅是发展中国家的基础设施建设需要资金,发达国家的基础设施升级改造也存在大量资金缺口。美国商会估算,未来10年美国的基础设施升级改造需要约8万亿美元,所需资金将主要来源于外国机构投资者及私人部门。[10]欧盟也在积极为疲软的经济复苏寻找新的推动力,欧盟各国决议加强欧洲的基础设施互通互联,先后于2013年与2014年提出"连接欧洲设施"计划与"容克投资计划"。

在此背景下,中国各主权投资基金加大了对基础设施领域的投资力度。

2015年1月，中投成立中投海外专注于从事境外直接投资业务，尤其关注基础设施等长期资产的投资，依托传统的能源、基础设施等领域直投优势，将业务合作拓展到优势产能装备、工业制造等领域。中非发展基金联合中国葛洲坝集团工程有限公司等6家中国企业发起设立了中国海外基础设施开发投资公司，作为海外基础设施前期开发的专业公司，该平台以非洲为重点区域，致力于吸引和整合涉及基础设施建设相关产业链上的企业资源，并提供从前期规划设计、投资建设、到运营管理的一体化咨询服务。[11] 中国-东盟基金的一期投资为推动中国与东盟国家产业融合发挥了积极作用，二期投资确立了以基础设施建设和产能合作为核心的投资项目，将重点关注工业园区、港口、机场、电力等多项基础设施建设项目。

主权基金组建投资平台带动中国企业对外进行基建投资，不但可以获取投资收益，而且可以帮助中国与东道国(或地区)在国家战略和经济建设方面获益，实现真正的双赢。一方面，基金打造的融资平台可以为基建投资提供充裕资金，合作方企业将提供专业的技术帮助东道国(或地区)进行基础设施建设。另一方面，对外产能输出可以缓解国内产能过剩的现状，在基建领域功底深厚的东北等老工业地区也可借此寻找新的振兴机会。国际产能合作是一项非常复杂的系统性工作，凭借民营企业尤其是中小企业的一己之力很难独立完成，主权基金牵头联合各方力量打造的平台将辅助中国企业更好的走出去。后危机时代，世界经济发展依旧低迷，在新一轮科技革命重启经济高速增长周期之前，大规模的基础设施建设无异于是当前维持经济持续发展的良方。

(三) 重视对“一带一路”沿线国家的投资

2013年9月至10月期间，习近平主席先后提出共建“丝绸之路经济带”和21世纪“海上丝绸之路”的倡议构想。此后，“一带一路”正式纳入国家发展议程当中，并成为今后中国优化经济发展空间格局的三大战略之一。

各主权投资基金为响应国家政策，投资活动逐渐与“一带一路”倡议对接。如中投作为首批出资方之一，参与了丝路基金的筹建工作，并利用自身的海外投资优势，与丝路基金一起共同挖掘“一带一路”沿线的投资机会。中非发展基金与中非产能合作基金作为两支专门针对非洲的投资基金，也在实际操作中积极配合“一带一路”发展战略。自贸区建设与“一带一路”倡议存在紧密的逻辑内洽关系，自贸园区是“一带一路”的内在落实基点，而中非基金与非洲多国合作的自贸区、工业园区等项目已经成为中非务实合作的典范。[12]“一带一路”贯穿亚欧非大陆，在非洲，“一带一路”与非洲“2063愿景”发展战略对接将为中非全方位合作带来新的机遇；在欧洲，“一带一路”与“欧洲投资计划”相对接，将推进中欧开展更广泛务实的合作。

在世界经济结构调整和中国经济发展新常态的背景下，国家战略作为根本框架，而具体战略的实施还需要各主权投资基金带动国有和民营企业进行落实。主权投资基金之间定位各不相同，但在投资领域方面仍有交集。因此，加强沟通，及时进行信息共享就显得尤为必要，在运营过程中互相助力而非恶性竞争，才能使各基金间形成协同效应，更好地实现国家战略目标。

本章研究了当前中国活跃在国际资本市场上的各主权投资基金的发展概况，并深入分析了各主权投资基金的共性与差异。各主权基金的建立和运营不仅使规模巨大的外汇储备得到了积极有效的管理，也将更好地支持国内企业“走出去”。作为中国对外投资的重要组成部分，主权基金搭建的投融资平台将发挥更加重要的作用。

各主权基金在许多方面既存在竞争又存在互补，共同面临来自外界及自身的诸多挑战和投资困境，加强合作，避免摩擦可以使各主权基金更好地服务于我国的对外投资。目前，对于主权基金体系还没有一个系统的管理框架，基金的管理者和相关的管理机构可以在以下三个方面加强管理和沟通：一是政府作为监管人可以出台并明晰一个公开的、高级别的协调机制，对各主权投资基金的运营情况和投资绩效进行监督。二是主权投资基金之间可以适时的进行信息共享，提供交流机会，在开展大规模投资时注重投资合作。三是在具体项目的实施过程中要坚持政府指导、企业主体、市场运作、合作共赢的原则，使中国的主权投资基金体系真正成为中国与世界各国经济交往的重要平台。四是为了避免出现“职能重复”的问题，应依据国际货币基金组织所发布的《公认的原则和实践》，为中投公司制定健全的法律框架，这不但可以规范公司的行为，同时也可以为划分中投公司和其他主权投资基金的职责提供依据。

注　释

1. 丝路基金官网，http://www.silkroadfund.com.cn/cnweb/19854/19858/index.html#sylj，最后访问时间：2020年6月13日。

2. 中投网官网，https://www.chinaventure.com.cn/cmsmodel/report/detail/

1286.shtml，最后访问时间：2020 年 6 月 26 日。

3. 丝路基金官网，http://www.silkroadfund.com.cn/cnweb/19906/19922/index.html，最后访问时间：2020 年 6 月 13 日。

4. 清科研究中心，https://www.pedata.cn/，最后访问时间：2020 年 6 月 13 日。

5. 中国-东盟投资合作基金官网，http://www.china-asean-fund.com/sc/investment.php?slider1=1，最后访问时间：2020 年 6 月 13 日。

6. [美]哈瑞尔达·考利等：《2040 年的拉丁美洲》，姚彦贝等译，中国大百科全书出版社 2014 年版，第 198—203 页。

7. 中墨投资基金由中墨两国共同出资、第一阶段金额为 12 亿美元，用于积极推动基础设施、工业、旅游和能源等领域的投资合作。双方最终目标使基金规模达到 24 亿美元，将其打造成推动两国企业战略伙伴关系发展的优先机制。

8. 全球基础设施中心（GI Hub）是由二十国集团（G20）于 2014 年批准成立，以提高公共和私人基础设施投资机会和质量。中心致力于更好地为私人部门提供优质可靠的政府基础设施项目，推动改革，改善计划方法和风险管理战略，以促进基础设施领域的政府与社会资本合作（PPP）和投资，详见 http://globalinfrastructurehub.org/，最后访问时间：2020 年 6 月 13 日。

9. 罗艳：《助力企业开展对非合作——专访中非发展基金董事长迟建新》，载《国际工程与劳务》2016 年第 4 期，第 25—29 页。

10.《国际投资体系的现状和远景》，http://www.china-inv.cn，最后访问时间：2020 年 6 月 13 日。

11.《中非基金发起设立新型基础设施开发平台》，http://www.chinadaily.com.cn/hqcj/xfly/2015-11-18/content_14342150.html，最后访问时间：2020 年 6 月 13 日。

12. 高健、王成林、李世杰：《自由贸易区、自由贸易园区与“一带一路”国家战略》，载《海南大学学报（人文社会科学版）》2016 年第 4 期，第 41—47 页。

第三部分
其他国家典型主权财富基金

第八章
典型主权基金运营模式分析

主权财富基金不同于传统的政府养老基金，也不同于简单持有储备资产以维护本币稳定的政府机构，是一种专业化、市场化的机构投资者。国际货币基金组织研究部主任约翰逊指出，当累积的经常项目盈余超过所需外汇储备资产时，一国就可以成立主权财富基金来管理超额的外汇储备资产。主权财富基金的资金来源主要有外汇储备盈余和财政盈余。根据资金来源不同，主权财富基金可分为资源型商品出口国主权财富基金（简称资源型基金）和非资源型商品出口国主权财富基金（简称非资源型基金）。资源型基金的资金主要来源于石油、天然气等非可再生资源的出口及相关税收收入，如俄罗斯主权基金和挪威主权基金；非资源型基金的资金主要来源于加工贸易商品的出口收入，如新加坡主权基金和韩国主权基金属于非资源型基金。

俄罗斯、挪威、新加坡和韩国是国际上典型的主权财富基金，研究典型主权财富基金的运营模式和投资特点对探索中国主权财富基金的运作模式、构建中国主权财富体系具有重要的借鉴意义。

第一节　俄罗斯主权财富基金

一、俄罗斯主权财富基金的成立背景与资金来源

1997 年亚洲金融危机后，俄罗斯开始注重外汇储备资产的积累。得益于国际石油价格上涨的大环境，俄罗斯政府不断积累石油美元，外汇储备资产显著增长。2003 年 12 月 23 日，俄罗斯政府颁布《俄罗斯联邦稳定基金

法》(以下简称《稳定基金法》)计划成立一支主权财富基金,同时将该法作为第13.1章并入《俄罗斯预算法典》。2004年1月1日,俄罗斯政府根据《稳定基金法》成立了第一支主权财富基金——俄罗斯联邦稳定基金(以下简称稳定基金)。依据《稳定基金法》,基金建立目的是在石油价格低于基础价格时用于保证联邦预算平衡。除维持联邦预算平衡外,基金的设立还源于以下三点原因:第一,俄罗斯是石油出口大国,对能源出口的过度依赖将导致"荷兰病",即能源产业的繁荣将以牺牲其他产业为代价。第二,政府为防止本币过度升值而进行的对冲操作使货币量超过实体经济发展需求,将会引起通货膨胀,对经济发展造成负面冲击。第三,石油是不可再生资源,建立主权财富基金进行长期投资,可以延长储备资产投资期限,提高外汇储备投资收益水平,平滑石油收入,为子孙后代积累财富。

2006年4月21日,俄罗斯政府颁布《俄罗斯联邦稳定基金管理程序》,根据规定,财政部为基金的所有者,中央银行则负责基金的具体操作。中央银行设立专门的账户对基金进行投资操作,中央银行按照一定的利率对基金的使用支付利息。基金需要定期向联邦政府报告基金的投资进展,作为财政预算使用的一部分向联邦政府提交季度和年度报告。截至2008年1月30日,稳定基金总额达到38 520亿卢布(约合1 573.8亿美元)。

2008年2月1日,稳定基金被正式拆分为储备基金(Reserve Fund)和国家福利基金(National Wealth Fund)。2008年2月在稳定基金拆分之后,储备基金和国家福利基金分别从稳定基金继承80%和20%的资产,约合30 690亿卢布和7 830亿卢布。截至2017年10月,国家福利基金和储备基金所持有的资产分别为722亿美元和162亿美元。[1]

2010年,俄罗斯直接投资基金(Russian Direct Investment Fund, RDIF)成立。俄罗斯直接投资基金的注册资本金为3亿卢布,管理权归俄对外贸易银行所有。与中国主权财富基金的设立机制相似,国家福利基金、储备基金和直接投资基金的目标和运营策略各不相同。储备基金主要延续稳定基金的功能,用来抵御石油价格波动可能对财政预算造成的冲击,作为预防经济危机、战争等灾难的储备资金;国家福利基金则主要负责在海外市场进行战略性的投资,实现储备资产的保值升值,其收益将主要用于补充由于人口老龄化而不断扩大的养老金收支缺口。俄罗斯直接投资基金与其他国家主权财富基金、私募股权基金等机构投资者合作,主要投资于实体经济。

主权基金的建立对俄罗斯的经济发展起到了重要的作用。在对外经济方面，俄罗斯政府利用主权财富基金所积累的资金提前偿清了多年累积的外债，提升了俄罗斯的国际信誉，基金的海外投资提高了储备资产的收益，其战略性的投资成为俄罗斯海外战略部署的重要铺垫，为俄罗斯重振成为经济强国铺平了道路。在对内经济方面，主权财富基金作为养老金预算支出的补充，为国家的社会保障系统提供了坚实的保障。此外，主权财富基金作为政府强有力的财政政策工具，使政府宏观调控的能力得到了加强，为金融机构的注资增强了金融体系的竞争力，主权财富基金在调整国内经济结构方面将发挥更加重要的作用。

二、俄罗斯主权财富基金的运营模式

（一）俄罗斯联邦稳定基金

稳定基金的资金来源主要有两部分：一是石油出口实际价格与基础价格之间的差额，以超额出口税和超额资源（石油）开采税两种方式收取；[2] 二是上一年联邦预算资金的剩余部分及基金运营收益计入稳定基金。其中，超额税收收入是稳定基金的主要资金来源。稳定基金建立之初，俄罗斯产乌拉尔牌石油基础价格定为 20 美元/桶，自 2006 年 1 月 1 日起提高至 27 美元/桶。稳定基金设立目的是弥补油价低于所定基础价格时出现的联邦预算赤字，但是自 2004 年建立以来，石油实际价格不降反升，远高于预期基础价格，再加上俄罗斯国内多次上调石油出口关税和资源开采税率，基金总额增长远远超过预期（如图 8.1 所示）。

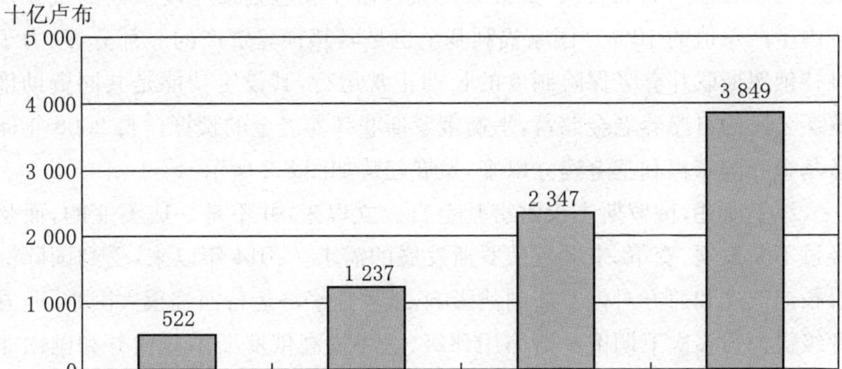

数据来源：俄罗斯财政部官网，https://www.minfin.ru/en/，最后访问时间：2020 年 6 月 27 日。

图 8.1　稳定基金规模（2004 年至 2007 年）

如图 8.1 所示,得益于国际市场原油价格攀升,稳定基金规模呈逐年增长的趋势,有效发挥了熨平价格波动的负面影响和抑制通货膨胀的作用,也为基金改组奠定了基础。

(二) 储备基金和国家福利基金

2007 年 12 月 29 日,俄罗斯政府颁布 N955 号《储备基金管理程序》政府令,2008 年 1 月 19 日,政府又颁布了 N18 号《国家福利基金管理程序》政府令。随着这两个政府令的生效,2006 年 4 月 21 日颁布的 N229 号《俄罗斯联邦稳定基金管理程序》政府令自动作废。至此,稳定基金一分为二,拆分为储备基金和国家福利基金。

俄罗斯主权财富基金改组基于以下两点原因。第一,俄罗斯人口老龄化的压力越来越大,普京之前拒绝了世界银行提出的提高退休年龄的办法来提高未来养老保险支付能力的建议,[3]而是选择建立国家福利基金用以弥补可能出现的养老金缺口。第二,储备基金和国家福利基金各自定位不同,两个基金将发挥不同的功能,做到"专款专用",有利于基金的有效管理和投资运作。储备基金是联邦预算资产的一部分,致力于为联邦预算融资以及确保维持联邦预算平衡,以避免因石油和天然气收入下降对经济造成的负面冲击,有助于维持国民经济发展的稳定,减少通货膨胀的压力。由此来看,储备基金的实际功能与稳定基金有一致的地方,不同点是储备基金的资金来源不仅包括来自生产和出口石油的联邦预算收入,还包括生产和出口天然气和石油产品的收入,其最大规模仅限于相应财政年度预测的俄罗斯国内生产总值的 10%。国家福利基金也是联邦预算资产的一部分,致力于维持俄罗斯联邦养老保险制度的长期正常运行,其设定功能是共同资助俄罗斯公民的自愿养老金储蓄,平衡俄罗斯联邦养老金的预算。[4]自 2008 年储备基金和国家福利基金建立以来,发展趋势如图 8.2 所示。

综上所述,俄罗斯主权财富基金自成立以来,并不是一成不变的,而是经过不断发展、变革,来顺应俄罗斯发展的需求。2014 年以来,受到国际油价长期低迷和西方对俄罗斯制裁影响,俄罗斯经济运行面临很大困难,西方评级机构曾多次下调俄罗斯信用评级,这将提高俄罗斯主权债务和国内非主权债务的融资成本。然而,国际信用评级机构穆迪于 2017 年 2 月 18 日将俄罗斯主权信用评级展望由负面上调为稳定,原因是俄罗斯政府在制定中期财政政策时降低了对油气资源类收入的依赖,并且不断充实主权准备金。[5]这将有利于俄罗斯改善国内投资环境,降低融资成本,推动经济走出衰退，渐趋稳定。在不同的历史阶段，俄罗斯主权基金都发挥了不可磨灭的重要作用，因此，对其进行绩效评价具有重要意义。

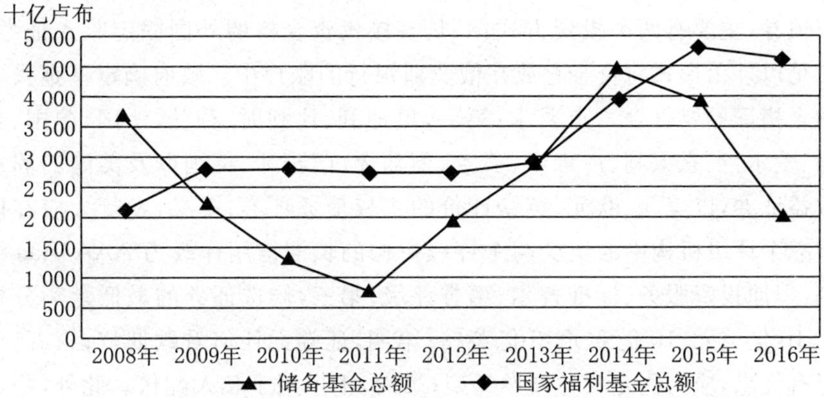

数据来源：俄罗斯财政部官网，https://www.minfin.ru/en/，最后访问时间：2020 年 6 月 27 日。

注：数据是以卢布计价的每年 12 月 1 日的数额。

图 8.2　俄罗斯储备基金和国家福利基金发展趋势(2008—2016 年)

三、俄罗斯主权财富基金的绩效评价

俄罗斯于 2004 年 1 月 1 日建立了第一支主权财富基金——俄罗斯联邦稳定基金，并于 2008 年将基金拆分为储备基金和国家福利基金，两种基金被赋予不同的功能。时至今日，俄罗斯主权财富基金已成立 13 年，在此期间，对其运营绩效的争论从未间断。一方面，俄罗斯经济发展部预测俄罗斯主权财富基金只能维持到 2019 年，批评者因此质疑基金的投资和社会绩效；另一方面，基金在俄罗斯金融危机期间对相关领域进行了大规模注资，避免了经济危机的恶化，为稳定俄罗斯社会经济发展作出了贡献。对于基金运营的评价，不应该只注重账面金额的下降，而应更多关注在国家发展的关键时期，基金是否发挥了预期的作用。因此，面对质疑，考证基金相关数据，客观地评价俄罗斯主权财富基金的运营情况和投资绩效具有一定的理论和现实意义。

俄罗斯主权财富基金在实际的运营过程中，一方面致力于对外投资，提高外汇资产的收益率；另一方面致力于平衡国内的财政预算，维持国内经济的正常运行。因此，本书将从投资绩效和社会绩效两个方面对俄罗斯主权财富基金进行评价。

(一) 投资绩效评价

1. 稳定基金投资绩效评价

根据稳定基金的设定目标，其资本将投资于经由政府批准的外国主权债券，主要有两种投资方式：一是直接投资合格的外国固定收入证券；二是以外币形式将资金存放在俄罗斯银行的账户中。政府确定基金投资的合格证券要符合六点要求：第一，奥地利、比利时、芬兰、法国、德国、希腊、爱尔兰、意大利、卢森堡、荷兰、葡萄牙、西班牙、英国以及美国的固定收益证券，以美元、欧元、英镑计价的主权债务证券；第二，发行人应在以下三个评级机构中的至少两个评级机构的长期信用评级为 AAA/Aaa 级别：穆迪投资服务、标准普尔、惠誉评级；第三，候选证券的最低余额分别为 10 亿美元、10 亿欧元、5 亿英镑；第四，证券无任何看跌期权；第五，如果有优惠，应为固定收益证券类型；第六，不可用于私人配售。此外，稳定基金资产的货币组成结构为美元占比 45%，欧元占比 45%，英镑占比 10%。[6]

2006 年 7 月 24 日，稳定基金开始为俄罗斯国库带来第一笔投资收益，[7]如表 8.1 所示，稳定基金的投资收益较为可观，基金规模也逐年增长。2006 年 9 月 21 日，俄罗斯财政部长阿列克谢·库德林表示在半年内力争将稳定基金的全部资产以美元、欧元和英镑三种货币形式从卢布账户转存到央行的外汇账户上，央行将这些资金用于购买合格的有价证券，存在央行外汇账户内的稳定基金的年收益率大约为 3% 至 4%。[8]此外，2007 年，稳定基金分别向俄罗斯发展银行、纳米技术集团公司、国家投资基金注资 1 800、300、900 亿卢布。[9]

表 8.1　稳定基金购买外国国债的收益(单位：十亿卢布)

	期末基金规模	投资收益
2006 年	2 346.92	22.99
2007 年	3 839.11	151.89
2008 年	3 851.80	28.63

数据来源：俄罗斯财政部官网，https://www.minfin.ru/en/，最后访问时间：2020 年 6 月 27 日。

与全球资金规模排名第一的挪威政府全球养老基金相比，稳定基金的投资方式比较保守。挪威政府全球养老基金的资金主要来自石油出口收入，从1990年建立至2000年底主要投资于固定收益资产，实行保守的投资策略，但是，基金从2001年开始进行股权投资，并于2003年开始投资于无政府担保的债券，在短短三年时间内，挪威政府全球养老基金实现了从保守投资向积极投资的跨越。稳定基金的投资策略比较而言相对保守，稳定基金的初衷是当油价下跌以及政府收入缩减时以备不时之需，但是随着国际石油价格节节攀升，俄罗斯因出口石油天然气所获得的收入也开始不断提高，闲置资金增多。但是，俄罗斯财政部关于基金投资的规定仍比较保守，并且不允许稳定基金进行收益高而风险大的股权投资，倾向于投资收益率稳定的发达国家债券，这使得稳定基金虽然达到了外汇储备资产保值升值的初衷，增加了俄罗斯的财政收入，但在投资绩效方面效果欠佳。

2. 储备基金投资绩效评价

2008年，拆分后的储备基金资产管理由财政部按照政府制定的程序和条件执行，主要用两种方法管理资金：一是购买外币（美元、欧元、英镑），并将外币分配给俄罗斯银行，由银行根据银行账户协议支付利息；二是购买外币和以外币计价的金融资产。在政府的授权下，财政部在确定的范围内设立战略资产配置比例（如表8.2所示）。[10]

表8.2 储备基金战略资产配置

俄罗斯联邦预算法颁布的合格金融资产类别	俄罗斯政府规定的限制比例	财政部确定的战略资产配置比例
外国政府债券	50%—100%	100%
外国国家机构与中央银行的债券	0%—30%	0%
国际金融组织债券	0%—15%	0%
存在外国银行与信贷机构中的存款	0%—30%	0%

俄罗斯政府规定储备基金继续沿用稳定基金的货币组成结构，并对其金融资产进一步做了五点要求。

第一，储备基金资产可投资于以下外国、外国政府机构以及外国中央银行的债务证券：奥地利、比利时、加拿大、丹麦、芬兰、法国、德国、卢森堡、荷兰、瑞典、英国、美国。

第二，债券应符合以下条件：(1)根据评级机构惠誉和标准普尔的评级,债务发行人应该具有长期信用评级 AA－或者更高,或根据评级机构穆迪投资服务的分类,Aa3 或者更高。如果上述评级机构对发行人有不同的评级,则应采用最低的;(2)债券应具有固定到期日,无任何认沽期权;(3)财政部设定的与债券到期有关的要求是强制性的;(4)债券的票面利率和面值应该是固定的;(5)债券的面值应以美元、欧元或英镑计算,与债券相关的付款应以面值货币计算;(6)未偿还债券额不得低于 10 亿美元,以美元计价的债券不少于 1 亿美元,以欧元计价的债券不少于 0.5 亿欧元,以英镑计价的债券取决于英镑的币值;(7)不适用于私人配售。

第三,储备基金资产可投资于发行国际金融组织债券的机构有:亚洲开发银行(ADB)、欧洲开发银行(CEB)、欧洲复兴开发银行(EBRD)、欧洲投资银行(EIB)、美洲开发银行(IADB)、国际复兴开发银行(IBRD)、国际金融公司(IFC)、国际货币基金组织(IMF)、北欧投资银行(NIB)。

第四,将储备基金资产存入外国银行和存款机构应符合以下要求:(1)外国银行或存款机构应根据惠誉评级和标准普尔评级机构,具有不低于 AA 级的长期信用评级,或根据穆迪投资服务评级机构的规模不低于 Aa3 级;(2)财政部规定的外国银行和存款机构最低和最高存款期限的要求是强制性的;(3)存入一家外国银行或存款机构的储备基金资产总额不得超过存于外国银行和存款机构的储备基金总资产的 25%。

第五,财政部有权在俄罗斯政府规定的限期内,对外国银行和存款机构设立债券和存款的附加要求。

事实上,储备基金的资金置于中央银行账户上,投资也由中央银行完成,类似于中央银行的外汇储备资产。储备基金自建立以来,主要用于购买外币和俄罗斯联邦货币来进行投资,实现天然气和石油的出口收入积累。

如图 8.3 所示,储备基金的投资主要集中在 2012 年,投资金额较其他年份高,这是因为储备基金的资金从 2011 年开始大幅增加(如图 8.2 所示),且 2012 年增长速度较快,基金规模呈现良好的增长态势,因此用于投资的额度也较大。与稳定基金的投资标准相比,储备基金的投资范围更广泛,说明储备基金除了完成其设定的基本功能外,积极利用闲置资金进行投资,与保守、消极的投资策略相比,在整体上优化了基金的资产配置。

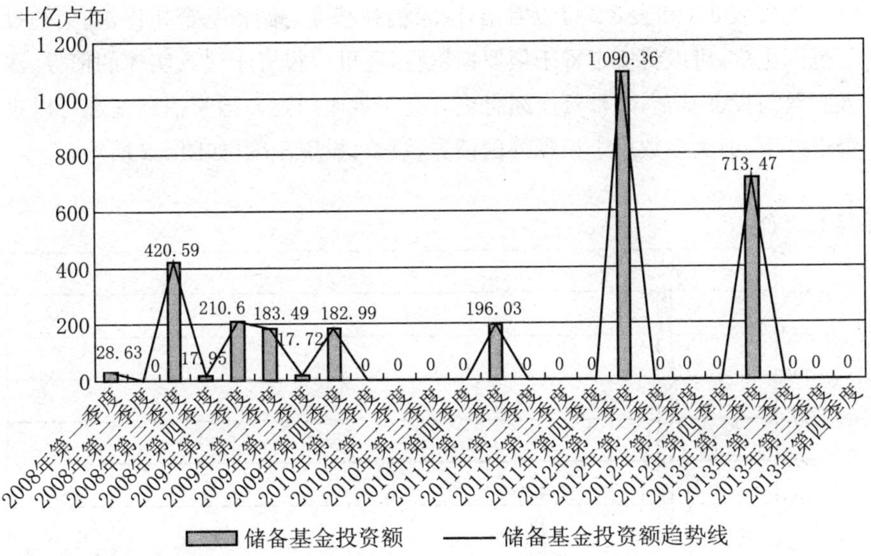

数据来源：俄罗斯财政部官网，https://www.minfin.ru/en/，最后访问时间：2020 年 6 月 27 日。

图 8.3　俄罗斯储备基金投资额（2008—2013 年）

3. 国家福利基金投资绩效评价

俄罗斯财政部负责管理国家福利基金，俄罗斯银行担任运营职责。[11]财政部在政府的授权范围内设定了国家福利基金的战略资产配置比例（见表 8.3）。

表 8.3　俄罗斯国家福利基金战略资产配置

俄罗斯联邦预算法颁布的合格金融资产	俄罗斯政府规定的限制比例	财政部确定的合格金融资产配置比例	
		以外币计价	以卢比计价
外国政府债券	0%—100%	90%	0%
外国国家机构与中央银行的债券	0%—30%	0%	0%
国际金融组织债券	0%—15%	0%	0%
存在银行、信贷机构和国企“外经银行”中的存款	0%—40%	10%	100%
俄罗斯银行的存款	0%—100%	0%	0%
法人实体的债券	0%—30%	0%	0%
法人股票与投资基金股份	0%—50%	0%	0%

数据来源：俄罗斯财政部官网，https://www.minfin.ru/en/，最后访问时间：2020 年 6 月 27 日。

比较表 8.3 和表 8.2 可以看出，国家福利基金与储备基金相比，基金的投资范围更广，可以将资金置于俄罗斯银行，还可以投资于法人实体的债券、法人股票与投资基金，多种资产组合更有利于规避风险。国家福利基金可以投资于外币，但大多数用于投资外国债券、股票，投资额度(如图 8.2 所示)。

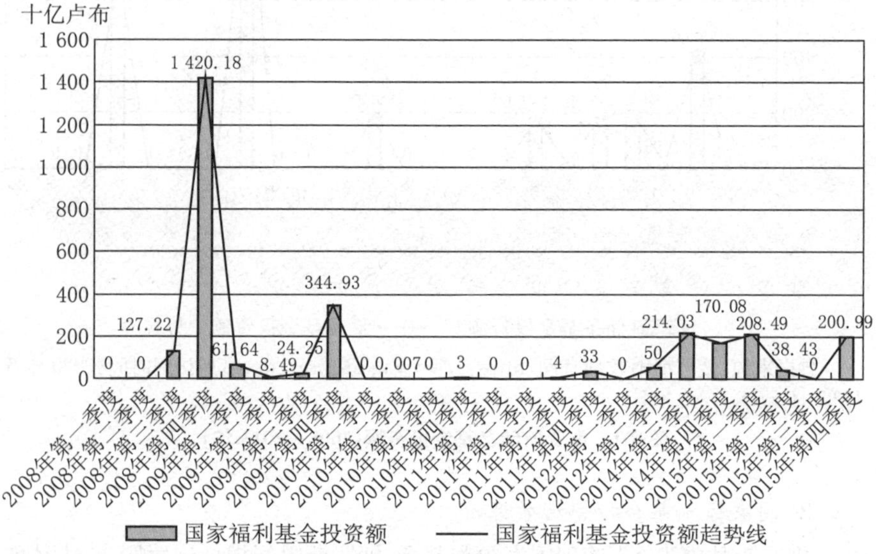

数据来源：俄罗斯财政部官网，https://www.minfin.ru/en/，最后访问时间：2020 年 6 月 27 日。

注：2012 年第三季度至 2014 年第二季度投资额为 0，因此在图中略去。

图 8.4　俄罗斯国家福利基金投资额(2008—2015 年)

如图 8.4 所示，国家福利基金的投资主要集中于 2008 年，主要由于国家福利基金的资金从 2008 年至 2009 年增长迅速(如图 8.2 所示)。储备基金从 2013 年第二季度开始便没有用于投资，而国家福利基金于 2014 年和 2015 年都进行了投资，部分原因是这两年国家福利基金的总额高于储备基金，有更多的闲置基金用于投资进而获取收益。

(二) 社会绩效评价

从基金的使用情况来看，俄罗斯主权财富基金对俄罗斯经济的平稳发展起到了积极作用。从 2004 年到 2008 年，稳定基金的支出主要用于偿还国际货币基金组织债务以及巴黎俱乐部债权国外债，此外，基金的一部分还用于为组建发展银行和对外经济银行注资、弥补联邦养老基金赤字等。提前偿还外债不仅为俄罗斯节约了偿付外债利息的额度支出(到 2009 年,此项支出从 2005 年占国内生产总值的 1%下降到占国内生产总值的 0.5%,到 2020 年,可以节约利息支出约 120 亿美元),而且提升了俄罗斯在国际金融组织中的地位。

1. 对冲过剩的流动性

1994 年以前,俄罗斯倾向于运用发行货币的方式解决资金不足的问题,但是,由于货币发行量过大以及实行价格自由化改革,导致了通货膨胀的恶性发展,1992 年上半年,通货膨胀率已经高达 245.3%。[12] 2000 年以来,俄罗斯通胀率逐年下降,但是,到 2008 年金融危机前,由于国际油价高涨,石油美元大量流入,经常账户国际收支快速增长,俄罗斯通货膨胀率基本维持在两位数的水平(2006 年除外),近年来,通胀率虽然下降到一位数,但这是在金融危机背景下,即总需求下降的背景下实现的。[13] 以克里米亚事件为由,以美国为首的西方国家对俄罗斯实施了多轮次多领域的制裁,恰逢国际油价暴跌引发卢布急剧贬值,俄罗斯国内通货膨胀高企,2015 年俄罗斯通货膨胀率为 12.91%,为 2008 年通货膨胀率 13.3%之后的最高水平。[14]

高额的通货膨胀会对经济发展带来诸多负面影响。高额的通货膨胀导致一国经济虚假繁荣,居民实际购买水平下降,并且导致企业原有债务成本的增加,严重时会导致一部分中小企业因沉重的债务负担而破产,进而提高失业率,此外,在购买力大幅下降的情况下,居民倾向于大规模购买安全资产,规避通胀风险,这将导致金融市场大幅波动。恶性通货膨胀将导致一国经济步入衰退,对政府实现经济目标,企业投资和居民消费都有直接的消极作用。因此,控制通胀水平也一直是俄罗斯政府关注的重要问题。

建立稳定型主权财富基金是资源型经济体征收和储备资源出口超级利润以应付预期风险的通常做法。自 2004 年俄罗斯主权财富基金建立以来,基金规模不断扩大,增强了其帮助政府抵御经济风险的能力,基金为对冲过剩的流动性,控制通货膨胀问题发挥了独特的作用。一是为控制通胀和调控卢布汇率,财政部规定基金由多种货币组成,多元化的币种构成及比例与俄罗斯外贸收入币种构成及比例相似,有利于央行操作外汇业务;二是基金通过吸收超额外汇资产的方式,使部分俄出口外汇进入基金账户,没有进入到货币流通领域,起到了消化货币过剩流动性的作用。[15]

2. 弥补养老金缺口

建立之初,俄罗斯主权财富基金主要目的是避免石油价格下跌带来的负面冲击，有效地发挥了平抑经济波动、减缓经济衰退、加速经济复苏、保障国家预算平衡和防范财政危机的积极作用，履行了“安全气囊”的设立初衷。在基金总额大于所需时，俄罗斯政府将基金用于弥补养老金缺口。

养老金缺口，也称养老金空账，主要是指养老保险基金收不抵支的状况，分三种情况：一是当期（年）出现的收支缺口；二是历史留下的收支缺口，即所谓历史欠账；三是未来收支缺口，即预测在若干年后可能出现的收不抵支现象。苏联解体后，俄罗斯开始全面私有化，卢布汇率急剧下跌，通胀严重，百姓生活苦不堪言。由于政治、经济制度的变化，俄罗斯养老金制度经历了三个阶段的变革：第一，1992 年，俄罗斯政府建立了非国家退休养老基金制度，形成了除国家退休养老基金外的第二形式退休养老基金，即储蓄式养老基金的基础；第二，2002 年，俄罗斯退休养老基金体制改革进入第二阶段，形成了俄罗斯储蓄式退休养老基金制度，并通过了劳动退休养老基金法、强制退休养老基金保险法等四部法律；第三，从 2010 年 1 月 1 日起，俄罗斯对养老金保障制度又进行了新一轮的改革，使养老金收入由依靠税收收入向依靠保险收入转变。[16]

虽然俄罗斯在转型过程中比较重视养老保险制度的改革，并不断提高养老金水平，但是俄罗斯养老保障制度仍存在不少的问题，主要有以下几方面：一是俄罗斯联邦财政面临巨大压力，采取诸如提高养老保险费率等政策来减轻国家负担也无济于事；二是在相当一个时期内难以解决国内一些矛盾，一方面养老基金占国内生产总值的比重日益提高，另一方面平均退休金占平均工资的比率不高，使国家财政压力增大，同时使得退休人员因养老金低对政府不满；三是俄罗斯面临严重的社会老龄化问题。据俄罗斯养老基金会数据，2011 年俄罗斯退休人员首次突破 4 000 万，2012 年年底退休人数在原有基础上又增加了 50 万，这不仅加大了俄罗斯完善养老保障制度的难度，亦是俄罗斯经济与社会发展面临的一大挑战。[17]

表 8.4　俄罗斯主权财富基金补贴养老金支出

日　　期	支出金额（单位：十亿卢布）
2010 年 4 月 29 日	2.50
2011 年 4 月 27 日	3.40
2012 年 4 月 25 日	3.86
2013 年 4 月 18 日	5.71
2013 年 7 月 8 日	0.21

续表

日　期	支出金额(单位:十亿卢布)
2014 年 4 月 25 日	9.37
2014 年 7 月 24 日	3.06
2015 年 4 月 24 日	9.43
2016 年 4 月 22 日	6.79

数据来源:俄罗斯财政部官网,https://www.minfin.ru/en/,最后访问时间:2020 年 6 月 27 日。

俄罗斯人口普查数据显示,2002 年俄罗斯超过劳动适龄阶段的人口占国民总数的比例为 21%,2010 年上升到 22%,2013 年已经接近 28%,俄罗斯 27%的人口是靠养老金来养活的。[18] 2016 年 5 月下旬,俄罗斯总统普京签署了名为《关于对俄联邦某些法律中特定类别公民退休年龄的修改》的法案,计划在一定时期内将男性退休年龄推迟到 65 岁,女性退休年龄推迟到 63 岁。虽然延迟退休年龄可以节省俄罗斯联邦预算,但可能需要一个较长的过渡时间才能使这项措施发挥效用。因此,政府考虑使用主权财富基金弥补养老金收支缺口。2005 年 12 月 22 日,稳定基金拿出 300 亿卢布用于补贴养老金赤字。2008 年基金拆分后,俄罗斯主权财富基金用于补贴养老金缺口的作用更加凸显。如表 8.4 所示,近年来,俄罗斯主权财富基金用于补贴养老金的额度呈增长趋势。俄罗斯主权财富基金用于养老金的金额逐年增加,主权财富基金在弥补养老金缺口、实现国民财富的代际转移方面作出了突出贡献。

3. 协助财政提前偿还外债

外债作为资本原始积累强有力的手段,对弥补投融资缺口,打破因资本不足造成的经济发展中的恶性循环具有不可否认的积极意义。但是,外债作为一种生息资本,到期还本付息是借入外债的基本条件,俄罗斯由于举债过多,管理不当,尤其是投资去向不合理,使外债沉淀成为总成本的一部分。1991 年苏联解体后,俄罗斯政府继承了苏联的政治遗产,同时承担了偿还苏联遗留债务的义务。截至 1991 年 12 月,俄罗斯需偿还苏联遗留债务总计为 649 亿美元,大约三分之二的份额需要在 1992—1995 年间偿还。后因俄罗斯经济形势恶化,无力偿还,俄罗斯暂时停止偿还苏联外债。独立后,俄罗斯又举借了大笔新债。俄罗斯新借外债余额从 1993 年的 9 亿美元激增到 1998 年的 550 亿美元,增加了 60 多倍,特别是 1998 年,一年内增长了

66%。[19]随着经济复苏、国际原油价格上涨，俄罗斯开始利用主权财富基金来偿还巨额的外债，不仅降低了俄罗斯的外债负担，还节省了巨额的利息支出（如表 8.5 所示）。

表 8.5　俄罗斯主权财富基金用于偿还外债支出

日　期	支出总额(单位：十亿卢布)
2005 年 1 月 31 日	93.46
2005 年 6 月 30 日	430.08
2005 年 12 月 30 日	123.80
2006 年 8 月 15 日	616.77
2007 年 2 月 16 日	12.01
2007 年 8 月 16 日	0.07
2007 年 8 月 17 日	2.14
2007 年 10 月 3 日	8.85
2007 年 10 月 31 日	11.50

数据来源：俄罗斯财政部官网，https://www.minfin.ru/en/，最后访问时间：2020 年 6 月 27 日。

从表 8.5 可看出，俄罗斯利用主权财富基金偿还外债主要集中在 2008 年金融危机爆发前期，通过有序的债务偿还，俄罗斯主权债务规模不断缩小。值得注意的是，危机前，俄罗斯总体债务额并没有显著减少，而是呈现出主权债务占比不断下降，公司债务占比上升的趋势特点。

2017 年 2 月 17 日，据俄罗斯《消息报》援引俄罗斯财政部的消息称，2017 年底前，俄罗斯将彻底偿还苏联时期遗留的最后一笔数额为 5 123 亿卢布的债务。虽然苏联时期的旧债即将偿还完成，但是，近几年，乌克兰危机和克里米亚问题加剧了俄罗斯与西方国家的矛盾，美国联合欧盟及其他盟友对俄罗斯实施制裁，西方在经济上制裁俄罗斯给卢布汇率带来了沉重打击，这也给俄罗斯带来了新的外债负担。2015 年和 2016 年俄罗斯需要偿还外债的金额为 2 277 亿美元，俄罗斯官方媒体报道主权财富基金于 2019 年底即将用完，这一预测也是源于基金将用于偿还债务和补贴财政赤字。

4. 弥补财政赤字

2009 年，俄罗斯面临油价低位徘徊、资本外流、工业产值大减、投资出现两位数降幅，这表明俄罗斯经济陷入十年来最为严重的危机中，使得政府面临着严重的财政赤字。

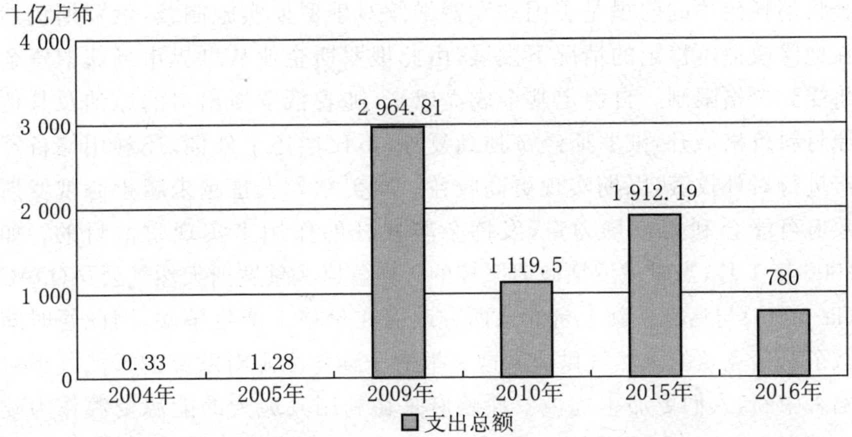

数据来源:俄罗斯财政部官网,https://www.minfin.ru/en/,最后访问时间:2020 年 6 月 27 日。

注:2006 年至 2008 年、2011 年至 2014 年支出总额为 0,因此在图中略去。

图 8.5　俄罗斯主权财富基金弥补财政赤字支出额(2004—2016 年)

如图 8.5 所示,俄罗斯主权财富基金于 2009 年和 2010 年弥补财政赤字的支出金额较大,这是因为受到 2008 年国际金融危机的影响,俄罗斯股市连遭重创,资本外流,国际储备不断缩水,银行体系财务状况恶化,企业贷款困难,工业生产下降。俄罗斯政府积极救市,支持实体经济,向银行和企业注资,帮助其渡过难关。俄罗斯采取反危机的种种措施虽然有利于俄罗斯渡过危机,但是却增加了俄罗斯政府的财政负担,财政赤字加剧。因此,俄罗斯于 2009 年和 2010 年将大笔的主权财富基金用于弥补财政赤字,稳定了国内经济形势,减小由于财政赤字带来的“挤出效应”的影响,降低通货膨胀的压力,有利于俄罗斯更好地走出国际金融危机的负面影响。

四、西方经济制裁带来的挑战

2016 年 5 月 6 日,俄罗斯经济发展部发布宏观经济预测,预计到 2019 年底俄罗斯最主要的主权财富基金——国家福利基金和储备基金或将完全用完。报告称,由于石油出口收入锐减,俄罗斯于 2016 年动用大量基金资产补贴财政赤字,并从 2017 年开始,将动用国家福利基金平衡联邦预算,这一现象说明俄罗斯财政将面临巨大缺口。

根据俄罗斯经济发展部宏观经济预测报告,预测俄罗斯主权财富基金将消耗殆尽的前提是美国和欧盟继续对俄罗斯实施制裁,俄罗斯仍然在地缘政治不稳定的情况下发展,由此俄罗斯企业从世界市场获取资金将受到严格限制。自稳定基金成立以来,随着俄罗斯出口的原油及其他原材料价格飙升,俄罗斯经济强劲复苏,不仅偿还了外债,还利用储备资产进行对外投资,以期实现更高收益。欧美领导人也越来越担心俄罗斯政府可能会利用市场力量,发挥金融杠杆的作用来实现政治目的。如2006年1月,当时俄罗斯政府掌控的天然气巨头俄罗斯天然气公司(OAO Gazprom)与乌克兰新上台的亲西方政府在价格上产生争端,因此暂时缩减了对乌克兰的天然气供应。这一举措令隆冬之际对欧洲的天然气出口陷入中断,人们更加担忧俄罗斯政府是在利用其庞大的能源资源作为政治杠杆。

美国及其盟友对俄罗斯的制裁措施包括外交制裁、军事制裁、经济制裁:禁止美国公民为俄罗斯最大的石油生产商提供新的融资、冻结8家俄罗斯军工业企业在美资产、限制俄罗斯国有银行和企业进入欧盟资本市场、对进口俄罗斯奢侈品设限,包括钻石、贵金属、毛皮、伏特加等。西方经济制裁对俄罗斯经济造成了巨大的影响。一是制裁改变了俄罗斯企业和投资者的中期风险评估,使大部分俄罗斯企业难以获得中期贷款,企业融资压力变大,俄罗斯央行不得不出手救助,导致贷款利率上升,融资成本提高。二是西方国家采取金融手段打击卢布汇率,影响了俄罗斯企业以及在俄罗斯投资的外资企业,导致俄罗斯境内的跨境资本外流,经济失去活力。三是随着金融制裁时间延长,轻工业产品进口短缺,导致俄罗斯国内通货膨胀率不断提高,从而影响到民生,进而可能引发社会动荡,使民众对普京的执政能力产生怀疑,这可能是西方国家制裁俄罗斯的终极目标。[20]四是在收回克里米亚后,俄罗斯为了进一步稳固克里米亚大多数居民对俄罗斯的归属感,普京宣布给入俄后的克里米亚居民大幅提高工资和退休金,并许诺进行大量的基础建设投资来改善环境,这给俄罗斯的财政和经济带来巨大的压力。

主权财富基金有其特有的"双重属性",一方面,基金是市场化的主体,建立的初衷是使外汇储备资产多元化,获取投资收益;另一方面,各国主权财富基金在制定投资目标时,都会受到国家战略政策的影响,为实现国内经济发展战略目标服务。《圣地亚哥原则》要求各基金提高透明度,但完全的信息公开还需要一个过程,要求主权财富基金完全透明化是不合理的,但是，把信息披露控制在一定的“度”内对消除关于主权财富基金运作的误解具有非常重要的作用。俄罗斯主权财富基金的透明度还不高，因此，欧美国家有理由认为俄罗斯主权基金对外投资活动有一定的政治目的，从而对其实施经济制裁。目前，俄罗斯主权财富基金明智的做法是效仿全球最大的主权财富基金挪威政府养老基金的模式，提高基金的透明度，减少西方国家对俄实施经济制裁的理由。

在不同的历史时期，俄罗斯主权财富基金对稳定社会和经济发展都起到了重要的作用。设立之初，稳定基金主要用于平衡财政预算，另一部分资产用于偿还外债以及对外投资，避免了巨额的债务利息支出。2008 年，稳定基金一拆为二，储备基金例行稳定基金平衡财政预算的职责，国家福利基金主要用于弥补养老金赤字，二者各司其职，有效地促进了俄罗斯经济发展。自建立以来，俄罗斯主权财富基金不仅在投资领域取得了较好的收益，还发挥了社会功能，如对冲过剩的流动性、弥补养老金缺口、抵制西方经济制裁的影响以及弥补财政赤字，推动俄罗斯走出国际金融危机，促使经济稳定向上发展，并提高了俄罗斯在国际金融组织中的地位，因此，俄罗斯主权财富基金的社会绩效是值得肯定的。但是，目前俄罗斯财政面临巨大缺口，俄罗斯主权财富基金在积极补贴财政赤字的同时也面临资金来源枯竭的问题，如何通过多元化的投资提高基金收益，如何通过提高透明度降低西方国家的猜疑，俄罗斯主权财富基金仕重道远。

第二节 挪威主权财富基金

挪威政府全球养老基金作为国际公认的主权财富基金典范，其管理模式对各国主权财富基金具有广泛的借鉴意义。成立至今，除了获益于国际油价的不断上涨，挪威政府全球养老基金通过自身的主动投资管理获得了超额的收益，基金的规模不断扩大。截至 2018 年 9 月 30 日，基金的市值达到 84 780 亿克朗(约合 9 983 亿美元)，其中股权投资市值为 57 320 亿克朗，非上市房地产投资市值为 2 260 亿克朗，固定收益投资市值为 25 200 亿克朗。[21] 目前，挪威政府全球养老基金已经成为全球资金规模排名第一的主权财富基金。

一、挪威主权财富基金的成立背景与资金来源

挪威位于北欧斯堪的纳维亚半岛西部，石油资源丰富，20 世纪 70 年代，挪威近海石油工业兴起，20 世纪 80 年代，挪威在北海陆续发现了大储量的海上油田，成为继沙特阿拉伯和俄罗斯之后世界第三大石油出口国，石油行业成为国民经济的重要支柱。随着石油开采量和国际油价的不断提高，石油财富不断增加，挪威政府积累了巨额的外汇储备资产。高额的外汇储备资产导致本币升值和通货膨胀压力，引起了国内市场的波动，如何降低外汇储备剧增引起的汇率波动，同时确保国民财富的保值增值成为亟待解决的问题。1990 年，挪威议会通过了一项法案，决定成立政府石油基金（Government Petroleum Fund，GPF），定期从石油收入中划拨资金到政府石油基金，对石油收入进行长期管理。随着人口老龄化和石油收入降低的预期，2006 年，政府石油基金被正式更名为政府全球养老基金（Government Pension Fund Global，GPFG）。名称上的变更预示着基金可能会为逐步增加的公共养老金费用支出提供融资。[22]

挪威政府全球养老基金设立的初衷是为挪威国民的子孙后代储蓄。挪威政府深知石油资源总有一天将耗尽，但基金投资的回报将继续使挪威人口受益。挪威政府全球养老基金的资金主要来自财政部从石油收入中划拨的资金，具体包括政府所有的石油收入、与石油交易有关的净收益以及用于平衡非石油财政赤字的余额，另一部分来自挪威银行（即挪威央行）从外汇市场中购入并划入缓冲组合中的资金。1996 年，政府石油基金从挪威财政部得到了第一笔资金划入，并完全按照挪威银行管理外汇储备的方式进行管理。1998 年 1 月 1 日，挪威银行成立挪威银行投资管理部（Norges Bank Investment Management，NBIM），由它代表财政部对基金的资产进行专业化的投资管理。

从 1998 年至 2017 年，挪威政府全球养老基金总市值一直在增长。从 1998 年至 2010 年，基金对房地产行业投资一直为 0，从 2011 年开始，挪威政府全球养老基金才开始涉足房地产领域，并且投资市值逐年上升。2008 年之前，其固定收益投资市值一直高于股权投资市值，从 2009 年开始，股权投资市值反超固定收益市值，说明挪威政府全球养老基金有了一定的资本积累后，越来越重视高风险高收益的投资（如图 8.6 所示）。

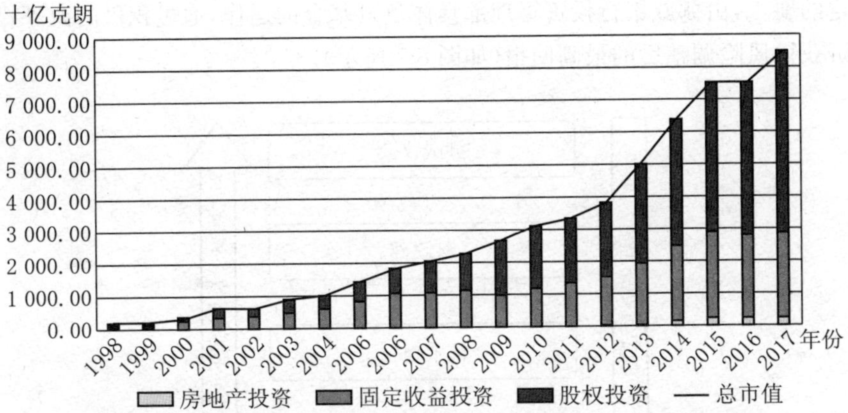

注:基金的市场价值:投资回报、资本流入和汇率影响基金的市场价值。

数据来源:挪威银行投资管理公司,https://www.nbim.no/en/the-fund/market-value/,最后访问时间:2020 年 6 月 13 日。

图 8.6　挪威政府全球养老基金市值(1998—2017 年)

二、挪威主权财富基金的运营模式

(一) 挪威主权财富基金的治理结构

挪威的中央银行是挪威银行。挪威银行除了以中央银行的名义管理外汇储备外,还以石油和能源部的名义管理政府石油保险基金,以及以财政部的名义管理挪威政府全球养老基金。

挪威银行的外汇储备资产被分为三个部分进行管理,包括货币市场组合、投资组合以及缓冲组合。其中,货币市场组合作为货币政策的一部分,由挪威银行货币政策司(Norges Bank Monetary Policy, NBMP)的市场运作和分析部(Market Operations and Analysis Department, MOAD)负责管理,其主要作用是促进金融市场稳定。外汇储备中资产占比最大的投资组合和用于缓冲石油收入的缓冲组合则由挪威银行投资管理部负责管理。

挪威银行投资管理部是挪威银行的资产管理部门,负责管理挪威主权财富基金以及一些挪威银行的外汇储备资产。挪威银行投资管理部代表财政部对基金进行日常投资管理,目标是在财政部规定的投资要求范围内尽可能获得最高的基金回报,而财政部代表的是全体国民的利益。基金的投资指引中明确地界定了财政部和挪威银行之间的责任划分,即财政部负责制定长期的投资策略,确定资产组合配置权重、风险控制标准、绩效评价标准,以及对管理层的表现进行评估并及时向议会汇报;而挪威银行则按照规定的要求，由挪威银行投资管理部具体负责基金的运作，通过积极的海外投资获得风险调整后的最高回报（如图 8.7 所示）。

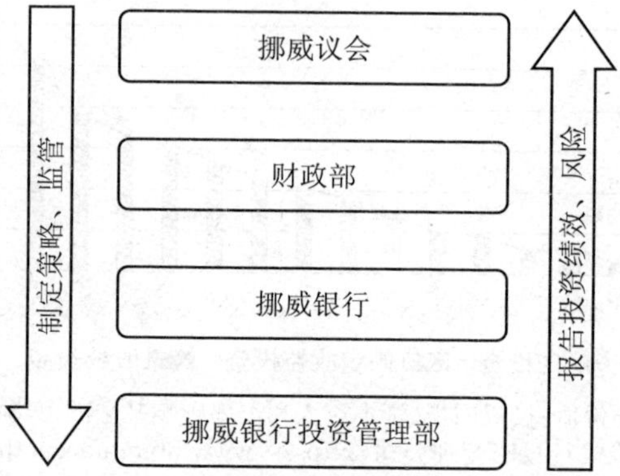

图 8.7　挪威政府全球养老基金的治理结构

自 1998 年成立以来，挪威政府全球养老基金已经在伦敦、纽约、上海和新加坡设立办事处，这使得基金可以更接近投资市场，帮助基金与世界各地的合作伙伴建立更紧密的联系。

目前，挪威政府全球养老基金约有来自 34 个国家的 550 名员工。为了配合不断增长的基金规模和日益复杂的投资要求，基金专注于招聘具有高水平专业知识、专业化和创新的人才。除首席执行官和副首席执行官外，挪威银行投资管理领导小组还有三名首席投资官负责该基金的投资战略，此外，还有负责风险、运营、公司治理、财务、人力资源以及合规控制的六位首席执行官。对于房地产项目的管理，则另外设有一个单独的领导小组负责相应的事务。

（二）挪威主权财富基金的资产配置策略

挪威财政部负责制定挪威政府全球养老基金的资产配置权重，包括可投资的资产类别和地域分布比重，并定期进行检查。挪威银行投资管理部则负责基金具体的投资运营管理，充分利用基金的两大特色，即长期的资产配置策略和巨大的资金规模，进行多样化的投资，在财政部的授权范围内创造尽可能高的投资回报。

1. 挪威主权财富基金的投资策略

挪威财政部负责制定挪威主权财富基金的资产配置权重，包括可投资的资产类别和地域分布比重，并定期进行检查。挪威政府全球养老基金依循财政部和挪威银行投资管理部的投资指引在全球范围内投资股票、固定收益资产和房地产等资产。基金的投资战略会随着时间的推移在专家评审、实践经验和深入分析的基础上进行确定和调整,投资策略的重大变化需要挪威议会的批准。

(1) 制定资产配置权重

资产配置权重限定了基金可以投资的市场范围,并为不同资产类别的分配设定了限额。资产配置权重反映了基金的投资策略制定者对市场运作方式以及对基金目的和特征的理解。与传统的外汇储备管理以流动性、安全性为首要目标不同,主权财富基金管理外汇储备资产的首要目标是追求投资收益的最大化。为此,挪威主权财富基金的资产配置战略经历了从保守管理到积极投资的过程。

1998 年以前,基金主要投资于有担保的政府债券,基本不进行股权投资,尽管其可以获得较高的收益,但同时伴随着较高的风险。随着石油收入的不断提高,基金规模随之扩大。1999 年,挪威央行放宽了对股权投资的限制,逐步开展对国际股票市场的投资,并于 2000 年进行了小规模的指数和加强指数投资。但直到 2000 年底前,政府石油基金的资产配置仍主要集中于固定收益资产投资,同时实行保守的投资策略,部分高等级债券的交易聘请外部管理者实行指数化管理。从 2001 年开始,基金逐步增加了股权投资部分,并于 2003 年开始投资无政府担保的债券,基金的资产实现了更加多元化的配置。

2005 年 12 月,挪威财政部公布的《政府全球养老基金管理规定》中指出,基金可用于股权投资的资产比重为 30%—50%,其中,投资地域分布比重为:欧洲占 40%—60%,美洲和非洲占 25%—45%,亚洲和大洋洲占 5%—25%;用于固定收益投资的资产比重为 50%—70%,其中,投资地域分布比重为:欧洲占 50%—70%,美洲和非洲占 25%—45%,亚洲和大洋洲占 0%—15%。

2010 年 3 月,根据修订后的资产配置策略,基金在维持股权投资较高比例的基础上,逐步提高了房地产投资的权重。由于房地产投资的资金是从固定收益投资组合中划分出来的,因此固定收益投资所占的份额相应有所减少。在地域分布方面,最有突破性的变化是,中东地区加入了基金股权投资和固定资产投资的投资范畴,使资产的分布在地域方面更具多元化。房地产投资部分以英国研究机构房地产投资数据库(Investment Property

Databank, IPD)提供的欧洲房地产指数为基准,该基准衡量了15个欧洲国家的房地产行业表现,随着时间的推移,房地产投资的地域分布扩大到房地产投资数据库全球房地产指数所包括的欧洲以外的国家,如澳大利亚、加拿大、日本、韩国、新西兰、南非和美国。

挪威政府全球养老基金主要投资于国外的资本市场,包括国际股票、固定收益和房地产市场。基金专注于国外市场的主要原因是为了避免大量投资引起国内经济过热,以及使国内经济免受石油价格波动的影响。此外,将石油收入划拨出来进行海外投资,避免了因大量外汇储备流动而引起挪威克朗汇率的剧烈波动,进一步稳定了国内市场。

(2) 指数化管理和积极管理相结合

① 指数化管理

基金参考由富时集团、巴克莱资本和房地产投资数据库分别编制的富时全球股票指数、巴克莱全球综合指数和全球通胀挂钩债券指数,以及房地产投资数据库欧洲房地产指数来制定基金的基准指数。股票和债券指数每日进行更新,及时地反映了基准证券的市值变化。而房地产指数则由房地产投资数据库根据搜集的投资者信息进行整理计算,在每年的五月进行公布。

目前,基金的战略基准指数的股权分配定为62.5%,其余部分为固定收益资产。这些分配受市场、行业和货币权重的影响。近期,财政部决定将基准股权比例逐步提高到70%。除了发达国家的债券外,以新兴市场国家为代表的发展中国家的债券越来越多地被包含在基准指数中。此外,基金投资于非上市房地产资产的比重最高可达到基金投资的7%,房地产基准指数涵盖的15个欧洲国家分别是奥地利、比利时、丹麦、芬兰、法国、德国、爱尔兰、意大利、荷兰、波兰、葡萄牙、西班牙、瑞典、瑞士和英国。

投资授权明确了实际基准指数可能因市场变动等原因而偏离战略基准指数。偏离的波动幅度应该在1.25%的范围内。而预期相对波动率可以衡量基金在正常年度的回报率可能会偏离基准指数回报率的幅度。此外,挪威银行构建了一个与实际基准指数略有不同的投资组合,目的是利用基金的特点和优势,更好地与现实的投资环境相适应。

② 积极管理和超额回报

指数化管理属于一种"被动式"投资,通过参照基准指数组合的构成来进行投资,以获得与基准指数一致的收益率,其理论基础是"有效市场假说”。按照基准指数进行投资可以有效地管理运营成本和风险,但是不能获得超额回报。因此,为了获得一个长期稳定的超额回报,对资产实行积极管理是十分必要的。基金使用多种类型的积极管理方式,以最大限度的超过基准指数的收益率,主要的方式包括加强指数投资、设立内部专职经理和聘请外部经理。

加强指数投资旨在利用基准指数股票,以及与其密切相关的股票之间的差异以获得超额回报。后者可能来自已包含在基准指数中的公司新发行的股票,或者预计即将包含在基准指数中的公司的首次公开发行的股票。

大部分的基金经理都有自己擅长的投资领域,因此,基金在制定内部投资运营战略时,设立了内部专职投资经理职位,即基金经理只在其擅长的领域进行投资。设立专职经理的优势在于:一是可以充分利用基金经理的专业知识,提高投资收益;二是可以在提高收益的同时降低投资风险,同时降低相应的管理成本。

尽管致力于培养本土的投资专家,但是基金选择将部分资产委托给外部基金经理管理。基金的固定收益资产部分主要由内部专职经理负责,而股票资产则由内部经理和外部经理共同负责。在特定投资领域聘用外部经理有三个好处:一是可以学习外部经理的投资理念,利用其投资经验获得超额收益;二是由内外部经理分开进行投资决策,可以实现资产的多元化配置,通过大量独立决策的差异获得超额回报;三是由于不同东道国(或地区)的公司治理标准和透明度差异较大,因此基金经理需要掌握特定市场的相关信息,通过当地的外部经理投资本土市场的股票,经理人既能够评估各个公司的回报潜力,又能够了解当地市场的投资环境、社会和治理风险,可以在风险较低的情况下实现收益最大化。

(3) 资产再平衡策略

挪威财政部为基金设立了资产配置权重,但由于资产价格是随时间变化的,实际的资产配置分布有时会偏离规定的资产配置权重。如果实际基准指数中的股票配置明显高于或低于战略配置,这将导致投资风险和回报状况与预期设想的不同。比如,根据规定,股权投资的比重应该占总体资产的62.5%,但如果股权资产的价格比固定收益和房地产资产上涨得快,则股权资产的比重就会超过62.5%。当实际资产配置比重严重偏离制定权重时,就会增加基金的运营风险。

再平衡的过程就是通过购买或者出售资产,而使实际的资产权重回归制定的资产配置权重的过程。但是再平衡操作也不宜频繁使用,因为在这个过程中是有交易成本的。再平衡操作的频率过低会导致资产组合严重偏离制定的标准,但是操作的频率过高则会导致交易成本大大增加,即存在一个操作频率的平衡问题。因此,当财政部设立资产组合波动的区域时,要保证有一个适当的再平衡频率。在实际操作中,挪威财政部规定允许股权投资的份额在50%—70%之间波动,而固定收益和房地产投资作为一个总体,允许其份额在30%—50%之间波动。

(4) 风险管理策略

挪威财政部对挪威银行投资管理部管理基金资产所能容忍的风险进行了界定,挪威银行投资管理部根据要求运用多种方法对基金可能面临的风险进行监控。主要方法包括预期跟踪误差分析、集中度分析、风险敞口因子分析、流动性风险分析。

① 预期跟踪误差分析

跟踪误差反映实际资产组合收益率与基准组合收益率之间的偏差。跟踪误差越大,表明资产组合与基准偏离得越远,风险越高。挪威银行投资管理部对基金投资回报率偏离投资组合回报基准的程度设置了上限。基金投资回报的波动上限是125个基点,这意味着基金的实际回报与基准投资组合回报之间的差额不能超过1.25个百分点。

预期跟踪误差的方法是用历史价格来预测未来市场的波动。2008年,由于遭受金融危机冲击,国际金融市场经历剧烈波动。此次金融危机带来的教训是,基于历史定价关系的传统数字模型,由于依赖正常市场与合理风险因素之间关系连续性的假设,因此低估了2008年的市场风险,给基金的投资带来巨大的损失。因此,挪威银行投资管理部决定在运用预期跟踪误差方法的基础上,增加集中度分析、风险敞口因子和流动性风险等三种风险度量方法,作为基于历史定价关系的传统风险度量模型的补充。

② 集中度分析

在股票投资组合中,最简单的一种度量风险的方法是计算与基准指数的重合度。如果基金的投资组合与基准指数的股票组合100%重合,则说明基金与基准指数有相同的风险。例如2009年底基金与基准指数的实际重合率为85%,这意味着基金有15%的资产由于实行积极管理而偏离了基准。

对于偏离基准指数的相关投资的风险衡量,挪威银行投资管理部着眼于多项因素,其中包括投资组合的集中程度分析,考察投资组合是集中于几项大额投资还是小额分散投资。集中度较高的投资，其风险往往高于多元化的分散投资。但在实际操作中，投资经理为了获得一个更加长期稳定的高额回报，通常会选择集中投资，这与挪威银行投资管理部投资对象分散化以降低投资风险的宗旨不一致。集中度分析法可以平衡集中投资与分散投资的比重，获得风险调整后的更高回报。

③ 风险敞口因子分析

近年来，新兴市场国家经济发展迅速，资本市场的投资回报率也随之大幅度提高。波士顿咨询集团2010年12月公布的一份研究报告显示，新兴市场经济体科技类企业的投资回报率位居全球前列，在所调查的126家企业中，新兴市场经济体企业的股东回报额占全部企业股东回报额的64%。

资产配置中涉及新兴市场经济体、高科技以及小盘股特征的投资组合通常可以获得更高的投资回报，但也伴随着更高的风险。对于此类投资组合，需要对相关的风险敞口因子进行持续的考察，形成一个动态的监测体系。

④ 流动性风险分析

资产的流动性主要是指金融资产在市场上的变现能力。流动性风险是指由于市场流动性不足，导致资产未来面临无法变现或者不能以期望的价格变现，从而致使资产价值遭受损失的可能性。应用不断改进的数量方法可以对流动性风险进行很好的识别，如在VAR模型中引入流动性指标进行衡量。但金融危机的经验表明，对经济环境等宏观层面的形势分析对防范流动性风险同样具有重要意义。

(5) 所有权策略

挪威政府全球养老基金的运营管理历来遵循国际公认的公司治理标准。基金的投资行为遵守联合国制定的负责任的投资原则（UN Principles for Responsible Investment），与此同时，基金的所有权策略遵照联合国制定的全球契约（UN Global Compact），以及经合组织制定的公司治理准则（OECD Guidelines for Corporate Governance and Multinational Enterprises）。

在取得高额投资回报的同时，挪威政府全球养老基金旨在促进所投资公司形成更加完善的公司治理标准，并鼓励企业提高社会和环境标准。良好的所有权策略不但会受到国际社会和东道国（或地区）政府的欢迎，更重要的是可以在长期维护股东的利益。在所有权策略方面，基金制定了重点战略领域，具体包括以下六个方面：一是维护股东的应有权利，促进股东间的平等待遇;二是提高股东大会的影响力,促成董事会的问责制;三是促进公平的商业惯例,鼓励负责任的投资行为;四是保护儿童的权利,抵制雇佣童工;五是关注温室效应等气候变化,制定相关的风险投资策略;六是关注日益稀缺的水资源,制定可持续的水资源管理计划。

挪威政府全球养老基金通过多种途径,督促所投资公司达到既定的公司治理标准,包括与公司的管理层、其他投资者以及当地监管部门进行对话,以及在股东大会上进行投票来表明自己的立场。使用15%—20%的所有权限度是市场中财务投资者的标准惯例。尽管部分发达国家的学者和官员呼吁限制主权财富基金的持股比例,以及要求主权财富基金放弃投票权,但是,作为主权财富基金治理方面的典范,挪威政府全球养老基金在这一方面作出了明确的表态,认为区分财务投资者和战略投资者的标准应该是投资目的,而不是所有权限度。

2. 挪威主权财富基金的投资分布

股权投资在获得较高收益的同时伴随着较高的风险,因此,1998年之前,挪威政府全球养老基金主要投资于有担保的政府债券,基本不进行股权投资。随着石油收入的不断提高,基金规模随之扩大。1999年,挪威央行放宽了对股权投资的限制,逐步开展对国际股票市场的投资,并于2000年进行了小规模的指数和加强指数投资。但直到2000年底,挪威政府全球养老基金的资产配置仍主要集中于固定收益资产投资,同时实行保守的投资策略,部分高等级债券的交易聘请外部管理者实行指数化管理。从2001年开始,基金逐步增加了股权投资部分,并于2003年开始投资无政府担保的债券,基金的资产实现了更加多元化的配置。[23]

2010年3月,根据修订后的资产配置策略,挪威政府全球养老基金在维持股权投资较高比例的基础上,逐步提高房地产投资的权重。由于房地产投资的资金是从固定收益投资组合中划分出来的,因此,固定收益投资所占的份额相应有所减少。在地域分布方面,最有突破性的变化是,中东地区加入挪威政府全球养老基金股权投资和固定资产投资的投资范畴,资产的分布在地域方面更具多元化。2011年,受全球经济衰退的影响,挪威政府全球养老基金将房地产投资的份额从2010年度的5%降低到0.6%,而固定收益投资则从35%提高到44.5%。

如表8.6所示,挪威政府全球养老基金仍然比较青睐对发达国家进行投资,如欧洲的英国、德国、法国、瑞士等地区以及北美洲的美国和加拿大,这些国家都是基金的重点投资区域，此外，亚洲的发达国家如日本和韩国以及以中国为代表的新兴市场国家也是基金关注的重点。截至 2018 年 6 月 30 日，基金对北美地区的投资占总资产的 41%，对欧洲地区的投资占总资产的 36%，对亚洲及太平洋地区投资占比 20%，其他地区占比总计 3%。

表 8.6　挪威政府全球养老基金资产的地域配置分布(截至 2017 年 12 月 31 日，单位：%)

东道国	总计	股权投资	固定收益投资	非上市房地产投资
美国	36.6	23.8	11.6	1.2
英国	8.8	6.4	1.8	0.6
日本	8.7	6.0	2.6	0.0
德国	6.8	4.0	2.7	0.1
法国	5.3	3.4	1.5	0.4
瑞士	3.6	3.0	0.5	0.1
加拿大	3.0	1.5	1.5	—
中国	2.5	2.4	0.2	—
澳大利亚	2.3	1.4	0.8	—
韩国	1.9	1.3	0.6	—

数据来源：挪威政府全球养老基金 2017 年年报。

目前，挪威政府全球养老基金主要投资于股票、固定收益资产以及房地产等。截至 2018 年 6 月 30 日，基金的资产配置比例为股票资产投资占比 66.8%，固定收益类资产投资占比 30.6%，非上市房地产资产投资占比 2.6%。目前为止，挪威政府全球养老基金已投资超过 9 000 家公司，并在全球 72 个国家(地区)进行投资。截至 2018 年 9 月 30 日，挪威政府全球养老基金的市值达到 84 780 亿克朗，其中股权投资市值为 57 320 亿克朗，占比达到 67.6%，非上市房地产投资市值为 2 260 亿克朗，占比为 2.7%，固定收益投资市值为 25 200 亿克朗，占比达到 29.7%(如表 8.7 所示)。

表 8.7　挪威政府全球养老基金的资产种类配置分布(2013—2018 年)(单位：十亿克朗)

时　间	2018 年 9 月 30 日	2017 年	2016 年	2015 年	2014 年	2013 年
股权投资	5 732	5 653	4 692	4 572	3 940	3 107
非上市房地产投资	226	219	242	235	141	52
固定收益投资	2 520	2 616	2 577	2 668	2 350	1 879
总　计	8 478	8 488	7 510	7 475	6 431	5 038

数据来源：挪威银行投资管理公司，https://www.nbim.no/en/the-fund/market-value/，最后访问时间：2020 年 6 月 13 日。

(1) 股权投资

挪威政府全球养老基金的股权投资分布在全球不同的国家、行业和公司,借此获取全球范围内的投资收益并尽可能地分散风险。目前,基金约在全球 9 000 家公司进行投资,其中,投资比例最高的地区是欧洲和北美,其次是亚洲和大洋洲的发达市场以及新兴市场。基金对股权的投资仅限于受监管的交易所上市的公司以及董事会已表示有意申请在交易所上市的公司,此外,基金对任一家公司的股权投资都不可以超过该上市公司股份的10%。由此可见,挪威政府全球养老基金是严格意义上的财务型投资者。

2017 年,受全球多个地区和部门的股价飙升的推动,挪威政府全球养老基金的股权投资回报率达到 19.3%,其中,基金在发达市场的投资回报率为 18.4%,在新兴市场的投资回报率达到 28.7%。新兴市场的投资回报主要来自亚洲市场,特别是中国和印度,基金在这些区域的股权投资回报较高,截至 2017 年底,基金对中国投资共计 2 170 亿克朗,共计投资了 566 家公司的股权和 45 支债券,对印度投资共计 960 亿克朗,共计投资了 275 家公司的股权和 36 支债券。[24]

具体而言,挪威政府全球养老基金对北美地区的投资占基金股权投资份额的 38.4%,投资回报率为 14.3%,其中,美股的投资回报率为 14.5%(以当地货币计价为 20.8%),占基金股权投资份额的 36.1%,这使得美国成为基金股权投资的最大单一市场。基金对欧洲地区的投资占基金股权投资份额的 36.6%,投资回报率为 21.4%,其中,英国是基金第二个较大的单一市场,投资回报率为 18.0%(以当地货币计价为 13.7%),占基金股权投资份额的 9.7%。基金对亚洲和大洋洲地区的投资占基金股权投资份额的 22.9%,投资回报率为 25.9%,如果排除日本市场计算,这一地区的投资回报率是30.1%,日本作为基金的第三大单一市场,日本股票的投资回报率为 20.3%(以当地货币计价为 22.5%),占基金股权投资份额的 9.1%。2017 年,基金对以中国为代表的新兴市场股票的投资获得了较高的回报,其中,中国大陆地区是基金股权投资占比最大的新兴市场,基金对中国大陆地区的股权投资回报率为 43.4%(以当地货币计价为 41.7%),占基金股权投资份额的3.6%,其次是中国台湾地区占比为 1.6%和印度占比为 1.2%,基金对中国台湾地区和印度股权投资的回报率分别为 25.1%和 38.8%(以当地货币计价分别为 21.8%和 37.7%)。[25]

如图 8.8 所示,挪威政府全球养老基金的股权资产主要集中于欧洲地区,2007 年开始,基金对股权投资的比例大幅增加,并在 2012 年达到峰值,此后股权投资的比重基本保持稳定。

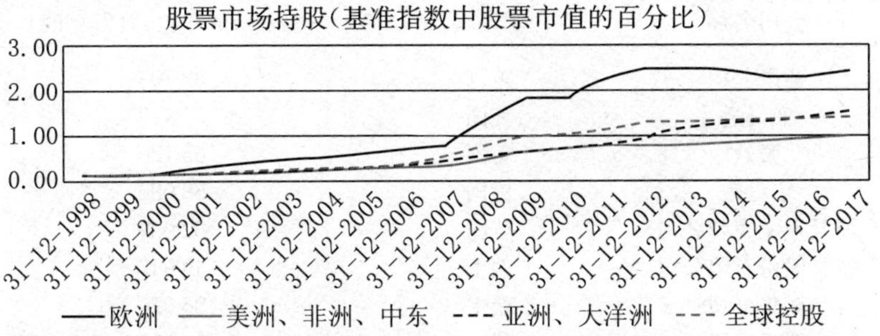

数据来源:挪威银行投资管理公司,https://www.nbim.no/en/the-fund/market-value/,最后访问时间:2020 年 6 月 13 日。

图 8.8　挪威政府全球养老基金的股权投资(1998—2017 年)

2017 年,挪威政府全球养老基金所持有的股权投资项目中,投资收益最高的行业是科技行业,投资回报率达到 32.4%,占基金股权投资份额的 11.2%,其次是基础材料行业,投资回报率达到 27.1%,占基金股权投资份额的 6.0%,而石油和天然气、通信行业的投资回报率最低,均只达到了 4.1%,分别占基金股权投资份额的 5.6%和 2.8%(如表 8.8 所示)。

表 8.8　挪威政府全球养老基金股权投资的行业分布(单位:%)

行　业	回报率	占股权投资的百分比
金融	19.3	24.5
制造业	22.9	14.3
消费商品	21.5	13.5
科技	32.4	11.2
消费服务	14.8	10.1
医疗	16.1	9.8
基础材料	27.1	6.0
石油和天然气	4.1	5.6
通信	4.1	2.8
公用事业	13.7	2.6

数据来源:挪威政府全球养老基金 2017 年年报。

截至 2018 年 9 月 30 日,基金最大的一笔股权投资项目是对苹果公司的投资,持股价值约为 837 亿克朗,其次是亚马逊、微软和字母表,前四名都是美国公司,由此可见基金股权投资的大额项目主要集中于美国市场(如表

8.9 所示）。

表 8.9　挪威政府全球养老基金所持有的前十大股权投资（截至 2018 年 9 月 30 日）

公司名称	东道国	持股金额（单位：百万克朗）
苹果公司	美国	83 703
亚马逊	美国	66 413
微软	美国	65 720
字母表	美国	58 986
荷兰皇家壳牌公司	英国	52 939
雀巢股份有限公司	瑞士	49 947
诺华公司	瑞士	36 076
罗氏控股	瑞士	34 013
脸书	美国	30 593

数据来源：挪威银行投资管理公司，https://www.nbim.no/en/the-fund/market-value/，最后访问时间：2020 年 6 月 13 日。

（2）固定收益投资

挪威政府全球养老基金的固定收益投资主要包括 70%的政府和相关机构发行的债券以及 30%的企业部门发行的债券。

政府债券投资份额依据各国经济规模分配，依照国内生产总值进行衡量，此外，挪威银行投资管理部在配置政府债券份额时也会考虑一个国家的公共财政实力。基金的固定收益类投资主要集中在发达国家，其中，发达国家政府债券的比例很高，并以欧元、美元、英镑和日元计价，其余约 10%的固定收益投资来自新兴市场的政府债券，并且这些债券通常具有投资级信用评级。

公司债券的投资包括公司发行的债务以及担保债券，或由抵押贷款组合担保的银行发行的债券。与政府债券相比，公司债券通常可以获得更高的投资回报。所有公司债券必须在信用评估通过后才可以投资。非投资级债券的持股目标不超过整体固定收益投资组合的 5%。

如图 8.9 所示，挪威政府全球养老基金从 2002 年开始涉足公司债券，并在 2007 年增长最快，2008 年受金融危机的影响，基金对公司债券的投资又急速下滑。相比而言，基金投资于政府债券的部分呈现一定范围内的上下波动，比较稳定。

截至 2018 年 6 月 30 日，挪威政府全球养老基金对美国政府债券和企业债券投资的份额最多，达到 6 655 亿克朗，其次为日本、德国、英国、法国、意大利。由此可见，挪威政府全球养老基金主要投资于西方发达国家的债券。

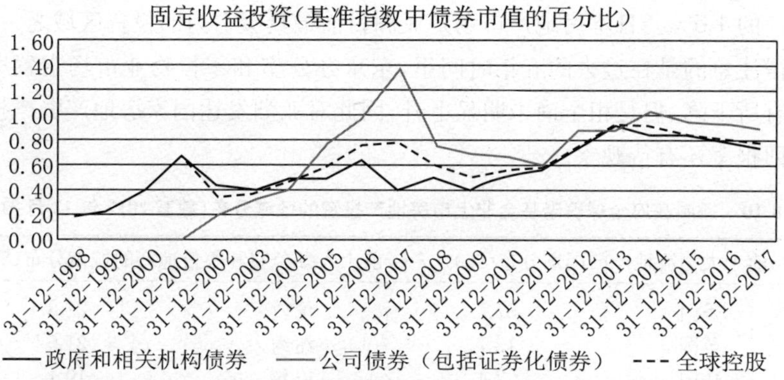

数据来源:挪威银行投资管理公司,https://www.nbim.no/en/the-fund/market-value/,最后访问时间:2020年6月13日。

图8.9　挪威政府全球养老基金的固定收益投资(1998—2017年)

(3) 房地产投资

美国、欧洲和亚洲拥有较为透明的房地产市场,并且未来一段时间内就业增长、经济增长和贸易增长的潜力较大,这些地区的经济发展与全球经济高度相关,拥有完善的基础设施,对推动社会发展的金融、知识和文化资本吸引力较大,因此,挪威政府全球养老基金的房地产投资主要集中在这些地区。其中,基金在美国的房地产投资主要集中于纽约、波士顿、华盛顿、北卡罗来纳州和旧金山,在欧洲的房地产投资主要集中于伦敦、巴黎、柏林和慕尼黑,而在亚洲的房地产投资也主要集中于经济发达的地区,如东京和新加坡。

截至2017年12月31日,挪威政府全球养老基金对房地产投资的资产价值达到291 256百万克朗,其中,上市房地产投资的资产价值为72 613百万克朗,非上市房地产投资的资产价值为218 643百万克朗(如表8.10所示)。[26]2017年,基金对欧洲地区房地产的投资占基金对未上市房地产投资的52%,投资的回报率为8.6%(以当地货币计算)。其中,德国和法国的办公室物业投资收益较高,而英国相对收益较低,此外,由于市场需求的增加,物流物业领域和购物广场的投资机会增多。基金对美国房地产的投资占基金对未上市房地产投资的46.2%,投资的回报率为6.2%(以当地货币计算)。2017年,美国办事处的租金继续上涨,价格略高于2016年,其中,基金在华盛顿特区的投资增加,在波士顿的投资较为稳定,而在纽约和旧金山的投资呈下降趋势。2017年12月,基金收购了东京五个物业70%的资产,这是基金首次在亚洲地区进行未上市房地产投资,占基金对未上市房地产投资的1.6%。日本房地产市场是亚洲目前最具吸引力的投资区域之一,但值得注意的是在过去的五年时间里,东京办公室和零售物业市场空置率虽然有所下降,但是租金尚未明显上升,因此对亚洲发达国家房地产资产投资的回报率还有待观察。

表8.10 挪威政府全球养老基金非上市房地产投资的地域分布(截至2017年12月31日)

前十大物流地产的国别分布(%)		前十大办公室和零售地产的城市分布(%)	
美国	57.7	伦敦	22.8
英国	12.7	纽约	21.5
法国	7.4	巴黎	19.1
西班牙	4.4	波士顿	8.9
荷兰	4.0	华盛顿特区	6.3
波兰	4.0	旧金山	5.9
捷克	2.7	苏黎世	4.9
意大利	2.6	谢菲尔德	3.5
德国	1.7	东京	2.0
匈牙利	1.5	柏林	1.5

数据来源:挪威政府全球养老基金2017年年报。

三、挪威主权财富基金的绩效评价

(一)投资绩效评价

基金在1998年挪威银行投资管理部接手管理的时候市值为1 718亿克朗,其中股权投资市值为695亿克朗,固定收益类资产市值为1 023亿克朗,而一直到2011年才有了第一笔房地产投资,当年房地产资产的市值为111亿克朗。经过20年的投资运营,基金目前的市值是当年市值的近50倍,截至2018年9月30日,挪威政府全球养老基金的市值已经达到84 780亿克朗(约合9 983亿美元),这使其成为目前全球资产规模排名第一的主权财富基金。成功的运营模式以及良好的投资业绩,使挪威主权财富基金成为国际公认的主权财富基金典范。中国的主权财富基金仍处于成长阶段,挪威的成功经验值得我们学习和借鉴。

挪威政府全球养老基金的投资回报,主要依据国际上通用的标准——全球投资业绩标准(Global Investment Performance Standards, GIPS)进行衡量。全球投资业绩标准是一套全球性的衡量资产管理投资绩效的专业标准,它是全球资产管理行业自律的产物,旨在促进资产管理公司对其投资业绩进行良好的管理。

如图 8.10 所示，在 20 年的时间里，基金除了 2001 年、2002 年、2008 年和 2011 年的投资回报率为负值外，其他年份的回报率都为正。其中，受 2008 年金融危机的严重影响，当年基金的投资回报率甚至跌到了 -23.31%，不过 2009 年基金的投资回报率迅速恢复到 25.62%，涨幅近 50%。基金回报率在金融危机期间的剧烈波动主要源于其对股权资产投资回报率的大幅变动，而固定收益类资产和非上市房地产的投资回报率则相对稳定。

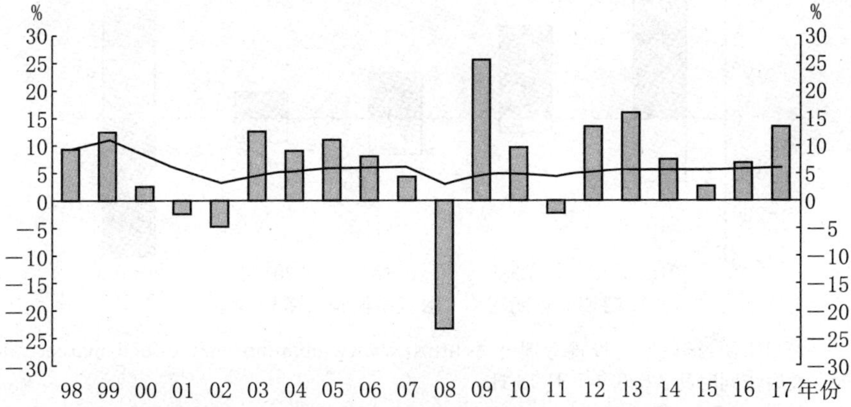

数据来源：挪威政府全球养老基金 2017 年年报。

图 8.10 挪威政府全球养老基金的年度回报率(1998—2017 年)

2017 年，基金的年度回报率达到 13.66%，其中，股权投资的回报率为 19.44%，固定收益投资的回报率为 3.31%，未上市房地产投资的回报率为 7.52%(如表 8.11 所示)。

表 8.11 挪威政府全球养老基金持有主要资产的投资回报率(2013—2017)年(单位：%)

时 间	2017 年	2016 年	2015 年	2014 年	2013 年
股权投资	19.44	8.72	3.83	7.90	26.28
非上市房地产投资*	7.52	0.78	9.99	10.42	11.79
固定收益投资	3.31	4.32	0.33	6.88	0.10
基金总体的投资**	13.66	6.92	2.74	7.58	15.95

* 2014 年 11 月至 2016 年 12 月的数据包括对上市的房地产公司的投资。
** 没有扣除管理费的回报率。
数据来源：挪威政府全球养老基金 2017 年年报。

挪威政府全球养老基金市值的变动除了来自投资回报率，还包括政府资金划拨，以及用挪威克朗衡量基金市值所受到汇率变动的影响。以 2011 年第三季度为例，基金的市值下降了 560 亿挪威克朗，其中，基金的投资回报为 -2 840 亿挪威克朗，来自政府的资本流入为 780 亿挪威克朗，此外，由于挪威克朗相对于几种主要货币贬值，用弱势挪威克朗衡量的基金市值增加了 1 500 亿挪威克朗(如图 8.11 所示)。

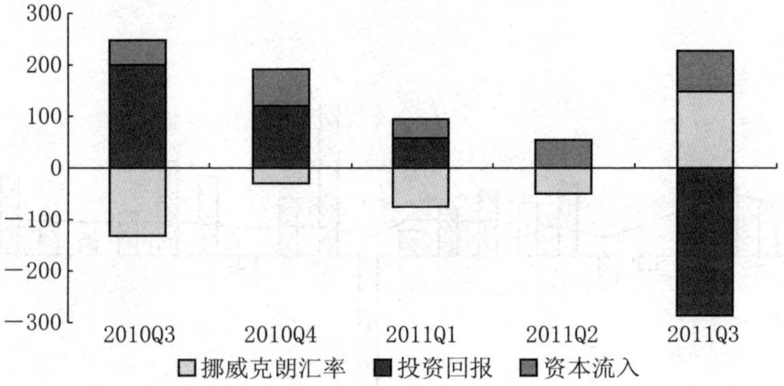

资料来源：挪威银行投资管理公司，https://www.nbim.no/en/the-fund/market-value/，最后访问时间：2020 年 6 月 13 日。

图 8.11　挪威政府全球养老基金市值变动(单位：十亿挪威克朗)

(二) 社会绩效评价

随着近年来石油、天然气等自然资源出口价格的持续高涨，挪威积累了大量的外汇储备资产，持续地将资金划拨到挪威政府全球养老基金。随着基金的资金规模不断扩大，其投资活动将对挪威经济和社会发展产生重要作用。

1. 避免“荷兰病”的出现

资源型商品出口国在经济发展中存在的主要问题是过分依赖资源出口。资源性商品出口激增，将导致商品出口国实际汇率的升值，对其他出口部门产生负面影响，即出现“荷兰病”的现象。随着资源的不断开采和出口，一旦石油等非可再生资源枯竭，政府将面临代际间财富分配的难题。

挪威政府全球养老基金的功能定位于降低一国对石油等不可再生资源收入的依赖性，避免大宗商品价格波动对经济产生的不利影响，同时为子孙后代积累财富，实现代际间的财富转移。因此，挪威政府全球养老基金在资产配置时，主要投资于能为经济的未来增长提供驱动力的产业部门。挪威通过基金对不同产业部门多元化的资产配置，逐步降低对资源部门的依赖，改善国内经济结构单一的现状，将开发不可再生资源获得的收益转化为生产性的资产，使国民收入和消费水平得以在长期保持在较高的水平。

2. 基金作为养老金缺口的融资来源

挪威政府目前面临的一个问题就是即将到来的老龄化社会。面对老龄化的人口结构，现行的社会保险税税率已经无法满足养老金的支出需求。因此，挪威从本国的实际国情出发，决定在未来一段时间内启动基金的一部分资金作为补充养老金赤字的融资来源。

建立主权财富基金的资源型出口国家（如挪威、俄罗斯）都将面临两条交叉曲线：一条是由于石油、天然气等能源属于不可再生资源，能源储备的不断开采和消耗，将导致出口收入占国内生产总值比重不断下降，形成一条下降趋势的曲线；另一条则是由于大多数国家都将面临人口老龄化社会，社会保障支出占国内生产总值的比重不断上升，形成一条上升趋势的曲线。[27] 归根结底，这是一个社会可持续发展的问题。挪威作为面临这个问题的国家，将挪威政府全球养老基金作为抵御资源出口收入减少，以及解决社会保障体系资金缺口的有效工具，通过对石油、天然气等资源类储备与金融资产储备的置换，实现代际间的财富转移，为社会的长期平稳发展作铺垫。

3. 基金与财政政策的协调

出口收入增加为一国政府调控国内宏观经济提供了有力的手段，但国内经济对出口部门的过分依赖导致产业结构单一，给经济平稳持续发展带来隐患。一方面，通过出口收入积累的巨额外汇储备为本币升值带来压力，削弱了一国的出口竞争力；另一方面，对出口部门的过分依赖增加了政府财政的脆弱性，当出口收入下滑时将引发政府财政收支失衡，引发经济危机。此外，由于出口部门的利润和收入不断增加，资金不断向出口部门集中，导致其他产业部门的资金流失，进一步加剧国内产业结构的失衡。在此背景下，建立主权财富基金可以保证出口收入减少时政府预算收支平衡，并在确保安全性和流动性的基础上，通过对超额储备资产进行投资使其得以保值增值，协助调整失衡的产业结构，确保经济的平稳持续发展。

挪威政府全球养老基金的资金很大一部分来自财政部从石油收入中划拨的资金，具体包括政府所有的石油收入、与石油交易有关的净收益，以及用于平衡非石油财政赤字的余额。因此，从资金来源上也可以看出，基金作为挪威政府的一个财政政策工具，是政府年度预算的一个不可分割的重要组成部分。挪威政府全球养老基金的运营模式表明，主权财富基金可以成为一国财政政策行之有效的政策工具，主权财富基金具有“准财政”的投资行为（如图 8.12 所示）。

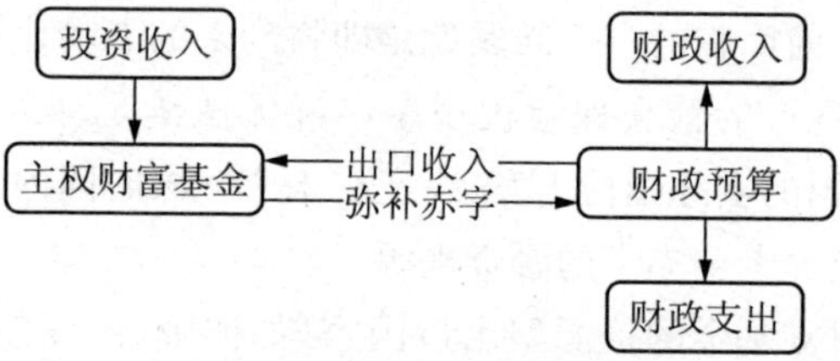

图 8.12　基金与财政政策的协调机制

需指出的是，主权财富基金只是财政政策的辅助工具，而不能作为替代品。通过设立主权财富基金积累资金，并不能保证对财政支出完全的有效控制，其前提是一国具有完善的财政框架。[28]投资行为是存在风险的，因此当一国财政部门将资产委托给主权财富基金进行投资时，要确保基金有一个完善的风险管理体系。以挪威政府全球养老基金为例，资源出口收入作为基金的资金来源，在很大程度上会受到国际大宗商品价格波动的影响。为了保证资金的可持续性，要确保支出与出口收入波动相隔离，并确保财政政策将自然资源收入的非持续性纳入考虑范畴。

挪威政府以法规或指引的形式对基金的资金来源、治理结构和资产配置策略进行了规定，这有助于实现风险调整后的更高回报。以挪威和俄罗斯为代表的资源型基金的资产配置战略都经历了从保守管理到积极投资的过程。与传统的外汇储备管理以流动性、安全性为首要目标不同，基金管理外汇储备资产的首要目标是追求投资收益的最大化。资源型基金的资产配置专注于国外的资本市场，包括国际股票、固定收益和房地产市场。基金专注于国外市场的主要原因是为了避免大量投资引起国内经济过热，使国内经济免受石油价格波动的影响。此外，将石油收入划拨出来进行海外投资，避免了因大量外汇储备流动而引起汇率的剧烈波动，进一步稳定了国内市场。通过定期将石油收入转移到基金进行专业的资产管理，挪威的外汇资产实现了更加长期稳定的收益。

综上所述，挪威政府全球养老基金的投资对促进挪威经济和社会的平稳发展作出了重要的贡献。挪威的经验表明，通过挪威政府全球养老基金的多元化投资，挪威可以有效地应对"荷兰病"，基金作为养老金预算支出的补充，为国家的社会保障系统提供了坚实的保障，此外，基金作为政府强有力的财政政策工具，使政府宏观调控的能力得到了加强，挪威政府全球养老基金在调整挪威经济结构方面将发挥更加重要的作用。

第三节 新加坡主权财富基金

主权财富基金依据不同的分类标准可以分为不同的类型。依据资金来源的不同，主权财富基金分为资源型基金和非资源型基金。[29]新加坡是首个建立非资源型主权财富基金的国家。新加坡的两支主权财富基金淡马锡和新加坡政府投资公司建立了较为成熟的运营模式，通过多年的经营不但获得了高额的投资收益，而且为新加坡的经济发展和产业升级作出了重大贡献。淡马锡和新加坡政府投资公司的成功经验引起了以中国为代表的东亚各国的广泛关注。虽然中国与新加坡在经济发展水平方面存在差异，但是同为亚洲新兴市场经济体，在经济发展的格局方面存在相似之处。中国和新加坡在亚洲金融危机后都积累了超额的外汇储备资产，国内储蓄率水平较高，经济快速发展的同时面临国内战略性产业结构升级的问题。因此，作为非资源型基金的成功典范，新加坡主权财富基金的运营模式值得中国主权财富基金借鉴。

一、新加坡主权财富基金的成立背景与资金来源

（一）淡马锡的成立背景与资金来源

1974 年 6 月，淡马锡控股（私人）有限公司（Temasek Holdings（Private）Limited，简称淡马锡）成立。淡马锡的初始资金由财政部负责筹集，资金主要来源于政府整合的 35 家国有企业所拥有的 3.54 亿新元资产。淡马锡建立最初的目的是对本国的国联企业进行控股管理。[30]截至 2018 年 3 月 31 日，经过一系列改革改制和兼并重组，35 家企业中仅剩 11 家仍归淡马锡直接或间接管理，其余 24 家企业已转让、出售或清算。

淡马锡的资金主要来源于从投资组合公司中获得的股息、基金派发的

收益分红以及出售资产所获得的收益。过去五年的时间里,淡马锡从投资组合公司获得的年均股息达到 80 亿新元,年均出售资产的收入为 180 亿新元。[31]此外,淡马锡还通过发行中长期债券等方式建立更广泛的资金来源渠道,如发行淡马锡债券直接向债券投资者借款、发行欧元商业票据进行短期借款、向银行借入短期贷款以及股东财政部不时的资本资产注入。特别需要说明的是,淡马锡的资金主要来自其投资组合,淡马锡不负责管理新加坡的公积金储蓄、政府储备金以及外汇储备。

截至 2018 年 3 月 31 日,淡马锡已经成功发行了 16 支淡马锡债券和票据,其中 6 支以美元发行,6 支以新元发行,以欧元和英镑发行的各 2 支(如表 8.12 所示)。穆迪和标准普尔分别授予淡马锡 Aaa/AAA 的企业信用评级,淡马锡所发行的新元、美元、英镑和欧元债券也在穆迪和标准普尔相应获得了 Aaa 和 AAA 的信用评级。

表 8.12 淡马锡发行的不同币种的债券票据(截至 2018 年 3 月 31 日,单位:亿元)

系　列	币种	发行金额	期限(年)	票息(%)	发行日	到期日
T2015-US $	美元	17.5	10	4.500 0	2005 年 9 月 21 日	2015 年 9 月 21 日
T2019-US $	美元	15	10	4.300 0	2009 年 10 月 26 日	2019 年 10 月 25 日
T2039-US $	美元	5	30	5.375 0	2009 年 11 月 23 日	2039 年 11 月 23 日
T2029-S $	新元	3	20	4.000 0	2009 年 12 月 7 日	2029 年 12 月 7 日
T2039-S $	新元	3	30	4.200 0	2009 年 12 月 7 日	2039 年 12 月 7 日
T2020-S $	新元	10	10	3.2650	2010 年 2 月 19 日	2020 年 2 月 19 日
T2025-S $	新元	5	15	3.785 0	2010 年 3 月 5 日	2025 年 3 月 5 日
T2035-S $	新元	5	25	4.047 5	2010 年 3 月 5 日	2035 年 3 月 5 日
T2022- £	英镑	2	12	4.625 0	2010 年 7 月 26 日	2022 年 7 月 26 日
T2040- £	英镑	5	30	5.125 0	2010 年 7 月 26 日	2040 年 7 月 26 日
T2050-S $	新元	10	40	4.200 0	2010 年 8 月 2 日	2050 年 8 月 2 日
T2023-US $	美元	12	10.5	2.375 0	2012 年 7 月 23 日	2023 年 1 月 23 日
T2042-US $	美元	5	30	3.375 0	2012 年 7 月 23 日	2042 年 7 月 23 日
T2022-€	欧元	6	6	0.500 0	2016 年 3 月 1 日	2022 年 3 月 1 日
T2028-€	欧元	5	12	1.500 0	2016 年 3 月 1 日	2028 年 3 月 1 日
T2028-US $	美元	13.5	10	3.625 0	2018 年 8 月 1 日	2028 年 8 月 1 日

资料来源:淡马锡官网,https://www.temasek.com.sg/en/our-financials/temasek-bonds,最后访问时间:2020 年 6 月 27 日。

(二)新加坡政府投资公司的成立背景与资金来源

新加坡经济的高速增长始于 20 世纪 70 年代。制造业和服务业的迅猛发展带动大规模的贸易出口，新加坡由此积累了高额的外汇储备资产。一方面，高额的外汇储备为国家的经济发展提供了强大后盾，另一方面，超额的外汇储备面临保值增值的压力。新加坡政府意识到在外汇储备资产管理问题上应该注意分散风险，因此，政府决定建立独立于金融管理局（MAS）的专门投资机构对资产进行投资管理。1981 年 5 月，新加坡政府投资公司（Government Investment Corporation，GIC）成立。新加坡政府投资公司的目标是为政府储备取得良好的长期投资回报——即在 20 年的投资期内，取得高于全球通货膨胀率的回报。

新加坡政府投资公司的资金来源主要是外汇储备金和政府的财政储备金。储备金是国家未来的关键资源，也是一项重要的资产。一是持有储备金可以加强国家抵御危机的能力，在一国面临未知的自然灾害、战争、金融风暴等风险时提供保障；二是投资储备金所带来的回报作为国会预算的经济来源之一，可用于消费和投资，惠及现在和未来的多代人。鉴于储备金的重要性，时任新加坡副总理兼金融管理局主席吴庆瑞博士根据当时的经济增长情况，提议设立一家公司来管理新加坡的储备金，并雇用专业的投资人士，采用商业化的运作方式管理储备金，以取得更高的长期投资回报。

二、新加坡主权财富基金的运营模式

新加坡的外汇资产[32]管理主要采用的是财政部主导下的新加坡货币管理局＋新加坡政府投资公司＋淡马锡体制。新加坡货币管理局（Monetary Authority of Singapore，以下简称 MAS）持有外汇储备中的货币资产，主要用于干预外汇市场和发行货币的保证。新加坡政府投资公司以资产管理公司的身份代表新加坡货币管理局管理外汇储备，主要进行海外投资，新加坡政府投资公司的投资组合多集中于股票、债券以及房地产等长期的、高风险、高回报的金融资产，追求外汇储备的保值增值和长期回报。而淡马锡由新加坡财政部独资拥有，实行商业化独立运作，以盈利为目的进行投资，持续追求股东的最大回报。

（一）新加坡主权财富基金的治理结构

1. 淡马锡的公司治理结构

淡马锡控股（私人）有限公司中“私人”二字突出了淡马锡在决策、运营和市场经济活动中的独立性。与其他私营企业一样，淡马锡遵循市场规则和法律规范，尽量淡化国有控股的烙印，其独特的运营模式堪称世界上最成功的国有资产运营模式的典范。如今淡马锡控股或参股的企业超过 2 000 家，投资市场覆盖全球，涉及金融、能源、交通、地产等各行业，成为市场化、多元化、国际化的投资巨擘，淡马锡经过 44 年的发展，已经成为世界上最成功的主权财富基金之一。

2013 年 8 月，淡马锡经历了重要的人事变动，林文兴接任丹那巴南成为董事长。从 1996 年开始，丹那巴南担任淡马锡董事长长达 17 年，其间经历了 1997 年的亚洲金融危机和 2008 年的次贷危机，带领集团度过了艰难时期，并在 2002 初力排众议，任命时任新加坡科技公司 CEO 的何晶出任淡马锡的执行董事和总裁（何晶目前仍为公司的执行董事兼首席执行长），为淡马锡作出卓越贡献。林文兴的上任为淡马锡开启了一个新的时代。

淡马锡在过去 44 年中优异的表现在很大程度上来源于其相对独特和独立的运营模式，淡马锡模式的主要特征可以集中归纳为市场化、多元化和国际化。经过多年的探索与发展，淡马锡已经形成了较为成熟的运营模式。在公司治理结构方面，淡马锡设立了较为完整的治理框架。董事会对公司长远战略目标、年度预算、年度经审计的法定财务报表、重大投资与脱售建议、重大融资建议、首席执行长的委任和继任、董事会变动等事项保留决策权。淡马锡董事会由 12 名董事组成，大部分董事是来自私营企业的商界领袖，他们基于商业模式运作公司。淡马锡健全的董事会制度是其完善的法人治理结构的核心。董事会代表政府行使股东权利，同时还要实现公司盈利。淡马锡的董事会下设了执行委员会和审计委员会，各委员会的主席均由一名独立于管理层的非执行董事担任，这有利于发挥各董事的专长、分担董事会的任务、为董事会决策提供更多的决策建议从而确保董事会有效运作。执行委员会对公司的经营进行全面的指导和监督，审计委员会负责审查公司内控系统、财务报告、审计流程、财务风险以及相关法律法规的遵守情况。审计委员会由公司内部审计部门支持，为确保其独立性，内审部门在职能上向审计委员会报告，在行政上则向首席执行长办公室报告（如图 8.13 所示）。

淡马锡高级管理层三大委员会协助首席执行长监督淡马锡对资产投资或运营地区法律法规的遵守情况，特别是针对新的市场和资产类别设定相应的政策、系统和流程并定期更新。淡马锡高管层引领员工执行董事会制定的战略与政策，在董事会授权范围内进行投资、脱售及其他运营事务（如图 8.14 所示）。

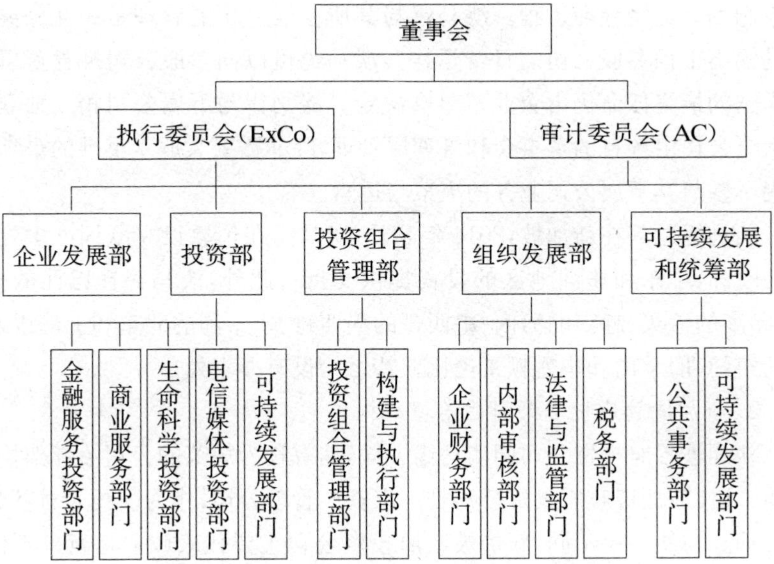

图 8.13 淡马锡治理结构图

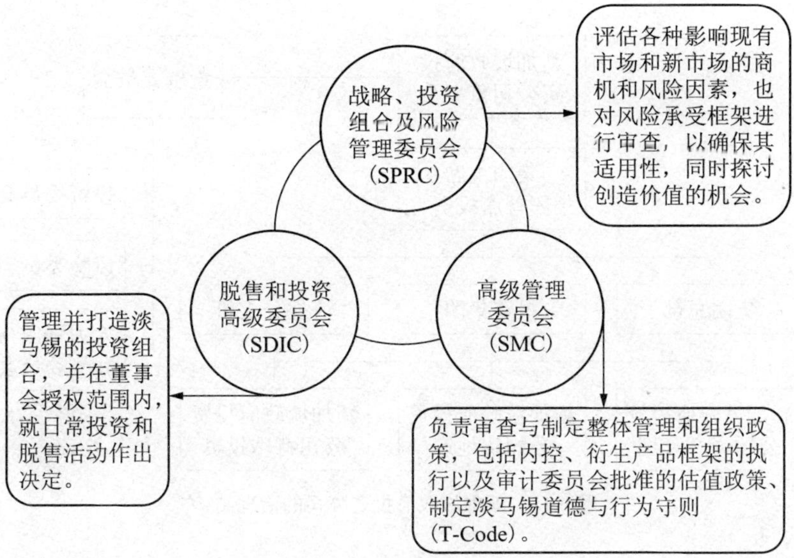

图 8.14 淡马锡高级管理层三大委员会

淡马锡参股了多家国联企业，包括下属的子公司，淡马锡控股公司是一个庞大的企业集团。淡马锡对国联企业及其下属子公司的管理是一个从完全控制到督促指导的过程。淡马锡与其所参股公司的管理是相互分离的，淡马锡不干预参股公司的日常运作。淡马锡可以向参股公司推荐董事，但是人选的最终任命仍由企业董事会决定。淡马锡与下属公司相互独立，投资组合公司由各自的董事会和管理层管理，除非需要大股东批准的事项，淡马锡不参与其下属公司业务的决策与运营。

淡马锡总部在新加坡，2014 年 3 月，淡马锡在伦敦设立欧洲办事处，为其在欧洲、中东和非洲地区的投资提供支持。此外，淡马锡在巴西的圣保罗、印度的孟买、越南的河内、墨西哥的墨西哥城、中国的北京和上海以及美国的纽约、旧金山和华盛顿哥伦比亚特区均设有办事处。

2. 新加坡政府投资公司的治理结构

新加坡政府投资公司同淡马锡一样，拥有较为规范的公司治理架构，从法律上讲，新加坡政府投资公司是一家资产管理公司，作为受托人对基金进行管理。与淡马锡不同，新加坡政府投资公司主要代表政府运营外汇储备资产，主要进行海外投资。新加坡政府投资公司的投资组合多集中于固定收益资产、房地产和股票等资产，追求外汇储备的保值增值和长期回报。

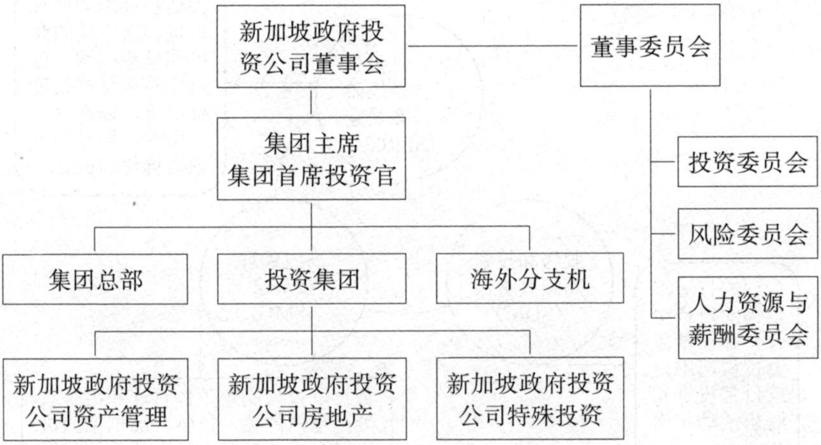

图 8.15　新加坡政府投资公司的治理结构

如图 8.15 所示，新加坡政府投资公司的董事委员会负责监督三个关键领域：投资政策与程序、风险管理与审计、人力资源与组织发展。在董事会成员之外，公司还聘请具有丰富国际经验的外部咨询顾问在国际顾问委员会及其他特定委员会中任职。新加坡政府投资公司所管理的资产均来源于新加坡金管局和新加坡财政部的委托协议，新加坡政府投资公司下辖三家子公司，新加坡政府投资有限公司（The Government of Singapore Investment Corporation Pte Ltd）、新加坡政府投资公司不动产投资有限公司（GIC Real Estate Pte Ltd）以及新加坡政府投资公司特殊投资有限公司（GIC Special Investments Pte Ltd）。其中，新加坡政府投资有限责任公司是新加坡政府投资公司最大的业务部门，投资领域包括股票、固定收益证券和货币市场工具；新加坡政府房地产投资有限责任公司主要职责是投资于新加坡之外的房地产以及房地产相关资产；新加坡政府特殊投资有限责任公司目前管理一个包括风险资本、私人证券基金在内的分散化的全球投资组合，此外，该公司也对部分私人公司进行直接投资。

新加坡政府投资公司具体的运营活动由不同的部门负责。投资团队负责公司的核心业务，即交易和投资作业、风险管理和资产管理；财务和现金管理部门确保公司资金符合运行要求；研究团队和经济师为投资项目提供分析预测；法律咨询部门、风险、合规和审计部门确保高水平的监控和风险管理；公关部门负责在公司内部和外部发布消息，促进相关各方的信息交流；科技团队和工程师提供资讯科技基础设施和具有创意的技术方案，支持团队紧密配合和全球作业顺利运行；人事部负责招聘以及协助员工事业发展。

2014 年 4 月 1 日，新加坡政府投资公司在巴西的圣保罗设立了新的办事处。在此之前，新加坡政府投资公司已经在世界各地包括新加坡、北京、上海、伦敦、纽约、旧金山、首尔、东京、孟买在内的 9 个城市设立了办事处，圣保罗作为新加坡政府投资公司在全球设立的第十个办事处，预示着新加坡政府投资公司将在拉丁美洲寻求更多的投资机会。

（二）新加坡主权财富基金的资产配置策略

1. 淡马锡的资产配置策略与特点

淡马锡的投资原则重点关注内涵价值以及是否符合风险回报框架。淡马锡对每项投资机会进行自下而上的内涵价值测试，并依据经风险调整后的资金成本来衡量投资回报率。根据风险回报偏好，结合对市场的展望和价值测试结果进行投资或脱售。通过管理流动性和资产负债表，保持其韧性与灵活性。淡马锡在对外投资方向上不断拓展北美和欧洲市场，同时继续根植于亚洲，尤其是中国市场，新增投资主要针对消费、金融服务、生命科学与农业三大领域,同时致力于对内扶持和推动已收购或者参股企业的成长、转型与进步。

(1) 淡马锡资产配置的地域分布

1997年金融危机爆发前,淡马锡主要投资于国内,因为新加坡经济在金融危机期间遭受重创,所以淡马锡的收益率也急剧下滑。在危机时刻,新上任的总裁何晶提出全面调整淡马锡资产配置的地域分布,在未来的8年到10年内,淡马锡将按照"三三三"的配置策略将资产分布于新加坡、亚洲其他地区、经合组织及其他经济体。淡马锡将资金投向经济发展快速的新兴市场,意欲分享中国等经济快速增长地区的成果。

2003年,淡马锡的投资重心向与新加坡文化接近、经济增长快速的亚洲新兴经济体倾斜。2004年,淡马锡在国内的资产总值虽然继续增加,但在投资组合中的比重已经从上一年的52%降低到49%,在亚洲(不包括新加坡和日本)的投资比重从16%提高到19%。2005年,淡马锡进一步加大对亚洲新兴经济体的投资力度,入股多家中国和印度的大型公司。随着亚洲新兴经济体的快速发展,自2006年开始,淡马锡将投资重心逐步转移到亚洲地区。2006年,淡马锡实行"与亚洲同步成长"战略,在本国的投资比重从44%下降到38%,在亚洲其他国家和地区的投资比重从34%增长到40%。[33]截至2013年3月,淡马锡全球12个办事处中有8个都在亚洲(包括北京、上海、香港、孟买、河内、胡志明市、钦奈、新加坡),为其在中国、印度等亚洲新兴经济体的投资提供便利。

从近几年的投资实例来看,淡马锡的投资组合,无论是在区域分布还是在行业分布,都体现了多元化的投资原则。近几年来,淡马锡的投资组合逐渐从新加坡转向面向亚洲新兴发展经济体和北美洲及欧洲成熟经济体。截至2018年3月31日,在3 080亿新元的投资组合净值中,淡马锡在新加坡的投资占投资组合的27%,比2017年的29%略有下降,而在中国的投资占投资组合的26%,对亚洲其他国家和地区的投资占投资组合的15%,对亚洲地区的投资总和比例达68%,对北美及欧洲的投资分别占投资组合的13%和9%,对澳大利亚和新西兰的投资占比7%,对非洲、中亚和中东的投资占比2%,而对拉丁美洲的投资占比仅有1%(如图8.16所示)。

整体来说,淡马锡的投资区域偏重亚洲,与2017年相比,2018年淡马锡对中国、亚洲其他国家和地区、北美洲、欧洲的投资均有增加。《淡马锡2018年度报告》中明确指出,淡马锡对中国经济的中期走势保持乐观,对亚洲的长远发展保持乐观。

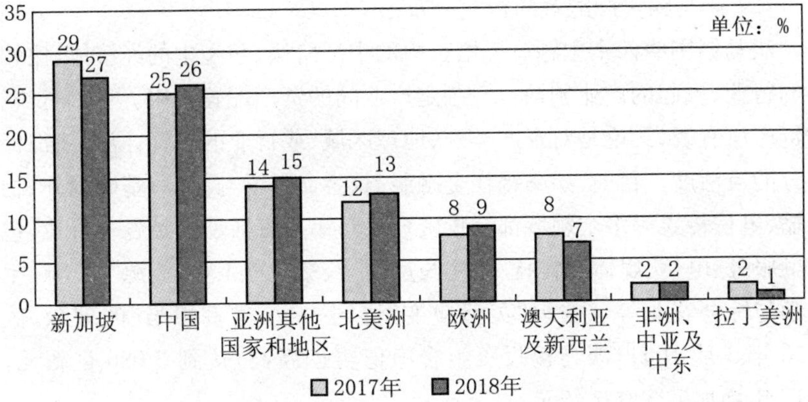

数据来源:淡马锡 2018 年年报。

图 8.16 淡马锡投资组合的地域分布占比(2017—2018 年)

如表 8.13 所示,在 2015—2018 年间,淡马锡的投资组合逐年加大了对北美洲成熟经济体的投资比例,由 2015 年的 9%增至 2018 年的 13%,与此同时,减小了对澳大利亚和新西兰地区的投资份额,这一方面是由于北美经济体尤其是金融行业体系比较成熟,另一方面也与近几年美国经济快速复苏的形势密切相关。此外,在 2015—2018 年间,淡马锡对中国的投资占比均在 25%以上,淡马锡在成熟经济体和新兴经济体的投资比例基本维持在 6∶4,这反映了淡马锡比较注重维持平衡的地区风险和投资偏好。截至 2018 年 3 月 31 日,淡马锡公司在全球各地设立了 12 个办事处,主要集中在新加坡、亚洲、以及欧美发达国家。[34]

表 8.13 淡马锡资产配置的地域分布(2015—2018 年)

地　区	2018 年	2017 年	2016 年	2015 年
新加坡	27%	29%	29%	28%
中国	26%	25%	25%	27%
亚洲其他国家和地区	15%	14%	15%	15%
北美洲	13%	12%	10%	9%
欧洲	9%	8%	8%	8%
澳大利亚及新西兰	7%	8%	9%	9%
非洲、中亚及中东	2%	2%	2%	2%
拉丁美洲	1%	2%	2%	2%

数据来源:淡马锡 2015—2018 年年报。

(2) 淡马锡资产配置的行业分布

淡马锡围绕四个主题——增长中的中产阶级、转型中的经济体、比较优势的行业、崛起的产业领袖——制定产业间的资产配置策略。[35]作为投资者和资产所有者，无论是对资产类别、地理区域、或行业的投资，淡马锡都保持充分的灵活度。目前，淡马锡在金融服务、生命科学与能源、基础设施、物流运输、电信传媒等多个领域都有投资。淡马锡投资活动涉足各个行业，包括金融服务、电信、媒体与科技、消费与房地产、交通与工业、能源与资源、生命科学与综合农业等。秉承"灵活应变、协同一致、尽责担当"的理念，截至2018年3月31日，淡马锡投资组合净值再创新高，达到3 080亿新元，比2017年增加了330亿新元。

淡马锡在选择投资目标时追求高额收益，与此同时，注重资产的行业分布与本国产业战略发展相匹配。1996年上任的印裔淡马锡前董事长丹那巴南就把新航、新电信、港务集团和新能源列为"战略性"公司。进入21世纪，淡马锡加大了对亚洲新兴经济体金融机构的投资。2003年，淡马锡收购了印度第一大银行——印度工业信贷投资银行9%的股份，2005年，淡马锡入股中国银行和中国建设银行，2006年，淡马锡收购中国民生银行5%的股份，目前，淡马锡已经成为中国金融行业最重要的机构投资者之一。此外，生命科学也成为淡马锡关注的重点投资行业，仅2005年淡马锡就参与了4项与生命科学领域相关的投资项目。2013年，淡马锡在金融服务领域投资占比31%，在交通与工业领域投资占比20%，在电信、媒体与科技领域投资占比24%，在能源与资源领域投资占比6%，在生命科学、消费与房地产领域投资占比12%。截至2018年3月，淡马锡在金融服务领域的投资占比为26%，在电信、媒体与科技的投资占比为21%，在消费与房地产领域投资占比为16%，在交通与工业领域的投资占比为16%，而在生命科学与综合农业、能源与资源、多行业基金以及其他(包括信贷)领域的投资占比均没有超过10%(如图8.17)。

2. 新加坡政府投资公司的资产配置策略与特点

成立至今，新加坡政府投资公司的投资策略经历了三个阶段的变化。在最初的20年时间里，新加坡政府投资公司采取保守的投资策略，资产配置集中于国债、短期债券和黄金等流动性高的资产，较少涉及房地产、私募股权等另类资产，对亚洲等新兴市场地区的投资处于探索阶段。从2000年开始，新加坡政府投资公司逐步增加对风险高、流动性低但收益较高的另类

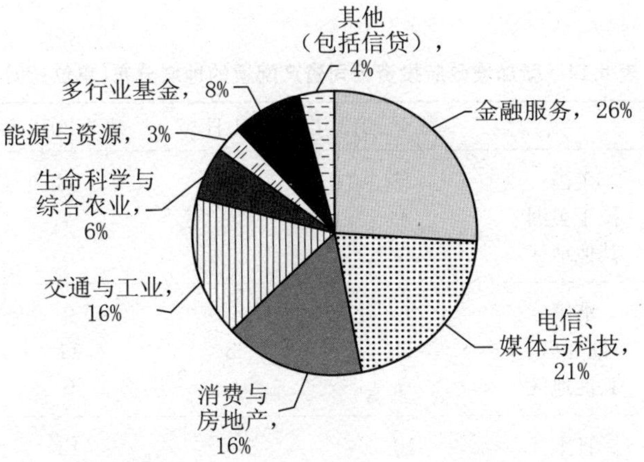

数据来源：淡马锡 2018 年年报。

图 8.17　淡马锡资产配置的行业分布

资产配置，并提高了对新兴经济体的资产配置比例。在经历了 2008 年的金融危机后，2013 年 4 月 1 日，新加坡政府投资公司通过了全新的投资框架。新的投资框架主要包括三个部分：一是基准投资组合，是由董事会遵循长期回报的投资原则所制定的六类核心资产配置比例；二是政策组合，是由投资委员会负责监督，管理层负责制定的战略性的投资策略，目标是获得高于长期回报的超额收益；三是积极的投资组合，在董事会设定的风险限额内，投资团队运用更加灵活的投资方式，获得比政策组合更高的投资收益。新的投资框架将董事会、投资委员会和投资团队的职责划分的十分清晰，有助于不同层级的责任人提供决策意见，对资产进行有效的管理。

(1) 新加坡政府投资公司资产配置的地域分布

截至 2013 年 3 月 31 日，新加坡政府投资公司有 44%的资产投资于美洲地区、25%投资于欧洲地区、28%投资于亚洲地区、3%投资于澳大利亚。美国作为全球最发达的经济体一直是接受新加坡政府投资公司投资比例最高的东道国。2012 年，新加坡政府投资公司在亚洲地区的资产配置比例达到 29%，亚洲地区首次超越欧洲地区成为新加坡政府投资公司第二大投资目的地（如表 8.14）。虽然与 2012 年相比，2013 年新加坡政府投资公司在亚洲地区的资产配置比例略有下降，但从长期观察新加坡政府投资公司在亚洲地区的资产配置比例，2008 年为 23%，2010 年为 24%，2012 年为 29%，可见，新加坡政府投资公司在亚洲地区的资产配置呈现出逐步上升的趋势。

表 8.14　新加坡政府投资公司资产配置的地域分布(单位:%)

		截至 2013 年 3 月 31 日		截至 2012 年 3 月 31 日	
美洲地区	美国	36	44	33	42
	拉丁美洲	4		4	
	其他地区	4		5	
欧洲地区	英国	8	25	9	26
	欧元区	11		11	
	其他地区	6		6	
亚洲地区	日本	10	28	12	29
	北亚*	13		13	
	其他地区	5		4	
澳亚地区		3	3	3	3
总计		100	100	100	100

数据来源:新加坡政府投资公司 2012 年至 2013 年年报。
注: * 包括中国大陆地区、中国香港地区、中国台湾地区和韩国。

如图 8.18 所示,截至 2018 年 3 月 31 日,美国仍然是新加坡政府投资公司最主要的投资地域,投资占比达到了 32%,位列第一,而同为发达国家的英国吸引新加坡政府投资公司投资额占比仅为 6%。新加坡政府投资公司在日本的投资金额也比较大,投资占比达到 13%,这一比例与新加坡政府投资公司在整个欧元区的投资占比一致。此外,从地区角度来看,亚洲是吸引新加坡政府投资公司投资金额最多的区域,除了日本占比 13%之外,新加坡政府投资公司在亚洲(不包括日本)地区的投资占比达到 19%,此外,新加坡政府投资公司在中东、非洲和其他欧洲地区的投资占比为 6%,在澳亚地区(包括澳大利亚、新西兰、巴布亚-几内亚等岛屿在内的地区)的投资占比仅为 1%,在除美国之外的美洲其他地区投资占比总和是 10%,其中,在北美(不包含美国)地区的投资占比为 7%,在拉丁美洲的投资占比为 3%。

(2) 新加坡政府投资公司资产配置的行业分布

在新加坡政府投资公司成立之初,国际金融市场正处于动荡状态,美国利率高涨,世界经济深陷债务危机的泥潭。1987 年 10 月,道琼斯工业平均指数暴跌 508 点,造成国际股票市场危机,人们称当天为“黑色星期一”。面

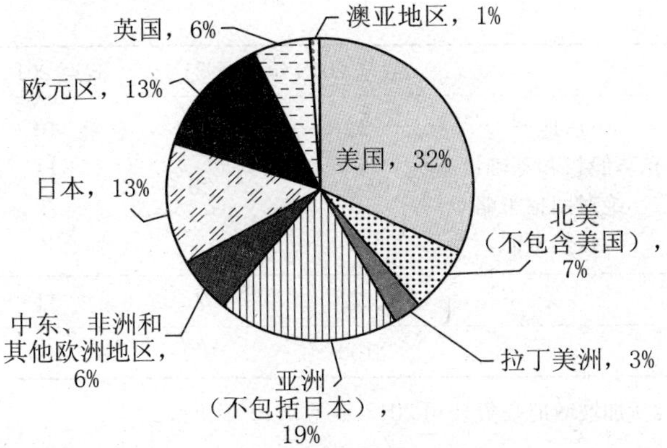

数据来源：新加坡政府投资公司 2017 年至 2018 年年报。

图 8.18　新加坡政府投资公司投资组合的地域分布

对艰苦的外部环境，新加坡政府投资公司成功经受了金融市场动荡的洗礼，显示了其卓有成效的资产配置策略。在公开市场领域，新加坡政府投资公司有近 30 年的投资经验，活跃于全球 45 个主要交易所和柜台交易（OTC）市场，投资品种包括股票、外汇、固定收益产品、大宗商品等。在房地产领域，以其所投资的资产总额计算，新加坡政府投资公司排名全球前十大房地产投资公司之列。另外，新加坡政府投资公司也是全球顶尖的私募基金投资者之一，目前公司有 100 多名全球顶尖的基金经理。

2008 年爆发的全球金融危机给世界经济带来了沉重打击。新加坡政府投资公司在危机发生前就已经减持了部分股票，降低了亏损。截至 2013 年 3 月 31 日，新加坡政府投资公司有 46% 的资产投资于股票、21% 投资于债券、26% 投资于另类资产、7% 投资于现金及其他资产。与 2012 年相比，2013 年新加坡政府投资公司加大了对一般债券的投资比例，体现出新加坡政府投资公司在金融危机后，更加长期稳定的投资策略（如表 8.15）。

表 8.15　新加坡政府投资公司资产配置的类别分布（2012 财年）（单位：%）

		截至 2013 年 3 月 31 日		截至 2012 年 3 月 31 日	
股票	发达国家	31	46	30	45
	新兴经济体	15		15	
债券	一般债券	19	21	15	17
	与通胀挂钩的债券	2		2	

续表

		截至2013年3月31日		截至2012年3月31日	
另类资产	房地产	10	26	10	27
	私募股权和基础设施	11		11	
	绝对回报策略	3		3	
	自然资源	2		3	
现金及其他		7	7	11	11
总计		100	100	100	100

数据来源：新加坡政府投资公司2012年至2013年年报。

如表8.16所示，截至2018年3月31日，新加坡政府投资公司在发达经济体股票市场的投资占比由2017年3月的27%下降至2018年3月的23%，在新兴经济体股票市场的投资占比没有发生变化，仍为17%。新加坡政府投资公司在一般债券和现金类别上以及私募股权资产类别上的投资占比均与上一年度相比上升2个百分点，分别增长为37%和11%，而在与通胀挂钩的债券以及房地产领域的投资占比与上一年相比均没有发生变化，分别为5%和7%。

表8.16　新加坡政府投资公司资产配置的类别分布（2017财年）（单位：%）

资产类型	截至2018年3月31日	截至2017年3月31日
发达市场股票	23	27
新兴经济体市场股票	17	17
一般债券和现金	37	35
与通胀挂钩的债券	5	5
房地产	7	7
私募股权	11	9
总计	100	100

数据来源：新加坡政府投资公司2017年至2018年年报。

三、新加坡主权财富基金的绩效评价

新加坡面积仅680平方公里，总人口561万，资源极其匮乏，但新加坡是一个经济较为发达的国家，被誉为“亚洲四小龙”之一，根据2018年的全球金融中心指数（GFCI）排名报告，新加坡是继纽约、伦敦、香港之后的第四大国际金融中心。

(一) 淡马锡的绩效评价

自 1974 年成立以来，淡马锡的投资组合净值已经从成立初的 3.54 亿新元增长到截至 2018 年 3 月 31 日的 3 080 亿新元(约合 2 350 亿美元)，以市值计算的年复合股东总回报率超过 15%，派发给大股东新加坡政府财政部的股息收益平均每年超过 7%，公司净值增加 870 倍，帮助新加坡政府实现了国有资产的稳定增值。如表 8.17 所示，截至 2018 年 3 月 31 日，淡马锡股东权益 2 727 亿新元，全年总收益为 1 071 亿新元，税前盈利 295 亿新元，总利润为 268 亿新元。

表 8.17 淡马锡 2018 年主要财务指标一览表(截至 2018 年 3 月 31 日，单位：十亿新元)

财　年	2014	2015	2016	2017	2018
收益	92.4	101.6	101.5	97.0	107.1
脱售所得*	10	19	28	18	16
股息收入	7.9	7.9	7.8	7.0	9.0
投资收入	0.1	0.1	0.2	0.2	0.3
利息收入	0.1	21.2	14.7	20.3	29.5
税前盈利	17.5	0.5	0.4	0.4	0.4
投资组合净值	223	266	242	275	308
流动资产	80.3	90.6	74.3	91.1	110.3
流动性资产余额	29.9	26.7	27.1	37.6	33.2
股东权益	187.4	218.6	218.1	238.9	272.7
总盈利	15.2	18.7	12.6	17.7	26.8

数据来源：淡马锡 2018 年年报。
注：* 即出售资产所得。

如图 8.19 所示，淡马锡用于投资的资金主要来自出售资产所得和股息收入，2017/2018 财年，[36]淡马锡的投资额为 290 亿新元，投资收入为 3 亿新元，资产出售额为 160 亿新元，[37]投资组合股息收入约为 90 亿新元，过去 5 年的年均股息为 80 亿新元。迄今为止，淡马锡的投资项目已经几乎遍布全球，从新加坡延伸到整个亚洲，以及欧洲、美洲等发达国家。

作为投资组合的所有者和积极的投资者，淡马锡致力于为利益相关群体创造长期可持续的价值，其投资重点与时俱进，但多年作为长期资产所有者和投资者的基本投资理念几乎没有大的改变，投资活动依然围绕着淡马锡四大投资主题及其代表的长远趋势。虽然受金融危机的影响，淡马锡的投资组合净值由 2008 年财年的 1 850 亿新元下降至 2009 年财年的 1 300 亿新元，但此后公司的净值稳步增加，2013 年财年首次超过 2 000 亿新元，达到 2 150 亿新元。2015年财年公司净值猛增到2 660亿新元，虽然在2016年财年略微下降到2 420亿新元，但近两年公司净值增长迅速，截至2018年3月31日，淡马锡投资组合净值达到3 080亿新元(约合2 350亿美元)(如图8.20所示)。

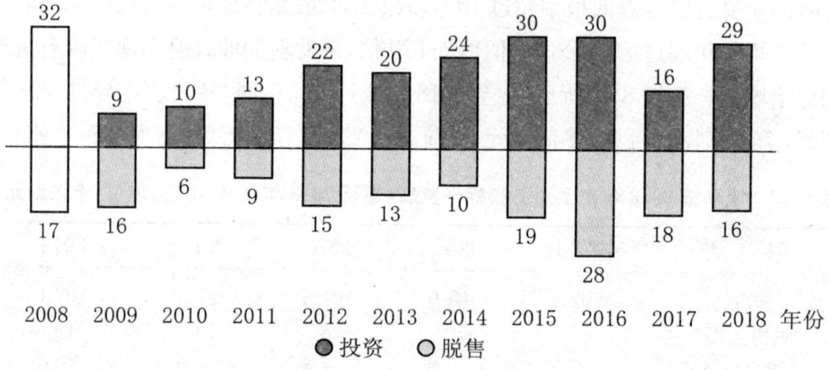

数据来源:淡马锡2018年年报。

图8.19 淡马锡2017/2018财年投资与脱售额(单位:十亿新元)

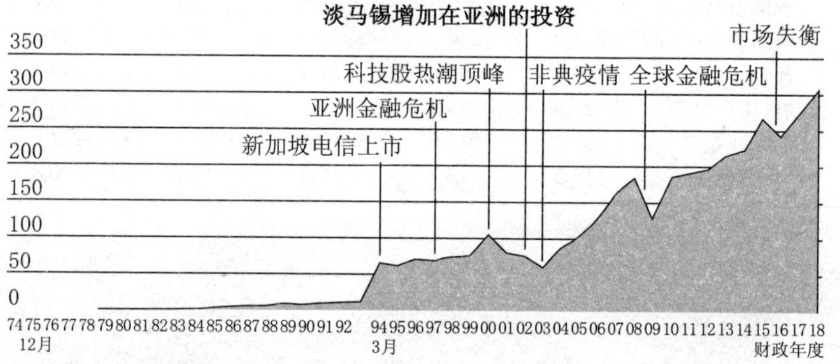

数据来源:淡马锡2018年年报。

注:淡马锡成立于1974年6月25日,因此,1975财政年度开始于1974年6月25日,截止于1975年12月31日。从1994年开始,财政年度截止日期从1993年以前的12月31日改为3月31日。从截至2006年3月31日的财政年度开始,会计标准要求持股低于20%的投资需要按市值计算。

图8.20 淡马锡投资组合净值(1974—2018年)(单位:十亿新元)

(二) 新加坡政府投资公司的绩效评价

与淡马锡的定位“通过有效的监管和商业性战略来培育世界级公司,从而对新加坡的经济增长作出贡献不同”,新加坡政府投资公司诞生于新加坡的外汇储备资产急剧增长时期,政府建立新加坡政府投资公司的目的是对超额的外汇储备资产进行积极的投资管理,实现资产的保值增长。具体来说，新加坡政府投资公司的投资目标有三个方面：一是改善新加坡外汇储备的管理水平，组合投资来实现分散风险、提高收益；二是提高外汇储备投资和运作的透明度，增强监管部门的监管效力；三是获取国际金融市场资讯，培养金融专业人才，提升本国金融产业的国际竞争力。

从新加坡政府投资公司组建的初衷来评价其绩效，首先，通过对全球多个区域以及多种资产类别的广泛投资，新加坡政府投资公司在一定程度上分散了外汇储备资产的投资风险，使本国的外汇资产风险不再单一与发达经济体的主权债挂钩，而是能够更多地分享全球经济体增长的收益。其次，作为主权财富基金，新加坡政府投资公司根据《圣地亚哥原则》等国际组织出台的运营指引，定期发布财报，在一定程度上的确是提高了外汇储备资产管理的透明度，增强了相关监管部门和民众的监管效力。最后，通过参与国际投资项目、聘请外部经理以及与其他机构联合投资，新加坡政府投资公司通过多个渠道获取国际金融市场咨询，对培育本土金融人才作出了贡献。

新加坡政府投资公司的投资原则是追求内在价值、实践长期投资、集中注意力利用优势、注意风险控制，新加坡政府投资公司的长期业绩主要受全球经济动态和政策组合中反映的资产配置策略驱动。1998—2018 财年，新加坡政府投资公司以新元计算的滚动股东总回报率保持在 9.0%的水平。[38] 但我们也同时注意到，金融危机以来，新加坡政府投资公司的投资收益受到明显的负向影响，近几年来，新加坡政府投资公司的滚动股东总回报率在 4%以内波动，2017 至 2018 年新加坡政府投资公司的滚动回报率波动水平更是明显低于 4%，1998—2018 财年，新加坡政府投资公司实现 20 年期年化复合回报率仅为 3.4%（如图 8.21 所示）。

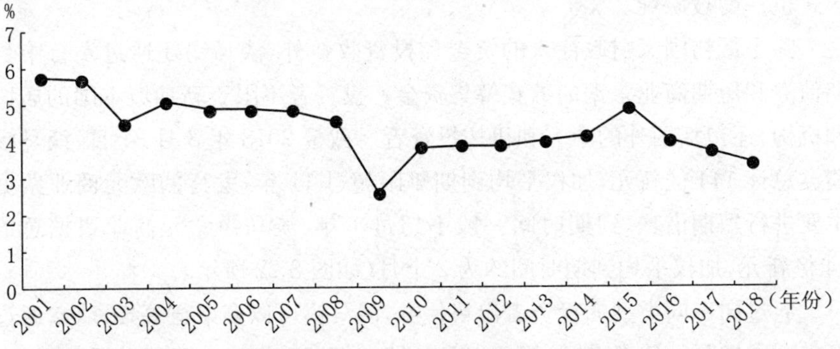

资料来源：新加坡政府投资公司 2017—2018 年年报。

图 8.21　新加坡政府投资公司年化复合回报率(2001—2018 年)

四、新加坡主权财富基金运营模式对中国的启示

中国与新加坡在经济发展道路上有诸多相似之处，中国当年就是效仿新加坡管理外汇储备资产的模式，选择建立主权财富基金对超额的外汇储备进行高效的利用，于 2003 年和 2007 年分别组建了汇金公司和中国投资有限责任公司(2007 年汇金公司并入中投)。中投是国有独资公司，在投资过程中一直强调自身的财务投资者身份。传统管理观念认为，国有企业的双重管理目标——经济目标和政治目标——会对企业运营产生负面影响。然而，淡马锡和新加坡政府投资公司的成功运营表明，作为主权投资机构，主权财富基金如果能在政策目标和经济目标之间达到平衡，在投资行为中遵循商业原则，淡化政府色彩，那么主权财富基金在不改变最终产权属性的基础上可以获得优异的经营绩效。通过分析淡马锡和新加坡政府投资公司的运营模式，本节总结以下四点值得中国主权财富基金借鉴。

(一) 多元化资金来源渠道

中投的初始资金由财政部发行 15 500 亿元国债进行筹集。第一批 6 000亿元国债由中国农业银行购入，财政部利用发行国债的收入向央行购买了等值的外汇资产，央行用售汇收入向中国农业银行买入等额的国债。在此之后，财政部通过全国银行间债券市场公开发行剩余的国债为中投筹资。中投旗下的中央汇金公司(以下简称汇金公司)则是直接动用 450 亿美元的外汇储备资金作为启动资金，并使用这部分资金为国有银行和证券公司等国有重点金融机构注资。外汇储备通常被看作央行的负债，并不是可以随意调动的资产。在结售汇制度下，如果外汇储备被再次利用重新流入国内市场，则会造成通货膨胀，甚至形成资产泡沫。因此，汇金公司的注资形式也一度被质疑。

除了最初国家财政注入的资金和投资收益外，淡马锡还通过发行中长期债券和短期商业票据的方式筹集资金。投资者不限于新加坡本国的居民和机构，还包括国外的个人和机构投资者。截至 2018 年 3 月 31 日，淡马锡债券总计 144 亿新元，加权平均到期年限超过 11 年，发行的欧元商业票据主要进行短期借款，到期时间一般不超过 1 年，淡马锡欧元商业票据总值 14 亿新元，加权平均到期时间约为 2 个月(如图 8.22 所示)。

通过向不同类型的投资者出售债券，淡马锡可以多渠道筹集资金；通过发售不同期限的债券，淡马锡可以在长期和短期融资之间取得灵活的平衡，更加合理的进行不同期限的资产配置，提高了基金运用资本的灵活性，在降

低风险的同时获得更高的收益。淡马锡多渠道发行债券进行筹资的方式值得中国主权财富基金借鉴。

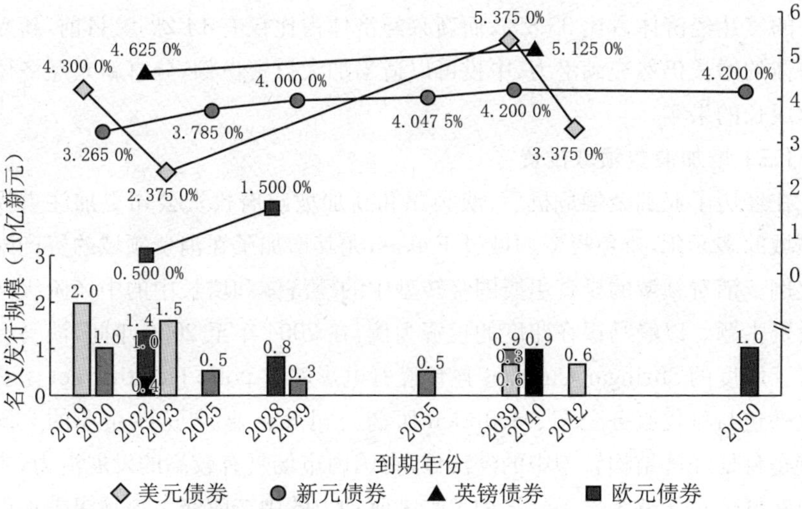

资料来源：淡马锡 2018 年年报。

图 8.22 淡马锡票据的到期年份与票息

（二）分享新兴经济体成长果实

20 世纪 80 年代，新加坡政府投资公司主要以发达国家和地区作为投资的目的地，随着新兴市场国家和地区经济快速增长，从 20 世纪 90 年代开始，新加坡政府投资公司改变了完全依赖发达市场的投资策略，在资产的地域配置方面更加倾向新兴市场，尤其是拥有巨大增长潜力的亚洲新兴市场。目前，新加坡政府投资公司在新兴市场的投资份额已占其资产组合的五分之一。

成立之初，淡马锡专注于投资国内的企业，在本国经济高速增长时期，淡马锡分享了国内企业快速成长所带来的红利。但是，随着新加坡的经济发展从高速增长阶段迈向平稳阶段，淡马锡以往的资产配置策略已经不合时宜，同时期的新加坡政府投资公司在国际股票、债券市场上的优异成绩使专注于本国市场的淡马锡相形见绌。2002 年，世界 500 强企业的平均投资回报率达到 13%，而淡马锡只有 3%。从 2002 年开始，淡马锡全力拓展海外业务，截至 2013 年 3 月，淡马锡在海外的资产配置份额已经达到 70%。在过去的 10 年中，淡马锡的投资总额为 1 590 亿新元，其中，在新加坡以外的亚洲地区占比就高达41%。

截至2017年12月31日,中投境外持有公开市场股票的地域分布仍以发达经济体为主,占全部投资份额的85.8%,其中,美国占比52%,除美国以外的发达经济体占比33.8%,而新兴经济体占比仅有14.2%。目前,新兴经济体的增长仍然充满潜力,中投可以适当加大投资份额,分享新兴经济体快速成长的果实。

(三)增加消费领域投资

在经历了亚洲金融危机后,淡马锡和新加坡政府投资公司更加注重投资领域的多元化,避免投资领域过于单一,尤其增加了在消费领域的资产配置比例。消费领域的投资主要围绕转型中的经济体和增长中的中产阶级两大投资主题。以淡马锡在印度的投资为例,在2004年至2006年间,淡马锡投资了印度的Shringar Cinemas连锁经营电影院、Apollo Healthstreet医药行业外包与科技服务公司、Medreich医药公司等企业。[39]这些企业的共同特点是身处经济结构转型中的经济体,在国内市场具有较高的发展潜力,主要消费群体是能够为本国经济增长带来驱动力的中产阶级。淡马锡秉承以上原则选取投资目标,与东道国企业共同成长,获取了较好的投资收益。

在成立40周年之际,为更好的顺应世界经济发展趋势,淡马锡对其投资领域进行了调整,再次大幅增加在消费领域的投资份额。以淡马锡在中国的投资为例,2014年上半年,淡马锡大举投资中国的科技和消费品公司。淡马锡收购了京东价值约1 720万美元的602 139份美国存托凭证,猎豹移动公司[40]价值约1 280万美元的603 764份美国存托凭证。[41]2014年4月,淡马锡以57亿美元的价格向和记黄埔收购了屈臣氏24.95%的股份,这是迄今为止淡马锡最大的单一交易之一。此外,淡马锡在中国消费领域的投资还包括中国汇源果汁、雅士利国际以及中国最大的独立互联网数据中心世纪互联。目前,中国正在改变以信贷支撑经济发展的增长模式,在未来的发展轨迹中,中国将在更加广泛的领域中进行改革,实现更加持续的发展。淡马锡在中国的消费领域投资大幅增长,不但能够使其投资业务更加多元化,更加可以分享中国由中产阶级引领的在消费领域增长的成果。

与第一产业和第二产业相比,消费领域的投资机会更多。即使在传统的消费领域,只要变换一种新的商业模式,就可以开发新的消费者群体,即使没有技术创新,也可拓展更加开阔的市场。此外,相对于能源、制造业等东道国(或地区)政府较为敏感的行业而言,消费领域的投资管制较少,市场较为开放，可获得更多的投资机会。

随着投资经验的不断丰富，中投的投资领域也逐渐多元化（如图 6.12 所示）。东亚地区经济快速发展，产业结构不断升级，以中产阶级为代表的群体购买力不断提高，将不断促进东亚地区消费领域企业的发展，提升企业的盈利能力。因此，中投可以适当加大在消费领域的投资，进一步扩大盈利来源。目前，各国主权财富基金纷纷入股中国企业分享经济增长红利，而中投则大可不必将目光仅限于国内，可以进一步开发周边的新兴市场。如新加坡傲胜（Osim）集团，作为在亚洲发展较快的大型休闲保健产品公司，傲胜近些年在包括中国以内的亚洲地区开辟了大批市场，拥有广泛的销售网络，在提升国际影响力的同时获得了丰厚的收益。中投对类似傲胜集团的投资一方面可以获得较好的投资回报，另一方面还可以在分享中国消费市场红利的同时不违反投资海外的原则，可谓一举两得。

（四）分开治理模式

新加坡主要有三个主权财富管理机构：新加坡金融管理局、新加坡政府投资公司和淡马锡。新加坡的外汇储备分为两个部分，一部分由金融管理局持有，另一部分则划拨给新加坡政府投资公司负责管理。金融管理局是新加坡的中央银行，主要采取保守的投资原则，其投资集中在低风险但具有良好流动性的金融产品。新加坡政府投资公司除了管理新加坡的外汇储备金之外，还管理政府的财政储备金。新加坡政府投资公司虽然也采取稳健的投资原则，但投资组合比金融管理局更加多元化，新加坡政府投资公司主要投资于公开市场，也投资于房地产与私募基金，投资组合涉足全球各资产类别。淡马锡活跃于股权投资，并采取以价值为导向的投资原则，为股东争取最大的长期回报。

外界一直认为淡马锡也管理新加坡的外汇储备金，对于这一误解，2014 年 1 月 7 日，淡马锡企业事务部的总经理斯蒂芬·福肖（Stephen Forshaw）特别作出回应："淡马锡既不管理公积金，也不管理或投资新加坡的外汇储备。"[42]金融管理局作为中央银行持有新加坡的外汇储备，另外划拨一部分给新加坡政府投资公司进行积极的投资管理，新加坡政府投资公司的使命是为新加坡的外汇储备进行保值增值，以提供可用于未来消费和投资的资金，惠及现在和未来的多代人。

淡马锡虽全资隶属于新加坡财政部，但二者具有明确的职责划分。新加坡财政部作为政府机构，担当的是政策制定者和市场监管者的角色；淡马锡作为一家私人公司，以盈利为目的进行投资，持续追求股东的最大回报。淡马锡独立于政府部门，完全按照商业化模式运作，其唯一股东新加坡财政部并不干预淡马锡的日常运营，只有在涉及淡马锡关联公司的股份并购、出售等重大事项时，才会参与进来。这一机制真正实现了公司所有权和经营权的“两权分立”，给淡马锡提供了一个几乎完全市场化的环境，使其能够遵循市场规律进行最有效地决策。

以往提到新加坡的主权财富基金，人们最先想到的是淡马锡模式。中投的建立也被业内人士解读为“中国的淡马锡”。但中投的定位实际更贴近新加坡政府投资公司，而汇金公司的控股格局更像是“金融领域的淡马锡”。截至 2017 年 12 月 31 日，汇金公司控股、参股 17 家金融机构（包括银行、证券公司、保险公司及综合性金融机构），且金额前五位的金融机构（中国建银投资有限责任公司、中国银河金融控股有限责任公司、中国出口信用保险公司、中国再保险（集团）股份有限公司、建投中信资产管理有限责任公司）的持股比例均超过 70%。

目前，中投公司的业务被拆分为两个部分，分别由中投国际有限责任公司（以下简称中投国际）和汇金公司负责运营。中投国际专门负责开展境外投资和管理业务，而汇金公司的主要业务是根据国家金融体制改革的需要，依法对国有重点金融机构进行股权投资，并且进行股权管理。中投公司的章程上强调中投国际和汇金公式是完全独立的子公司，但同属一个董事会和监事会管理，两个公司运营过程中防火墙的作用能否充分发挥令人担忧，或许将两个公司完全拆分开，借鉴淡马锡和新加坡政府投资公司分开治理的模式，中国主权财富管理可以取得更好的成绩。

第四节　韩国主权财富基金

一、韩国主权财富基金的成立背景与资金来源

1997 年，亚洲金融危机爆发，韩国经济受到重创。由于货币市场遭受巨大冲击，韩国不得不放弃了实行近 10 年的市场平均汇率制度，于 1997 年 12 月 16 日开始实行自由浮动的汇率制度。金融危机的惨痛经历使韩国政府认识到，充足的外汇储备是抵御金融冲击的基础，政府开始不断积累外汇

储备资产。2002 年，韩国国际收支双顺差，韩元面临升值压力，韩国银行发行"通货稳定证券"以稳定外汇市场，但结果是造成外汇储备管理成本的显著增加。2003 年 12 月，韩国政府决定成立主权财富基金，缓解本币的升值压力，实现外汇储备资产的保值增值。2005 年 7 月，韩国主权财富基金——韩国投资公司(Korea Investment Corporation, KIC)正式成立，韩国投资公司的建立不仅局限于提高主权财富收益，同时还肩负支持国内金融机构的发展，培养本土金融专业人才，最终实现韩国成为国际金融中心之一的重任。

韩国投资公司的启动资金为 200 亿美元，包括韩国银行划拨的 170 亿美元外汇储备资产以及财政部委托管理的 30 亿美元外汇平准基金。韩国投资公司于 2006 年 6 月和 10 月，分别与韩国银行和财政部签订了资产管理协议，并于同年的 11 月开始对委托的资产进行投资。虽然初始运营资金来源于财政部和韩国银行，但韩国投资公司是作为独立于财政部和韩国银行的、自主运营、自负盈亏的投资机构。2008 年 6 月，韩国投资公司完成了对初始 200 亿美元委托资金的资产配置，此后不断对增加的委托资产和收益进行投资。2016 年，韩国投资公司所管理的资产规模超过了 1 000 亿美元。截至 2017 年 12 月，韩国投资公司总资产已达到 1 341 亿美元(如表 8.18 所示)。

表 8.18　韩国投资公司大事记

时　间	事　件
2005 年 3 月	韩国投资公司法颁布
2005 年 7 月	韩国投资公司成立
2006 年 11 月	启动全球固定收益类资产投资
2007 年 4 月	启动全球股权投资
2007 年 8 月	资产管理规模超过 100 亿美元
2009 年 2 月	成立风险管理部门
2009 年 8 月	启动全球另类资产投资
2010 年 7 月	开设纽约办事处
2011 年 12 月	开设伦敦办事处
2012 年 9 月	资产管理规模超过 500 亿美元
2014 年 9 月	启动主权基金和养老基金联合投资圆桌会议(CROSAPF)
2015 年 7 月	韩国投资公司成立 10 周年
2016 年 6 月	资产管理规模超过 1 000 亿美元
2017 年 9 月	开设新加坡办事处
2017 年 12 月	资产管理规模达到 1 341 亿美元

资料来源：韩国投资公司 2017 年年报。

二、韩国主权财富基金的运营模式

（一）韩国主权财富基金的治理结构

韩国投资公司是独立于财政部和韩国银行的投资机构，自主经营，自负盈亏。督导委员会是韩国投资公司的最高决策制定机构，负责把握韩国投资公司的基本发展方向，制定大政方针，负责政策的制定、评估和监督，辖下设有常设小组委员会和特设小组委员会。董事会作为公司内部治理结构的重要组成部分，负责保证公司的战略决策能够得以顺利实施。董事会由首席执行官及董事组成，其中首席执行官由韩国总统直接任命，具体负责公司的日常运营，负责召开董事会会议，并担任董事会主席。此外，根据《韩国投资公司法》的规定，审计职能应该从管理部门中分离出来，因此，韩国投资公司的治理结构中设立了独立的内部审计部门。企业管理部门、风险管理部门及投资管理部门三个部门各司其职。韩国投资公司的运营结构中共计有18个团队，其中法律与合规团队隶属合规官，负责公司的合规事务，确保公司依法运行；投资管理部门下设9个团队，投资规划团队和战略研究团队隶属于投资策略组，股权投资团队、固定收益投资团队等7个团队分别负责其资产领域内的投资；风险管理部门下设风险管理、技能分析和投资运作3个团队，企业管理部门下设公司规划、人力资源和信息技术等5个团队，精细化与部门化的企业组织结构大大提升了公司的总效益，提高了外汇储备资产的收益率（见图8.23）。截至2017年12月底，韩国投资公司的海外办事处包括纽约、伦敦和新加坡办事处，总计268名员工（不包括高管）。

与其他国家的主权财富基金相比，韩国投资公司运营的时间并不长，但是韩国投资公司的公司组织结构、内部治理结构以及风险管理方面较为完备，这在一定程度上有利于其实现进一步提升主权财富价值、推动韩国金融发展的初衷。

（二）韩国主权财富基金的资产配置策略

韩国投资公司的投资目标是在适当的风险水平内创造持续稳定的投资收益，以保持和提高韩国主权财富基金的资产价值。韩国投资公司的投资理念是长期投资以及资产配置多元化，旨在通过资产类别和投资地区的多样化配置，在整体投资组合风险降到最低的条件下，以可持续的方式获取较高的投资收益。

1. 韩国投资公司的资产类别分布

韩国投资公司从2006年11月开始对受委托的资产进行投资管理，截

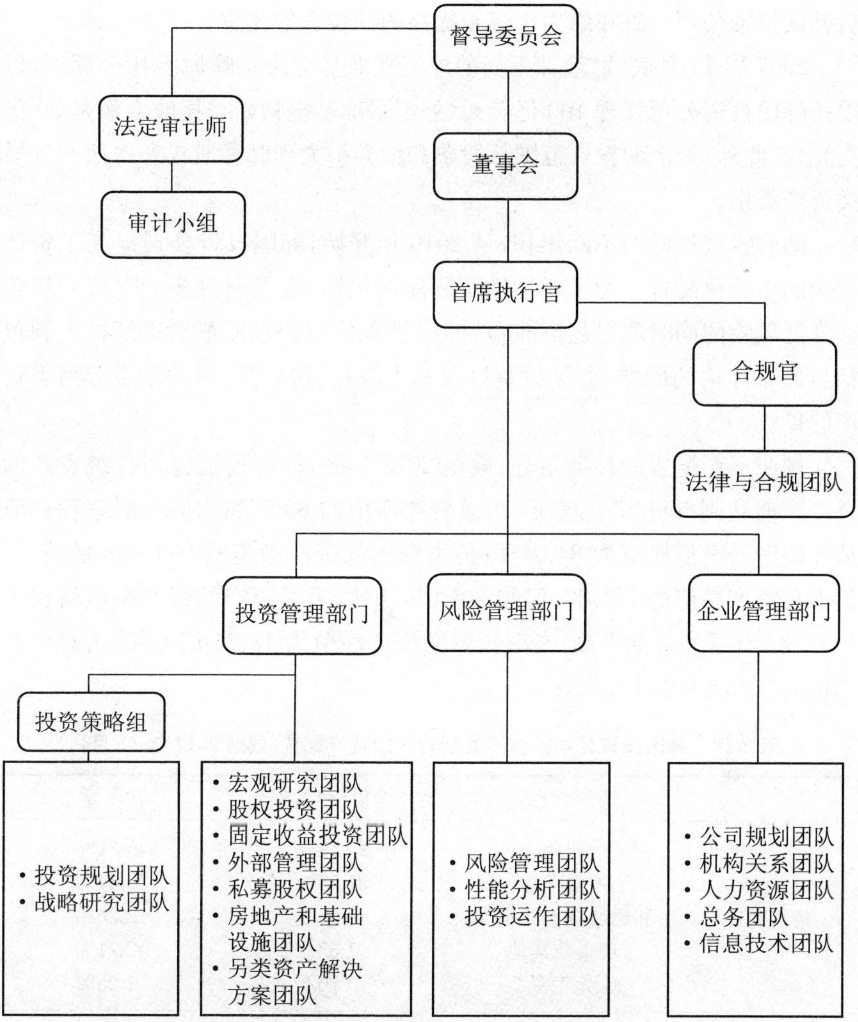

资料来源：韩国投资公司 2017 年年报。

图 8.23　韩国投资公司的企业组织结构图

至 2018 年底已经运营接近 12 年。运营初期，委托资产由韩国投资公司直接管理，或由韩国投资公司再委托给外部基金管理。韩国投资公司最初的资产配置范畴只包括股票和债券等传统资产类别。截至 2007 年底，韩国投资公司投资了 148 亿美元的委托资产，其中 103 亿美元投资于全球债券市场，剩余 45 亿美元投资于全球股票市场。在债券投资总额中，有 23 亿美元债券由韩国投资公司负责投资管理，其余则委托给外部基金管理公司，但此后韩国投资公司一直在致力于逐步提高内部投资的比重。

2007年11月底,财政部下属的外汇平准基金决定除原委托金额外,再委托韩国投资公司管理100亿美元(外汇平准基金初始委托的金额是30亿美元)。此外,资产的投资范围从股票和债券扩大到私募股权和房地产等另类资产类别。

随着投资经验的不断累积,从2010年开始,韩国投资公司提高了资产组合的多元化配置。为了对冲通货膨胀的风险,以及通过多元化资产组合在降低风险的同时取得超额收益,韩国投资公司的投资范围逐渐扩大到包括与通胀挂钩的债券、商品投资以及私人股权、房地产、对冲基金等另类资产的投资。

按照资产配置的种类划分,截至2012年底,韩国投资公司传统资产的资产净值达到506.97亿美元,占总资产净值的89.55%,其中,股票和一般债券的资产净值比重为84.04%;另类资产的资产净值只有40.92亿美元,仅占总资产净值的7.23%,但与2010年相比,另类资产的资产净值增长了49.05%,有了显著地提高;专项投资的资产净值为18.26亿美元,占总资产净值的3.23%(参见表8.19)。

表8.19 韩国投资公司按资产类别划分的资产配置(截至2012年12月)

	资产类别	资产净值(百万美元)	比 重
传统资产	股票	25 593	45.21%
	一般债券	21 988	38.84%
	和通胀挂钩的债券	1 582	2.79%
	现金及其他	1 534	2.71%
	大宗商品*	762	1.35%
另类资产	房地产	911	1.61%
	私募股权	1 088	1.92%
	对冲基金	1 331	2.35%
专项投资		1 826	3.23%
总 计		56 615	100%

数据来源:韩国投资公司2012年年报。

* 韩国投资公司2012年报中将大宗商品归为传统资产,国内部分基金的资产分类习惯将大宗商品归类为另类资产。

韩国投资公司发展至今,资产配置范畴日趋扩大,由最初较为单一的传统资产类投资逐渐转向多元化的资产组合投资，特别是逐步扩大对另类资产的投资。韩国投资公司从2009年开始投资另类资产，初始为私募股权，后续又纳入了房地产、基础设施和对冲基金。根据韩国投资公司年报相关数据，另类资产的资产净值逐年增多，其占总资产的比重逐年上升（如图8.24、图8.25所示）。

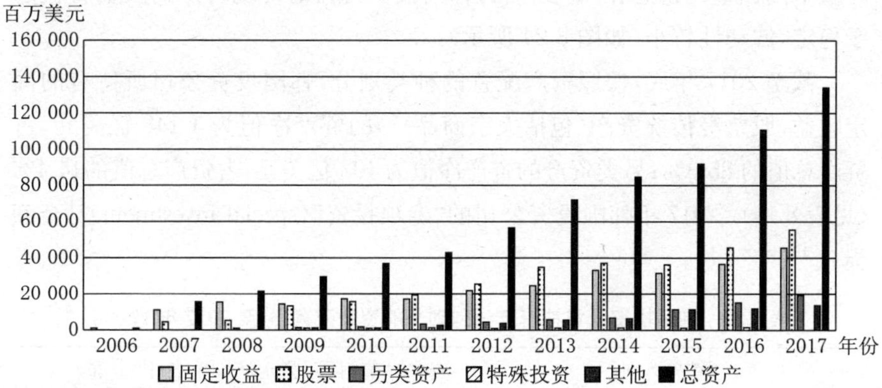

数据来源：韩国投资公司2017年年报。

图8.24 韩国投资公司历年各类资产及总资产的资产净值

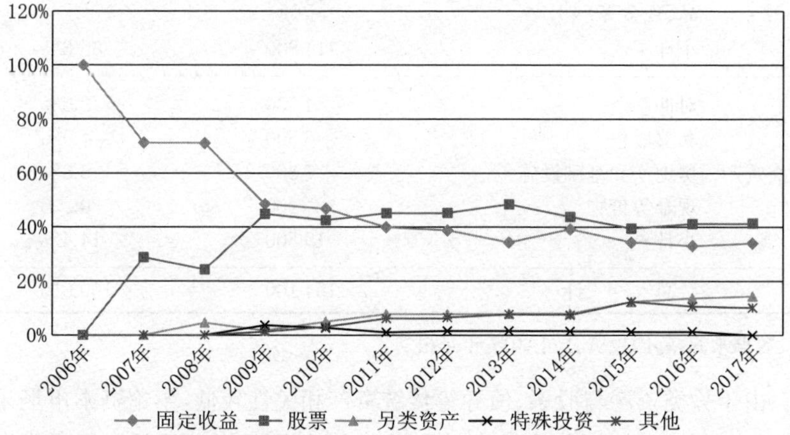

数据来源：韩国投资公司2017年年报。

图8.25 韩国投资公司历年各类资产净值占总资产净值的比重

韩国投资公司所投资的传统资产中，固定收益的资产净值占总资产净值的比重在初始时极高，后来基于对投资高收益率的需求，韩国投资公司制定了将股票投资比重略高于债券投资比重的投资策略，显著增加了投资股票资产的比重，债券的资产净值占韩国投资公司总资产净值的比重逐年下降，股票的资产净值占韩国投资公司总资产净值的比重逐年上升。2010年后，韩国投资公司所持有股票的资产净值在总资产净值中的比重超过了债券的比重。与此同时，值得注意的是自2009年后二者的资产净值在总资产净值中的比重均稳定在40%左右，韩国投资公司对传统资产的投资日益趋于稳定，波动性较小(如图8.24所示)。

截至2017年底，按照资产配置的种类划分，韩国投资公司所持有的固定收益、股票等传统资产(包括大宗商品[43])的资产净值为1 148亿美元，占资产总值的85.6%；另类资产的资产净值为193亿美元，占资产总值的14.4%(见表8.19)。2017年韩国投资公司的“专项投资”(special investment)[44]金额为0。[45]

表8.20　韩国投资公司按资产类别划分的资产配置(截至2017年12月)

资产类别		资产净值(百万美元)	比　重
传统资产	股票	55 500	41.4%
	固定收益	45 600	34.0%
	其他(通胀挂钩债券、大宗商品、现金等)	13 700	10.2%
	小计	114 800	85.6%
另类资产	对冲基金	4 700	3.5%
	私募股权	6 500	4.9%
	房地产和基础设施	7 800	5.8%
	现金等价物	300	0.2%
	小计	19 300	14.4%
总　　计		134 100	100.0%

数据来源：韩国投资公司2017年年报。

由于另类资产与股票、债券等传统资产相关性较低，不论资本市场未来走向如何、如何波动，作为一个长期投资者，韩国投资公司投资于另类资产可以取得非流动性风险溢价，增加风险调整后的收益，并且可以分散整体投资组合中的风险，所以韩国投资公司将另类资产在投资组合里的比例从2016年末的13.7%提高到2017年的14.4%。

韩国投资公司的另类资产组合中最早投资的是私募股权类资产，私募股权是一种非流动性、增长型的长期投资，风险溢价更高。韩国投资公司于全球金融危机爆发后立即开始考虑投资私募股权基金，2010 年进行了私募股权投资，2011 年与普通合伙人（GPs）进行了联合投资，2017 年实施了多项新的战略投资，2017 年 9 月韩国投资公司派遣了私募股权经理到新加坡办事处，以强化亚洲地区网络，寻找更多的投资机会。

房地产和基础设施是韩国投资公司对冲通胀的理想资产，由于其投资规模大并且提供了与经济增长相适应的增值机会，是长期投资的最佳选择。韩国投资公司在北美、欧洲和亚洲进行了各种房地产方面的直接投资、间接投资和联合投资，在基础设施方面则是在发达市场和新兴市场之间进行平衡投资，韩国投资公司通过加强投资组合管理，注重投资的区域和战略多样化，实现了其房地产和基础设施投资组合的稳健增长。

对冲基金由于与经济周期和金融市场波动的相关性较低，能够带来绝对收益，此外，通过投资对冲基金，韩国投资公司还可以获得基金所提供的额外的投资信息和技术支持。2015—2016 年，对冲基金行业整体表现相对较差，2017 年，全球经济明显好转，韩国投资公司所投资的对冲基金项目实现了较为稳定的收益。2017 年，韩国投资公司从外部管理团队剥离了对冲基金投资，并成立了一个独立的对冲基金管理部门，以进一步加强韩国投资公司在全球对冲基金市场的影响力。通过建立独立的对冲基金投资管理部门，韩国投资公司重新制定了中长期的对冲基金管理计划和策略，以增强在快速变化的宏观环境中公司整体投资组合的稳定性和盈利能力。此外，韩国投资公司对现有管理人员进行全面评估的基础上进行了投资组合再平衡，并继续寻找新的优秀管理人员提高韩国投资公司投资组合的长期盈利能力。对冲基金投资不仅与传统资产相关性低，而且与其他另类资产如私募股权和房地产等的相关性也较低，可以为其他资产带来互补的回报流，长期来看，有助于提高韩国投资公司的可持续盈利能力。

韩国投资公司的专项投资初始投资金额为 20 亿美元，截至 2017 年回收本金和盈利资金总计为 21 亿美元，投资年化收益率仅为 0.38%，韩国投资公司在 2017 年完全退出了对美银美林的投资，专项投资金额为 0。[46]

投资种类的增多、投资范围的扩大，都有效降低了韩国投资公司的投资风险，提升了总体收益。韩国投资公司通过对每个资产类别和国家进行宏观研究，根据政策基准调整资产配置，提高投资回报，且为防止基准出现重大偏差，还会每半年或每季度调整投资基准，旨在较快地抓住经济形势良好的地区和国家的投资机会，并及时调整投资组合。

2. 韩国投资公司的资产地域分布

按照资产配置的地域划分，截至 2011 年底，虽然发达国家地区仍然是韩国投资公司的主要投资区域，但是受金融危机的影响，欧洲地区复苏黯淡，以金砖国家为代表的新兴市场国家和地区成为经济增长新的支撑点，因此，韩国投资公司也在逐步增加对新兴市场国家的资产配置（见表 8.21）。截至 2011 年底，韩国投资公司在欧洲地区的股票和债券投资份额分别从 2010 年底的 24.8%和 31.6%下降到 18.9%和 29.8%，在新兴市场地区的股票和债券投资份额分别从 11.6%和 3%上升到 27.8%和 7.8%。

表 8.21　韩国投资公司按投资地域划分的资产配置(截至 2011 年 12 月)

地域分布	股票		债券		另类资产	
	资产净值	比重	资产净值	比重	资产净值	比重
北美地区	7 838	40.6%	8 353	48.9%	1 201	52.3%
欧洲地区	3 653	18.9%	5 095	29.8%	550	23.9%
亚洲发达地区	2 454	12.7%	2 303	13.5%	256	11.1%
新兴市场地区	5 363	27.8%	1 330	7.8%	290	12.6%
总计	19 308	100%	17 081	100%	2 297	100%

注：另类资产中未包含商品投资；资产净值的单位为百万美元。
数据来源：韩国投资公司 2011 年年报。

从资产配置的地区来看，一方面，近年来北美地区经济增长强劲（特别是美国），在金融危机后经济呈现持续复苏态势。2017 年，美国得益于消费扩张和投资拉动，经济增长内生动力增强，复苏劲头较强劲；与此同时，2017 年欧元区经济复苏劲头也较好。因此总体而言，北美和欧洲地区对韩国投资公司的吸引力最大，韩国投资公司在北美和欧洲等地投资比例较大，在北美地区投资占总体一半以上，在欧洲地区投资占总体的 1/4 以上，基于北美和欧洲地区经济复苏的良好趋势，预计未来一段时间韩国投资公司在这两个地区的投资比例会不断提高。另一方面，自 2010 年以来，韩国投资公司增加了对新兴市场的投资，随着亚洲发达地区和新兴市场地区的经济实力逐渐增强，投资机会增多，近年来韩国投资公司在这些地区投资比例也逐步扩大（如图 8.26 和图 8.27 所示）。

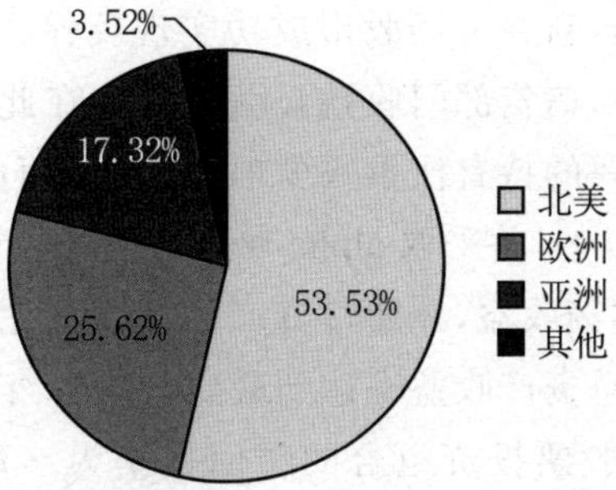

数据来源：韩国投资公司2016年年报。

图8.26　2016年韩国投资公司在各地区的投资比例

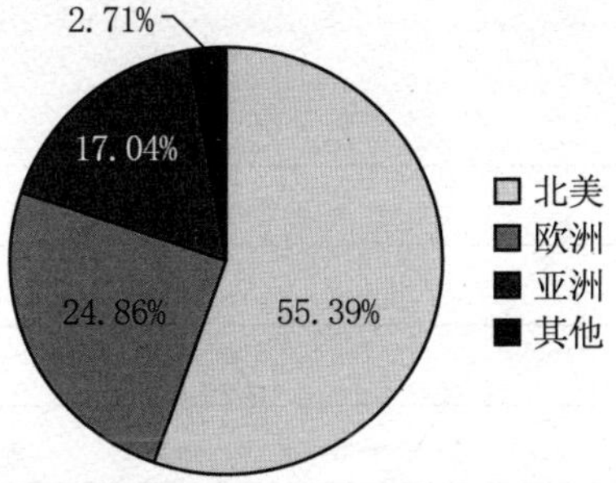

数据来源：韩国投资公司2017年年报。

图8.27　2017年韩国投资公司在各地区的投资比例

三、韩国主权财富基金的绩效评价

韩国投资公司自2005年成立以来，被委托投资1 000亿美元。计划管理外汇储备资产规模为200亿美元，其中由韩国银行委托170亿美元，财政经济部的外汇平衡基金委托30亿美元。发展十余年来，韩国投资公司的总资产不断增多，国际影响力也逐渐提升。截至2017年12月，韩国投资公司的总资产达到1 341亿美元。

韩国投资公司历年总资产的收益率有正有负，波动幅度较大，其波动趋势大体上与股票的收益率的波动趋势相一致。受2008年金融危机的影响，2008年韩国投资公司投资股票的收益率为－41.43%，该年韩国投资公司的总收益率也降至最低点，全球金融危机引发的市场崩溃持续到2009年第一季度。2009年，全球协调一致地放松货币政策，特别是美国政府主导的量化宽松政策，市场在短期内开始大幅反弹。股市中大部分资本流向了新兴市场，新兴市场股市成功实现反弹。债券市场方面，信贷息差收窄至正常水平，信贷部门收益显著增长。在此背景下，韩国投资公司在2008年底将股票的持有比重减少10%以上，而债券和现金的持有比重比基准高出10%以上，并采取alpha-beta分离的投资策略，此外，由于增持信贷资产产生了超额收益，并通过资产种类多元化对冲通货膨胀，韩国投资公司在2009年总资产收益率达到最高。2011年，受欧元区金融危机影响，韩国投资公司股票投资组合的年回报率为-10.26%，低于基准水平，同样总资产收益率在该年较低。2017年，全球经济持续复苏，“第四次工业革命”到来，美国和新兴市场股市持续强劲，韩国投资公司的股票收益率、固定收益类资产的收益率和总资产收益率在该年均呈现上升趋势（如图8.28所示）。

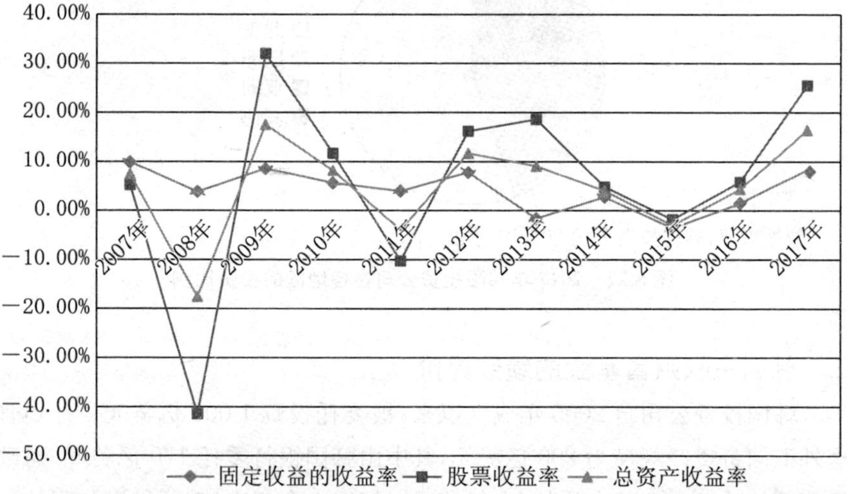

数据来源：韩国投资公司2007—2017年年报。

图8.28 韩国投资公司传统资产(固定收益、股票)收益率与总资产收益率(2007—2017年)

韩国投资公司本着长期投资和多元化经营的原则，不断地提高其投资能力，尽管经历了全球金融危机和低利率的情况，仍保持了自成立以来4.45%的总资产年化收益率。近几年来，韩国投资公司所持有的对冲基金、私募股权及房地产等另类资产的年化收益率超过股票、债券等传统资产的年化收益率，过去五年总资产的年化收益率为5.99%（如图8.29所示）。

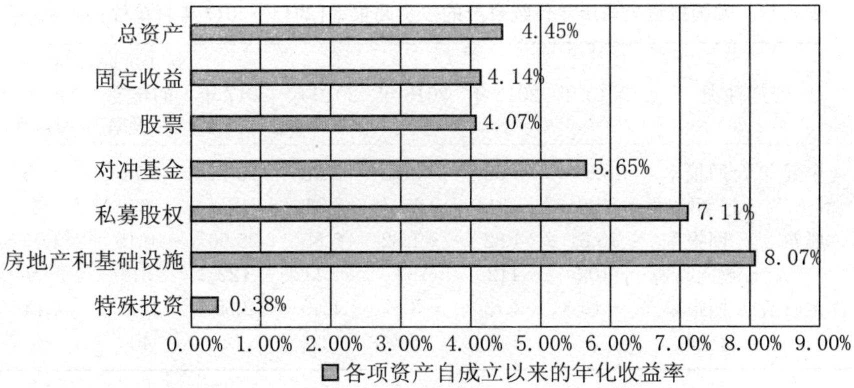

数据来源：韩国投资公司2017年年报。

图8.29　韩国投资公司各项资产自成立以来的年化收益率

传统资产中股票的收益率对韩国投资公司总资产收益率的影响很大，美国由于强劲的经济复苏和企业利润的改善，股票指数全年都保持了上升的趋势。新兴市场由于经济基本面改善、政治不确定性缓解和流动性增强等原因，股票指数上涨超过了30%。美国和新兴市场的强劲表现使得全球股票指数在2017年上涨20%以上，韩国投资公司的股票收益率上涨19.65%，总资产收益率上涨12.07%。尽管存在全球固定收益市场持续低通胀导致利率下降这样的不确定性，但韩国投资公司通过增持新兴市场债券和美国机构的信用债券等相对有吸引力的资产，2017年债券的投资收益较好。2017年，韩国投资公司主要通过资产种类配置、资产的相对权重调整以及战略性地选择投资目标等措施使传统资产总回报率达到16.71%，超过基准1.29%的回报率，从而推动了韩国主权财富的增长。

2017年，韩国投资公司传统资产的回报率显著提升，达到历史高点16.71%，比基准高出129个基点，其中，股票的投资回报率为25.50%，比基准高出122个基点，固定收益类资产的投资回报率为8.00%，比基准高出72个基点(如表8.22和表8.23所示)。

自成立以来，韩国投资公司对另类资产投资的平均年度回报率为7.37%。其中，对冲基金自成立以来的年度回报率为5.65%，私募股权自成立以来的年度回报率为7.11%，房地产和基础设施自成立以来的年度回报率为8.07%(如表8.24所示)。

表 8.22　韩国投资公司历年传统资产的投资回报率(2013—2017 年)(单位:%, bp)

资产种类		2013 年	2014 年	2015 年	2016 年	2017 年	过去五年的年度回报率	自成立以来的年度回报率
全部	回报率	8.67	3.52	-3.15	3.96	16.71	5.74	4.95
	超额收益	108	131	68	-95	129	67	26
股票	回报率	18.61	4.82	-1.82	5.85	25.50	10.15	4.07
	超额收益	102	112	153	-232	122	51	-9
固定收益	回报率	-1.63	2.73	-3.57	1.46	8.00	1.32	4.14
	超额收益	2	128	5	29	72	46	29

资料来源:韩国投资公司 2017 年年报。

表 8.23　韩国投资公司各类资产类别的投资基准

资产类别		基　准
传统资产	股票	摩根士丹利除韩国外的所有国家世界指数(未对冲)
	固定收益	巴克莱全球综合指数(韩国除外)(未对冲)
	大宗商品	标普轻质能源总回报商品指数
	与通胀挂钩的债券	巴克莱全球通胀挂钩债券指数
	现金	美银美林 3 个月期美国国债
另类资产	对冲基金	美银美林 3 个月期美国国债+3.5%，1 个月滞后
	私募股权	摩根士丹利除韩国外的所有国家世界指数(未对冲)+2%,滞后 3 个月
	房地产和基础设施	七国集团通货膨胀率+4%,滞后 3 个月

资料来源:韩国投资公司 2017 年年报。

表 8.24　韩国投资公司另类资产的年度投资回报率(单位:%, bp)

	初始投资时间	自投资以来的年度回报率
对冲基金	2010 年 1 月 29 日	5.65
私募股权	2009 年 9 月 16 日	7.11
房地产和基础设施	2010 年 3 月 15 日	8.07
总　计*		7.37

* 总计包括大宗商品(大宗商品自 2011 年 4 月起归类为传统资产)

资料来源:韩国投资公司 2017 年年报。

2017 年,发达经济体的消费支出和投资有所增加,新兴经济体的出口强劲,推动了全球经济的强劲增长。在此背景下,韩国投资公司利用全球股市看涨和债券利率稳定的优势积极投资，2017 年的业绩超出预期，总资产回报率达到 16.42%。过去五年，韩国投资公司的年化回报率为 5.99%，2017 年的投资回报为 183 亿美元，管理的资产增至 1 341 亿美元。自成立以来，韩国投资公司受托管理韩国政府、韩国银行以及公共基金的资产，不仅相应地发挥了其作为主权财富基金的作用，也为国内金融业的发展作出了突出贡献。韩国投资公司的目标之一是通过与本地机构投资者共同投资，支持韩国企业向海外扩张，并扩大对国内经理人的委托规模，促进韩国金融行业的全球化。在促进本国金融行业发展、整合国内金融资源方面，韩国投资公司与中投似乎都肩负着相似的使命，这也为两国主权基金在金融领域的合作埋下了伏笔。

注　释

1. 主权财富基金研究所，https://www.swfinstitute.org/sovereign-wealth-fund-rankings/，最后访问时间：2020 年 6 月 13 日。

2. 根据规定，以“乌拉尔”原油 20 美元/桶的价格为基准（2006 年调整为 27 美元），当油价超过基准价格时，超额部分缴纳的税收收入将被划入石油稳定基金。

3. 一直到 2016 年 5 月，俄罗斯总统普京才签署了名为《关于对俄联邦某些法律中特定类别公民退休年龄的修改》的法案。

4. 卫生与社会发展部则提出了更为革命性的建议——逐渐将养老金储蓄部分由必需缴纳转变为自愿缴纳，http://sputniknews.cn/russia/2007020841696559/，最后访问时间：2020 年 6 月 13 日。

5.《穆迪上调俄罗斯主权信用评级展望》，新华网 2017 年 2 月 18 日，http://news.xinhuanet.com/fortune/2017-02/18/c_1120488755.htm，最后访问时间：2020 年 6 月 13 日。

6. 俄罗斯财政部官网，https://www.minfin.ru/en/，最后访问时间：2020 年 6 月 27 日。

7. 殷红：《俄罗斯“国家福利基金”的建立及意义》，载《俄罗斯中亚东欧研究》2008 年第 3 期，第 26—32、96 页。

8.《俄稳定基金的所有资产都将转存到外汇账户》，俄罗斯卫星通讯社 2006 年 9 月 21 日，http://sptnkne.ws/dKms，最后访问时间：2020 年 6 月 13 日。

9.《俄罗斯政府从稳定基金向国家发展机构拨款三千亿卢布》，俄罗斯卫星通讯社 2007 年 11 月 29 日，http://sputniknews.cn/russia/2007112941975276/，最后访问时间：2020 年 6 月 13 日。

10. 俄罗斯财政部官网，https://www.minfin.ru/en/，最后访问时间 2020 年 6 月 27 日。

11. 国家福利基金的资产配置规则与储备基金一致，在此不再赘述。

12. 李中海：《俄罗斯外债：经济增长背景下的隐忧》，载《东欧中亚研究》2002 年第 4 期，第 36—40、96 页。

13. 李中海：《俄罗斯通货膨胀及通胀目标制实施前景分析》，载《俄罗斯学刊》2012 年第 1 期，第 34—40 页。

14. 张红侠：《制裁与反制裁：俄罗斯经济困局及脱困之路》，载《俄罗斯东欧中亚研究》2016 年第 6 期，第 51—67、156—157 页。

15. 李中海：《论俄罗斯货币信贷政策及影响》，载《俄罗斯中亚东欧研究》2007 年第 4 期，第 41—46、96 页。

16. 苏联解体后，俄罗斯因政治、经济制度的变化，最终形成了现行的俄罗斯三位一体养老基金的基本架构，即国家退休养老基金制度、劳动退休养老基金制度和非国家退休养老基金制度。

17. 俄罗斯养老基金会，http://www.rfbr.ru/rffi/ru/，最后访问时间：2020 年 6 月 13 日。

18. 俄罗斯国家统计局，http://www.gks.ru/，最后访问时间：2020 年 6 月 13 日。

19. 李中海：《俄罗斯外债：经济增长背景下的隐忧》，载《东欧中亚研究》2002 年第 4 期，第 36—40、96 页。

20. 张红侠：《制裁与反制裁：俄罗斯经济困局及脱困之路》，载《俄罗斯东欧中亚研究》2016 年第 6 期，第 51—67、156—157 页。

21. 挪威银行官网，https://www.nbim.no/en/the-fund/market-value/，最后访问时间：2020 年 6 月 13 日。

22. 但值得注意的是，尽管基金的名称发生了变化，很长一段时间内，基金并没有用于任何养老金费用的支付。挪威银行投资管理部对政府全球养老基金的管理规定中指出，目前没有任何政治上的决策指出基金将于何时被用于支付未来的养老金费用，详见 http://www.nbim.no/en/About-us/Government-Pension-Fund-Global/，最后访问时间：2020 年 6 月 13 日。

23. 何帆、陈平：《外汇储备的积极管理：新加坡、挪威的经验与启示》，载《国际金融研究》2006 年第 6 期，第 4—13 页。

24. 数据来源：挪威政府全球养老基金 2017 年年报。

25. 数据来源：挪威政府全球养老基金 2017 年年报。

26. 基金对非上市房地产投资的回报主要取决于租金收入、营业费用、财产和债务价值的变化，以及物业的相关费用。

27. 郑秉文：《中国建立"主权养老基金"的急迫性及国际比较——应对"中国威胁论"与外汇储备二次分流的战略思考》，载《国际经济评论》2008 年第 3—4 期，第 43—52 页。

28. 谢平、陈超：《谁在管理国家财富？主权财富基金的兴起》，中信出版社 2010 年版，第 110—112 页。

29. 资源型基金的资金主要来源于石油等非可再生资源的出口和税收收入，非资源型基金的资金主要来源于制成品等的出口收入。

30. 新加坡将有国有资本投入或者参与的企业称为“国联企业”或者“政联企业”。

31. 数据来源：淡马锡 2018 年年报。

32. 一国的外汇资产不全是一国的外汇储备，根据国际货币基金组织的界定，只有一国的外汇储备管理机构（如中国的国家外汇管理局）管理的随时可以动用的外汇资产才属于一国外汇储备的范畴。

33. 莫少昆、余继业：《解读淡马锡》，鹭江出版社 2008 年版，第 96、103 页。

34. 办事处个数没有变化，但是具体城市与 2013 年相比有所调整，具体为新加坡、巴西的圣保罗、印度的孟买、墨西哥的墨西哥城、中国的北京（包括西城区和朝阳区两处）、上海、英国的伦敦、美国的纽约、旧金山和华盛顿哥伦比亚特区、越南的河内。

35. 增长中的中产阶级主要指由各国中产阶级购买力带动增长的行业；转型中的经济体主要指与经济转型密切相关的行业；比较优势的行业主要指具有比较优势和潜在竞争力的产业；崛起的产业领袖主要指能够领跑行业发展的新兴企业。

36. 淡马锡的财政年度是从上一年的 4 月 1 日到次年的 3 月 31 日。

37. 2013 年至 2018 年淡马锡的年均资产出售额约为 180 亿新元。

38. 新加坡政府投资公司的财务年度为 4 月 1 日至次年 3 月 31 日。

39. 莫少昆、余继业：《解读淡马锡》，鹭江出版社 2008 年版，第 96、103 页。

40. 猎豹移动公司（Cheetah Mobile Inc.），原金山网络，是中国第二大互联网及移动互联网安全公司。

41.《淡马锡谋求中国投资多元化：入股京东和猎豹》，腾讯网 2014 年 8 月 15 日，http://tech.qq.com/a/20140815/006688.htm，最后访问时间：2020 年 6 月 13 日。

42. 淡马锡官网，http://www.temasek.com.sg/mediacentre/medialetters?detailid=20390，最后访问时间：2020 年 6 月 13 日。

43. 韩国投资公司的年报中将大宗商品归为传统资产，国内部分基金的资产分类习惯将大宗商品归类为另类资产。

44. 也有部分研究翻译为特殊投资。

45. 在韩国投资公司 2012—2016 年报的资产配置表中均有专项投资。但韩国投资公司在 2017 年完全退出了对美银美林（Bank of America Merrill Lynch）的专项投资。

46. 美林公司是世界最大的金融管理咨询公司之一，受次贷危机影响，2008 年 9 月被美国银行收购。

第四部分
主权财富基金的发展趋势:联合投资

第九章

中国主权财富基金与其他国家基金合作现状与发展趋势

2008年金融危机之后，主权财富基金之间合作投资的意愿越发强烈，数据显示，2015年，在已经公布的并购交易中，主权财富基金的合作投资约占50%，总价值达到244亿美元，而在2008—2014年间，这一比例仅占22%。[1] 主权财富基金联合投资的快速发展一方面源于金融危机后发达国家投资保护主义的抬头，另一方面各国基金也发现联合投资可以在利用财团庞大资金的同时降低投资风险。在此背景下，主权财富基金的合作投资规模日益增长，合作的方式和对象也日益多元化。近年来，主权财富基金合作的方式除了包括主权基金间的联合投资，主权基金和其他金融机构(如投行)联合投资，主权基金与实体行业领军企业联合投资，还包括组建合资公司进行长期投资合作，而且这一趋势日益受到主权财富基金的欢迎。组建合资公司投资这一趋势与主权财富基金的战略转型不无关系，越来越多的主权基金不再追求那些成本高昂且并不总是有效的外部基金经营，而是更多的转向内部投资组合管理。

在国际上，主权基金合作投资已经成为主流趋势，中国的主权基金从组建伊始就注重基金间的合作。2003年，汇金公司就与比利时国家投资公司合作组建了比利时-中国并行基金。2015年，中国提出"一带一路"倡议，中投在此之后开展了一系列重大大举措，包括参股丝路基金15%股权；参与中欧合作基金的磋商工作，对接中国"一带一路"合作倡议和欧洲投资计划；参与中法第三方市场合作共同基金的建立工作等(见表9.1)。

表 9.1　中投参与建立的合作基金

序号	合作国家	基金名称	成立时间	金额	投资方	合作领域
1	中国、俄罗斯	中俄投资基金	2012 年 6 月 5 日	募集规模为 40 亿美元	中投及其相关方、俄罗斯直接投资基金以及第三方国际投资者	大型基础设施和物流领域、具有高附加值的自然资源开发和加工领域，以及具有行业领先地位的制造业和服务业企业。
2	中国、墨西哥	中墨投资基金	2014 年 11 月 13 日	目标规模 24 亿美元	中国国开金融、中投以及墨西哥国有开发银行及基金	主要用于基础设施、工业、旅游和能源等领域的投资合作。
3	中国、法国	中法第三方市场合作共同基金	—	—	法国 CDC 银行和中投	为中法非三方合作提供资金支持。
4	中国、欧盟	中欧合作基金	—	—	—	对接中国“一带一路”合作倡议和欧洲投资计划。
5	中国、比利时	比利时-中国并行基金	2003 年 2 月 20 日	—	比利时国家投资公司与汇金公司	主要投资于中国境内的、具有一定规模和科技内涵的、进入成长期的中小企业。
6	中国、比利时	比利时-中国并行基金(II)	2011 年 10 月 24 日	约 1 亿欧元	比利时国家投资公司与中投-亚欧联合资本	用于指引和帮助那些通过欧洲中心——布鲁塞尔投资欧洲市场的中国公司。
7	中国、美国	中美制造业合作基金	2017 年 11 月 9 日	50 亿美元	美国高盛集团、中投	主要投资于美国制造业、工业、消费、医疗等行业企业。

资料来源：郭兴艳、程竞：《中俄投资基金再投四项目总投资规模接近 10 亿美元》，第一财经日报 2014 年 5 月 20 日，https://www.yicai.com/news/3833615.html，最后访问时间：2020 年 6 月 27 日；《中墨基金首个投资项目敲定 1.4 亿美元投向油气领域》，第一财经网 2016 年 4 月 25 日，https://www.yicai.com/news/5006876.html，最后访问时间：2020 年 6 月 27 日；《中投蓄势中法第三方市场合作基金》，中国财经网 2016 年 4 月 13 日，http://finance.china.com.cn/roll/20160413/3674863.shtml，最后访问时间：2020 年 6 月 27 日；《第十七次中国欧盟领导人会晤取得重要成果——建立中欧共同投资基金对接“一带一路”》，http://qjwb.zjol.com.cn/html/2015-07/01/content_3089917.htm?div=-1，最后访问时间：2020 年 6 月 27 日；张涵：《中比共建跨境主权财富基金》，搜狐网 2011 年 10 月 26 日，https://business.sohu.com/20111026/n323418516.shtml，最后访问时间：2020 年 6 月 27 日；戴利研：《中美制造业合作基金开启两国双赢“大戏”》，光明网 2017 年 11 月 20 日，http://share.gmw.cn/theory/2017-11/20/content_26841032.htm，最后访问时间：2020 年 6 月 27 日。

第一节　中俄基金合作研究

一、中俄主权财富基金合作的必要性和可行性

后危机时代,新兴经济体面临一般商业周期、信贷周期、初级产品周期和投资周期同时结束的局面,作为新兴市场经济体代表性大国的中国和俄罗斯也不例外,以往支持经济快速增长的有利因素正在消退,美国退出量化宽松货币政策后直接导致全球资金从新兴市场经济体流向发达经济体。[2]金融危机频繁爆发让世界各国清楚地认识到,在现行的不合理的国际货币体系下,美元的霸权地位不断得到强化,原本属于一国主权范畴的金融权利将会遭受侵蚀。

目前,中国面临改革的历史新时期,中国经济的"新常态"强调经济结构的对称态以及在此基础之上的可持续发展,与单纯强调政府周期性的刺激经济不同,在世界经济波动频繁的现实情况下,在合理、对称、稳定的经济结构中促进经济发展才是未来中国经济的发展方向。与此同时,俄罗斯的经济改革因其严重依赖石油面临"两难境地",石油价格持续上涨会导致精英阶层不思进取,拖延经济结构转型进程;石油价格下跌时,由于资金限制,经济结构改革无从推进。中国和俄罗斯制造业的总量和规模都已位居世界前列,但大部分产业仍处于国际产业链的低端,产业技术含量和附加值偏低,后危机时代,美欧"再工业化"战略必将加大中俄两国产业转型升级的难度。新时期,中国和俄罗斯作为新兴市场大国,国内经济发展都面临调结构、促增长的压力。外部面临资金向美国等发达经济体回流,内部面临经济结构转型升级的压力,中国和俄罗斯这两个金砖大国在未来十年任重道远。

中俄双方需要在政治经济领域加强合作,一方面缘于两国相邻,具有重要的地缘政治关系;另一方面,中俄都是处于转型期的新兴市场大国,俄罗斯和中国的国内需求市场规模巨大,并且处于不断增长的上升期,这为不同行业提供了丰富的投资机会。从地缘政治重要性和经济基本面指标的角度考量,目前,俄罗斯是中国较为理想的合作伙伴。俄罗斯是外债总额最低的欧洲国家之一,国家外债只占国民生产总值的8%(约合1 500亿美元)。俄罗斯的黄金储备排名世界第3(仅次于中国和日本),俄罗斯是全球最大的

国内市场之一，在144个国家中排名第7。根据国际货币基金组织最新的预测，2020年俄罗斯的经济有望增长到4万亿美元。俄罗斯中产阶级在过去的5年里增长了3倍。除石油、天然气、煤炭和金属等知名大宗商品外，俄罗斯拥有世界上最大的木材、淡水、农用地、化肥等多种资源。

目前，中俄两国正积极促进两国全面战略协作伙伴关系的发展，中国和俄罗斯为两国合作的第一阶段制定了宏大的目标。为了完成双边共同发展战略等宏伟目标，中俄双方达成共识，可以运用一切有效的经济交流工具，其中最重要的就是双方主权财富基金的投资合作。中俄之前的合作重点主要是资源开采领域，但是，中国正逐步将重心转移至高科技行业，包括基础设施与交通、民航、机械与轮船制造、融资、航天技术等，能够帮助中国获得管理经验与先进技术的项目尤其受到重视，与此同时，矿产开采、能源、林业以及民用住宅建设仍然为中国对俄投资的主要领域，中国的投资也能够促进俄罗斯进行经济改革，并提升其经济等级。俄罗斯对中国投资主要方向为农产品及矿产加工、化工品生产、建筑、交通设备与服务业。

由此可见，中俄双方可以合作的项目非常广泛，但目前来看，与欧美国家投资规模相比，中国对俄罗斯的投资规模并不大。中国企业进入俄罗斯市场投资时仍有顾虑，一方面，俄方对一部分高科技行业设置投资限制，民营资本碍于政治方面的担忧不愿介入，另一方面，虽然很多大型项目对中俄双方都有利，但往往因为投资金额规模巨大导致大多数企业望而却步。因此，中俄双方萌生了运用两国主权财富基金的资金建立合作基金，借助强有力的政府支持和广泛的业务关系带动两国企业一起投资的想法。

与一般的投资基金不同，主权财富基金有其特有的"双重属性"，一方面，基金是市场化的主体，建立的初衷是通过多元化的投资获取收益；另一方面，主权财富基金在制定投资战略时会考虑国家利益，为本国经济发展战略目标服务。目前，国际形势复杂多变，与中美经济合作相比，中俄两国民间合作较为薄弱，两国想要建立丰富的区域经贸联系，仍需从国家层面的合作入手。因此，中俄主权财富基金的合作投资对于两国而言不仅仅是对企业项目融资方面的支持，在此基础上，基金应该在合作战略框架制定、合作领域引导以及合作项目示范等方面发挥更加重要的作用。

俄罗斯方面，俄罗斯直接投资基金设立的初衷就是与其他国家主权财富基金、私募股权基金等机构投资者合作。目前，俄罗斯直接投资基金已经与众多机构投资者进行了投资合作，如俄罗斯直接投资基金与迪卡尔资本

(Cartesian Capital)、私募股权投资公司一个股权合伙人(One Equity Partners)、黑岩集团(Black Rock)和卡普曼(Cap Man)等私募基金共同投资了一些项目。自成立以来,俄罗斯直接投资基金已经完成的投资项目金额为38亿美元,其中超过9亿美元的资金来自俄罗斯直接投资基金自有资金,其余约28亿美元来自合作投资者。目前,俄罗斯直接投资基金已经与中国、日本、韩国、阿布扎比、科威特、法国和意大利等国家的主权基金和银行等机构投资者签署了12项投资协议,并启动了总预算超过100亿美元的国际合作项目。

2017年12月25日,俄罗斯国际事务委员会发布了《俄罗斯对外政策展望:2018》报告。其中,在俄罗斯亚太政策领域特别提到了要提高俄中两国在经济、科技和人文领域的合作质量,最大限度地实现俄罗斯在亚太地区的政治和经济联系。2017年12月31日,中俄两国元首互致新年贺电。习近平主席和普京总统共同肯定了中俄全面战略协作伙伴关系取得的新发展。双方在"一带一路"建设同欧亚经济联盟对接合作取得重要成果,两国战略性大项目合作稳中有进,双边贸易额显著增长,科技、文化、人文领域交流蓬勃开展,在国际和地区事务中保持密切有效的协调配合,为维护世界和平稳定作出了重大贡献。[3]

二、中俄投资基金的合作机制和投资现状

(一) 中俄投资基金的合作机制

2012年6月5日,在俄罗斯总统普京和中国国家主席胡锦涛的见证下,中投与俄罗斯直接投资基金联合成立中俄投资基金(Russia-China Investment Fund, RCIF)。中国与俄罗斯正在积极促进两国战略合作伙伴关系的形成和发展,中俄双方为合作的第一阶段制定了宏大的目标,基金合作是战略合作的关键一步。在北京的签字仪式上,中投与俄罗斯直接投资基金签署《中俄投资基金管理公司正式成立及基本原则备忘录》。中俄投资基金的初始募集资金目标为40亿美元,其中,中投及其相关方出资10亿美元,俄罗斯直接投资基金出资10亿美元,其余资金向第三方投资者募集。中俄投资基金计划将募集资金的70%投资于俄罗斯、白俄罗斯和哈萨克斯坦等独联体国家,30%投资于中国。

中俄投资基金的投资重点将主要围绕推进俄中双边经贸投资关系,为投资方获取最大的投资回报。2013年3月22日,在俄罗斯总统普京和中国

国家主席习近平的见证下，中投、俄罗斯直接投资基金、中俄投资基金和俄罗斯对外经济贸易银行联合签署了《关于促进基础设施投资和俄远东开发合作备忘录》，旨在加强在远东地区及基础设施建设领域的投资。投资项目主要定位于具有高附加值的能源开发及加工、基础设施及物流、以及具有行业领先地位的制造业与服务业。两个合作备忘录的签署体现了中俄两国主权财富基金合作达到了一个新高度。

（二）中俄投资基金的投资现状

依据中俄投资基金设立的初衷，基金70%的资金将投资于俄罗斯、白俄罗斯和哈萨克斯坦等独联体国家。中俄投资基金将投资目标集中于三个主题，包括中俄两国快速增长的贸易、不断加强的双边经济合作以及中产阶级不断增长的购买力。三大主题在未来将具有较强的潜在增长率，可以为基金提供更多的投资项目，在风险可控的条件下获取更高的投资收益。在中俄两国经济合作领域不断加深、层次不断深入的趋势下，基金将在传统合作项目的基础上，不断开发新的投资领域。中俄投资基金规划围绕以下四个领域对俄罗斯等独联体市场进行更加广泛的投资：一是消费领域，包括医疗、视频以及零售行业；二是基础建设领域，包括建材、房地产、物流等，三是高附加值工业领域，包括替代能源、矿产、自然资源加工等；四是创新产业，包括生物技术、互联网等。[4]

合作过程中也必然会出现各种需要协商的问题，如在合作领域方面，中俄两国的战略投资倾向不尽相同，俄罗斯直接投资基金首席执行官德米特里耶夫表示，基金首先将重点关注农业，消费品和绿色能源领域，而中方代表则表示在俄罗斯的投资将更多关注金融，能源和房地产领域。因此，双方合作的过程需要不断的协调，对可能合作的领域要尽早规划。道路并不总是平坦的，但出现的问题总能找到解决的办法。最终，俄罗斯直接投资基金和中投表示将尝试首先在农业、物流、林业、能源和机械制造等领域进行合作。这几个领域的合作符合中俄目前经济发展阶段的共同利益。以林业为例，俄罗斯要实现木材加工的国产化，需要大量资金投入的支持，而中国方面参与投资项目可以获得稳定的木材供应，对于基金来说，这类投资项目可以带来稳定的投资收益，因此，这是一项对两国经济都有促进作用，各方都可获益的投资项目。

2013年10月，中俄投资基金斥资约2亿美元收购了俄罗斯林产品公司42%的股份，完成了第一笔投资项目。俄罗斯林产品公司出口的产品九成销往中国，中国的合作伙伴可以帮助公司与亚洲客户保持更高效的业务往来，与此同时，获得融资后的俄罗斯林产品公司生产将进一步扩大，可以为远东地区创造更多的工作岗位。在2014年索契国际投资论坛上，俄罗斯直接投资基金首席执行官德米特里耶夫称，中俄投资基金已经建立了中国和莫斯科团队，双方已围绕金额高达1 000亿美元的30个合作项目进行了探讨。2014年5月，中俄投资基金集中宣布了三项重要投资，包括投资中俄同江铁路大桥、投资物流基础设施提供商普洛斯的中国业务，以及与天津永泰红磡集团合资建立旅游和养老产业人民币基金。2015年初，中投专项投资部原总监胡冰成为中俄投资基金的联席首席执行官。2016年1月，中俄投资基金以97.5亿卢布（约合1.34亿美元）的价格，收购俄"儿童世界"集团23.1%的股份。此外，中俄投资基金的投资也关注矿产、农业、铁路网络建设、太阳能、炼油项目、服务中俄边境居民的金融服务公司，以及旅游、养老服务业项目（见表9.2）。

中俄投资基金最新的一次投资是2017年7月入股中国钢铁电商平台"找钢网"。"找钢网"是近年来较为流行的"互联网＋"企业，这次引入中俄投资基金对其投资，意味着企业进入俄罗斯钢铁市场可以从政策层面上获得更多支持，也意味着未来拓展"一带一路"沿线国家和地区的市场可以获得更多助力。"一带一路"沿线的国家和地区都需要大量的基础设施项目，而中国又是世界上最大的钢铁生产国，这就意味着巨大的市场机会。

表9.2　中俄投资基金投资项目一览表（2013—2017年）

时间	项目内容	行业	投资/拟募资金额	项目其他合作方
2013年10月	收购俄罗斯第二大林业企业俄罗斯森林产品公司（RFP）42%的股份	林业	2亿美元	—
2014年5月	投资物流基础设施提供商普洛斯的中国业务	物流		厚朴（HOPU）投资管理公司
2014年5月	旅游和养老产业人民币基金	旅游、高端生活社区基础设施	拟募资50亿元人民币	天津永泰红磡（Vcan-land）集团
2014年5月	中俄同江铁路大桥（黑龙江铁路桥）	基础设施	4亿美元	远东与贝加尔湖区域发展基金
2014年	收购大型油籽加工商和交易商索德鲁兹沃股权	农业	2亿美元	中东地区主权财富基金

续表

时间	项目内容	行业	投资/拟募资金额	项目其他合作方
2014年10月	投资建设中俄高科技园区	科技		俄罗斯直接投资基金、俄罗斯斯科尔科沃创新中心和中国陕西省政府
2015年1月	共同开发俄罗斯诺翁托洛盖多金属矿床	矿业		中亚银矿公司
2015年3月	投资俄罗斯兰塔零售连锁集团	零售	2.25亿美元	俄罗斯直接投资基金，阿联酋、卡塔尔、科威特和巴林的主权基金以及部分欧洲投资者
2015年5月	投资中俄边境地区农业项目，设立20亿美元专项基金	农业	20亿美元	俄罗斯直接投资基金、黑龙江省政府
2015年5月	投资苏霍伊"超级喷机-100"支线客机租赁项目	客机租赁平台		苏霍伊民用飞机公司，联合飞机公司，陕西省西咸新区管理委员会和新世纪国际租赁公司
2016年1月	收购俄罗斯最大的儿童商品交易商儿童世界23.1%的股份	零售	97.5亿卢布	—
2017年2月	投资俄罗斯矿物肥料生产商PhosAgro公司	化工		中东地区部分基金
2017年4月	签订战略合作协议	旅游		金泰旅游公司
2017年4月	入股中国一站式出行平台"滴滴"	互联网、客运	55亿美元	招商银行、软银中国、高达投资、银湖投资、交通银行
2017年7月	共同投资运营Dakaitaowa品牌食品	食品		俄罗斯直接投资基金、俄罗斯出口公司、FRC国际
2017年7月	围绕旅游、基础设施建设、医疗服务、文化等领域展开合作	—	5亿美元	海南省政府
2017年7月	入股中国钢铁电商平台"找钢网"	互联网、钢铁	5亿元人民币	东华兴私募股权基金、京西创投领投

资料来源：中俄投资基金官网，http://rcif.com/en/index.htm，最后访问时间：2020年6月28日。

在基金成立的初期，寻找合适的投资项目非常关键，随着基金运营不断成熟，在适宜的时候出售股权从而获得投资回报同样至关重要。2017 年 2 月 8 日，中俄投资基金首次出售了俄罗斯领先的儿童用品零售商儿童世界的部分股份。在出售股份之前，中俄投资基金帮助儿童世界扩大了股东基础，吸引了众多优秀的投资合作者，包括美国、欧洲、亚洲和中东等国家和地区的投资基金。中俄投资基金出售部分股份后，协助儿童世界成功进行了首次公开募股，双方实现了合作共赢。

三、中俄投资基金助力中俄地方政府合作

2017 年 12 月 31 日，在中俄两国元首互致新年贺电中，习近平主席特别提及 2018 年和 2019 年即将举办的中俄地方合作交流年活动，认为系列活动必将全面扩大和深化两国地方交往，促进中俄更深层次合作。普京总统在贺电中也表示，在过去的一年里，俄中关系发展取得新成果，双边贸易额显著增长，科技、文化、人文领域交流蓬勃开展，俄中双方于 2018 年至 2019 年举办俄中地方合作交流年，积极开展地方交往，不断深化俄中全面战略协作伙伴关系，造福两国人民。

环顾与中国合作较为紧密的东北亚地区，可以发现俄、蒙、朝、韩、日与中国的关系都较为复杂和敏感，因此，这要求各国中央政府层面缓和国家关系，再向下推进次区域的经济合作将较为缓慢。地方政府之间往往具有共同利益，而这些利益有时不是中央政府优先考虑的问题，因此，地方政府要充分发挥自身的作用，以类似“乒乓外交”的形式，推动更深层次的合作。因此，在运营的过程中，中俄主权财富基金不仅要关注在机构投资者层面的合作，同时应注重在具体省份层面巩固中俄经济新的增长点。

2017 年 7 月 4 日，在习近平主席和普京总统的见证下，中俄两国主权财富基金——中投公司与俄罗斯直接投资基金交换了《中俄投资基金第二期注资的谅解备忘录》，双方向中俄投资基金分别认购了 5 亿美元的承诺投资金额，中俄投资基金将专注于投资中俄经贸等合作类项目，促进两国相关产业发展。中国与俄罗斯正在积极促进两国战略合作伙伴关系的形成和发展，中俄双方为合作的第一阶段制定了宏大的目标，基金合作是战略合作的关键一步。中俄两国主权财富基金采取联合投资的方式对两国及第三方市场进行投资，中俄两国战略性经济合作又提升到了一个新的高度。成立至今，中俄投资基金在投资项目的选择过程中特别关注与中俄两国地方政府

的合作，迄今为止已经达成了部分卓有成效的合作项目。

2014年10月13日，在李克强总理和俄罗斯总理梅德韦杰夫的见证下，陕西省委常委、常务副省长江泽林代表省政府与俄罗斯直接投资基金、中俄投资基金和俄罗斯斯科尔科沃创新中心共同签署了《关于合作开发建设中俄丝绸之路高科技产业园的合作备忘录》。山西省西咸新区将与中俄投资基金按照“一园两地、两地并重”的原则，成立合资企业共同开发建设创新园区。其中，中方园区位于西咸新区沣东新城，规划面积为4平方公里，俄方园区将建在俄罗斯斯克尔科沃创新中心地区，规划面积达到20万平方米。未来，中方园区将在北京、上海、广东、黑龙江等省市设立办事处，俄方园区将在加里宁格勒、符拉迪沃斯托克和鞑靼斯坦共和国设立办事处，双方还计划未来在金砖国家开设办事处。

2015年5月25日，中俄投资基金代表耶夫金尼·佩特里谢夫参观了包括宝鸡石油机械有限责任公司、四川特种车辆制造厂、四川宏华石油设备有限公司、一汽(四川)专用汽车有限公司、四川野马汽车公司等一系列四川省较有影响力的汽车及石油设备制造商。佩特里谢夫与四川省政府副秘书长吴显奎、四川省外事侨务办公室主任慕新海、四川省家居用品国际商会会长蒋勇进行了会晤。

2016年3月3日，中俄投资基金和四川省铁路产业投资集团有限责任公司签订了合作协议。2016年11月23日，中俄投资基金与中国化工行业的代表访问了俄罗斯图拉州。中俄投资基金与图拉州政府签署了协议，将在中国推广图拉州的企业和落地合资项目。

2017年7月4日，中俄投资基金和海南省签订协议，将围绕旅游，文化，创新、医疗服务以及艺术设施建设等领域进行合作，计划项目规模将超过5亿美元。海南省是中国海上丝绸之路的重要门户，被认为是中俄合作的“新型南方桥头堡”。海南省具有优越的旅游资源，而俄罗斯是海南省游客最大的来源地之一，中俄投资基金与海南省地方政府的协议项目将会促进两国在旅游服务、养老医疗、文化教育等行业更深层次的合作。

四、中俄主权财富基金战略合作构想

(一) 进一步加强能源领域合作

能源领域一直是中国关注的重点，但从表9.3中显示的资料可以发现，中投成立初期的众多能源领域投资项目里，作为能源大国的邻国俄罗斯只出现了一次，而且与中投和其他国家合作的能源项目比较而言，中投与俄罗斯的合作项目资金规模并不大。

表 9.3　中投成立初期对能源领域的投资

目标公司	东道国（或地区）	行业	投资时间	股权	资金
（加拿大）畔西能源信托公司（Penn West Energy Trust）	加拿大	采矿和采石	2010 年 5 月 13 日	—	—
美国爱依斯电力公司（AES Corporation）	美国	能源	2010 年 3 月 15 日		15.81 亿美元
哈萨克斯坦石油天然气勘探开发股份有限公司（JSC KazMunaiGas Exploration Production）	哈萨克斯坦	采矿和采石	2009 年 9 月 30 日	11.00%	9.39 亿美元
泰克资源有限公司（Teck Resources Ltd.）	加拿大	采矿和采石	2009 年 7 月 3 日	17.20%	15 亿美元
美国爱依斯电力公司（AES Corp.）	美国	电、煤气、蒸汽和空调供应	2009 年 11 月 6 日	15.00%	15.8 亿美元
来宝集团（Noble Group Ltd.）	新加坡	农业、工业及能源	2009 年 11 月 5 日	14.91%	8.58 亿美元
印度尼西亚布密公司（PT. Bumi Resources Tbk）	印度尼西亚	采矿和采石	2009 年 11 月 5 日	—	19 亿美元
保利协鑫能源控股有限公司	中国香港	采矿和采石	2009 年 11 月 19 日	20.00%	55 亿港元
南戈壁能源有限公司（SouthGobi Energy Resources Ltd.）	加拿大	采矿和采石	2009 年 10 月 26 日	—	5 亿美元
丰爵集团（Fortescue Metals Group Ltd.）	澳大利亚	采矿和采石	2008 年 2 月 4 日	—	
诺贝鲁石油集团（Nobel Oil Group）	俄罗斯	能源	2009 年 10 月 15 日	45.00%	3 亿美元

资料来源：中俄投资基金官网，http://rcif.com/en/index.htm，最后访问时间：2020 年 6 月 28 日。

俄罗斯是世界第二大石油生产国，仅次于沙特阿拉伯，此外，俄罗斯的林业、矿产资源也较为丰富，中俄两国的经济结构具有很强的互补性。中俄有着较为优越的地理位置优势，能源运输方面非常便利，可以为两国节约大量管道建设成本。近年来，中国将俄罗斯视为非常具有潜力的市场，但是中国对俄罗斯的投资仍然非常有限。当前，中国对外投资的优先领域仍然是自然资源开采、油气和大型基建项目。中国对能源有需求，而俄罗斯在能源开发方面缺少资金，与以往基于贷款换石油的协议相比，基金合作投资对中国和俄罗斯来说是一个“新鲜而有效的尝试”，因此，中俄主权财富基金应该加强在能源领域的投资。

在中俄两国合作的历程当中，资金投入一直是制约项目落实的重要因素。中俄两国能源项目合作不仅需要大型企业参与，更需要融资方面的支持，跨境金融服务的滞后性会严重影响合作项目落实。近两年，中俄双方政府的一系列举措显示了官方对两国能源领域合作的关注。2014 年 5 月，中俄签署了《中俄东线天然气合作项目备忘录》，为天然气领域的开发提供了便利。2015 年 1 月，俄罗斯直接投资基金首席执行官德米特里耶夫宣布俄罗斯直接投资基金和中投将合作投资开发远东地区的诺瓦托洛戈伊斯科耶(Noion-Tologoiskoye)锌矿区，此外，中俄投资基金已与中亚银矿公司达成协议，共同开发俄罗斯诺翁托洛盖(Noyon-Tologoy)多金属矿床。富含锌、铅和银的矿床位于中俄边境约 120 公里，拥有完备的矿石加工基地，并保证向中国企业提供矿石。2015 年 9 月，俄罗斯直接投资基金携手俄罗斯国家开发和对外经贸银行与中国的丝路基金达成投资合作协议，将在基础设施、产业合作、电力和能源等领域共同进行投资。2015 年 12 月，丝路基金与俄罗斯诺瓦泰克公司(Novatek)签署协议，由丝路基金提供为期 15 年、总额约 7.3 亿欧元的贷款，支持亚马尔液化天然气一体化项目建设。备忘录和合作协议的签署标志着中俄国际能源合作向前迈出了坚实的一步，这为两国主权财富基金在能源领域的合作提供了国家保障。

(二) 拓展服务业领域合作

根据赫克歇尔-俄林的资源禀赋学说，中俄互补型经济合作应该主要围绕资源开采和低端劳动密集型产业。但是，中俄互补型经济合作有其特殊性，主要表现为中俄互补型经济投资合作的稳定性较差，即中国的低端劳动密集型产品(如鞋帽、服装等)对俄罗斯而言具有高度可替代性，而俄罗斯的自然资源对于中国而言替代性则较低，中国因此在合作方面处于比较被动的地位，双方依赖程度的不对等将导致合作的不稳定。此外，合作空间的局限将会抑制双方贸易和投资规模的发展。

中俄如果仅仅基于资源开采和劳动密集型产业合作将不符合两国的长

远利益，中俄两国都致力于经济结构转型升级，突破以往的合作思维定式，拓展新的合作领域如服务业合作将成为一个可行的尝试。中俄经济合作可以超越互补性分工，构建战略性合作模式，合作的领域可以更加广泛，如旅游、教育产业、文化产业等。[5]中俄投资基金对“儿童世界”集团、旅游和养老产业人民币基金的投资就是非常有益的尝试。

2014年5月，中俄投资基金与中国的旅游基础设施和高级生活社区开发商天津永泰红礳签署了谅解备忘录，双方将共同建立50亿元人民币（约合8亿美元）的旅游和养老产业人民币基金。合作基金投资的重点投资区域包括中国海南省、贝加尔湖、符拉迪沃斯托克和俄罗斯索契地区在内的旅游胜地。近年来，俄罗斯和中国之间的旅游业增长加快，中国是俄罗斯游客第二大旅游目的地，俄罗斯是中国游客第三大旅游目的地。双边客流量的强劲增长和老年住房需求将为相关行业带来巨大的投资机会，同时为投资者带来可观的回报。

此外，在服务业的多个领域，如批发和零售行业，中国对俄投资明显处于落后的局面。目前，中国还缺乏像家乐福、宜家这样的大型零售贸易企业。如果依照传统的零售营销方式，中国企业与已经拥有成熟模式的发达国家企业竞争将步履维艰，但是，“互联网+”为这一领域打开了新的机会窗口。其实，平台企业并不是新生事物，中国的阿里巴巴就是非常成功的案例。平台改变了单个企业产生规模经济的条件，消除了传统商业模式存在的多层营销体系，显著降低了交易费用。[6]中俄主权财富基金在基于投资多元化，分摊风险的原则下，可以关注此类在启动阶段缺乏资金，后续发展前途广阔的“互联网+”平台企业。

（三）加快高科技产业的战略合作

近年来，以民用飞机现代化管理体系、重型直升机、卫星系统接入互联网等项目为代表，中俄在高科技产业领域合作日益密切。俄罗斯驻华商务副代表、俄罗斯国家技术集团驻华总代表阿列克赛·格利申就指出，中俄两国未来合作将在高科技领域，如航空航天、信息技术、微电子、机械工程、通信系统、汽车制造等，以往中国更多的是作为高科技的引进者，现在联合两国的力量将被提上日程，中俄主权财富基金可以在其中提供强大的融资支持。[7]

此外，根据产业技术关联的原则，将俄罗斯高科技领域成果引入中国相关行业，在提升高端制造业技术水平的同时，通过对外直接投资的技术溢出效应，可以将高科技渗透至垂直相关的企业，最终实现中国产业上下游相关领域技术和水平的提高。

（四）加强基础设施建设领域的合作

目前，中国对俄西伯利亚和远东地区的投资主要是围绕获得自然资源，而对俄西部地区的投资主要是基础设施建设。[8]基础设施是典型的公共物品，建设过程需要大量的资金投入，因此，无法依靠两国企业自发依据需求进行建设。主权财富基金在选择投资项目时不仅考虑投资收益，同时关注国家战略目标，因此，可以在两国基础设施建设方面发挥更加重要的作用。

2014 年 5 月，中俄投资基金宣布与俄罗斯远东与贝加尔湖区域发展基金共同投资中俄同江铁路大桥。中俄同江铁路大桥是中俄界江黑龙江上首座跨江铁路大桥，大桥主桥长 2 215.02 米，中国境内长 1 886.45 米，俄方境内长 328.57 米，与现有的运输线路相比，从生产商到最终消费者的运输距离将减少约 700 公里。在建立连接两国的基础设施建设方面，中方表现得更为积极，中方承建部分率先完工，俄方承建部分也逐步开展，大桥于 2019 年 6 月整体完工。

中俄作为紧密相邻的发展中大国，双边进出口贸易总额却与两国的经济规模不相匹配。2016 年，中俄双边贸易额只有 695 亿美元，而中美双边贸易额则达到了 5 786 亿美元。中俄双边贸易额较低受多种因素影响，交通不便、运输成本高是其中的一个制约因素。未来 10 年，俄罗斯远东地区新自然资源矿床的开发与出口将对边境地区货运能力提出更高的要求，大桥的建成将有效提高区域运输网络的货运能力。中俄同江铁路大桥建成后，其年过货能力可以达到每年 2 100 万吨，将显著推动中俄双边贸易的发展。“逢山开路，遇水架桥”，中俄同江铁路大桥的建成将为俄罗斯与中国建立一个新的出口走廊，中国东北地区的铁路网将直接与俄罗斯西伯利亚铁路相连通，同时缓解俄罗斯东西伯利亚和远东地区的运输限制。

（五）联合向第三方市场投资

中俄主权财富基金的投资地域可以不局限于中、俄两国以及东亚地区，合作的地域可以向更广泛的地区扩展，如拉丁美洲和非洲地区。在出访拉美期间，李克强总理提出了“南南合作的新前景、南北合作的新途径”的合作理念，并系统阐释了国际产能合作和第三方合作的内涵。中投原总经理高西庆也曾表示，非洲近年来强劲的发展势头吸引中国投资者走进并了解这一大陆，中投愿意增加在非洲的投资，尤其是在基础设施建设方面。[9]

金融危机后，世界经济复苏缓慢，经济低迷导致部分地区形势紧张。国际关系的紧张在一定程度上源于经济形势的不景气，从目前的形势来看，经济合作是打破僵局的突破口。近年来，主权财富基金作为新兴的国际金融合作手段，越来越被发展中国家政府倚重。与发达国家的金融机构和国际金融组织相比，主权财富基金的资金充足，并且没有附加的政治条件，因此，可以更好的促进国家之间的合作。

第二节 中韩基金合作研究

本节在分析东亚地区现有合作机制及存在问题的基础上，对中韩主权财富基金合作的可行性进行分析。中韩不但在建立主权财富基金的背景、模式方面较为接近，在运用主权财富基金投资实现国家发展战略方面也很相似。中韩主权财富基金在金融和能源领域不仅可以相互投资，还可以采取联合投资的方式向其他经济体投资，在实现国家战略的同时获得更高的投资收益。

一、中韩主权财富基金合作的必要性和可行性

从1997年中日韩三国领导人出席东盟首脑会议开始，东亚区域合作取得了一定成就，但是距离2001年提出的“东亚共同体”目标还有很长的路要探索。阻碍东亚地区经济深入合作的原因较为复杂，除了各国经济水平和政治体制的差异，还涉及以美国为代表的西方国家的制衡战略。[10]东亚地区的深度合作取决于政治和经济两个层面问题能否得到解决或改善。一是能否突破政治障碍，克服冷战后重新复苏的民族主义。2008年爆发的金融危机带来的不仅是经济增长乏力，全球经济形势萧条，伴随而来的是各国政府将国内经济增长的压力宣泄到国际关系中来。东亚区域中大国（中、日、韩）与周边国家关系紧张，甚至在领土等问题上展开对抗，对区域合作造成极大的负面影响。在目前紧张的国际形势下，中、日、韩三国的表率作用尤为重要。二是能否改变区域内各国经济结构过于趋同的现状。在出口导向型政策的指导下，东亚各国产业结构趋同，不但抑制了区域内投资和贸易的潜力，而且加剧了投资和贸易摩擦发生的频率。在全球经济发生动荡的情况

下，如2008年金融危机爆发导致能源价格高涨、投资资金紧缩，这种过于依赖外部市场的经济结构将导致东亚各国遭受重大冲击。要降低全球金融危机对本国经济的冲击，东亚各国必须将经济增长的动力从外部市场转移到自身上来。

从目前的形势来看，区域经济合作是打破僵局的突破口。政治关系紧张不应该影响经济交流，东亚地区合作不应只是基于地缘政治战略的角度，而是应该从提高区域经济增长，提升人民福利水平，建设区域内各国和平发展环境的角度出发推进区域合作。

与欧盟和北美地区超国家制度性安排方式不同，东亚经济圈的形成是资本、技术等生产要素在各国自由流动的结果，而推进这种非制度性安排的因素正是区域内直接投资及由此扩张的贸易。[11] 与大多数发展中国家区域合作遇到的困境一样，资金问题也是东亚地区进一步深化合作的主要障碍。与发达国家金融机构和国际金融组织相比，主权财富基金的资金充足，并且对区域内的投资没有附加的政治条件，因此，可以更好的促进区域内国家之间的合作。

中国与韩国在经济发展道路上有诸多相似之处，在处理如何有效利用超额的外汇储备资产的问题上，中国和韩国都选择建立主权财富基金进行多元化的投资，更为关键的是两国组建基金的初衷不谋而合，除了在风险可控的条件下获得超额的投资收益，基金还要肩负起振兴本国金融机构发展的重任。通过建立中韩主权财富基金合作投资的模式，可以为两国甚至地区经济的发展作出贡献。

二、中韩主权财富基金区域合作构想

(一) 支持本区域金融机构发展

中投在确保外汇资产保值增值的同时还肩负深化国内金融机构改革的重任。中投设立的初衷就是实现国家外汇储备资产的多元化配置，获取更高的长期投资回报，以服务于国家经济发展和金融机构改革的需要。截至2017年12月31日，汇金公司控股、参股17家金融机构(包括银行、证券公司、保险公司及综合性金融机构)，且金额前五位的金融机构(中国建银投资有限责任公司、中国银河金融控股有限责任公司、中国出口信用保险公司、中国再保险(集团)股份有限公司、建投中信资产管理有限责任公司)的持股比例均超过70%(见表9.4)。

表 9.4　汇金公司控股、参股的机构

序号	机构名称	持股比例
1	国家开发银行	34.68%
2	中国工商银行股份有限公司★☆	34.71%
3	中国农业银行股份有限公司★☆	40.03%
4	中国银行股份有限公司★☆	64.02%
5	中国建设银行股份有限公司★☆	57.11%
6	中国光大集团股份公司	55.67%
7	中国光大银行股份有限公司★☆	19.53%
8	中国出口信用保险公司	73.63%
9	中国再保险(集团)股份有限公司☆	71.56%
10	新华人寿保险股份有限公司★☆	31.34%
11	中国建银投资有限责任公司	100.00%
12	中国银河金融控股有限责任公司	78.57%
13	申万宏源集团股份有限公司★	25.03%
14	中国国际金融股份有限公司☆	58.58%
15	中信建投证券股份有限公司☆	32.93%
16	建投中信资产管理有限责任公司	70.00%
17	国泰君安投资管理股份有限公司	14.54%

注:★代表 A 股上市公司;☆代表 H 股上市公司。
数据来源:中国投资有限责任公司 2017 年年度报告。

韩国投资公司的建立不仅局限于实现外汇储备资产的保值增值,缓解本币的升值压力,同时还肩负支持国内金融机构的发展,培养本土金融专业人才,最终实现韩国成为国际金融中心之一的重任。韩国建立韩国投资公司的时间虽然不长,但是十分重视相关法律法规的完善,颁布了一系列的法规对基金的运营管理、投资行为以及道德准则进行规范。这与韩国政府力图通过韩国投资公司的投资活动,改善金融机构治理结构,扩大资产市场规模,做大做强本国金融体系有一定的关系。

近年来,主权财富基金对新兴市场国家和地区的金融机构产生了浓厚的投资兴趣。如新加坡的主权财富基金之前就加大了对东亚新兴经济体银行等金融机构的投资份额。从 2005 年开始,新加坡的主权财富基金——淡马锡陆续入股中国银行、中国建设银行和中国民生银行等多家中国金融机构,成为中国金融行业最重要的机构投资者之一,并且从中获得了高额的投资回报。对于中国金融机构,特别是国有控股商业银行(如建设银行、工商银行)来说,引进境外战略投资者不但可以为机构提供充裕的资金,也可以部分解决机构产权不明晰和“内部人控制”问题，在一定程度上解决了国有控股商业银行的监管缺失等问题。

但自 2009 年初以来，境外战略投资者（包括淡马锡）大规模减持中国国有控股商业银行的股权，这一行为对中国资本市场形成了很大的冲击，为了平抑股价波动从而维护资本市场稳定和广大中小投资者的利益，中投公司（主要接手 H 股）及其下属的汇金公司（主要接手 A 股）成为接手战略投资者所售股权的主力。中投公司的这一举动一方面起到了提振市场信心、缓解股价波动以及维护国有控股商业银行稳健经营的作用，另一方面也可以在未来获取股权增值的溢价收益，但是与此同时，我们也应注意到国有股权比例过高不利于国有控股商业银行公司治理结构的改善，会导致国有控股商业银行的股权结构更加集中，并进一步削弱中小股东的地位，同时增大了金融监管的难度。[12]除此之外，运用国内外汇储备资产过多投资于本国的金融机构可能会产生通货膨胀、资产泡沫以及委托代理等问题。

中韩两国都有做强本国金融机构的意愿，但运用本国的主权财富基金的外汇资产过多投资于本土的金融机构可能会产生通货膨胀等问题，而国内金融机构过多引入境外战略者又需要承担机构大规模撤资带来的风险。在此背景下，中韩两国主权财富基金可以通过签订协议等方式，选择相互投资的形式，在为两国金融机构提供发展资金的同时获得投资收益。

（二）支持国家能源战略

国际能源价格虽然近期有所回落，但平均价格依然远高于 21 世纪初，未来十几年内以石油为核心的国际能源价格再次大幅度波动的可能性依然存在。从 2009 年至 2012 年的直接投资项目可见，中投将目光集中在了能源领域，尤其是 2009—2010 年度，中投的 14 项境外直接投资项目中有 13 项都与能源行业相关。中投在能源方面的资产配置源于中国产业巨大的能源需求与国内有限能源储备的矛盾，能源安全是国家平稳发展的关键，中投在油气等方面的投资可以为国家能源战略作出一定贡献。

韩国作为全球能源供应不安全指数最高的国家，其能源安全脆弱性及战略选择具有很强的地区代表性。[13]为了配合国内产业的发展需要，韩国投资公司加大了对能源等自然资源行业的投入。此外，公司引入“星火”计划（SPARK，the Strategic Partnership for Asset Allocation，Research and Knowledge），旨在通过引入战略合作者，对资产进行多元化的配置，提高投资的盈利能力。战略合作者除了包括国际上投资经验比较丰富的资产管理公司，还包括其他国家的主权财富基金、养老基金等机构。2008年，韩国投资公司与中国、新加坡等多家东亚主权财富基金，就联合投资韩国企业的一系列事项进行了商议。[14]

海合会的多个成员国也建立了主权财富基金，与东亚建立主权财富基金的国家相比，海合会的主权财富基金在区域合作方面联系得更加紧密。与中投和韩国投资公司着眼于能源领域不同，海合会成员国作为主要的石油出口国，其主权财富基金的投资目标集中在金融行业及实体产业，近几年更加关注新兴市场，尤其是东亚经济体。因此，中投和韩国投资公司可以联合投资海合会成员国的能源行业，一是海合会成员国能源储备丰富，并且海合会成员国本身也拥有主权财富基金，因此不会排斥中投和韩国投资公司的投资；二是联合投资资金更加充沛，并且投资主体多元化也可以在一定程度上降低主权风险。

中韩作为东亚地区主要国家，在地区发展中起到重要作用。目前，中、韩两国均已建立主权财富基金，并在部分领域展开了合作。在建立合作机制方面，中、韩主权财富基金不但可以采取相互投资，联合投资的方式，还可以联合东亚区域内的其他主权财富基金，通过信息分享和学习模仿的形式，促进区域内主权财富基金的交流与合作。中韩都是高储备、高储蓄国家，在新一轮世界经济结构调整期，新兴市场国家和地区崛起，东西方力量逐步转移，在美国重返亚太的大背景下，把握主权财富基金这一领域的地区话语权，对提高东北亚地区在世界的影响力将起到重要作用。

第三节　中国与其他国家和地区基金合作

一、中国与中东基金的合作

当前经济全球化遇到一些阻力，国际投资和贸易保护主义上升。大国政策外溢效应显著，对国际产业发展与合作形成新的冲击。与此同时，现代技术带来生产方式和国际产业分工的转变，全球价值链、产业链发生深刻调整。中国经济的崛起，成为激活全球市场的新力量，“一带一路”倡议得到越来越多国家的积极响应。国外很多企业寻求与中国企业和中国资本合作，将自身的技术、品牌、渠道等与中国的消费市场相结合。越来越多的中国企业主动“走出去”，与政府一道搭建合作平台，推动企业“走出去，引进来”实现良性互动。过去几年来，中投公司积极参与多边与双边经贸合作活动，拓展内引外联的投资新渠道，不断积极筹备和探索设立适应时代需要的双边基金。

除了中投公司外，中国的其他金融机构也与其他国家和地区的主权基金进行了广泛的多边和双边合作。近两年，在中国金融机构的推动下，中国在与不同地区经贸投资合作中，陆续成立了多个双边投资基金，其中都能看到国家开发银行、中国进出口银行等中国金融机构与外国主权财富基金合作的影子。

2016年1月19日至23日，中国国家主席习近平对中东三国的首次访问，再次将中国与中东国家，特别是与阿拉伯国家的两支共同投资基金带入人们的视线。1月21日，习近平在阿拉伯国家联盟总部发表演讲时表示，中国同阿联酋、卡塔尔设立共计200亿美元共同投资基金，主要投资中东传统能源、基础设施建设、高端制造业等。两支基金分别为中国-阿联酋共同投资基金(下称中阿基金)和中国与卡塔尔投资局成立的地区投资基金，规模分别为100亿美元。[15]

中国与卡塔尔主权财富基金达成合作意向较早。2014年11月4日，在卡塔尔国埃米尔(国家元首)塔米姆·本·哈马德·阿勒萨尼访华期间，卡塔尔投资局与中信集团签署了谅解合作备忘录，各自出资50%，成立100亿美元的地区投资基金。卡塔尔投资局是中东最大主权财富基金，投资了瑞信集团、伦敦证交所、英国希斯罗机场控股、巴克莱、德国大众等多个全球项目。当时卡塔尔投资局首席执行官艾哈迈德·艾尔·赛义德表示，该基金将在接下来5年投资150—200亿美元用于中国和中东地区的互联网产业、银行、油气和运输业。

中阿基金总规模100亿美元，一期规模40亿美元，双方各出资50%。中阿基金的中方承办方为中国国家开发银行，阿方为阿联酋穆巴达拉发展公司。中阿基金投资地域以中国、阿联酋以及其他高增长国家和地区为主。2015年12月14日，习近平与来华访问的阿联酋阿布扎比王储穆罕默德共同见证了《关于设立中国-阿联酋投资合作基金(有限合伙)的备忘录》的签署。

在中国提出“一带一路”倡议的大背景下，中国经贸投资向全球各区域流动，迪拜、阿布扎比、多哈等多个中东交通、物流与金融中心都希望成为连接中国与中东、非洲、欧洲的投资枢纽。中国发改委利用外资和境外投资司称，设立中阿基金是中阿双方在新的历史条件下不断加深和紧密两国经济合作的重大举措，对进一步深化中国与阿联酋等海湾国家务实合作、配合“一带一路”倡议、促进国际产能和装备制造合作具有重要意义。中国与阿联酋的合作能够辐射中东、非洲、欧洲乃至亚洲。迪拜国际金融中心执行官卡辛姆指出，希望未来十年，迪拜国际金融中心致力于成为贸易投资的金融港，连接东方与西方，打通南南经贸投资走廊。中国金融机构与阿联酋、卡塔尔两国的主权财富基金合作成立的两支基金将联合投资中东传统能源、基础设施建设、高端制造业等领域。此外，基金将首先尝试中国与中东合作伙伴在第三国的投资实践，预示着中国在中东地区的投资开始突破双边合作，尝试三方合作。

二、中国与欧美基金的合作

2011 年 10 月 25 日，中国与比利时两国的主权财富基金就面向欧洲的投资基金在京签署了协议。比利时菲利普王储出席中比企业合作协议签署仪式。比利时国家投资公司与中国投资有限责任公司、亚欧联合资本签署了一份协议。这份协议也被称为第二个“比利时-中国并行基金”。该基金是一个面向海外的中国投资基金，被用于指引和帮助那些通过布鲁塞尔投资欧洲市场的中国公司。

2014 年，中投公司与爱尔兰战略投资基金共同发起了中爱科技发展基金第一期，旨在促进中爱双边跨境科技投资，实现风险调整后的收益回报。2018 年 3 月 16 日，爱尔兰副总理及贸易部部长科文尼和中投公司副董事长兼总经理屠光绍共同出席了中爱科技发展基金第二期启动仪式。中投海外和爱尔兰战略发展基金向中爱科技发展基金第二期各自认购 7 500 万欧元的承诺投资金额，进一步深化中爱两国在高科技投资领域的合作。

2015 年 6 月，中法两国政府共同发表了关于第三方市场合作的《联合声明》，随后中法政府要求中国发改委和法国财政部建立一个第三方项目投资的双边机制：一是法国 CDC 银行和中投公司将建立共同投资基金，为三方合作提供资金支持。目前，中投公司在这方面已经做好了准备。二是建立两国之间的对话和协调的机制，期望通过这个机制能够动员各个金融机构的资源来参与项目的投资，为此，中国发改委和法国的财政总局将建立一个指导委员会。2015 年 10 月，中投公司与中国船舶工业集团（简称中船集团)、嘉年华集团在英国伦敦就设立合资公司签署协议。中投公司董事长丁学东、中船集团董事长董强、嘉年华集团首席执行官阿诺德·唐纳德等出席了签约仪式。

2016年,包括中投公司、澳大利亚的主权基金和其他一些国际财团参与的墨尔本港巨额收购案达成协议。据悉,澳大利亚最繁忙的港口最终成交价是97亿澳元(约合73亿美元),远远超过维多利亚州州政府此前预期的58亿澳元成交目标,这是澳中自由贸易协定生效以来,中国在澳大利亚的第一笔大型投资项目。中投公司将拥有墨尔本港五分之一的租赁权,澳大利亚未来基金(Future Fund)和加拿大安大略省市政雇员退休金计划(OMERS)也将各自拥有五分之一,昆士兰州政府投资工具(QIC)、全球基础设施合伙公司(GIP)、加州公共雇员退休金计划和韩国养老基金(NTS)也持有部分权益。

2017年11月9日,在中国国家主席习近平和美国总统特朗普的见证下,中投公司副董事长兼总经理屠光绍与美国高盛集团董事长兼首席执行官劳尔德·贝兰克梵在北京签署了《中国投资有限责任公司与高盛集团战略合作谅解备忘录》,成立中美制造业合作基金。合作基金目标承诺投资额50亿美元,将投资于美国制造业、工业、消费、医疗等行业企业,通过开拓中国市场,进一步深化中美经贸投资合作。

早在2008年次贷危机期间,以中国为代表的东亚地区主权财富基金对美国等发达国家的金融机构进行了大规模投资。如中投对包括黑石集团、摩根士丹利以及万事达有限公司在内的金融机构进行了投资。次贷危机期间,主权财富基金的投资活动对世界经济复苏发挥了重要作用,但与此同时,其大规模的投资活动也引起了世界各国的强烈关注,甚至出现了一些不和谐的言论。危机过后,部分国家甚至对主权财富基金设置了极具针对性的限制性投资条款。

此次,在中美两国领导人习近平主席和特朗普总统的共同见证下,中投公司和美国高盛集团共同成立中美制造业合作基金,这意味着作为世界发达国家的重要代表美国,接受并欢迎来自以中国为代表的发展中国家主权财富基金的投资。这是一个十分积极的信号,中美双方成立官方产业合作基金,此举不但将中美双方资金融通、产业合作推进了一步,更为其他发达国家欢迎发展中国家的主权投资基金起到了积极的表率作用。

特朗普当选为美国总统后,一再强调重塑美国制造业的辉煌,将制造业重新带回美国本土。此次合作基金关注的焦点即为以美国制造业为主的行业企业，这一内容符合美国着眼工业本土化，以出口和投资拉动本土制造业复苏的发展目标，与此同时，也符合中国在世界范围内寻求高额投资回报，实现多元化投资布局的发展意图。

中美合作双方强强联手，各取所需，但同时仍要注重合作的具体机制，才能实现最终的合作共赢。所幸中国政府已较早关注合作基金这一投资方式，已经建立的合作基金包括中国-东盟投资合作基金、中非发展基金、中拉产能合作投资基金、中欧共同投资基金、中墨投资基金、中法第三方市场合作共同基金、中俄投资基金以及丝路基金，这些基金的成立和合作模式都将成为中美制造业合作基金借鉴的典范。中美制造业合作基金的顺利运作，将为中美双方的相关产业带来巨大收益。

2018 年 4 月 17—18 日，中投联合高盛集团在美国芝加哥举办了中美产业合作峰会。在目前中美贸易摩擦不断加大的背景下，与会的政商界人士都表达了希望减少中美两国贸易冲突，加强中美投资和经贸合作的想法。高盛集团董事长兼首席执行官劳尔德在致辞中表示："在当前中美贸易摩擦加剧的态势下，我们促进世界两大经济体公共和私营部门间的对话比以往任何时候都重要。中国投资美国制造业，既能为当地创造就业，同时又给中国消费者带来提高生活品质的产品和服务，这是一个共赢的局面，也是高盛与中投共同成立合作基金的意图。"中投副董事长、总经理屠光绍表示："近年来，跨境投资在中美经贸关系中发挥越来越重要的作用。我期待中美制造业合作基金能顺利运营，为我们今后设立新的多双边基金提供有益借鉴。"[16]

2018 年 10 月，在中国国务院总理李克强与日本首相安倍晋三共同出席第一届中日第三方市场合作论坛期间，中投公司副董事长兼总经理屠光绍与野村证券集团董事长永井浩二、大和证券集团董事长中田诚司、三菱日联金融集团董事长平野信行、三井住友金融集团董事长宫田孝一、瑞穗金融集团董事长佐藤康博在北京签署了《中日产业合作基金谅解备忘录》，成立中日产业合作基金。中日产业合作基金将投资于中日两国及第三方国家的制造业、通信传媒、医疗、消费等行业企业，进一步深化中日经贸投资合作。

2018 年 10 月，中投公司总经理屠光绍在访问意大利期间，与政府政要、重要金融机构和领先行业企业的负责人就深入探讨设立一个双边基金——中意产业合作基金（中意基金）已达成广泛共识，并得到积极响应。

通过中意基金，为意大利的企业提供资金支持，增加产业投资，这既有利于意大利经济发展，也有利于助推中国产业结构调整和消费升级，实现互利共赢。此外，双方还希望充分发挥好中意基金的开放平台作用，带动更多的双边投资，促进两国经贸合作，共同发展。中投公司已与包括意大利国家存款贷款公司（CDP）在内的中意合作伙伴密切沟通，加快推进基金设立。

2018 年 11 月 8 日，“中投论坛 2018 暨国际产业合作及双向投资 CEO 峰会”在北京举行。论坛由中投公司与中国国际贸易促进会和中国上市公司协会共同主办，中金公司、申万宏源、中信建投、银河证券联合承办，论坛得到北京市政府的大力支持。来自全球数十个国家的企业高管、机构投资者及政府部门负责人齐聚一堂，围绕“国际产业合作及双向投资”主题发表见解，聚焦“中国经济发展与全球投资趋势”“构建跨境投资生态系统”“双边基金创新之路”等话题展开讨论，就消费和服务、医疗健康、科技、媒体和通信（TMT）、工业和制造等行业的前沿趋势和投资格局深入交流，达成一系列合作共识。论坛吸引了境内外数千位业界高管报名。围绕国际产业合作与双向投资，中美、中日等中国与发达国家的众多合作项目云集，美国高盛集团、英国汇丰银行、日本野村证券、大和证券等国际金融机构在论坛现场分设专题展台。论坛运用科技手段提供“一对一”环节的自动匹配功能，参会方通过 APP 自动发起一对一合作会谈申请，促成投资机会和交易。论坛后续安排与会者在北京市 5 个区开展实地调研活动，以更直观了解国内企业和产业园区的发展情况；还会组织“美国州长走进中投”专题活动，聚焦汽车和制造行业，促进国内企业与美国肯塔基州等美国地方代表团进行交流对接。

第四节　其他国家和地区主权基金间的合作

一、中东主权财富基金的合作研究

海湾合作委员会[17]（以下简称海合会）作为一个区域化组织，致力于促进中东石油出口国货币和金融一体化。中东地区是主权财富基金的发源地，同时也是主权财富基金管理资产规模最大的地区。海合会成员国主权财富基金在促进本区域金融发展方面成果显著，并且出现了区域内的合资主权财富基金，在推进本区域经济合作方面作出一定贡献。

表 9.5　海合会主权财富基金在区域内的部分投资

主权财富基金	东道国	投资企业	所属行业	持股比重(%)
巴林马穆塔拉卡特(Mumtalakat)	科威特	海湾投资公司	金融服务	16.70
科威特投资局(KIA)	巴林	阿拉伯保险集团	金融服务	12.35
	巴林	全国旅店公司	旅游	32.84
	巴林	阿拉伯银行公司	金融服务	29.70
	巴林	巴林和科威特银行公司	金融服务	4.02
	卡塔尔	卡塔尔房地产发展基金	金融服务	—
卡塔尔地亚尔(Qatari Diar)	阿曼	哈德角公司	旅游	100.00
	阿联酋	阿布扎比西技来克公司	工业技术	100.00
卡塔尔和阿曼投资公司(QOIC)	阿联酋	萨拉基银行	金融服务	0.50
阿联酋阿布扎比(ADIA)	巴林	阿拉伯银行公司	金融服务	27.6
	卡塔尔	卡塔尔电信	通信	10.00
	沙特阿拉伯	穆萨伊德王子经济城	基础设施	—
阿联酋穆巴达拉(Mubadala)	阿曼	阿鲁塞尔电力公司	工业	25.00
	沙特阿拉伯	阿联酋铝业国际公司	工业	100.00
	阿曼	阿曼 54 区块油气	油田	15.00
	卡塔尔	海豚天然气项目	天然气	51.00
沙特货币管理局(SAMA)	巴林	海湾国际银行	金融服务	37.60

资料来源：严荣：《主权财富基金与海合会金融合作》，载《西亚非洲》2011 年第 8 期，第 50—61 页。

如表 9.5 所示，海合会主权财富基金在区域内的投资呈现出以下三个特点。第一，所有的成员国都参与到投资活动中，但是投资的数量和资产规模并不均衡。从母国角度看，阿联酋对区域内的投资项目最多，有 7 项投资，而巴林、沙特和阿曼的投资项目较少，分别只有 1 项投资；从东道国角度看，巴林是吸收投资最多的国家，共引进 6 项投资，而科威特相对较少，只有 1 项投资。结合母国和东道国的数据，阿联酋参与的项目最多，有 9 项，而沙特阿拉伯作为海湾六国经济和人口规模最大的国家，只参与了 3 个项目，这可能与该国长期实行“进口替代工业化战略”相关。第二，投资涉及多个行业，但主要集中于金融服务业。主权财富基金在区域内的投资行业包括了金融、旅游、能源、基础设施和其他工业领域，显示了海湾六国利用主权财富基金投资，多元化其经济结构的战略意图。其中，金融服务业的投资项目最多，占所统计的投资项目数目的一半，而其中仅巴林就吸引了6项金融服务业投资，显示了其作为海湾地区离岸中心的地位。第三，建立了区域内的合资主权财富基金。2006年7月，卡塔尔和阿曼合资建立了卡塔尔阿曼投资公司(Qatar Oman Investment Company, QOIC)，目标是投资于金融、教育、旅游、房地产和医疗卫生等行业。[18]

海合会主权财富基金在区域内进行了大量的投资，对于推进本地区发展具有重大意义。然而，主权财富基金能否发挥更大作用，主要取决于其能否改变成员国经济结构单一的格局。目前，石油的开采和出口仍然是该地区主要的收入来源。成员国对石油行业的依赖度[19]仍然很高，平均依赖程度达到了74%。[20]除此之外，成员国经济结构多元化的方向过于趋同，主要是通过增加金融、旅游等服务业的比重实现经济多元化的目标。这种经济结构趋同的发展模式有可能引发区域内金融、旅游等服务行业的过度竞争。

2000—2007年，全球石油需求平均年增长率为1.7%，但在金融危机期间，其需求下降了近3%，这不仅与金融危机期间经济活动减少有关，近年来为了应对高涨的石油价格，各国采取的节约措施和使用替代能源的做法也对石油价格产生了一定的抑制作用。[21]替代性能源资源的使用将有可能抑制石油价格不断上涨的趋势，煤炭、天然气、核电以及新研发的各种清洁能源的使用将有助于对石油的需求和供给保持在一个较为平衡的水平。石油出口国的经济结构过于单一，这将增加石油出口国因外部重大冲击而陷入经济危机的概率，经济发展面临比较大的波动性。因此，如果主权财富基金不仅能够投资于收入来源稳定的能源行业，以及预期收入较高的金融行业，同时能够承担开拓新产业的重任，海合会主权财富基金的投资将对本区域发展作出更大贡献。

二、东亚主权财富基金的合作研究

1998年亚洲金融危机爆发之前，东亚地区的区域合作主要是由市场力量推动的，主要表现为纵向产业分工所推进的区域合作，而横向的区域国家之间合作的意识并不强。亚洲金融危机为东亚各国敲响了警钟，区域间的合作机制有了较快的发展。仅1997—2000年间就陆续建立了亚欧财政会议机制、东盟财长机制、东盟中央银行论坛、东盟与中日韩财长机制、中日韩财长会议和东亚峰会，就金融市场发展、经济评估及政策对话、银行间监管、危机管理和支付结算等方面的问题加强了合作。

虽然在各种会议机制和论坛的促进下，东亚的区域间合作形成了很多有益的构想，如建立自由贸易区、亚洲货币基金、东亚货币基金，以及亚洲借款安排，但是在资金供给方面初见成效的还仅限于《清迈协议》下的货币互换，以及亚洲债券市场的建立和完善。与大多数发展中国家区域合作遇到的困境一样，资金问题也是东亚地区进一步深化合作的主要障碍。

20 世纪 90 年代以来，得益于贸易出口所积累的高额外汇储备资产，中国、新加坡、韩国、马来西亚、印度尼西亚等多个东亚国家和地区建立了主权财富基金。与海合会主权财富基金一样，东亚的主权财富基金也通过相互投资和联合投资的形式促进区域合作。如新加坡淡马锡控股公司 2006 年、2007 年和 2008 年对东亚地区的投资比重分别达到了 31%、36%和 34%，2010 年更是达到了 46%。东亚地区一直是淡马锡主要的投资区域，在分享东亚新兴市场经济体高速经济发展成果的同时，淡马锡也将促进本地区的经济发展与合作作为公司的主要经营目标之一。韩国投资公司与中国、新加坡等多家东亚主权财富基金，就联合投资韩国企业的一系列事项进行了商议。据统计，1984—2007 年，东亚主权财富基金在区域内的直接投资占全部投资总额的 75.5%。[22]

此外，东亚主权财富基金还通过信息分享和学习模仿的形式，促进区域内主权财富基金的交流与合作。通过举办会议、考察和访问的形式逐步建立有益的合作机制。

与海合会主权财富基金不同的是，东亚主权财富基金的资金主要来源于非资源类商品出口收入，并且大多数东亚国家和地区都有高储蓄的传统，东亚主权财富基金的发展与合作与其特有的经济发展模式息息相关。第二次世界大战后，多数东亚国家实行国家引导工业化的复兴战略，运用国家的力量，通过市场的手段，对涉及国计民生的能源、金融等战略行业进行投资，在国民经济的关键行业都建立了国有企业，具有相当比例的国有资产。随着经济的快速恢复发展，市场经济的不断推广，东亚部分国家开始探索国有经济体制改革的道路。其中，新加坡的淡马锡为这一改革道路提供了有益的解决路径，以主权财富基金形式存在的国有资产管理公司成为可行的选择之一。淡马锡在 1974 年成立之初的主要任务是整合新加坡的国有资产，从20世纪90年代初才开始介入外汇储备资产的管理。目前，新加坡的淡马锡和政府投资公司已经成为东亚地区运营最成功的主权财富基金，成为东亚多个国家和地区学习模仿的对象，中国和韩国的主权财富基金就是在新加坡模式上建立起来的。

2008年金融危机后，东亚主权财富基金对外投资的总额不但没有减少，反而还有上升的趋势(见表9.6)。东亚主权财富基金不管是对国际金融市场的间接投资，还是能源、工业制造等其他产业的直接投资，其目的都不仅限于获取更高的投资收益率，还包括学习成功企业的管理体制，提升本国的相关行业的国际竞争力，以及通过主权投资机构将贸易盈余投资到进口国，利用国际直接投资作为国际贸易的延伸。

表9.6　东亚主权财富基金投资的行业分布(2005—2010年)(单位：投资笔数)

	2005年	2006年	2007年	2008年	2009年	2010年
金融	1	3	14	15	11	3
能源	2	1	1	0	2	5
其他	11	12	14	10	16	5
总计	14	16	29	25	29	13

资料来源：Lee B., Wang H., "Reevaluating the Roles of Large Public Surpluses and Sovereign Wealth Funds in Asia," ADBI Working Paper No.287, 2011, p.13.

注　释

1. 主权财富基金国际论坛，http://www.ifswf.org/sites/default/files/Bocconi%20SIL%202016%20Report.pdf，最后访问时间：2020年6月13日。

2. 李建民：《卢布暴跌成因、影响及中俄合作机遇》，载《经济社会体制比较》2015年第1期，第46—57页。

3. 外交部官网，http://www.fmprc.gov.cn/web/zyxw/t1522972.shtml，最后访问时间：2020年6月13日。

4. 王肖邦：《俄主权财富基金CEO德米特里耶夫：投资俄罗斯不可错过的四大领域》，载《第一财经日报》2014年4月14日。

5. 曲文轶：《中俄经济合作须超越互补性分工局限：以辽宁省与俄罗斯投资合作为例》，载《俄罗斯中亚东欧市场》2006年第11期，第34—39页。

6. 江小娟：《高度联通社会中的资源重组与服务业增长》，载《经济研究》2017年第3期，第4—17页。

7. 凌弘毅：《中俄高科技领域合作相得益彰》，http://www.fx361.com/page/2016/1123/337298.shtml，最后访问时间：2020年6月13日。

8. [俄]A.H.诺沃帕申娜:《中俄投资合作发展面临的问题》,刘涧南译,载《黑河学院学报》2015 年第 2 期,第 9—15 页。

9.《我们愿意走进非洲、投资非洲》,中国中央政府网站 2012 年 5 月 11 日,http://www.gov.cn/jrzg/2012-05/11/content_2135095.htm,最后访问时间:2020 年 6 月 13 日。

10. 彭支伟、刘钧霆:《东亚经济合作的现状、趋势与展望》,载《经济问题探索》2012 年第 3 期,第 30—34 页。

11. 刘洪钟:《论东亚地区经济的关联机制》,载《世界经济与政治》2000 年第 5 期,第 51—54 页。

12. 项卫星、王达:《国有商业银行改制后的公司治理结构问题研究——中国如何汲取中东欧转轨国家的经验与教训》,经济科学出版社 2012 年版,第 227—229 页。

13. 刘舸:《韩国能源安全的脆弱性及其战略选择》,载《东北亚论坛》2009 年第 9 期,第 89—96 页。

14. Kim Yeon-hee: "KIC Taps Other Wealth Funds for Korea Buys-source,"路透网 2008 年 12 月 5 日,http://cn.reuters.com/article/companyNews/idUKSEO28422820081205?symbol=005490.KS,最后访问时间:2020 年 6 月 13 日。

15. 王琳:《中国联手中东主权财富基金投资第三方国家》,新浪网 2016 年 1 月 26 日,http://finance.sina.com.cn/roll/2016-01-26/doc-ifxnurxn9973431.shtml,最后访问时间:2020 年 6 月 13 日。

16.《中美产业合作峰会呼吁两国加强投资与经贸合作》,光明网 2018 年 4 月 19 日,http://economy.gmw.cn/2018-04/19/content_28387680.htm,最后访问时间:2020 年 6 月 13 日。

17. 海湾合作委员会的成员国包括:阿拉伯联合酋长国、沙特阿拉伯、科威特、卡塔尔、阿曼和巴林。

18. 严荣:《主权财富基金与海合会金融合作》,载《西亚非洲》2011 年第 8 期,第 50—61 页。

19. 石油依赖度指石油收入占政府总收入的比重。

20. Ugo Fasano, Zubair Iqbal, "GCC Countries: From Oil Dependence to Diversification," 2003, https://www.imf.org/external/pubs/ft/med/2003/eng/fasano/index.htm,最后访问时间:2020 年 6 月 29 日。

21. 世界银行:《2010 年全球经济展望:危机、金融与增长》,王辉等译,中国财政经济出版社 2010 年版,第 32 页。

22. Lee, B., Wang, H., "Reevaluating the Roles of Large Public Surpluses and Sovereign Wealth Funds in Asia," *ADBI Working Paper*, No.287, 2011, p.14.

第十章
中国主权基金投资面临的外部风险

第一节　世界经济与政治风险

一、世界经济复苏缓慢

全球金融危机的爆发使世界经济遭受严重打击，支撑中国繁荣的增长模式和区域生产网络的局限性在危机中暴露无遗。展望未来三年，世界经济仍将处于复苏的关键时期，欧洲债务危机能否得到有效控制，日本能否尽快走出经济衰退，美国“再工业化”战略能否重塑世界格局，发展中国家能否保持经济稳定增长，这些问题使世界经济走向依然充满不确定性。国际方面，美欧“再工业化”战略主要着眼工业本土化，试图以发展高端制造业带动工业复苏，重塑国际竞争优势，日韩延续其产业竞争优势，制造业同样面临如何输出富余产能的问题。

在此背景下，世界经济复苏缓慢，全球经济低迷导致了国际投资环境持续恶化。尽管距离2008年全球金融危机爆发已过十余年，但全球宏观经济形势呈现出停滞、分化、动荡与冲突的特征。而未来全球经济增速依然面临下调，“长期性经济停滞”的风险正在凸显，全球投资需求不足，远低于全球储蓄水平。[1]过去几年，各国经济复苏步伐低于预期，美国经济增长虽然领先主要发达经济体，但受美元升值和外需疲弱影响，复苏态势仍弱于预期；欧元区国家受量化宽松、中性财政政策支撑，经济温和复苏，但内生增长动力不够强劲，投资需求依然疲软；[2]新兴市场国家经济发展也是苦乐不均，其中印度、印度尼西亚经济增长态势较好；而巴西、俄罗斯等国陷入衰退；中国经济步入新常态，经济增速进入中高速增长区间，并且面临较大下行压力。全球股票、大宗商品价格、非美元货币等均深度下跌，使得全球资产收益不断下调，投资环境持续恶化。这一复杂的全球宏观经济形势，使国际投资活动面临一系列的不确定性，也给各主权投资基金的投资活动带来巨大的风险和挑战。

中国作为世界上最为主要的主权财富基金母国，以及接受主权财富基金投资的东道国，国际组织如世界银行对中国近两年的经济发展速度也不乐观（如图 10.1 所示）。

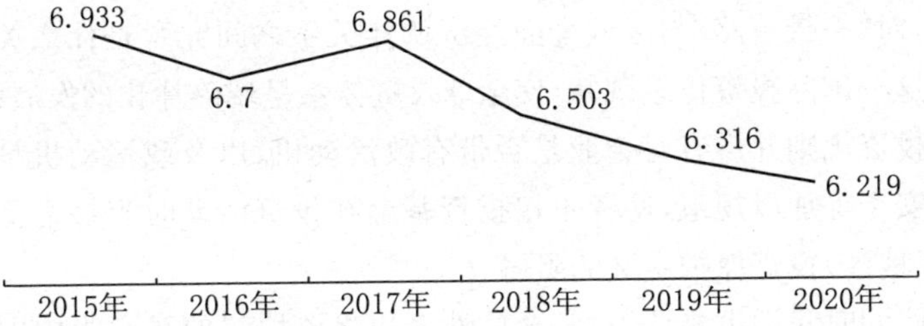

数据来源：世界银行官网，https://data.worldbank.org/country/china?view = chart，最后访问时间：2020 年 6 月 29 日。

图 10.1　中国年度国内生产总值增长率预测值（单位：%）

展望未来，风险因素依然存在：中美贸易冲突、发达国家投资保护主义蔓延、主要国家货币政策正常化、中国经济增长放缓等。在全球主要经济体经济增长速度不断放缓的压力下，主权财富基金能够获取超额回报的重任越发艰难，这为主权基金的运营机构提出了更高的要求。但我们也要认识到，风险与机遇总是并存的，主权基金的投资期限较长，注重境外投资组合的整体风险，而不是个别资产的短期波动风险，一般不受短期收益压力影响，相比其他的投资机构，可以忍受较长的投资回报周期。因此与其他投资机构相比较的话，现在也是主权基金的投资窗口。世界经济失衡的加剧与主权财富基金的发展存在复杂的互动关系。虽然主权财富基金的兴起源于失衡，但是，合理利用主权财富基金多元化的投资行为将在一定程度上缓解世界经济失衡程度，为世界经济结构调整提供新的路径。

二、东道国（或地区）的投资约束复杂化

目前国际对外投资的协调机制主要有三类，分别是双边投资协定、区域投资协定和全球多边投资协定，不同国家的投资利益诉求不断分化，为寻求

新的经济增长点，各国纷纷加大对国际投资规则制定话语权的争夺，但是缺乏系统性的内部协调，没有形成一套全球性的投资规则，多双边的、地区性的谈判协定非常活跃，例如美国积极构建以跨太平洋伙伴关系协定（TPP）、跨大西洋贸易与投资伙伴关系协定（TTIP）、服务贸易协定（TISA）为代表的新一轮贸易投资规则，而中国为了突破限制，也在积极推动区域全面经济伙伴关系以及“一带一路”倡议加以应对。此外，部分投资国家对中国主权投资基金对外投资政治动机以及对中国国有企业热衷于能源等方面的战略性投资比较担忧，同时对中国的投资计划也有疑惑，例如包括新加坡在内的东盟国家，对“一带一路”与区域全面经济伙伴关系之间究竟是什么关系心存疑虑。[3]这一国际投资体系现状，使全球投资体系呈现碎片化的发展状况，由于现有投资规则并没有对企业是否带有政治动机，以及政治动机是否会危害国家安全等加以规范，使各主权投资基金在投资活动时容易遭受来自东道国（或地区）投资保护主义的阻碍。

与此同时我们也要认识到，全球性多边投资协议的真空为中国参与建立并维护全球经济秩序提供了很好的切入点。2016 年 9 月，二十国集团杭州峰会在投资开放方面首次就建设全球多边投资规则达成纲领性文件——《二十国集团全球投资指导原则》，该指导原则是非约束性的，涵盖反对跨境投资保护主义、确保政策制定透明度、推动投资出具可持续发展以及投资者企业责任等 9 大原则。该指导原则的批准标志着二十国集团在建立统一的多边投资规则方面迈出了坚实的一步。而这一全球多边投资规则的实质性进步，将为各主权投资基金的对外投资活动营造开放、非歧视、透明的投资政策环境，在很大程度上避免来自东道国（或地区）的投资保护主义。

除此之外，由于各主权投资基金的所有权归中国政府，拥有“国有”性质，并且主权投资基金的资金规模巨大，某些信息的披露可能会引起市场波动，也可能涉及国家利益，所以各主权投资基金都保持着不同程度的神秘性。而不透明性容易引起东道国（或地区）对其投资目的与战略意图的猜测，运作的不透明性也限制了主权投资基金自身的投资收益。例如针对中投等主权财富基金的投资监管，《圣地亚哥准则》与《经合组织关于主权财富基金及接受国方针的宣言》对敏感行业的投资准入进行了严格规范。虽然近年来中国主权基金的透明度都有了不同程度的提高，但是部分东道国（或地区）对中国的主权基金仍抱有警惕。

在此背景下，中国主权基金应该进一步增加透明度，适时的主动披露资金规模、投资回报率、对具体投资项目的股权结构以及资产配置情况等具体信息，以保证投资的纯粹商业目的，这不仅可以提高自身信誉，还可以部分地消除外界对其国家意图及政治目的的猜测，有利于主权投资基金顺利地与其他投资机构进行合作，在东道国（或地区）尤其是西方发达国家开展投资活动。

三、发达国家加强对主权财富基金的监管

对主权财富基金的监管经历了从单边限制到双边协商再到多边共同制定行为准则，从区域性限制性条约到国际性法律法规的演进过程。

2008年金融危机使发达国家金融体系受到重创，在亟需国际资金注入的同时，西方国家对主权财富基金的投资持有高度警戒的态度，如美国很快通过立法，加强了对外国收购的审查力度；[4]日本修订了引进投资的条例，以应对“日本周边安全环境的变化和国际投资活动的趋势”；德国和法国也宣布通过立法提高主权财富基金的收购门槛，阻止外资收购本国战略资产；[5]欧盟委员会甚至考虑动用“金股制”手段，以确保对事关国计民生及政治上敏感产业的控制权，使其免遭外国主权财富基金的收购与并购；[6]澳大利亚则针对主权财富基金的投资制定了专门的投资行为准则。[7]

为缓解双方的顾虑，2008年3月，阿联酋和新加坡的主权财富基金率先与美国达成了关于主权财富基金投资原则的协议（又称“华盛顿约定”），协议强调了主权财富基金的投资决定必须基于纯粹的商业目的，而接受投资的国家不应该设立保护主义的壁垒进行阻止。该协议成为国际货币基金组织和经合组织制定关于主权财富基金良好行为准则的重要参考。

2008年4月底，主权财富基金的所有国代表在华盛顿会晤，起草了有关主权财富基金投资实践和目标的《公认的原则和实践》（简称GAPP，又称“圣地亚哥原则”）。该原则把透明度问题作为对主权财富基金监管准则的一个基础性问题，对透明度运作提出了10项要求。此外，作为主权财富基金投资主要接受国，美国也提出了一套增强主权财富基金透明度的政策，要求公开披露主权财富基金成立的目的、投资目标、机构安排、财务信息，尤其是资产配置、基准线、在一定时期的回报率等，还包括公司治理、内部控制、操作和风险管理体系。与此同时，建议增强东道国（或地区）的政策透明度，使投资国能够了解和预测东道国（或地区）的投资结构和内部投资规定。2008年6月，经合组织发表了《经合组织关于主权财富基金投资东道国方

针的宣言》。至此，由各方努力制定的相关法律法规使有关主权财富基金的监管框架趋于完善。

主权财富基金的投资是出于政治意图，还是单纯的商业动机，关系到国际社会对主权财富基金的态度。主权机构的投资动机可能带有一国政治意图的猜测从未停止过，对于主权财富基金对东道国（或地区）国家安全可能造成的影响也是敏感话题。即便对东道国（或地区）金融、资源等战略行业的投资不是出于地缘政治利益，而只是出于单纯的盈利目的，国际上对于主权机构与私人投资机构相比所拥有的“特权”仍然引起了广泛的争议。

长期以来，美国等发达国家的经济是建立在私人部门可以比政府更有效配置资源的理念之上的。但是主权财富基金可以凭借国家权力获得更加广泛的信息渠道、特别是主权财富基金能够以私人投资机构无法获得的较低利率筹集资金，并且拥有广泛的融资渠道，使部分发达国家对主权财富基金的投资产生了顾忌。

但是，仅仅因为主权财富基金是一国政府所拥有的投资机构，而将其主权特性和投资意图关系简单化的做法是不合适的。科恩认为，目前国际社会因为主权财富基金的投资而引起的各种担忧，是因为陷入了一种“巨大的权衡”之中：即对于维持国际资本市场开放的世界利益，与维护国家安全的个体利益之间的权衡。之所以出现这种巨大的权衡不是因为各国的非理性，而是因为现行国际体系的无序性。[8]因此，对于主权财富基金投资集中于国家安全的争论，其根源仍然是在于现行的不合理的国际体系。

第二节　国别投资风险
——以俄罗斯远东地区为例

中国在俄罗斯远东地区的投资呈现出多层次、多元化的特征：在合作的主体方面，中央政府、地方政府和民营企业齐头并进；在合作的领域方面，能源、基础设施、服务业、地方性对口合作潜力无限；在合作的风险方面，长期经济运行风险、市场法律法规不健全、劳动力资源匮乏、中俄民族文化认同度不高现象仍存隐患。与投资发达国家的金融、科技等行业不同，中国主权基金对俄罗斯、中东地区等地区能源和基础设施项目的投资面临更多层次的风险，一方面，基金在选择投资项目时需要识别行业风险，另一方面，基金在这些国家和地区投资时还面临经济因素之外的诸多风险。

一、俄罗斯长期经济运行风险

在经历了全球金融危机、乌克兰危机、西方国家经济制裁等一系列事件冲击背景下，俄罗斯长期的经济发展形势并不乐观。在经济长期疲软的预期下，民众对经济的担心甚至可能会左右政治信念，民众很有可能因为经济问题爆发不满情绪。

表 10.1 俄罗斯十年宏观经济指标一览表(2008—2017 年)

	2008 年	2009 年	2010 年	2011 年	2012 年	2013 年	2014 年	2015 年	2016 年	2017 年
国内生产总值*	16 608	12 226	15 249	20 516	22 102	22 971	20 636	13 684	12 847	15 775
人均国内生产总值**	12 468	9 178	11 445	14 187	15 145	15 558	14 388	9 521	8 928	10 885
总储备(不包括黄金)*	4 117	4 166	4 435	4 539	4 865	4 696	3 393	3 198	3 175	3 560
外债总额存量*	4 192	4 064	4 178	5 443	5 917	6 684	5 495	4 676	5 246	5 141
通货膨胀率(%)	14.1	11.6	6.8	8.4	5.0	6.7	7.8	15.5	7.0	14.1
贷款利率(%)	12.2	15.3	10.8	8.4	9.1	9.4	11.1	15.7	—	—

数据来源：世界银行数据库、国际货币基金组织、CEIC 数据库。
* 单位：亿美元；** 单位：美元。

如表 10.1 所示，2014 年开始，俄罗斯的国民生产总值和人均国民生产总值均呈现下降趋势。俄罗斯从近十年来的峰值 2013 年的 22 971 亿美元下降到 2017 年的 15 775 亿美元，人均从 2013 年的 15 558 美元下降到 2017 年的 10 885 美元，下降的幅度均超过了 30%。从 2011 年开始，俄罗斯外债总额就远远超过了俄罗斯的总储备(不包括黄金)额，2013 年更是达到了 6 684 亿美元。2014 年开始，俄罗斯的总储备(不包括黄金)额急剧下降，2014 年与 2013 年相比下降幅度达到 28%，2017 年仅为 3 560 亿美元，而外债总额则达到 5 141 亿美元。

在国际收支情况不断恶化的背景下，俄罗斯国内经济发展指标也不乐观。以克里米亚事件为由，以美国为首的西方国家对俄罗斯实施了多轮次、多领域的制裁，恰逢国际油价暴跌引发卢布急剧贬值，俄罗斯国内通货膨胀高企，2017年达到了14.1%。高通胀导致经济虚假繁荣，居民实际购买水平下降，并且导致企业原有债务成本的增加，严重时会导致一部分中小企业因沉重的债务负担而破产，进而提高失业率。近十年，俄罗斯银行贷款利率呈现上涨趋势，2015年甚至达到了15.7%的历史高点。此外，在远东银行贷款业务中，大公司的贷款增长额度抵消了部分中小企业的贷款额度。

俄罗斯制造业的总量和规模都已位居世界前列，但大部分产业仍处于国际产业链的低端，产业技术含量和附加值偏低，后危机时代，美欧"再工业化"战略必将加大俄罗斯产业转型升级的难度。新时期，俄罗斯国内经济发展面临调结构、促增长的压力，外部面临资金向美国等发达经济体回流的压力，双重压力将对俄罗斯经济发展产生负面影响。

二、市场运作的法律法规不健全

俄罗斯虽然很早就申请加入世界贸易组织，但申请审批的过程漫长而坎坷，在2011年正式加入世界贸易组织之后，俄罗斯在投资、贸易方面的法律法规不断完善，但是，目前来看，市场运作的法律法规体制仍然不够健全。部分法规的出台旷日持久，很多优质的投资项目因此错过了最佳投资时机。此外，俄罗斯的法律法规修改频繁，朝令夕改的法律制度让外国投资者无所适从。如与外国投资者息息相关的《俄罗斯联邦外国公民法律地位法》，该法规于2002年7月生效，截至2012年底，法规共计修改了23次，甚至连俄罗斯总统普京都感慨"频繁地修订法规，显然让民众无所适从"。

在法律法规的执行过程中，各种有法不依、司法腐败的事件也是层出不穷。非政府组织"透明国际"2017年发布的全球180个国家和地区清廉指数排名中，俄罗斯排名第135名，与2016年排名相比又下降了4名。

俄罗斯腐败严重、市场运作法规混乱的现状给中国企业在俄投资造成严重负面影响。中国企业在俄罗斯遭遇经济纠纷时，在通过法律途径解决问题时，不仅诉讼的时间长，有时即便胜诉判决也常常得不到执行。2003年12月，黑龙江新洲材源木业有限公司投资2 500万元获得俄罗斯哈巴罗夫斯克边疆区木兴林场100%股权，此后又投入2亿元用于长期生产。2006年，国际市场原木价格上涨，俄方提出终止合同，并收回林场。遭到中方拒绝后，交警、检察院、林管所先后介入，最后以公司无力偿还欠款为由启动了破产程序。2018年5月15日，俄罗斯主流媒体《莫斯科共青团报》以

《远东投资环境的特点——是什么阻碍了中国商人与俄罗斯的合作?》为题，对黑龙江商人沈永跃在俄远东地区投资的遭遇进行了报道。文章指出，普京总统全力推进中俄合作，但是目前远东地区是否达到了对投资者有利的投资环境，有待商榷。

此外，俄罗斯政府职能部门行政程序复杂、效率低下。据调查，远东地区有权调查外资企业的机构多达30多个，行政性收费过高、办理时间过长等因素都严重打击了投资者的积极性。

三、劳动力资源匮乏

俄罗斯人口老龄化的压力越来越大。2018年6月14日，普京政府公布了养老金改革计划草案，提出从2019年起，逐步将男性退休年龄由60岁提升至65岁，女性退休年龄由55岁提高至63岁。草案发布后，引起俄国内一片哗然，随后引发了多次抗议活动，经商议后，普京政府将女性的退休年龄改为60岁。

俄罗斯远东地区地广人稀，面积达到600多万平方公里，占俄领土面积的36%，但人口仅为俄罗斯人口总数的4%，劳动力资源稀缺成为制约中方部分项目正常实施的重要因素。俄罗斯多年来对能源的过度依赖导致"荷兰病"，劳动力等资源集中于能源部门，制造业吸引劳动力等资源的成本被迫提升，尤其是技术人员严重匮乏，目前紧缺的人才领域包括建筑、通信、加工、财务等领域。

俄罗斯总理梅德韦杰夫曾表示，到2025年，俄远东地区将新建950多个项目，新增11.5万个工作岗位。但近年来，远东部分联邦主体削减中国劳务名额，导致很多中国投资项目出现用工荒的现象。在此背景下，一方面俄罗斯老龄化问题严重导致适龄劳动力缺乏，另一方面俄罗斯政府对外籍劳务输入管制日趋严格，限制入境劳务人员的数量和工种，这导致中方投资项目的劳务用工指标经常得不到保障，如哈尔滨市在俄罗斯的林业投资项目，已经获得林木采伐权，但是迟迟办不下劳务大卡。

四、中俄民族文化认同度不高

乌克兰危机之后，西方国家对俄罗斯实施经济制裁，中国政府的友好态度使俄罗斯民众对华态度明显好转。但是，部分民众仍然对中国有防范意识，民族主义思潮在俄罗斯仍有较大的影响，部分远东地区民众对中国务工人员持有排斥心理。

俄罗斯阿穆尔大学学者曾对远东地区的居民做了一次问卷调查，主题围绕俄罗斯民众对中国人性格特点的印象。多数民众认为中国人勤劳坚毅、精明、比较容易共事，同时目标明确且组织性强。一些消极评价一方面源于远东地区居民与中国务工人员生活、工作接触中的感受，中国对俄罗斯投资的主体是中小企业，并且以民营企业居多，部分企业的员工，甚至是高级管理人员对俄罗斯的风俗习惯并不了解，一些触及当地禁忌的行为活动引起当地居民不满。此外，中方不熟悉当地的办事流程、商务特点，这对企业的经营和社交活动都会产生重要影响。

另一方面，中俄两国民众相互文化认同的程度较低，中俄虽然地理位置相邻，但是中国和俄罗斯文化的发源地分属东亚和东欧，两国的文化差异明显。俄罗斯政府实行有选择的移民政策，移民来源首选来自独联体国家的劳动移民，尤其是会讲俄语的移民，中俄两国经济发展的不平衡也导致部分民众认为中俄两国资源开发合作项目、双边投资和贸易是不对等的经济活动，“中国威胁论”在远东部分地区影响依然很深。如 2017 年俄罗斯全面实施《远东一公顷土地法》，根据该法，俄公民已提交了约 10 万份无偿获得一公顷土地的申请用于经营，该政策旨在推动人口由西向东流动，促进远东经济发展。但是，很多民众的第一反应是土地不能长期租赁给中国人，这反映了部分俄民众对中国投资者的戒备心理。

研究表明，中国同其他国家保持政治关系亲密，可以使东道国(或地区)对中国投资者信心增强。中俄两国民众彼此之间的信任往往取决于两国政治关系的亲疏，而俄罗斯民众对中国的“国家认同”可以转化为对中国企业的认同。

东方经济论坛是由俄罗斯总统普京批准成立，每年在俄罗斯符拉迪沃斯托克市举办的致力于推动俄远东地区经济发展，并为亚太地区发展提供合作对话的国际性政治经济平台。第四届东方经济论坛于 2018 年 9 月 11—13 日在俄罗斯符拉迪沃斯托克市举行。国家主席习近平参加了本次论坛，这是中国国家元首在论坛上的首次亮相，显示了中方对中俄合作的高度重视，也将会议的规格提升到了新的高度。

目前，中国已成为俄罗斯远东地区第一大进口来源国、第二大出口目的地和第一大外资来源国。2017 年，中俄双方贸易额达到 870 亿美元，俄罗斯远东地区对华贸易额达到 77.7 亿美元，占其外贸总额的 27.2%。2018

年，中俄双方的贸易总额有望达到1 000亿美元。近两年，俄罗斯远东地区得到大量亚太国家投资，其中八成来自中国企业，已经有28个中资项目正在实施，投资额约40亿美元。目前，已经有26家中资企业入驻远东跨越式发展区和符拉迪沃斯托克自由港。

中俄双方需要在政治经济领域加强合作，一方面源于两国相邻，具有重要的地缘政治关系；另一方面，中俄都是处于转型期的新兴市场大国，国内需求市场规模巨大，这为不同行业提供了丰富的投资机会。从地缘政治重要性和经济基本面指标的角度考量，目前，俄罗斯是中国较为理想的合作伙伴。

目前，发展东部地区是俄罗斯政府的优先目标，中国企业将在俄罗斯远东地区探寻到无限商机，但与此同时，中国企业在俄罗斯投资和运营的过程中仍然面临重重风险。俄罗斯总理梅德韦杰夫在联邦政府远东和贝加尔地区社会经济发展委员会会议上就曾指出，国家将精准支持远东地区投资项目落实，但不会为所有生意买单和承担其风险。现阶段，中国在远东地区投资的机遇与风险并存，如何在可控风险内实现可观的投资收益，是考验中国人营商智慧的又一道难题。

国际投资是一国参与国际分工的重要途径，当前，国际投资领域上演着越来越多的"中国故事"。自2000年中国提出"走出去"发展战略，中国对外直接投资在过去的十几年得到了快速发展。进入新的世界经济结构调整期，在"一带一路"倡议的背景下，中国对外直接投资将进入新的增长时期。然而，世界经济运作的方式取决于市场和国家政策，特别是强大国家的政策，市场力量已无法全面解释世界经济的结构和运作，各国政治角逐相互影响，包括它们在合作方面的努力，确立了市场和经济力量在其中运作的政治关系框架。

第一支主权财富基金——科威特投资委员会的成立可以追溯到1953年，在之后的半个多世纪里，主权财富基金的兴起经历了三次高峰。第一次高峰是在20世纪70年代，以1974年成立的新加坡淡马锡和1976年成立的阿联酋联合酋长国的阿布扎比投资局为代表。其中，淡马锡是世界上第一支非资源型主权财富基金，其设立是为配合国家发展战略，即让财政部能够专注扮演决策和监管的核心角色，而淡马锡则以商业原则持有及管理国有资产；阿布扎比投资局得益于石油危机石油价格的不断攀升，石油出口国积累了大量的外汇储备，为了巨额的外汇储备保值增值，以及实现跨代收入平滑，阿曼、加拿大等国都在此时期设立的主权财富基金。第二次高峰是20世纪90年代，随着亚洲“四小龙”出口导向型经济的蓬勃发展及其外溢效应，东亚国家通过贸易盈余积累了大量的外汇储备，部分国家利用超额外汇资产组建了主权财富基金，如1993年设立的马来西亚国库控股有限公司。与此同时，受益于国际油价的上涨，挪威、委内瑞拉、阿塞拜疆等石油出口国通过出口石油资源积累了大量的出口收入，并分别于1990年、1998年和1999年设立了主权财富金。其中，挪威政府全球养老基金通过主动投资管理获得了超额的投资收益，自成立以来其基金规模不断扩大，成为目前拥有最大资金规模的主权财富基金。进入21世纪，主权财富基金规模不断扩大，影响日益增强，第三次建立主权财富基金的高峰就这样到来了。2004年俄罗斯政府设立了联邦稳定基金，2005年韩国政府设立了韩国投资公司，2007年中国投资有限责任公司设立。这些有影响力的国家陆续设立主权财富基金，在金融危机期间对发达国家金融机构进行大规模投资，使得主权财富基金迎来了新的发展阶段。

21世纪以来，世界经济不平衡态势加剧，各国贸易账户失衡成为常态，其中，以挪威、俄罗斯为代表的资源出口国，与以中国、马来西亚为代表的加工贸易出口国积累了超额的外汇储备资产。在如何有效利用外汇储备资产方面，部分国家选择建立主权财富基金对外投资实现资产的保值增值，因此，全球主权财富基金规模不断扩大。罗伯特·吉尔平在《全球政治经济学——解读国际经济秩序》一书中提到，问题、方法和答案通过各种思想观点的公开竞争逐渐得到发展、积累或者被放弃。在竞争中获胜的观点成为经济学界里不断发展的共识的一部分。主权财富基金的合作还处在摸索阶段，合作的结果是否合理、有效仍需时间的检验。目前本书对于主权财富基金的研究仍处于探索阶段，理论分析对于现实生活中的实践活动是一种预期也是一种总结，实践活动的结果终究会对主权财富基金的行为指明道路。

注　释

1. 长期性经济停滞(Secularstagnation)最早是由美国白宫经济顾问委员会主席拉里·萨默斯提出的，是指全球储蓄远超过全球投资，只有实际利率降到显著为负的水平，才能重新实现全球储蓄与投资的平衡。然而，一方面名义利率下调面临零利率下线，因此全球实际利率降不下来，这就使得全球投资持续低于充分就业水平，最终导致全球经济增速可能长期低迷。参见张明：《当前全球经济的四大特点及其对中国的冲击》，搜狐网2015年11月11日，http://zhangming1977.blog.sohu.com/

310585730.html,最后访问时间:2020 年 6 月 13 日。

2. 欧元区国家为抑制通缩,刺激消费与投资,于 2014 年 7 月采取了负名义利率的非常规货币政策;2016 年初日本也加入负利率国家阵营。负利率货币政策的实施效果不一,但加剧了"全球宽松、美国收紧"的全球货币政策分化,引发了市场对美联储加息前景和全球经济有效复苏的担忧。

3. 张明:《新加坡与海上丝绸之路》,载《中国经济信息》2016 第 Z1 期,第 44—45 页。

4. 美国于 2007 年和 2008 年分别对《埃克森-佛罗里奥修正案》和《外国人合并、收购和接管规定》再次进行了修订,并形成了美国最新的外资并购国家安全审查法——《2007 年外商投资与国家安全法案》。

5. 德国政府草拟立法,组织委员会限制主权财富基金的投资,法国也响应德国的呼吁,试图建立一套系统的核心产业法律保护框架,以保护其国家战略利益。

6. 所谓"金股制",不是按照股票的多寡来少数服从多数,而是给予政府对企业拥有一票否决权的权利。

7. 澳大利亚在 2008 年 2 月率先公布约束、指导主权财富基金对澳投资的六项行为准则,成为首个专门针对外国主权财富基金制订防范法定措施的西方国家。

8. Cohen, Benjamin J, "Sovereign Wealth Funds and National Security: the Great Tradeoff," *International Affairs*, Vol.85, No.4, 2009, pp.713—731.

附　　录

附录1　次贷危机期间主权财富基金在全球主要金融机构中的持股情况（2007年3月至2008年2月）

基　　金	金融机构	持股比例(%)
新加坡政府投资有限公司、新加坡淡马锡	中国银行	15.5
	巴克莱银行	3.1
	建设银行	5.1
	花旗集团	11.1
	印度工业信贷投资银行	9.6
	美林	9.9
	渣打银行	20.0
	瑞银集团	9.0
中国投资有限责任公司	黑石集团	9.9
	国家开发银行	—
	摩根士丹利	9.9
	万事达有限公司	—
韩国投资有限责任公司	美林	7.4
卡塔尔投资管理局	巴克莱银行	8.9
	瑞士信贷银行	10.0
	伦敦股票交易所	15.1

续表

基　金	金融机构	持股比例(%)
迪拜投资公司	孟买证券交易所	4.0
	德意志银行	2.2
	泛欧证券交易所	3.5
	希腊交易所	3.0
	汇丰控股	0.5
	印度工业信贷投资银行	2.9
	伦敦证券交易所	28.0
	纳斯达克集团	43.6
	奥赛投资	51.4
	渣打银行	2.7
科威特投资局	花旗集团	6.0
	美林	5.7
阿布扎比投资局	AP另类投资有限合伙基金公司	40.0
	凯雷投资集团	7.5
	花旗集团	4.9
	阿波罗管理公司	40.0

资料来源:根据各主权财富基金年报以及公开市场信息整理。

附录2　金融危机期间部分发达国家制定阻碍主权基金投资的法律法规

时　间	国家和地区	内　容
2007年7月	美国	通过了《2007年外国投资与国家安全法》,该法案加强了美国外国投资委员会(CFIUS)对外国投资的审查力度。
2007年12月	加拿大	制定了新的国有企业投资指导原则(Guidelines-Investment by state-owned enterprises-Net benefit assessment),当主权财富基金在资源、基础设施等领域进行投资时,即应用新的投资指导原则。

续表

时　间	国家和地区	内　容
2008 年 2 月	澳大利亚	澳大利亚是第一个将主权财富基金的投资作为个案，设立专门投资规则的发达国家，同时设立了六条核心原则：企业在制定投资时是否独立于政府；投资是否符合商业原则，具有明确的商业目标和良好的公司治理；投资是否会导致其在行业中的不正当控制；投资是否影响澳大利亚税收收入或政府政策；投资是否影响国家安全；对澳大利亚经济和社会发展是否有不利影响。
2008 年 2 月	欧盟	发表联合公报（A Common European Approach），支持欧盟成员国采取统一的行动应对主权财富基金的投资。

附录 3　全球主权财富基金排名（截至 2018 年 8 月）（管理资产单位：十亿美元）

国家（或地区）	基金名称	管理资产	设立年份	资金来源	透明度
挪威	政府全球养老基金（Government Pension Fund-Global）	1 058.05	1990	石油出口	10
中国	中国投资有限责任公司（China Investment Corporation）	941.4	2007	贸易盈余	8
阿联酋-阿布扎比	阿布扎比投资局（Abu Dhabi Investment Authority）	683	1976	石油出口	6
科威特	科威特投资局（Kuwait Investment Authority）	592	1953	石油出口	6
中国香港	香港金融管理投资组合（Hong Kong Monetary Authority Investment Portfolio）	522.6	1993	非石油商品出口	8
沙特阿拉伯	沙特阿拉伯货币管理局（SAMA Foreign Holdings）	515.6	1952	石油出口	4
中国	中国华安投资有限公司（SAFE Investment Company）	441**	1997	非石油商品出口	4
新加坡	新加坡政府投资公司（Government of Singapore Investment Corporation）	390	1981	贸易盈余	6

续表

国家（或地区）	基金名称	管理资产	设立年份	资金来源	透明度
新加坡	淡马锡控股公司（Temasek Holdings）	375**	1974	贸易盈余	10
沙特阿拉伯	公共投资基金（Public Investment Fund）	360	2008	石油出口	5
卡塔尔	卡塔尔投资局（Qatar Investment Authority）	320	2005	石油和天然气出口	5
中国	全国社会保障基金（National Social Security Fund）	295	2000	非石油商品出口	5
阿联酋-迪拜	迪拜投资公司（Investment Corporation of Dubai）	229.8	2006	非石油商品出口	5
阿联酋-阿布扎比	阿布扎比穆巴达拉发展公司（Mubadala Investment Company）	226	2002	石油出口	10
韩国	韩国投资公司（Korea Investment Corporation）	134.1	2005	非石油商品出口	9
澳大利亚	澳大利亚未来基金（Australian Future Fund）	107.7	2006	非石油商品出口	10
伊朗	伊朗国家发展基金（National Development Fund of Iran）	91	2011	石油和天然气出口	5
俄罗斯	国家福利基金（National Welfare Fund）	77.2	2008	石油出口	5
利比亚	利比亚投资局（Libyan Investment Authority）	66	2006	石油出口	4
美国-阿拉斯加州	阿拉斯加永久基金公司（Alaska Permanent Fund）	65.7	1976	石油出口	10
哈萨克斯坦	哈萨克斯坦国民福利基金（Samruk-Kazyna JSC）	60.9	2008	非石油出口	10
文莱	文莱投资局（Brunei Investment Agency）	60	1983	石油出口	1
哈萨克斯坦	哈萨克斯坦国家基金（Kazakhstan National Fund）	57.9	2000	石油出口	2
土耳其	土耳其财富基金（Turkey Wealth Fund）	40	2016	非石油出口	n/a
马来西亚	马来西亚国库控股公司（Khazanah Nasional）	38.7	1993	非石油出口	9
美国-得克萨斯州	得克萨斯永久学校基金（Texas Permanent School Fund）	37.7	1854	石油和其他出口	9
阿拉伯联合酋长国	阿联酋投资局（Emirates Investment Authority）	34	2007	石油出口	3

续表

国家（或地区）	基金名称	管理资产	设立年份	资金来源	透明度
阿塞拜疆	阿塞拜疆国家石油基金（State Oil Fund）	33.1	1999	石油出口	10
新西兰	新西兰养老金基金（New Zealand Superannuation Fund）	28.5	2003	非石油出口	10
美国-新墨西哥州	新墨西哥州投资委员会（New Mexico State Investment Council）	20.2	1958	石油和天然气出口	9
阿曼	国家总储备基金（State General Reserve Fund）	18	1980	石油和天然气出口	4
美国-得克萨斯州	永久性大学基金（Permanent University Fund）	17.3	1876	石油和天然气出口	9
东帝汶	东帝汶石油基金（Timor-Leste Petroleum Fund）	16.6	2005	石油和天然气出口	8
智利	社会经济稳定基金（Social and Economic Stabilization）	14.7	2007	非石油出口（铜）	10
加拿大	亚伯达遗产基金（Alberta's Heritage Fund）	13.4	1976	石油出口	9
俄罗斯	俄罗斯直接投资基金（Russian Direct Investment Fund）	13	2011	非石油出口	7
巴林	巴林塔拉卡特控股公司（Mumtalakat Holding Company）	10.6	2006	非石油出口	10
智利	退休储备基金（Pension Reserve Fund）	9.4	2006	非石油出口	10
爱尔兰	爱尔兰战略投资基金（Ireland Strategic Investment Fund）	8.5	2001	非石油出口	10
美国-怀俄明州	永久矿物信托基金（Permanent Wyoming Mineral Trust Fund）	8	1974	非石油出口	9
秘鲁	财政平准基金（Fiscal Stabilization Fund）	7.9	1999	非石油出口	n/a
阿尔及利亚	阿尔及利亚收入调节基金（Revenue Regulation Fund）	7.6	2000	石油出口	1
墨西哥	墨西哥石油收入稳定基金（Oil Revenues Stabilization Fund of Mexico）	6.0	2000	石油出口	4
阿曼	阿曼投资基金（Oman Investment Fund）	6.0	2006	石油出口	4
博茨瓦纳	博茨瓦纳普拉基金（Pula Fund）	5.5	1994	非石油出口	6

续表

国家（或地区）	基金名称	管理资产	设立年份	资金来源	透明度
特立尼达拉岛和多巴哥岛	传统及稳定基金（Heritage and Stabilization Fund）	5.5	2000	石油出口	8
中国	中非发展基金（China-Africa Development Fund）	5.0	2007	非石油出口	5
安哥拉	安哥拉主权基金（Fundo Soberano de Angola）	4.6	2012	石油出口	8
美国-北达科他州	北达科他州遗产基金（North Dakota Legacy Fund）	4.3	2011	石油出口	10
哥伦比亚	哥伦比亚储蓄稳定基金（Colombia Savings and Stabilization Fund）	3.5	2011	石油出口	n/a
美国-阿拉巴马州	阿拉巴马信托基金（Alabama Trust Fund）	2.7	1985	石油出口	9
哈萨克斯坦	国家投资公司（National Investment Corporation）	2.0	2012	石油出口	n/a
美国-犹他州	美国犹他州-学校及机构信托基金（Utah-SITFO）	2.0	1896	非石油出口	n/a
美国-爱达荷州	爱达荷州捐赠基金投资委员会（Idaho Endowment Fund Investment Board）	2.0	1969	非石油出口	n/a
尼日利亚-巴耶尔萨州	巴伐利亚发展投资公司（Bayelas Development and Investment Corporation）	1.5	2012	非石油出口	n/a
尼日利亚	尼日利亚主权投资局（Nigerian Sovereign Investment Authority）	1.4	2012	石油出口	9
美国-路易斯安那州	路易斯安那教育质量信托基金（Louisiana Education Quality Trust Fund）	1.3	1986	石油出口	n/a
巴拿马	巴拿马储蓄基金法（Fondo de Ahorro de Panama）	1.2	2012	非石油出口	10
玻利维亚	芬普罗基金（FINPRO）	1.2	2012	非石油出口	n/a
塞内加尔	国家战略投资主权基金（Senegal FONSIS）	1.0	2012	非石油出口	n/a
伊拉克	伊拉克发展基金（Development Fund for Iraq）	0.9	2003	石油出口	n/a
巴勒斯坦	巴勒斯坦投资基金（Palestine Investment Fund）	0.8	2003	非石油出口	n/a
委内瑞拉	宏观稳定基金（FEM）	0.8	1998	石油出口	1

续表

国家（或地区）	基金名称	管理资产	设立年份	资金来源	透明度
基里巴斯	收益平衡储备基金（Revenue Equalization Reserve Fund）	0.6	1956	非石油出口	1
越南	国家资本投资公司（State Capital Investment Corporation）	0.5	2006	非石油出口	4
加蓬	加蓬主权财富基金（Gabon Sovereign Wealth Fund）	0.4	1998	石油出口	n/a
加纳	加纳石油基金（Ghana Petroleum Funds）	0.45	2011	石油出口	n/a
毛里塔尼亚	国家石油储量基金（National Fund for Hydrocarbon Reserves）	0.3	2006	石油出口	1
澳大利亚	西澳大利亚期货基金（Western Australian Future Fund）	0.3	2012	非石油出口	n/a
蒙古	财政稳定基金（Fiscal Stability Fund）	0.3	2011	非石油出口	n/a
赤道几内亚	后世基金（Fund for Future Generations）	0.08	2002	石油出口	n/a
巴布亚新几内亚	巴布亚新几内亚主权财富基金（Papua New Guinea Sovereign Wealth Fund）	n/a	2011	非石油和出口	n/a
土库曼斯坦	土库曼斯坦稳定基金（Turkmenistan Stabilization Fund）	n/a	2008	石油出口	n/a
美国-西佛吉尼亚州	西弗吉尼亚期货基金（West Virginia Future Fund）	n/a	2014	石油出口	n/a
墨西哥	墨西哥石油公司（Fondo Mexicano del Petroleo）	n/a	2014	石油出口	n/a
阿联酋沙迦	沙迦资产管理公司（Sharjah Asset Management）	n/a	2008	非石油出口	n/a
卢森堡	卢森堡代际主权基金（Luxembourg Intergenerational Sovereign Fund）	n/a	2015	非石油出口	n/a
俄罗斯	储备基金（Reserve Fund）	n/a	2008	石油出口	5
	与石油出口相关资产	4 410.58			
	其他资产	3 698.88			
	总计	8 109.46			

** 为估计值；2018 年之前，对于新加坡淡马锡投资公司的统计使用的是净投资组合价值，但为了比较所有资产，美国主权财富基金研究所使用的是总资产。

数据来源：主权财富基金研究所，https://www.swfinstitute.org/sovereign-wealth-fund-rankings/，最后访问时间：2020 年 6 月 29 日。

附录 4 主权财富基金的区域投资金额分布表
(1974—2016 年)(单位:百万美元)

	非洲	亚洲	澳大利亚及环太平洋地区	欧洲	拉丁美洲	中东地区	北美洲
1974 年	—	—	—	296.4	—	—	202.4
1975 年	—	—	—	20.0	—	—	—
1976 年	—	—	—	—	—	—	—
1977 年	—	—	—	—	—	—	—
1978 年	—	—	—	—	—	—	—
1979 年	1.0	—	—	7.8	—	—	—
1980 年	—	—	—	—	—	—	—
1981 年	—	—	—	—	—	250.0	—
1982 年	0.0	—	—	—	—	—	—
1983 年	—	—	—	—	—	—	—
1984 年	—	—	—	100.0	—	—	—
1985 年	—	—	—	85.0	—	—	0.0
1986 年	—	—	—	35.7	—	—	—
1987 年	—	—	—	2 283.27	—	102.8	185.0
1988 年	—	—	—	134.95	—	0.0	173.6
1989 年	—	—	—	742.46	—	—	52.0

续表

	非洲	亚洲	澳大利亚及环太平洋地区	欧洲	拉丁美洲	中东地区	北美洲
1990 年	—	24.3	—	213	—	—	0.0
1991 年	—	6.9	—	132.4	—	—	223.0
1992 年	305.9	2 983.4	—	179.7	—	—	22.5
1993 年	—	1 613.2	12.6	81.0	—	—	202.0
1994 年	5.2	3 570.3	219.0	305.0	—	0.0	0.0
1995 年	0.0	—	—	—	—	—	—
1996 年	—	482.5	122.8	97.5	—	—	0.0
1997 年	—	892.0	—	—	—	7.6	334.6
1998 年	—	290.8	—	5 692.7	—	0.0	0.0
1999 年	—	2 219.1	—	192.4	—	—	1.6
2000 年	—	1 117.3	—	149.6	0.0	—	4.0
2001 年	74.3	2 431.2	97.9	3 158.5	—	342.0	100.9
2002 年	—	8 334.3	187.0	317.9	0.0	1 735.0	4.3
2003 年	—	84.7	82.6	827.0	—	4 576.3	91.3
2004 年	—	2 051.2	—	2 937.0	—	1 381.0	940.1
2005 年	0.0	5 569.0	0.0	7 999.8	0.0	0.0	384.2
2006 年	—	2 280.4	199.6	5 294.1	—	3 060.0	1 169.0
2007 年	30.8	4 331.2	9 083.8	31 082.27	258.1	6 261.1	23 271.9
2008 年	4 497.3	4 598.5	672.4	43 586.69	0.0	1 493.2	30 809.1
2009 年	138.3	31 114.7	2 011.3	45 618.76	291.8	16 155.1	6 619.3
2010 年	550.0	27 867.7	984.1	27 715.64	14 049.5	1 747.8	9 467.3
2011 年	247.0	26 040.9	1 352.3	50 963.75	100.0	1 870.1	8 148.9

续表

	非洲	亚洲	澳大利亚及环太平洋地区	欧洲	拉丁美洲	中东地区	北美洲
2012 年	—	13 572.7	3 921.3	35 500.87	3 694.6	357.9	9 011.8
2013 年	2 677.0	43 145.1	7 406.5	95 950.69	5 132.0	4 461.4	31 639.1
2014 年	807.3	33 907.1	3 849.0	60 957.29	1 561.2	5 040.6	23 026.9
2015 年	308.9	29 804.9	5 690.3	50 993.31	2 416.6	3 105.1	27 783.1
2016 年	143.3	24 812.3	5 079.6	46 322.92	3 182.8	2 395.6	60 141.9

数据来源：美国主权财富基金研究所，https://www.swfinstitute.org/transactions，最后访问时间：2020 年 6 月 29 日。

附录 5-1 1990—2016 年主权财富基金投资行业分布（单位：百万美元）

	房地产		能源		必须消费品		非必须消费品		材料	
	金额	次数	金额	次数	金额	次数	金额	次数	金额	次数
1990 年	213	2	24.3	1	—	—	—	—	—	—
1991 年	223	5	—	—	—	—	36.12	1	6.94	1
1992 年	326.2	4	109	1	—	—	0	1	65	1
1993 年	993.76	4	12.6	1	—	—	—	—	—	—

续表

	房地产		能　源		必须消费品		非必须消费品		材　料	
	金额	次数	金额	次数	金额	次数	金额	次数	金额	次数
1994 年	5.15	6	272.16	2	—	—	0	1	—	—
1995 年	247.34	8	—	—	—	—	—	—	0	1
1996 年	65.03	2	—	—	14.05	1	291.33	3	—	—
1997 年	454.6	9	10	3	—	—	—	—	0	1
1998 年	100	2	—	—	—	—	—	—	852.54	5
1999 年	183.32	6	500	1	0	1	0	1	0.24	2
2000 年	712.93	10	0	3	8.6	1	—	—	18.72	2
2001 年	355.28	5	2 392.55	2	—	—	44.8	2	—	—
2002 年	258.58	5	83.32	4	0	1	40.53	2	—	—
2003 年	235.36	4	555	2	—	—	42.89	2	—	—
2004 年	2 312.22	10	2 276.79	3	36.57	4	32.9	4	110	2
2005 年	2 587.16	37	460.46	9	21.51	2	160.11	4	2 866.5	5
2006 年	3 570.1	16	230.22	2	625.78	2	142.42	5	177.25	4
2007 年	9 149.52	44	7 153.23	12	1 475.81	6	577.53	8	4 006.42	31
2008 年	9 780.64	36	6 873.28	18	2 157.9	10	1 708.1	31	3 012.46	32
2009 年	8 194.31	50	11 313.63	47	2 262.44	47	6 024.23	89	7 249.25	70
2010 年	6 772.82	43	13 793.42	66	1 369.74	60	4 665.73	134	5 716.35	51
2011 年	14 029.52	57	11 058.48	46	1 101.94	30	5 910.72	83	6 112.77	70
2012 年	15 954.37	102	9 069.36	101	3 140.19	94	3 447.19	162	7 716.69	148
2013 年	27 501.65	490	14 400.2	386	11 053.81	433	19 574.23	1 017	15 562.01	689
2014 年	33 964.57	213	6 640.29	194	9 664.43	177	14 290.04	379	4 804.06	181
2015 年	32 274.73	199	15 359.94	192	2 360.07	182	8 747.7	476	4 663.73	226
2016 年	31 011.78	347	19 229.93	280	5 665.69	280	12 320.8	681	4 879.68	298

附录 5-2 1990—2016 年主权财富基金投资行业分布(单位:百万美元)

	金融		工业		基础设施		农业		信息科技	
	金额	次数	金额	次数	金额	次数	金额	次数	金额	次数
1990 年	—	—	—	—	—	—	—	—	—	—
1991 年	29.1	2	96.29	3	—	—	—	—	—	—
1992 年	2 070.22	2	889.8	1	—	—	2.2	1	—	—
1993 年	2.46	1	—	—	900	1	—	—	5.77	1
1994 年	17.47	3	557.5	2	3 000	1	—	—	22.31	2
1995 年	—	—	—	—	—	—	—	—	—	—
1996 年	158.32	5	145.6	3	—	—	—	—	0.16	1
1997 年	767.62	2	—	—	—	—	—	—	2	1
1998 年	5 041.22	8	—	—	—	—	—	—	25	1
1999 年	190.85	1	78.29	1	1 357	2	—	—	0	1
2000 年	98.34	2	101.2	2	—	—	—	—	200	3

续表

	金融		工业		基础设施		农业		信息科技	
	金额	次数	金额	次数	金额	次数	金额	次数	金额	次数
2001 年	475.3	3	1 009.63	2	1 330.24	3	—	—	0	1
2002 年	154.12	5	8.93	2	9 862.84	5	0	1	1.17	2
2003 年	620.23	6	1.18	1	4 146.34	1	—	—	—	—
2004 年	1 384.97	8	15.21	3	710.23	2	—	—	—	—
2005 年	2 876.28	17	99.58	6	2 055	2	—	—	29.45	3
2006 年	1 461.04	11	68.53	5	5 526.55	3	—	—	361.42	3
2007 年	37 706.61	34	1 490.51	14	6 040.2	5	0	1	1 753.32	8
2008 年	34 479.9	47	612.09	22	9 124.66	7	—	—	2 936.17	18
2009 年	28 427.7	92	16 691.89	115	15 394.62	12	302.9	1	3 362.27	57
2010 年	32 222.72	128	4 118.26	129	2 688.95	8	55.45	5	2 207.22	127
2011 年	32 801.15	97	3 706	97	2 823	10	305.6	3	2 224.93	69
2012 年	7 391.86	177	1 879.59	166	7 122.07	11	1 157.69	4	4 368.86	150
2013 年	38 139.63	952	21 299.92	1 157	2 805.11	13	201.16	6	10 040.24	725
2014 年	33 410.32	349	4 807.17	363	8 600.17	16	15.37	1	6 669.78	278
2015 年	18 785.97	407	9 248.34	397	6 937.14	15	74.34	3	6 999.04	383
2016 年	15 925.1	576	13 906.13	568	11 075.74	23	38.19	2	14 166.23	562

附录 5-3 1990—2016 年主权财富基金投资行业分布(单位:百万美元)

	医疗保健		电信通讯		公共事业		主权债券		基 金		娱乐媒体	
	金额	次数	金额	次数	金额	次数	金额	次数	金额	次数	金额	次数
1990 年	—	—	—	—	—	—	—	—	—	—	—	—
1991 年	—	—	—	—	—	—	—	—	—	—	—	—
1992 年								—	—	—	—	—
1993 年	—	—	—	—	—	—	—	—	—	—	—	—
1994 年	—	—	—	—	—	—	—	—	—	—	—	—
1995 年	—	—	—	—	—	—	—	—	—	—	—	—
1996 年	—	—	—	—	—	—	—	—	—	—	—	—
1997 年	—	—	—	—	—	—	—	—	—	—	—	—
1998 年	—	—	—	—	—	—	—	—	—	—	—	—
1999 年	113.87	2	1.56	1	—	—	—	—	—	—	—	—
2000 年	79.74	1	210.44	2	—	—	—	—	—	—	—	—
2001 年	386.69	4	3.9	1	—	—	—	—	—	—	—	—

续表

	医疗保健		电信通讯		公共事业		主权债券		基　金		娱乐媒体	
	金额	次数	金额	次数	金额	次数	金额	次数	金额	次数	金额	次数
2002 年	166.16	2	2.75	3	—	—	—	—	50	1	—	—
2003 年	115.23	6	—	—	—	—	—	—	175	2	—	—
2004 年	13.88	2	490.83	2	—	—	—	—	0	1	—	—
2005 年	38.15	2	2 893.12	7	—	—	—	—	750	2	—	—
2006 年	25	1	0	1	134.73	1	—	—	1 300	6	—	—
2007 年	1 371.63	3	8 195.04	7	—	—	—	—	500	1	—	—
2008 年	2 533.41	12	8 449.15	4	463.84	5	—	—	250	1	—	—
2009 年	398.23	26	391.6	14	1 859.12	25	—	—	—	—	—	—
2010 年	3 455.13	49	2 619.87	32	1 115.25	34	—	—	100	1	—	—
2011 年	1 667.07	28	4 861.44	16	3 692.37	24	—	—	100	2	—	—
2012 年	1 209.25	60	1 915.8	25	1 663.33	48	—	—	—	—	—	—
2013 年	14 869.03	476	6 299.46	127	5 496.31	271	3 000	1	1 356	15	47.82	1
2014 年	4 254.33	206	1 356.14	67	831.33	104	—	—	9 198.02	35	—	—
2015 年	6 892.54	244	2 601.8	56	3 478.63	111	—	—	10 976.63	15	—	—
2016 年	6 368.12	406	3 267.98	58	4 279.42	157	—	—	645	2	—	—

附录6　1990—2016年主权财富基金投资类型（资产组合）——按投资金额（百万美元）统计

	上市股权	未上市股权	私募股权基金	基金	可转换债券	固定收益	房地产	基础设施
1990年	237.3	—	—	—	—	—	0	—
1991年	168.45	—	—	—	—	—	223	—
1992年	3 136.22	—	—	—	—	—	326.2	—
1993年	20.83	—	—	—	—	—	993.76	900
1994年	597.28	272.16	—	—	—	—	5.15	3 000
1995年	28.3	0	—	—	—	—	219.04	—
1996年	431.43	33.03	—	—	145	—	65.03	—
1997年	870	31.62	—	—	—	—	332.6	—
1998年	5 131.46	787.3	—	—	—	—	100	—
1999年	192.4	692.41	—	—	—	—	183.32	1 357
2000年	414.58	160.17	—	—	150	—	705.22	—
2001年	4 175.41	92.66	—	—	—	—	400.08	1 330.24
2002年	353.53	140.96	—	—	1	—	270.07	9 862.84

续表

	上市股权	未上市股权	私募股权基金	基金	可转换债券	固定收益	房地产	基础设施
2003 年	899.85	434.68	—	—	—	—	410.36	4 146.34
2004 年	2 898.74	1 462.41	—	—	—	—	2 312.22	710.23
2005 年	9 031.15	452.36	—	—	—	—	3 298.81	2 055
2006 年	3 990.71	1 065.79	1 200	—	—	575	3 082.89	3 708.65
2007 年	36 713.03	3 742.93	—	—	23 439.14	1 400	8 084.52	6 040.2
2008 年	35 365.03	8 323.48	—	—	24 256	—	9 560.09	4 627
2009 年	62 462.6	16 275.04	—	—	2 788.05	4 259	2 427.5	13 660
2010 年	49 524.13	19 441.08	100	—	6 705.47	0	3 993.68	1 136.55
2011 年	57 548.96	14 839.09	—	—	5 200	969.49	10 183.29	1 654.16
2012 年	33 385.48	11 011.66	—	—	997.27	0.2	14 775.81	5 866.67
2013 年	151 290.08	13 271.36	500	—	610	3 047	20 653.23	2 296.13
2014 年	71 118.53	27 285.05	6 293.66	—	353.52	912.73	25 323.49	7 222.87
2015 年	59 968.94	15 986.62	10 130.73	550	435	6 823	30 570.33	5 141.72
2016 年	92 095.7	18 130.7	645	—	305	3 000	21 703.35	6 903.64

参考文献

英文文献

Aizenman Joshua, Reuven Glick, "Sovereign Wealth Funds: Stylized Facts about Their Determinants and Governance," *International Finance*, Vol.12, No.3, 2009, pp.351—386.

Alberto Alesina, David Dollar, "Who Gives Foreign Aid to Whom and Why?" *Journal of Economic Growth*, Vol.5, No.1, 2000, pp.33—63.

Andrew Rozanov, "Who Holds Wealth of Nations", *Central Banking Journal*, Vol.15, No.5, 2005, pp.1—4.

April Knill, Bong Soo Lee, and Nathan Mauck, "Sovereign Wealth Fund Investment and the Return-to-risk Performance of Target Firms," *Journal of Financial Intermediation*, Vol.21, No.2, 2012, pp.315—340.

April Knill, Bong-Soo Lee, Nathan Mauck, "Bilateral Political Relations and Sovereign Wealth Fund Investment," *Journal of Corporate Finance*, Vol.18, No.1, 2012, pp.108—123.

Bernardo Bortolotti, Veljko Fotak, William Megginson, "The Sovereign Wealth Fund Discount: Evidence from Public Equity Investments," *The Review of Financial Studies*, Vol.28, No.11, 2015, pp.2993—3035.

Clélia Chevrier, "Sovereign Wealth Funds in Russia," *Revue d'économiefinancière*, Special Issue 2009, pp.73—81.

Cohen, Benjamin J, "Sovereign Wealth Funds and National Security: the Great Tradeoff," *International Affairs*, Vol.85, No.4, 2009, pp.713—731.

Donghyun Park and Gemma B.Estrada, "Developing Asia's Sovereign Wealth Funds and Outward Foreign Direct Investment," *Asian Development Bank Economics Working Paper Series*, No.169, 2009.

Duanmu, Jing-Lin., "State-owned MNCs and Host Country Expropriation Risk: The Role of Home State Soft Power and Economic Gunboat Diplomacy," *Journal of International*

Business Studies, Vol.45, No.8, 2014, pp.1044—1060.

Erik Gartzke, "Kant We All Just Get Along? Opportunity, Willingness, and the Origins of the Democratic Peace," *American Journal of Political Science*, 1998, pp.1—27.

Fuchs, Andreas, and Nils-Hendrik Klann, "Paying a Visit: The Dalai Lama Effect on International Trade," *Journal of International Economics*, Vol.91, No.1, 2013, pp.164—177.

James E Anderson, "A Theoretical Foundation for the Gravity Equation," *The American Economic Review*, Vol.69, No.1, 1979, pp.106—116.

Jason Kotter, Ugur Lel, "Friends or Foes? Target Selection Decisions of Sovereign Wealth Funds and Their Consequences," *Journal of Financial Economics*, Vol.101, No.2, 2011, pp.360—381.

Jen, S., "Tracking the Tectonic Shift in Foreign Reserves and SWFs," *Morgan Stanley Research Global*, 2007.

Jensen, M.C. and Meckling, W.H., "Theory of the Firm: Managerial Behavior, Agency Costs and Ownership Structure," *Journal of Financial Economics*, Vol.3, 1976, pp.303—360.

John Gieve, "Sovereign Wealth Funds and Global Imbalance," *Bank of England Quarterly Bulletin 2008 Q2*, Vol.48, No.2, 2008, pp.196—202.

John R.Oneal, Bruce Russett, "Assessing the Liberal Peace with Alternative Specifications: Trade Still Reduces Conflict," *Journal of Peace Research*, Vol.36, No.4, 1999, pp.423—442.

Joshua Aizenman, Reuven Glick, "Asset Class Diversification and Delegation of Responsibilities between a Central Bank and Sovereign Wealth Fund," *International Journal of Central Banking*, Vol.10, No.3, 2014, pp.129—161.

Joshua Aizenman, Reuven Glick, "Sovereign Wealth Funds: Stylized Facts about Their Determinants and Governance," *International Finance*, Vol.12, No.3, 2009, pp.351—386.

Kathryn L Dewenter, Xi Han, and Paul H.Malatesta, "Firm Values and Sovereign Wealth Fund Investments," *Journal of Financial Economics*, Vol.98, No.2, 2010, pp.256—278.

Kuziemko, Ilyana, and Eric Werker, "How Much is a seat on the Security Council Worth? Foreign Aid and Bribery at the United Nations," *Journal of Political Economy*, Vol.114, No.5, 2006, pp.905—930.

Lee, B., Wang, H., "Reevaluating the Roles of Large Public Surpluses and Sovereign Wealth Funds in Asia," *ADBI Working Paper*, No.287, 2011, pp.14.

Li, Quan, and Tatiana Vashchilko, "Dyadic Military Conflict, Security Alliances, and Bilateral FDI Flows," *Journal of International Business Studies*, Vol. 41, No. 5, 2010, pp.765—782.

Lomax, A., "Sovereign Wealth Funds: The New Wealth of Nations," *Fleet Street Letter*,

Vol.37, 2007, pp.23—26.

Lowery, C., "Sovereign Wealth Funds and the International Financial System," *Remarks at the Federal Reserve Bank of San Francisco's Conference on the Asian Financial Crisis Revisited*, Washington: US Treasury, 2007.

Lyons, G., "State Capitalism: The Rise of Sovereign Wealth Funds," *Journal of Management Research*, Vol.7, No.3, 2007, pp.119—146.

Megginson, W.L. and Netter, J.M., "From State to Market: A Survey of Empirical Studies on Privatization," *Journal of Economic Literatur*, Vol.39, 2001, pp.321—389.

Michael A.Bailey, Anton Strezhnev and Erik Voeten, "Estimating Dynamic State Preferences from United Nations Voting Data," *Journal of Conflict Resolution*, Vol.61, No.2, 2017, pp.430—456.

Narjess Boubakri, Jean-Claude Cosset, and Jocelyn Grira, "Sovereign Wealth Funds Targets Selection: A Comparison with Pension Funds," *Journal of International Financial Markets Institutions & Money*, Vol.42, 2016, pp.60—76.

Peter J.Buckley et al., "Historic and Emergent Trends in Chinese Outward Direct Investment," *Management International Review*, Vol.48, No.6, 2008, pp.715—748.

Qian, Nancy, and David Yanagizawa-Drott, "Government Distortion in Independently Owned Media: Evidence from US News Coverage of Human Rights," *Journal of the European Economic Association*, Vol.15, No.2, 2017, pp.463—499.

Quan Li, Tatiana Vashchilko, "Dyadic Military Conflict, Security Alliances, and Bilateral FDI Flows," *Journal of International Business Studies*, Vol.41, No.5, 2010, pp.765—782.

Richard Portes, Helene Rey, "The Determinants of Cross-border Equity Flows," *Journal of International Economics*, Vol.65, No.2, 2005, pp.269—296.

Robert M.Kimmitt, "Public Footprints in Private Markets: Sovereign Wealth Funds and the World Economy," *Foreign Affairs*, Vol.87, No.1, 2008, pp.119—130.

Rodolphe Desbordes, Vincent Vicard, "Foreign Direct Investment and Bilateral Investment Treaties: An International Political Perspective," *Journal of Comparative Economics*, Vol.37, No.3, 2009, pp.372—386.

Roland Beck, Michael Fidora, "The Impact of Sovereign Wealth Funds on Global Financial Markets," *Intereconomics*, Vol.43, No.6, 2008, pp.349—358.

Rolando Avendaño, Javier Santiso., "Are Sovereign Wealth Funds Politically Biased? A Comparison with Other Institutional Investors," *Institutional Investors in Global Capital Markets*, Vol.12, 2011, pp.313—353.

Ronald J.Gilson, Curtis J.Milhaupt, "Sovereign Wealth Funds and Corporate Governance: A Minimalist Response to the New Mercantilism," *Corporate Governance*, Vol.463. No.

487，2009，pp.463—487.

Sergey Drobyshevsky，"Russian Sovereign Wealth Funds，" in Antoine Heuty eds.，*Sovereign Wealth Funds：New Challenges for the Caspian Countries，Azerbaijan：Revenue Watch Institute*，2011，pp.130—158.

Sergey Sinelnikov-Murylev，Pavel Trunin，"Government Wealth Funds and Monetary Policy，" *Working Papers 148*，Gaidar Institute for Economic Policy，2016.

Shai Bernstein，Josh Lerner，and Antoinette Schoar，"The Investment Strategies of Sovereign Wealth Funds，" *Journal of Economic Perspectives*，Vol.27，No.2，2013，pp.219—238.

Shleifer，A. and Robert，W.V.，"Large Shareholders and Corporate Control，" *Journal of Political Economy*，Vol.94，No.4，1986，pp.461—488.

Simon Johnson，"The Rise of Sovereign Wealth Funds，" *Finance and Development*，Vol.44，No.3，2007，pp.56—57.

Sofia A.Johan，April Knill，and Nathan Mauck，"Determinants of Sovereign Wealth Fund Investment in Private Equity vs Public Equity，" *Journal of International Business Studies*，Vol.44，No.2，2013，pp.155—172.

Sweeney，Kevin J.，"The Severity of Interstate Disputes：Are Dyadic Capability Preponderances Really More Pacific?" *Journal of Conflict Resolution*，Vol. 47，No. 6，2003，pp.728—750.

Truman，Edwin M，"A Blueprint for Sovereign Wealth Fund Best Practices，" *Revue d'economie Financiere*，Vol.9，No.1，2009，pp.429—451.

Truman，Edwin M，"Sovereign Wealth Funds：The Need for Greater Transparency and Accountability，" Washington，DC：Peterson Institute for International Economics，No. PB07-6，2007.

UNCTAD，*World Investment Report 2010：Investing in a Low-Carbon Economy*，New York：United Nations Publication，2010，p.14.

Veljko Fotak，Xuechen Gao，William Megginson，"A Financial Force to be Reckoned With? An Overview of Sovereign Wealth Funds，" *The Oxford Handbook of Sovereign Wealth Funds*，Vol.16，2017.

William L.Megginson，Miao You and Liyan Han，"Determinants of Sovereign Wealth Fund Cross-Border Investments，" *Financial Review*，Vol.48，No.4，2013，pp.539—572.

中文文献

[俄]A.H.诺沃帕申娜:《中俄投资合作发展面临的问题》,刘涧南译,载《黑河学院学报》2015 年第 2 期,第 9—15 页。

巴曙松、李科、沈兰成:《主权财富基金:金融危机后的国际监管与协作新框架》,载《世界经济与政治》2010 年第 7 期,第 130—145 页。

陈超:《主权财富基金的五重“比较优势”》,载《金融发展评论》2011 年第 7 期,第 144—145 页。
陈超:《主权财富基金全球兴起》,载《当代金融家》2006 年第 10 期,第 17—19 页。
陈支农:《主权基金重塑国际投资版图》,载《经济导刊》2008 年第 3 期,第 54—56 页。
迟建新:《中非发展基金助力中非产能合作》,载《西亚非洲》2016 年第 4 期,第 34—48 页。
戴利研:《中投与其他国有企业在海外投资差异分析》,载《沈阳师范大学学报》2012 年第 1 期,第 97—99 页。
戴利研:《资源型主权财富基金运营模式研究——以挪威和俄罗斯主权财富基金为例》,载《世界经济与政治论坛》2012 年第 6 期,第 35—44 页。
戴利研、赵磊:《中韩主权财富基金发展现状与合作前景研究》,载《海南大学学报(人文社会科学版)》2014 年第 7 期,第 22—29 页。
丁学东:《新知大讲堂——丁学东董事长开讲“全球化与主权财富基金投资”》,载《财政科学》2016 年第 6 期,第 160 页。
高健、王成林、李世杰:《自由贸易区、自由贸易园区与“一带一路”国家战略》,载《海南大学学报(人文社会科学版)》2016 年第 4 期,第 41—47 页。
高洁:《韩国主权财富基金投资模式研究》,载《经济研究导刊》2011 年第 12 期,第 66—68 页。
高洁:《挪威主权财富基金——政府全球养老基金的投资模式》,载《经济研究导刊》2010 年第 1 期,第 82—84 页。
高洁、许琛:《“一带一路”战略下中俄主权财富基金合作新机遇》,载《中国联合商报》2015 年 5 月 18 日。
高铮:《主权养老基金的国际经验与启示》,载《中国财政》2014 年第 17 期,第 68—70 页。
葛婷婷.《主权财富基金投资动向研究》,载《金融经济》2008 年第 7 期,第 114—115 页。
葛小羽:《挪威政府石油基金的管理及借鉴》,载《中国财政》2007 年第 4 期,第 76—77 页。
龚文:《中国-东盟投资合作基金支持中国与东盟经济合作》,载《国际融资》2011 年第 11 期,第 61 页。
郭晓琼:《俄罗斯联邦稳定基金的发展》,载《俄罗斯中亚东欧市场》2008 年第 1 期,第 8—14 页。
郭茵、任若恩:《国外主权财富基金投资取向借鉴与启示》,载《生产力研究》2010 年第 6 期,第 183—187 页。
[美]哈瑞尔达·考利等:《2040 年的拉丁美洲》,姚彦贝等译,中国大百科全书出版社 2014 年版。
韩汉君:《主权财富基金:全球金融市场一支新的劲旅》,载《当代世界》2008 年第 7 期,第 20—21 页。
何帆:《中国对外投资的特征与风险》,载《国际经济评论》2013 年第 1 期,第 34—50 页。
何帆、陈平:《外汇储备的积极管理:新加坡、挪威的经验与启示》,载《国际金融研究》2006 年第 6 期,第 4—13 页。
黄梅波、熊爱宗:《全球主权财富基金的发展经验与启示》,载《国际论坛》2008 年第 3 期,第 63—81 页。

黄中文、刘向东、朱芳芳、孙海程:《主权财富基金》,中华工商联合出版社2011年版。

江小娟:《高度联通社会中的资源重组与服务业增长》,载《经济研究》2017年第3期,第4—17页。

卡斯特里、斯卡西维拉尼:《主权财富基金新经济学》,姜广东译,东北财经大学出版社2016年版。

黎兵:《试析中国主权财富基金》,载《上海金融》2007年第10期,第53—55页。

李峰:《主权财富基金的兴起:经济效应与中国的战略选择》,浙江大学出版社2011年版。

李峰、宋玉华:《中国主权财富基金的投资绩效研究》,载《经济理论与经济管理》2012年第2期,第54—60页。

李虹:《主权财富基金监管研究》,经济管理出版社2014年版。

李建民:《卢布暴跌成因、影响及中俄合作机遇》,载《经济社会体制比较》2015年第1期,第46—57页。

李建民:《俄罗斯主权财富基金管理评析》,载《国际经济评论》2008年第3—4期,第53—55页。

李留山:《后危机时代主权财富基金的投资策略研究》,载《国际商务财会》2011年第9期,第37—40页。

李石凯:《全球经济失衡与新兴市场经济体主权财富基金的崛起》,载《国际金融研究》2008年第9期,第30—38页。

李中海:《论俄罗斯货币信贷政策及影响》,载《俄罗斯中亚东欧研究》2007年第4期,第41—46、96页。

李中海:《俄罗斯通货膨胀及通胀目标制实施前景分析》,载《俄罗斯学刊》2012年第1期,第34—40页。

李中海:《俄罗斯外债:经济增长背景下的隐忧》,载《东欧中亚研究》2002年第4期,第36—40、96页。

刘代民、蔡楠:《我国主权财富基金微观经济效应的实证分析——基于事件分析法》,载《经济研究参考》2015年第32期,第55—60页。

刘舸:《韩国能源安全的脆弱性及其战略选择》,载《东北亚论坛》2009年第9期,第89—96页。

刘洪钟:《论东亚地区经济的关联机制》,载《世界经济与政治》2000年第5期,第51—54页。

刘京军、徐浩萍:《机构投资者:长期投资者还是短期机会主义者》,载《金融研究》2012年第9期,第141—154页。

刘晓光、杨连星:《双边政治关系、东道国制度环境与对外直接投资》,载《金融研究》2016年第12期,第17—31页。

刘新英:《主权财富基金的兴起及对我国的启示》,载《宏观经济研究》2008年第8期,第75—79页。

罗晓:《国外主权养老基金模式比较》,载《商业时代》2013年第20期,第79—81页。

罗艳:《助力企业开展对非合作——专访中非发展基金董事长迟建新》,载《国际工程与劳务》2016年第4期,第25—29页。

马野驰:《主权财富基金:东亚外汇储备管理的必要途径》,载《黑龙江金融》2010年第2期,第74—76页。
苗迎春:《论主权财富基金透明度问题》,载《国际问题研究》2010年第4期,第57—63页。
莫少昆、余继业:《解读淡马锡》,鹭江出版社2008年版。
潘广云:《俄罗斯主权财富基金改组及其国际比较》,载《国际论坛》2008年第5期,第56—61页。
潘圆圆、张明:《中国主权财富基金投资策略的转变及其原因》,载《上海金融》2014年第9期,第28—35页。
潘镇、金中坤:《双边政治关系、东道国制度风险与中国对外直接投资》,载《财贸经济》2015年第6期,第85—97页。
彭支伟、刘钧霆:《东亚经济合作的现状、趋势与展望》,载《经济问题探索》2012年第3期,第30—34页。
钱晓英、王阳:《中俄主权财富基金合作分析》,载《商业研究》2015年第11期,第111—116页。
曲文轶:《中俄经济合作须超越互补性分工局限:以辽宁省与俄罗斯投资合作为例》,载《俄罗斯中亚东欧市场》2006年第11期,第34—39页。
申璐:《机构投资者对上市公司绩效的影响——基于A—H股的自然实验》,载《金融论坛》2015年第9期,第60—68页。
史树林:《论主权财富基金的法律问题》,载《中央财经大学学报》2008年第5期,第73—77页。
世界银行:《2010年全球经济展望:危机、金融与增长》,王辉等译,中国财政经济出版社2010年版。
[美]斯蒂芬·克拉斯纳:《结构冲突:第三世界对抗全球自由主义》,李小华译,浙江人民出版社2001年版。
宋国友:《主权财富基金的兴起与美国金融霸权》,载《现代国际关系》2007年第9期,第36—42页。
宋玉华、李峰:《主权财富基金的发展及对21世纪初世界经济的影响》,载《经济理论与经济管理》2008年第1期,第27—33页。
宋玉华、李峰:《主权财富基金的兴起及其对全球资产价格的影响——基于资产定价模型的估算》,载《浙江大学学报》2009年第7期,第130—139页。
童宇、蔡明超:《主权财富基金投资的公告效应实证分析》,载《上海金融》2015年第6期,第47—54页。
王肖邦:《俄主权财富基金CEO德米特里耶夫:投资俄罗斯不可错过的四大领域》,载《第一财经日报》2014年4月14日。
王新梅:《公共养老金"系统改革"的国际实践与反思》,载《社会保障评论》2018年第2期,第119—133页。
王永中、张明、潘圆圆:《中国主权财富投资的理论、问题与对策》,中国社会科学出版社2015年版。

王震、陈冬月:《产油国主权财富基金的投资行为和发展趋势分析》,载《中国软科学》2011 年第 4 期,第 68—74 页。

王志远:《主权财富基金——中国与俄罗斯的不同》,载《俄罗斯中亚东欧市场》2013 年第 4 期,第 5—15 页。

魏本华:《全球外汇市场、储备管理与主权财富基金》,载《中国国情国力》2007 年第 12 期,第 8 页。

项卫星、王达:《国有商业银行改制后的公司治理结构问题研究——中国如何汲取中东欧转轨国家的经验与教训》,经济科学出版社 2012 年版。

谢平、陈超:《论主权财富基金的理论逻辑》,载《经济研究》2009 年第 2 期,第 4—17 页。

谢平、陈超:《谁在管理国家财富? 主权财富基金的兴起》,中信出版社 2010 年版。

谢平、陈超、柳子君:《主权财富基金、宏观经济政策协调与金融稳定》,载《金融研究》2009 年第 2 期,第 1—16 页。

严荣:《主权财富基金与海合会金融合作》,载《西亚非洲》2011 年第 8 期,第 50—61 页。

严荣:《自主的悖论:主权财富基金的国际政治经济分析》,人民出版社 2010 年版。

杨攻研、刘洪钟:《政治关系、经济权利与贸易往来:来自东亚的证据》,载《世界经济与政治》2015 年第 12 期,第 110—130、159 页。

杨力、虞琤:《中国与中东主权财富基金合作探析》,载《国际展望》2018 年第 4 期,第 138—151、158 页。

杨丽花、周丽萍、翁东玲:《丝路基金、PPP 与“一带一路”——基于博弈论的视角》,载《亚太经济》2016 年第 2 期,第 24—30 页。

叶楠:《海合会国家主权财富基金解析》,载《海南金融》2013 年第 3 期,第 40—44 页。

叶楠:《设立国视角下主权财富基金的投资问题研究》,湖北人民出版社 2013 年版。

叶楠:《探析俄罗斯主权财富基金的发展》,载《俄罗斯中亚东欧市场》2013 年第 4 期,第 16—26 页。

叶楠:《新常态下主权财富基金的投资战略研究》,武汉大学出版社 2015 年版。

殷红:《俄罗斯“国家福利基金”的建立及意义》,载《俄罗斯中亚东欧研究》2008 年第 3 期,第 26—32、96 页。

余永定、覃东海:《中国的双顺差:性质、根源和解决办法》,载《世界经济》2006 年第 3 期,第 31—41 页。

喻海燕:《我国主权财富基金对外投资风险评估——基于三角模糊层次分析法(TFAHP)的研究》,载《厦门大学学报(哲学社会科学版)》2015 年第 1 期,第 110—118 页。

喻海燕、田英:《中国主权财富基金投资——基于全球资产配置视角》,载《国际金融研究》2012 年第 11 期,第 47—54 页。

张冬:《主权财富基金对投资对象公司价值的影响》,载《金融理论与实践》2013 年第 1 期,第 64—67 页。

张海亮、郭明:《可信承诺、合作联盟与主权财富基金对外投资》,载《经济研究参考》2013 年第

62 期，第 12—18 页。

张海亮、吴莉明、钱惠:《全球主权财富基金资产配置行为和规律:基于国家、行业和企业的多层分析》，载《经济问题探索》2014 年第 1 期，第 147—154 页。

张海亮、周卫江、王亦奇:《全球主权财富基金投资空间分布、路径选择》，载《经济问题》2013 年第 5 期，第 95—99 页。

张红侠:《制裁与反制裁:俄罗斯经济困局及脱困之路》，载《俄罗斯东欧中亚研究》2016 年第 6 期，第 51—67、156—157 页。

张建红、姜建刚:《双边政治关系对中国对外直接投资的影响研究》，载《世界经济与政治》2012 年第 12 期，第 133—155 页。

张瑾:《国际金融监管法制化研究——以主权财富基金国际监管制度为视角》，上海人民出版社 2014 年版。

张瑾:《卡塔尔主权财富基金与"一带一路"战略下的中卡金融合作》，载《上海师范大学学报》2016 年第 7 期，第 56—66 页。

张亮:《我国外汇储备增长过快的深层次原因及其优化路径分析》，载《当代经济管理》2011 年第 5 期，第 62—67 页。

张留禄、张钰:《略论中国主权财富基金的战略选择》，载《经济问题》2012 年第 8 期，第 102—104 页。

张明:《论次贷危机对中国主权财富基金带来的机遇与挑战》，载《国际经济评论》2008 年第 5—6 期，第 37—40 页。

张明:《全球金融危机背景下中国主权财富基金投资行为的转变》，载《国际经济评论》2010 年第 5 期，第 99—109 页。

张明:《新加坡与海上丝绸之路》，载《中国经济信息》2016 第 Z1 期，第 44—45 页。

张世贤、徐雪:《我国主权财富基金的投资方向选择问题——基于国家利益原则的战略视角》，载《中国工业经济》2009 年第 7 期，第 76—86 页。

张毅、刘媛媛:《国外主权财富基金管理的做法及启示》，载《经济纵横》2008 年第 5 期，第 89—90 页。

郑秉文:《中国建立"主权养老基金"的急迫性及国际比较——应对"中国威胁论"与外汇储备二次分流的战略思考》，载《国际经济评论》2008 年第 3—4 期，第 43—52 页。

郑秉文、何树方:《加拿大社保制度改革与建立"主权养老基金"十年回顾与评价》，载《当代亚太》2008 年第 1 期，第 88—107 页。

中国社科院金融所课题组:《新加坡和韩国政府投资公司:运行模式及其启示》，载《中国经贸导刊》2007 年第 5 期，第 11—12 页;董裕平:《新加坡、韩国政府投资公司模式的经验与启示》，载《中国投资》2007 年第 4 期，第 114—117 页。

周超:《主权财富基金投资收益影响因素的回归分析》，载《北京理工大学学报(社会科学版)》2011 年第 5 期，第 16—20 页。

周卫江:《主权财富基金区域投资偏好研究》，昆明理工大学，2013。

周学海:《主权财富基金的兴起与争论》,载《国际论坛》2008 年第 1 期,第 46—50 页。

朱立群:《联合国投票变化与国家间关系(1990—2004)》,载《世界经济与政治》2006 年第 4 期,第 5、49—54 页。

朱孟楠、陈晞、王雯:《全球金融危机下主权财富基金:投资新动向及其对中国的启示》,载《国际金融研究》2009 年第 4 期,第 4—10 页。

网络文献

淡马锡官网,http://www.temasek.com.sg/mediacentre/medialetters?detailid=20390,最后访问时间:2020 年 6 月 13 日。

淡马锡历年年报,https://www.temasek.com.sg/en/our-financials/library/temasek-review,最后访问时间:2020 年 9 月 5 日。

俄罗斯财政部官网,https://www.minfin.ru/en/,最后访问时间:2020 年 6 月 27 日。

俄罗斯国家统计局,http://www.gks.ru/,最后访问时间:2020 年 6 月 13 日。

俄罗斯养老基金会,http://www.rfbr.ru/rffi/ru/,最后访问时间:2020 年 6 月 13 日。

俄罗斯主权财富基金相关数据,https://minfin.gov.ru/en/key/nationalwealthfund/statistics/,最后访问时间:2020 年 9 月 5 日。

国际货币基金组织官网,"Sovereign Wealth Funds—A Work Agenda," February 29, 2008, https://www. imf. org/en/Publications/Policy-Papers/Issues/2016/12/31/Sovereign-Wealth-Funds-A-Work-Agenda-PP4234,最后访问时间:2020 年 6 月 16 日。

韩国主权财富基金历年年报,http://www.kic.kr/en/04/02/01.jsp,最后访问时间:2020 年 9 月 5 日。

美国财政部官网,https://home.treasury.gov/system/files/206/2007_Appendix-3.pdf,最后访问时间:2020 年 6 月 16 日。

挪威银行官网,https://www.nbim.no/en/the-fund/market-value/,最后访问时间:2020 年 6 月 13 日。

挪威主权财富基金历年年报,https://www.nbim.no/en/publications/reports/,最后访问时间:2020 年 9 月 5 日。

清科研究中心,https://www.pedata.cn/,最后访问时间:2020 年 6 月 13 日。

全国社保基金理事会官网,http://www.ssf.gov.cn/jj/qgsbjj/201501/t20150121_6316.html,最后访问时间:2020 年 6 月 20 日。

全球政策论坛网站:https://www.globalpolicy.org/component/content/article/102/32810.html。最后访问时间:2020 年 6 月 13 日。

丝路基金官网,http://www.silkroadfund.com.cn/cnweb/19854/19858/index.html,最后访问时间:2020 年 6 月 13 日。

外交部官网,http://www.fmprc.gov.cn/web/zyxw/t1522972.shtml,最后访问时间:2020 年 6 月 13 日。

新加坡政府投资公司历年年报:https://www.gic.com.sg,最后访问时间:2020 年 9 月 5 日。中国-东盟投资合作基金官网,http://www.china-asean-fund.com/sc/investment.php?slider1=1,最后访问时间:2020 年 6 月 13 日。

中国投资有限责任公司历年年度报告,http://www.china-inv.cn/china_inv/Media/Annual_Report.shtml,最后访问时间:2020 年 9 月 5 日。

中投网官网,https://www.chinaventure.com.cn/cmsmodel/report/detail/1286.shtml,最后访问时间:2020 年 6 月 26 日。

后　记

2007 年，我首次接触主权财富基金，被这一新鲜而又神秘的事物吸引。2008 年，在次贷危机期间的一系列投资活动将中投公司送上风口浪尖，在媒体一致的口诛笔伐下，我按捺不住好奇的心想去探究这样一个机构背后的故事。在硕士生导师项卫星老师和博士生导师李东阳老师的支持下，我在攻读硕士和博士期间对主权财富基金进行了系统的研究。

2012 年，我参加工作后得到单位的支持得以继续进行主权财富基金的研究。2013 年，我获得国家社科基金青年项目资助，开始了为期 5 年的系统研究。在此期间，我的研究在充分搜集基金投资数据的背景下，在前期定性分析的基础上充实了定量分析，得出了更加全面和客观的研究结论。2019 年 8 月，在国家留学基金委的资助下，我作为访问学者到美国康奈尔大学进行为期一年的访学工作，在访学期间得到了研究中心贾老师和李老师的支持和帮助。校园静谧的环境使我得以将近几年的工作成果系统地梳理出来，最终完成了本书的撰写。

2019 年是不平凡的一年。以美国为代表的发达国家的治国理念向以自我为中心的单边主义转变，不仅如此，在一些发展中国家保护主义和民族主义也有不同程度的抬头，这反映出“逆全球化”并非仅限于发达国家，而是一种全球范围的现象。在“逆全球化”的背景下，保护主义和内顾倾向上升，国际投资规则在以美国为代表的发达国家主导下不断发生新的变化，文明冲突和地缘政治因素错综交织，中美之间的竞争性日渐增强，大国关系不确定性的扰动更带来了新的冲击，这都给中国主权财富基金的发展带来了新的挑战。中美贸易摩擦升级，新冠疫情突发，全球化遭遇暗流。随着新冠疫情的蔓延，美国、日本等国家都发表了计划将本国企业的生产线转移回本土或将生产转移到其他国家的言论，美国等国家和地区的“逆全球化”做法并非短暂的政治策略，而将是持续数年的一个漫长过程。当今世界正在经历新一轮的大发展、大变革、大调整，面对国内外投资风险明显上升的复杂局面，中国主权财富基金如何抓住这一历史窗口，构建更加成熟的发展战略体系，获取投资收益的同时与东道国形成友好的合作关系，最终达到国家意志与市场利益的平衡，这是当前中国主权财富基金管理亟待解决的课题。

感谢张明老师，张明老师是我学术道路上的偶像。2007 年，我偶然间读了几篇张明老师关于中投公司和主权财富基金的文章，被他独到的见解所吸引，从此一发不可收拾，开启了我对于主权财富基金这一领域的研究。因此，这次能邀请到引领我进入这个领域的偶像为本书做序，我真的是受宠若惊！

感谢本书的编辑王冲，她细致、认真、负责的工作态度使得本书得以顺利出版。更有缘分的是，王冲是我 2012 年参加工作后教的第一届学生，奇妙的缘分竟然让我们以这样的工作形式再次相遇，真的是非常愉快的一次合作与重逢。

感谢李悦，他是我的博士生导师李东阳先生的爱子，为我的研究提供了重要的资料。感谢我的研究生李震、杨孟霞、李宏基、杨晓曦、王子原、田静，他们参与了书稿的整理工作。感谢各位师长和同事朋友的支持和帮助，在这里就不一一列出，一并表示真挚的感谢。

感谢我的家人，我的爸爸、妈妈和老公，他们在我的研究期间给予了全力的支持！

祝福我的女儿，你是我成为一个更好的自己的最大动力，祝福你健康快乐成长！妈妈永远爱你！

再次由衷地感谢在我的工作和生活中所有帮助和关心过我的师长、同事、朋友和家人，祝愿你们永远平安、幸福！

戴利研

2020 年 8 月 18 日于伊萨卡康奈尔校园

图书在版编目(CIP)数据

中国主权财富基金发展战略研究/戴利研著.—上海:上海人民出版社,2020
(中国与全球政治经济丛书)
ISBN 978-7-208-16499-4

Ⅰ.①中… Ⅱ.①戴… Ⅲ.①投资基金-对外投资-投资战略-研究-中国 Ⅳ.①F832.21

中国版本图书馆 CIP 数据核字(2020)第 173829 号

责任编辑 王 冲
封面设计 零创意文化

中国与全球政治经济丛书
中国主权财富基金发展战略研究
戴利研 著

出　　版 上海人民出版社
（200001 上海福建中路 193 号）
发　　行 上海人民出版社发行中心
印　　刷 常熟市新骅印刷有限公司
开　　本 635×965 1/16
印　　张 24.5
插　　页 4
字　　数 395,000
版　　次 2020 年 10 月第 1 版
印　　次 2020 年 10 月第 1 次印刷
ISBN 978-7-208-16499-4/F·2653
定　　价 98.00 元

中国与全球政治经济丛书

中国主权财富基金发展战略研究	戴利研　著	98.00 元
发展合作：援助新体系的挑战	[德]斯特凡・克林格比尔　著 白云真　译	40.00 元
美元与国家安全：硬权力的货币维度	[美]保罗・维奥蒂　著 白云真　宋亦明　译	45.00 元
金融危机后的美国权力	[美]乔纳森・科什纳　著 江　涛　白云真　译	42.00 元
全球金融中的中国	[德]桑德拉・希普　著 辛　平　罗文静　译	32.00 元